广东扶贫之路

李锦顺 著

SPM
南方出版传媒
广东人民出版社
·广州·

图书在版编目（CIP）数据

广东扶贫之路 / 李锦顺著. —广州：广东人民出版社，2021.8
ISBN 978-7-218-14608-9

Ⅰ.①广… Ⅱ.①李… Ⅲ.①扶贫—概况—广东
Ⅳ.①F127.65

中国版本图书馆 CIP 数据核字（2020）第 228554 号

GUANGDONG FUPIN ZHI LU
广东扶贫之路
李锦顺 著

版权所有 翻印必究

出 版 人：肖风华

责任编辑：周惊涛 李沙沙
封面设计：彭 力
责任技编：吴彦斌

出版发行：广东人民出版社
地　　址：广东省广州市海珠区新港西路 204 号 2 号楼（邮政编码：510300）
电　　话：(020) 85716809（总编室）
传　　真：(020) 85716872
网　　址：http://www.gdpph.com
印　　刷：广州市浩诚印刷有限公司
开　　本：787 毫米×1092 毫米　1/16
印　　张：20　字　数：360 千
版　　次：2021 年 8 月第 1 版
印　　次：2021 年 8 月第 1 次印刷
定　　价：59.80 元

如发现印装质量问题，影响阅读，请与出版社(020-85716849)联系调换。
售书热线：(020)85716826

序　言

　　我国的全面深化改革，又到了一个新的重要的关头。全面建成小康社会胜利在望，中华民族伟大复兴向前迈出了新的一大步，社会主义中国以更加雄伟的身姿屹立于世界东方。全党全国各族人民正再接再厉、一鼓作气，确保如期打赢脱贫攻坚战，确保如期全面建成小康社会、实现第一个百年奋斗目标，为开启全面建设社会主义现代化国家新征程奠定坚实基础。

　　十几天前，华南农业大学社会工作系党支部书记、副主任李锦顺博士发来微信，告诉我说他已经完成了《广东扶贫之路》的写作任务，并把书稿发给我，希望能为这本书写一个序言。我当时并没有爽快答应，而是回复看看书稿再说。这几天粗读书稿，我感觉到作为一个长期关注"三农"问题、从事马克思主义中国化研究的学者，对这本《广东扶贫之路》新著，确实需要说几句话谈谈感受，就权作该书的序言吧。

　　12年前，中国社会科学院应中共广东省委之邀，与广东省社会科学院合作，对广东省的经济社会发展进行调查研究，旨在通过广东的发展看整个中国的巨大变化，总结中国道路和中国经验。当时我作为党建组的组长，带领一个学术团队在广东调研，走遍了粤东、粤西、粤北，对企业、机关、学校、社区、农村都进行了考察，前后长达一年的时间。时任中央政治局委员、广东省委书记张德江同志接见了课题组。他在谈话中曾表示："全国最富裕的地方在广东，最穷的地方也在广东。"当时，这句话使我很震惊，原以为是谦虚之词，但是在调研中，感到此言不虚。广东的扶贫之路，任重而道远。那么，广东是怎样做的呢？

毋庸置疑，广东的扶贫工作走在了全国前列。广东举全省之力，聚社会之财，集全民之智，构建起领导重视程度最高、扶持政策最实、资金投入最多、社会参与最广的大扶贫格局，彰显了"先富帮后富，实现共同富裕"的发展理念，走出了一条引领全国的新路，为全国树立了榜样。这对于总结中国扶贫道路及其经验具有重要意义。

《广东扶贫之路》阐述了广东在全国率先开展精准扶贫探索的历程。其中值得重视的是广东构建了稳定脱贫的长效机制。书中的数据显示：2009—2015年实施两轮扶贫开发"规划到户、责任到人"，实行精准施策、靶向疗法，累计减贫247.6万人，率先完成国家标准下绝对贫困减贫任务。同时，广东创造了解决相对贫困的广东经验。2016年以来，累计近160万相对贫困人口实现脱贫，94%以上的相对贫困村达到出列标准。

广东坚持发展是解决一切问题的关键，把开发式扶贫作为解决贫困的根本方针。通过建好、用好"一县一园、一镇一业、一村一品"发展平台，因地制宜发展地方特色优势扶贫产业，广东初步形成了特色鲜明、脱贫面广的扶贫主导产业。据统计，广东全省实施特色产业扶贫项目4.8万个，带动贫困户62.8万人，年人均产业增收2400多元。

长效脱贫还有一个关键之举是就业扶贫。贫困具有动态性、成因复杂等特征，短期脱贫易，稳定增收难、成果巩固难、持续保障难。稳定就业意味着摆脱了"等靠要"思想，提升了脱贫致富内生动力，更重要的是，提升了自身脱贫的能力。目前广东省累计创建"扶贫车间""扶贫工作坊"240多个，贫困劳动力就业率98%以上。

总的看来，该书运用客观平实的语言，对广东省波澜壮阔、气势恢宏的扶贫之路进行了比较深入的研究。全书体系安排逻辑性强，结论明确。无论是包含体制改革推动扶贫、大规模开发式扶贫的广东战略性扶贫之路，历经两轮的广东"双到"扶贫之路，还是广东精准扶贫精准脱贫之路，广东对口支援与东西部协作扶贫之路等，广东扶贫都形成了鲜明的特色和自身的扶贫模式。

　　该书还从精准扶贫的先行探索、增强"造血"功能的创举、科学配置资源的创新、夯实农村基层组织的创造、激发内生动力的突破、幸福美好家园的新举措等层面，对广东走出的引领全国的新路进行了分析。难能可贵的是，作者还对广东脱贫攻坚之路的精神内核进行了探讨。从求真、务实和创新三个维度，深入分析了广东的脱贫攻坚展现的精神内核，展现了作者敏锐的学术眼光和负责的文化自觉。扶贫精神是目前扶贫研究的前沿课题，我认为本书可以作为进一步研究、宣传新时代扶贫精神较好的素材和参考书。

　　据我所知，李锦顺博士从中国社会科学院研究生院毕业之后回到广东，投身于社会治理、社区建设实务中，成了一位接地气的专家。他热心服务社会组织，为政府写文件、立指标，开展调查研究；担任广东省扶贫档案展撰稿人，为社会组织写教材；还在从化鳌头镇帝田村和江埔街凤二村开了两个农村社会工作站和幸福食堂；担任广东省禁毒委员会顾问，广东省民政厅智库专家和广东省民政厅"双百计划"监测与评估组组长、副组长，广州市青年地带总督导，是广州市社会组织公益创投优秀专家和广州市优秀义务工作导师。此外，还登记注册了广东省惠诚社会工作评估中心，在社会公益服务领域做得有声有色。对此，我感到很欣慰，也为他取得的成绩而祝贺。

　　研究无止境。祝愿李锦顺博士在广东这片热土上，继续努力学习，潜心研究，再创佳绩，把论文和专著写在祖国的大地上，成为真正的无愧于新时代的专家、理论和实践紧密结合的马克思主义学者。

　　是为序。

于中国社会科学院马克思主义研究院
2020年12月2日，北京

目　录

引　论　广东扶贫之路的根本指针 ································· 1

第一章　广东战略性扶贫之路（1978—2008） ················ 16
　　第一节　体制改革推动扶贫（1978—1985） ················ 16
　　第二节　大规模开发式扶贫（1986—2008） ················ 22
　　第三节　广东战略性扶贫的特色 ··························· 32

第二章　广东"双到"扶贫之路（2009—2015） ················ 39
　　第一节　第一轮"双到"扶贫（2009—2012） ················ 39
　　第二节　第二轮"双到"扶贫（2013—2015） ················ 49
　　第三节　广东"双到"扶贫的特色 ··························· 53

第三章　广东精准扶贫精准脱贫之路（2016—2020） ········· 59
　　第一节　五个"结合" ······································ 60
　　第二节　四个"精准" ······································ 64
　　第三节　广东精准扶贫精准脱贫的特色 ····················· 79

第四章　广东对口支援与东西部协作扶贫之路 ··············· 87
　　第一节　对口支援 ·· 87
　　第二节　东西部扶贫协作 ································· 100
　　第三节　广东对口支援与东西部扶贫协作的特色 ············ 122

第五章　广东扶贫模式 ······································· 127
　　第一节　市场化导向的扶贫模式 ·························· 128
　　第二节　基础建设导向的扶贫模式 ························ 156

第六章 广东扶贫之路的助推力量 189
- 第一节 工会、共青团、妇联参与脱贫攻坚 189
- 第二节 工商联、科协、残联参与脱贫攻坚 212
- 第三节 社会组织和企业参与脱贫攻坚 234

第七章 广东扶贫走出一条引领全国的新路子 256
- 第一节 "双到"扶贫开发模式：精准扶贫的先行探索 256
- 第二节 双转移战略：增强"造血"功能的创举 264
- 第三节 "瞄准机制、靶向疗法"的扶贫机制：科学配置资源的创新 267
- 第四节 一手抓扶贫、一手抓党建：夯实农村基层组织的创造 273
- 第五节 坚持扶贫与扶志、扶智相结合：激发内生动力的突破 277
- 第六节 脱贫攻坚与乡村振兴有机衔接：幸福美好家园的新举措 283

第八章 广东脱贫攻坚之路的精神内核 291
- 第一节 求真：用习近平扶贫论述武装头脑 291
- 第二节 务实：用解决脱贫攻坚中的真问题引导实践 297
- 第三节 创新：用群众创造出来的新鲜做法推动扶贫工作 302

后　记 309

引论　广东扶贫之路的根本指针

习近平扶贫论述是习近平新时代中国特色社会主义思想的重要组成部分。消除贫困，消除两极分化，改善民生，逐步实现共同富裕，既是社会主义的本质要求，也是中国共产党的伟大使命和历史担当。改革开放以来，在中国共产党领导下，以政府扶贫为主导的中国贫困治理工作取得令世人瞩目的成就，探索出一条建立在中国国情基础之上、有中国特色的扶贫道路，得到国际社会的广泛赞誉。

一、习近平扶贫论述形成的发展阶段

党的十八大以来，以习近平同志为核心的党中央把农村扶贫工作摆到治国理政的高度，对扶贫工作进行全面的战略部署，把贫困地区困难群众能否顺利脱贫，和全面建成小康社会、第一个百年目标的最终实现、我党对广大人民的庄严承诺兑现、党执政根基的稳固关联起来。习近平多次深入农村贫困地区调研，就打赢脱贫攻坚战主持召开专题会议，作出一系列重要指示，为做好脱贫攻坚工作指明了方向。

（一）精准扶贫科学论断提出阶段（2012—2013）

习近平青年时期在陕西梁家河插队的七年经历，在地方工作时期开创东西部扶贫协作的"闽宁模式"，在浙江省工作期间主持制定推进欠发达地区加快发展的政策措施等扶贫实践，为习近平扶贫论述奠定了实践基础。

习近平扶贫论述是适应中国经济社会发展进入新常态，为解决新时期贫困问题而提出来的。2012年党的十八大闭幕不久，习近平第一站到了广东，宣示坚持改革开放的坚强决心；第二站就到太行山东麓集中连片特困地区河北阜平革命老区，进村入户看真贫，提出了"两个重中之重"（"三农"工作是重中之重，革命老区、民族地区、边疆地区、贫困地区在"三农"工作中要把扶贫开发作为重中之重）和"三个格外"（对困难群众要格外关注、格外关爱、格外关心）等重要思想，拉开了总书记抓脱贫攻坚的序幕。

2013年11月深秋时节，习近平在湖南湘西十八洞村首次提出精准扶贫的论断。十八洞村位于14个集中连片特困地区之一的武陵山片区。在与十八洞村民座谈中，习近平指出："扶贫要实事求是，因地制宜。要精准扶贫，切忌喊口号，也不要定好高骛远的目标。"① 这是精准扶贫概念的首次亮相。"我正式提出'精准扶贫'就是在十八洞村。"②

（二）习近平扶贫论述初步形成阶段（2014—2015）

随着扶贫开发实践，精准扶贫的内涵逐渐丰富起来。2014年以来，以习近平同志为核心的党中央主要领导频繁深入全国贫困地区深度调研考察，精准扶贫思路日渐清晰，精准扶贫的内涵及外延得到扩展。

2014年3月，习近平在参加十二届全国人大二次会议贵州代表团审议时进一步深刻阐述了精准扶贫概念的内涵。他指出："精准扶贫，就是要对扶贫对象实行精细化管理，对扶贫资源实行精确化配置，对扶贫对象实行精准化扶持，确保扶贫资源真正用在扶贫对象身上、真正用在贫困地区。"③

随着我国扶贫开发中精准扶贫实践的不断深入推进，在精准扶贫实践检验中的习近平精准扶贫的思想在这一时期也得到了进一步的丰富和发展，其内涵与外延大大扩展，并逐步上升为国家扶贫开发战略。

1. 精准扶贫内涵不断丰富：提出"四个切实""六个精准""五个一批"

2015年6月18日，习近平在贵州召开部分省区市党委主要负责同志座谈会时发表了著名的"6·18"重要讲话。他强调："扶贫开发贵在精准，重在精准，成败之举在于精准。要坚持因人因地施策，因贫困原因施策，因贫困类型施策，区别不同情况，做到对症下药、精准滴灌、靶向治疗，不搞大水漫灌、走马观花、大而化之。"④

"6·18"重要讲话首次系统地阐释了精准扶贫的科学内涵，极大深化和扩展了精准扶贫的内涵和外延，实践指导性也越来越突出。该讲话首次提出"四个切实""六个精准""四个一批"。"四个切实"是指切实落实领导责任、切实做到精准扶贫、切实强化社会合力、切实加强基层组织；"六个精准"即扶持对象精准、项目安排精准、资金使用精准、措施到户精准、因村派人精

---

① 《"平语"近人——习近平的扶贫思考》，http：//www.xinhuanet.com/politics/2016 - 07/21/c_129167164.htm。

② 黄超：《习近平再谈精准扶贫：我正式提出就是在十八洞村》，http：//politics.people.com.cn/n1/2016/0308/c1024 - 28182678.html。

③ 中共中央党史和文献研究院编：《习近平扶贫论述摘编》，北京：中央文献出版社2018年版，第58页。

④ 中共中央党史和文献研究院编：《习近平扶贫论述摘编》，北京：中央文献出版社2018年版，第58页。

准、脱贫成效精准;"四个一批"即扶持生产和就业发展一批、移民搬迁安置一批、低保政策兜底一批、医疗救助扶持一批。2015年10月,习近平在减贫与发展高层论坛上的主旨发言中再次强调了精准扶贫,并把"四个一批"重要思想拓展为"五个一批"的论断,提出扶贫要"通过扶持生产和就业发展一批,通过易地搬迁安置一批,通过生态保护脱贫一批,通过教育扶贫脱贫一批,通过低保政策兜底一批"①。

11月,习近平在中央扶贫开发工作会议上发表重要讲话,全面论述了扶贫开发重大理论和实践问题。他在这次会议上还强调坚持党的领导问题。"越是进行脱贫攻坚战,越是要加强和改善党的领导。各级党委和政府必须坚定信心、勇于担当,把脱贫职责扛在肩上,把脱贫任务抓在手上。各级领导干部要保持顽强的工作作风和拼劲,满腔热情做好脱贫攻坚工作。"② 为确保脱贫攻坚能被有力落实执行,会议期间涉及扶贫攻坚各主要省市党政一把手立下军令状,签订脱贫攻坚责任书。此后,地方各级政府层层落实,基层政府党政负责人纷纷签订脱贫攻坚责任书,一场声势浩大的脱贫攻坚战在神州大地上打响。

2. 打响脱贫攻坚战:精准扶贫上升为国家战略

2015年11月23日,中共中央政治局召开会议,审议通过《关于打赢脱贫攻坚战的决定》,明确把精准扶贫、精准脱贫作为我国扶贫开发的基本方略,精准扶贫上升为国家战略。提出贫困县"摘帽不摘政策";建档立卡贫困户孩子上高中、中职免学杂费;贫困人口全部纳入重特大疾病救助范围;加大"互联网+"扶贫;加大财政扶贫投入力度,政府投入在扶贫开发中发挥着主体和主导作用;国开行、农发行设立扶贫金融事业部。2020年,确保我国现行标准下农村贫困人口实现脱贫,贫困县全部摘帽,解决区域性整体贫困。

(三) 习近平扶贫论述形成与完善阶段(2016年至今)

随着脱贫攻坚战役打响,习近平扶贫论述在实践的检验中不断地丰富和发展着。2016年以来,习近平扶贫论述开始逐步走向成熟并得到强力推进,精准扶贫顶层设计"四梁八柱"基本完成,中央相关部门前后共出台了100多个政策文件及实施方案。

1. 脱贫考核与贫困退出机制不断完善

注重在政策执行落地上做文章,抓重点。完善脱贫考核与贫困退出机制,

---

① 习近平:《携手消除贫困促进共同发展——在2015减贫与发展高层论坛的主旨演讲》,《人民日报》2015年10月17日。
② 《习近平谈治国理政》第二卷,北京:外文出版社2017年版,第85—86页。

实现了由"数据考核"到"群众认可"质的转变，解决了领导满意、群众不满意，群众认可、领导不认可的问题。适度引入第三方考核，扶贫成效考核除了贫困人口数量、贫困群众收入等脱贫硬指标外，也包括一些群众认可度、满意度、幸福感等软指标。这意味着贫困群众在脱贫成效考核中拥有发言权，有效避免数字脱贫、被脱贫等现象，确保"精准扶贫不落一人"。

2016年中央"一号文件"《中共中央 国务院关于落实发展新理念加快农业现代化实现全面小康目标的若干意见》再次明确强调"实行脱贫工作责任制，实行最严格的脱贫攻坚考核督查问责"。一个月后，中央出台《省级党委和政府扶贫开发工作成效考核办法》，开始全面考核中西部22个省（自治区、直辖市）党委和政府扶贫开发工作成效。7月，中共中央办公厅、国务院办公厅出台《脱贫攻坚督查巡查工作办法》。10月，中共中央办公厅、国务院办公厅出台《脱贫攻坚责任制实施办法》，标志着脱贫攻坚责任体系进一步构建完善。

在扶贫开发成效考核工作展开的同时，中央还加快对脱贫之后的贫困退出机制的进一步探索。2016年4月，中共中央办公厅、国务院办公厅《关于建立贫困退出机制的意见》出台，明确规定了"贫困县、贫困人口退出的标准程序和后续政策，对贫困退出开展考核评估"。同时还指出"要以脱贫实效为依据以群众认可为标准，建立严格、规范、透明的贫困退出机制，促进贫困人口、贫困村、贫困县在2020年以前有序退出，确保如期实现脱贫攻坚目标"。

2. 扶贫与国民经济社会发展紧密结合

习近平多次强调，要把脱贫攻坚作为"十三五"期间重中之重、头等大事来抓。2016年3月17日，"两会"审议通过《中华人民共和国国民经济和社会发展第十三个五年规划纲要》。《纲要》对精准扶贫下的扶贫工作和管理机制进行了详细的阐释，并制定了脱贫攻坚的目标，为"十三五"时期扶贫工作指明方向。严格执行精准扶贫，注重提升扶贫实效，"稳定实现农村贫困人口不愁吃、不愁穿，义务教育、基本医疗和住房安全有保障，同时实现贫困地区农民人均可支配收入增长幅度高于全国平均水平、基本公共服务主要领域指标接近全国平均水平"。

国务院于2016年11月23日印发并实施《"十三五"脱贫攻坚规划》。该规划根据《中国农村扶贫开发纲要（2011—2020年）》《中共中央 国务院关于打赢脱贫攻坚战的决定》《中华人民共和国国民经济和社会发展第十三个五年规划纲要》编制。《"十三五"脱贫攻坚规划》围绕精准扶贫、精准脱贫基本方略，对"十三五"期间脱贫目标进行了进一步细化和实化，并详细阐释了贫困人口和贫困地区精准脱贫的具体思路和实现路径。《"十三五"脱贫攻坚规划》是我国在扶贫开发领域内首个五年规划，是对脱贫攻坚顶层设计的进一步完善，在实现扶贫与国民经济社会发展更加契合的同时，也为下一步脱贫攻坚事业的向前推进提供了详细的行动方案。

3. 精准扶贫进一步深化

2016年7月20日，习近平在宁夏调研期间，在银川东西部扶贫协作座谈会上发表重要讲话。他强调，扶贫开发到了攻克最后堡垒的阶段，所面对的多数是贫中之贫、困中之困，需要以更大的决心、更明确的思路、更精准的举措抓工作。要坚持时间服从质量，科学确定脱贫时间，不搞层层加码。要真扶贫、扶真贫、真脱贫。① 在这次会议上，习近平对扶贫开发工作提出了"四个要实"的实际工作要求，强调领导工作要实、任务责任要实、资金保障要实、督查验收要实。

2017年2月21日，在中共中央政治局第三十九次集体学习期间，习近平在精准研判扶贫形势的基础上，提出"七个强化"，概括"五条经验"，即"要强化领导责任、强化资金投入、强化部门协同、强化东西协作、强化社会合力、强化基层活力、强化任务落实，集中力量攻坚克难，更好推进精准扶贫、精准脱贫，确保如期实现脱贫攻坚目标"，"在实践中，我们形成了不少有益经验，概括起来主要是加强领导是根本、把握精准是要义、增加投入是保障、各方参与是合力、群众参与是基础"。② 从"四个要实"到"七个强化"，精准扶贫、精准脱贫的方法论不断创新和发展，进一步深化和发展了习近平扶贫论述。

习近平扶贫论述是在扶贫开发实践中反复洗礼、凝练升华而成的。其基本内容和内涵以精准扶贫概念为起点，经历了"四个切实""六个精准""五个一批"到"四个要实"到"七个强化"的不断丰富、发展和完善，同时精准扶贫配套政策措施的制定、分解及落地也全程贯穿其中。习近平扶贫论述从战略和理论的高度，回应当前扶贫开发面临的一些重大理论和实践问题，完美诠释了习近平同志为核心的党中央在新时期农村扶贫开发问题上的思想认识轨迹，赋予了中国农村扶贫开发全新时代内涵和特征，同时也为当前及今后一段时期中国扶贫开发事业指明了新的航向。

---

① 《习近平在银川主持召开东西部扶贫协作座谈会并发表重要讲话》，http://news.xinhuanet.com/politics/2016-07/21/c_1119259129.htm。

② 《习近平：更好推进精准扶贫精准脱贫》，http://news.xinhuanet.com/2017-02/22/c_1120512737.htm。

二、习近平扶贫论述的主要内容

习近平扶贫论述的核心是从实际出发，找准扶贫对象，摸清致贫原因，因地制宜，分类施策，开展针对性帮扶，实现精准扶贫、精准脱贫。习近平扶贫论述的内容集中体现在对"扶持谁""谁来扶""怎么扶""如何退"四个核心问题的阐述上。

（一）精准识别

精准识别是摸清"扶持谁"的问题。这是精准扶贫的前提。精准扶贫，关键的关键是要把扶贫对象摸清搞准，把家底盘清，这是前提。通过贫困识别建档立卡，把贫困人口是谁、在哪里、什么原因致贫等搞清楚。

1. 精准识别贫困户，弄清贫困原因

依据国家最新贫困线，结合当地的经济社会发展水平和贫困现状，从家庭收入、消费水平、固定资产、家庭成员健康状况、生存技能掌握状况、思想观念、受教育程度、致贫原因等多方面进行识别。

精准识别扶贫对象，搞清致贫原因，一定要进村入户，深入调查研究。多年来，我国贫困人口总数是国家统计局在抽样调查基础上推算出来的，这么多贫困人口究竟是谁、具体分布在什么地方，还不大清楚。习近平谈到贵州省威宁县迤那镇总结出的"四看法"："看房，就是通过看农户的居住条件和生活环境，估算其贫困程度；看粮，就是通过看农户的土地情况和生产条件，估算其农业收入和食品支出；看劳动力强不强，就是通过看农户的劳动力状况和有无病残人口，估算其务工收入和医疗支出；看家中有没有读书郎，就是通过看农户受教育程度和在校生现状等，估算其发展潜力和教育支出。"[①] 把贫困人口、贫困程度、致贫原因等搞清楚，才能做到因户施策、因人施策。

2. 做好立卡建档

在摸清扶贫对象的基础上，要通过立卡建档，对扶贫对象实行规范化管理。2013年底，中共中央办公室、国务院办公厅印发《关于创新机制扎实推进农村扶贫开发的意见》，提出由国家统一制定识别办法，开展贫困人口识别、建档立卡和建立全国扶贫信息网络系统等工作。2014年5月，国务院扶贫办等部门联合印发关于建档立卡、建立精准扶贫工作机制等文件，对贫困户和贫困村建档立卡的目标、方法和步骤、工作要求等做出具体部署，深入农村

---

① 中共中央党史和文献研究院编：《习近平扶贫论述摘编》，北京：中央文献出版社2018年版，第59页。

开展贫困识别和建档立卡工作,建立起全国扶贫开发信息系统,较好地解决了"扶持谁"的问题。

(二)精准帮扶

精准帮扶解决的是"谁来扶"和"怎么扶"的问题。这是精准扶贫的关键。

1. 向贫困村选派第一书记和驻村工作队,强化一线扶贫力量

习近平指出:"要解决好'谁来扶'的问题,加快形成中央统筹、省(自治区、直辖市)负总责、市(地)县抓落实的扶贫开发工作机制,做到分工明确、责任清晰、任务到人、考核到位。"① 近年来,我国建立起脱贫攻坚责任体系。国家出台《省级党委和政府扶贫开发工作成效考核办法》,脱贫攻坚任务重的省份的党政主要负责人向中央签署脱贫责任书,层层签订脱贫责任书、立下军令状,形成省市县乡村五级书记抓扶贫工作格局。"在乡镇层面,要着力选好贫困乡镇一把手、配强领导班子,使整个班子和干部队伍具有较强的带领群众脱贫致富能力。在村级层面,要注重选派一批思想好、作风正、能力强的优秀年轻干部和高校毕业生到贫困村工作,根据贫困村的实际需求精准选配第一书记、精准选派驻村工作队。"②

2020年3月6日,习近平在决战决胜脱贫攻坚座谈会上发表重要讲话,他指出:"全国共派出25.5万个驻村工作队、累计选派290多万名县级以上党政机关和国有企事业单位干部到贫困村和软弱涣散村担任第一书记或驻村干部,目前在岗91.8万人,特别是青年干部了解了基层,学会了做群众工作,在实践锻炼中快速成长。"③这些年来,第一书记驻村扶贫在各省区市广泛铺开,取得引人注目的扶贫成效。第一书记驻村扶贫成为中国脱贫攻坚的一张亮丽名片。这些常年驻村工作队跟贫困群众同吃同住同劳动,成为精准扶贫政策的"宣传员"、沟通交流的"联络员"、班子建设的"指导员"、群众致富的"参谋员"、项目资金的"监管员"、为民解困的"服务员"、化解矛盾的"消防员"。

2. 结对帮扶

习近平提出:"结对子要进行人员、人才交流;发达地区要支援山区一些人才,山区也可以派一些干部到发达地区锻炼、学习,树立改革、开放思想和

---

① 《习近平谈治国理政》第二卷,北京:外文出版社2017年版,第84页。
② 中共中央党史和文献研究院编:《十八大以来重要文献选编》下,北京:中央文献出版社2018年版,第47—48页。
③ 《习近平在决战决胜脱贫攻坚座谈会上的讲话》,《人民日报》2020年3月7日。

意识。"① 所谓结对帮扶，就是通过"一帮一""一帮多""多帮一"的结对形式，采取促进就业、扶持创业、资助学业、改善生活、解决困难等措施，经常看望慰问结对帮扶贫困户，详细了解他们的贫困状况，主动想办法帮助解决实际困难，确保帮扶村率先退出贫困村，贫困户率先稳定脱贫。"要完善村级组织运转经费保障机制，通过财政转移支付和党费支持等办法，保障村干部报酬、村办公经费和其他必要支出。要探索各类党组织结对共建，通过贫困村同城镇居委会、贫困村同企业、贫困村同社会组织结对等多种共建模式，为扶贫带去新资源、输入新血液。"②

2015年12月，习近平就机关企事业单位做好定点扶贫工作作出重要指示，他强调，党政军机关、企事业单位开展定点扶贫，是中国特色扶贫开发事业的重要组成部分，也是我国政治优势和制度优势的重要体现。③

3. 解决"怎么扶"的问题

习近平指出："要解决好'怎么扶'的问题，按照贫困地区和贫困人口的具体情况，实施'五个一批工程'。"④ "要提高扶贫措施有效性，核心是因地制宜、因人因户因村施策。""要突出产业扶贫，防止产业选择盲目跟风，提高组织化程度，培育带动贫困人口脱贫的经济实体"⑤，实现"扶贫对象精准、项目安排精准、资金使用精准、措施到户精准、因村派人精准、脱贫成效精准，确保各项政策好处落到扶贫对象身上"⑥。2015年11月，《中共中央 国务院关于打赢脱贫攻坚战的决定》进一步阐明精准扶贫、精准扶贫方略，中共中央办公室、国务院办公厅出台11个《决定》配套文件。2016年11月，国务院印发《"十三五"脱贫攻坚规划》。自实施精准扶贫以来，中央和国家机关各部门共出台100多个政策文件或实施方案，各地相继出台和完善"1＋N"的脱贫攻坚系列文件。

---

① 《习近平话说"结对子"》，http://pinglun.youth.cn/zc/201607/t20160714_8282291.htm。
② 中共中央党史和文献研究院编：《十八大以来重要文献选编》下，北京：中央文献出版社2018年版，第47—48页。
③ 《习近平就机关企事业单位做好定点扶贫工作作出重要指示强调 发挥单位行业优势 立足贫困地区实际 做好新新形势下定点扶贫工作》，《人民日报》2015年12月12日。
④ 中共中央党史和文献研究院编：《习近平扶贫论述摘编》，北京：中央文献出版社2018年版，第65页。
⑤ 中共中央党史和文献研究院编：《习近平扶贫论述摘编》，北京：中央文献出版社2018年版，第76页。
⑥ 中共中央党史和文献研究院编：《习近平扶贫论述摘编》，北京：中央文献出版社2018年版，第61页。

（三）精确管理

精确管理是精准扶贫的保证。"精准扶贫，就是要对扶贫对象实行精细化管理，对扶贫资源实行精确化配置，对扶贫对象实行精准化扶持，确保扶贫资源真正用在扶贫对象身上、真正用在贫困地区。"①

1. 加强对扶贫资金的监管，做到阳光化管理，坚决惩治和预防违纪违法行为

针对扶贫资金量大、面广、点多、线长，监管难度大，资金使用管理存在乡村两级虚报冒领、贪占挪用扶贫资金等问题，习近平指出，这是由于"一些地方资金使用不公开不透明，群众不知晓、难监督"，这些扶贫领域的"苍蝇式"腐败，"虽然可能是单个案件金额不大，但危害不可小视"。"要强化监管，做到阳光扶贫、廉洁扶贫。""要健全公告公示制度，省、市、县扶贫资金分配结果一律公开，乡、村两级扶贫项目安排和资金使用情况一律公告公示，接受群众和社会监督。""要建立县级脱贫攻坚项目库，加强项目论证和储备，防止资金闲置和损失浪费。""要加大惩治力度，对扶贫领域腐败问题，发现一起，严肃查处问责一起，绝不姑息迁就！"②"扶贫资金是贫困群众的'救命钱'，一分一厘都不能乱花，更容不得动手脚、玩猫腻！要加强扶贫资金阳光化管理，加强审计监管，集中整治和查处扶贫领域的职务犯罪，对挤占挪用、层层截留、虚报冒领、挥霍浪费扶贫资金的，要从严惩处！"③

为加强扶贫资金监管，国务院办公厅印发《关于支持贫困县开展统筹整合使用财政涉农资金试点的意见》，建立扶贫资金项目公示公告制度，设立"12317"扶贫监督举报电话，督促指导各地加强审计整改落实，在全国开展集中整治和预防扶贫领域职务犯罪专项工作，治理资金"跑冒滴漏"问题。同时，还引入第三方监督，严格扶贫资金管理，确保扶贫资金用准用足，不致"张冠李戴"。

2. 落实领导责任，明确扶贫事权管理

明确中央、省、市（地）县三级分别承担的任务。习近平强调："要强化扶贫开发工作领导责任制，把中央统筹、省负总责、市（地）县抓落实的管

---

① 中共中央党史和文献研究院编：《习近平扶贫论述摘编》，北京：中央文献出版社2018年版，第58页。

② 中共中央党史和文献研究院编：《习近平扶贫论述摘编》，北京：中央文献出版社2018年版，第94—95页。

③ 中共中央党史和文献研究院编：《习近平扶贫论述摘编》，北京：中央文献出版社2018年版，第92页。

理体制,片为重点、工作到村、扶贫到户的工作机制,党政一把手负总责的扶贫开发工作责任制,真正落到实处。中央要做好政策制定、项目规划、资金筹备、考核评价、总体运筹等工作,省级要做好目标确定、项目下达、资金投放、组织动员、检查指导等工作,市(地)县要做好进度安排、项目落地、资金使用、人力调配、推进实施等工作。党政一把手要当好扶贫开发工作第一责任人,深入贫困乡村调查研究,亲自部署和协调任务落实。"① 这样扶贫的目标、任务、人事、资金和权责就划分明确了,各级都要按照自身事权推进扶贫工作。

3. 贫困户信息化管理

习近平重视社会治理精细化,主张用信息化方便群众办事。"各级党委和政府要强化互联网思维,善于利用互联网优势,着力在融合、共享、便民、安全上下功夫,推进政府决策科学化、社会治理精细化、公共服务高效化,用信息化手段更好感知社会态势、畅通沟通渠道、辅助决策施政、方便群众办事,做到心中有数。"②

要将扶贫对象的基本资料、动态情况录入到系统,实施动态管理。2016年4月19日,习近平在网信工作座谈会上发表讲话指出:"可以发挥互联网在助推脱贫攻坚中的作用,推进精准扶贫、精准脱贫,让更多困难群众用上互联网,让农产品通过互联网走出乡村,让山沟里的孩子也能接受优质教育。"③ 2014年,全国组织80多万人开展贫困识别,共识别12.8万个贫困村、2948万贫困户、8962万贫困人口,包括家庭基本信息、致贫原因、帮扶需求、帮扶措施、帮扶责任人、帮扶效果等全部录入电脑,建立起了全国统一的扶贫信息管理系统,使贫困从统计抽样测算的抽象数字第一次具体到户到人,为实施精准扶贫精准脱贫方略奠定了坚实基础,也为国家出台"十三五"脱贫攻坚政策措施提供了有力的数据支撑。

(四)精准脱贫

通过明确贫困退出标准、程序和核查办法,严格规范贫困退出,确保贫困人口、贫困村、贫困县稳定脱贫、有序退出,解决"如何退"的问题。

---

① 《习近平论扶贫工作》,http://theory.people.com.cn/n1/2016/0301/c352498-28161661.html。
② 王思北:《网络强国的中国实践——写在习近平总书记"4·19"重要讲话发表两周年之际》,《人民日报》2018年4月19日。
③ 彭波:《迈出建设网络强国的坚实步伐——习近平总书记关于网络安全和信息化工作重要论述综述》,《人民日报》2019年10月19日。

1. 合理确定脱贫目标

把"两个确保"和"两不愁三保障"作为实现脱贫的目标。脱贫攻坚的总目标是"两个确保",到2020年确保现行标准下的农村贫困人口全部脱贫,消除绝对贫困;确保贫困县全部摘帽,解决区域性整体贫困。脱贫攻坚的基本标准和核心指标是贫困群众"两不愁三保障",使这些地区基本公共服务主要领域指标接近全国平均水平。"两不愁"即不愁吃、不愁穿,"三保障"即保障义务教育、基本医疗、住房安全。当前,"两不愁"目标总体实现,"三保障"还在持续发力、重点解决过程中。

2. 建立贫困退出机制

为了防止在精准脱贫中弄虚作假,习近平进行了重大理论创新,提出了建立贫困退出机制的思想。"精准扶贫是为了精准脱贫。要设定时间表,实现有序退出,既要防止拖延病,又要防止急躁症。要留出缓冲期,在一定时间内实行摘帽不摘政策。要实行严格评估,按照摘帽标准验收。要实行逐户销号,做到脱贫到人,脱没脱贫要同群众一起算账,要群众认账。"① 2016年4月,中共中央办公厅、国务院办公厅印发《关于建立贫困退出的意见》,对贫困户、贫困村、贫困县退出的标准、程序和相关要求做出细致规定,为贫困人口退出提供制度保障。

3. 改进扶贫政绩考核方式

(1) 引入激励机制,努力营造"能者上、平者让、庸者下"的用人导向和从政环境。2015年11月,习近平在中央扶贫工作会议上强调:"要把脱贫攻坚实绩作为选拔任用干部的重要依据,在脱贫攻坚第一线考察识别干部,激励各级干部到脱贫攻坚战场上大显身手。"② 通过扶贫成效和干部选拔挂钩的激励机制,各级干部开展扶贫工作的积极性、主动性得到充分调动。

(2) 加强考核,确保成效。对扶贫工作成效进行考核,有助于解决一些干部热衷于形式主义、弄虚作假等问题。习近平要求贫困地区"要把提高扶贫对象生活水平作为衡量政绩的主要考核指标"③。考核评估对完成脱贫攻坚任务作用明显,习近平一直强调,要"实施最严格的考核评估制度,而且要

---

① 《习近平谈治国理政》第二卷,北京:外文出版社2017年版,第85页。
② 《习近平谈治国理政》第二卷,北京:外文出版社2017年版,第86页。
③ 《人类减贫史上的伟大实践——党中央关心扶贫开发工作纪实》,《人民日报》2014年10月17日。

较真、叫板"①。考核不是走过场,"该批评的要严肃批评,该处理的要严肃处理,不怕揭短亮丑,不怕红脸出汗,要让搞形式主义、弄虚作假的人付出代价"②。

三、习近平扶贫论述是广东打赢脱贫攻坚战的根本指针

(一)习近平扶贫论述是践行党的根本宗旨的必然要求,是马克思主义反贫困理论中国化的新贡献,是广东认识脱贫攻坚艰巨性、复杂性和紧迫性,决胜全面建成小康社会的行动指南

习近平指出:"解决中国的扶贫现状,决不能让一个少数民族、一个地区掉队,要让13亿中国人民共享全面小康的成果。"③ 中国共产党执政的根本宗旨就是为人民服务,中国共产党的初心就是全心全意地为劳苦大众谋福利,为广大人民群众谋利益。改革开放以来,我国实施的大规模扶贫,使7亿多农村人口摆脱贫困,这一瞩目成就体现了中国共产党立党为公、执政为民的执政理念。

习近平扶贫论述充实和发展了马克思主义反贫困理论中国化的基本内涵,开拓和创新了马克思主义反贫困理论中国化的实施路径,丰富和积累了马克思主义反贫困理论中国化的运用经验。

习近平多次指出:"全面建成小康社会、实现第一个百年奋斗目标,农村贫困人口全部脱贫是一个标志性指标。"④ 他强调:"经过多年努力,容易脱贫的地区和人口已经解决得差不多了,越往后脱贫攻坚成本越高、难度越大、见效越慢","脱贫攻坚已经到了啃硬骨头、攻坚拔寨的冲刺阶段,所面对的都是贫中之贫、困中之困,采用常规思路和办法、按部就班推进难以完成任务"⑤。我们"必须动员全党全国全社会力量,向贫困发起总攻,确保到二〇

---

① 中共中央党史和文献研究院编:《习近平扶贫论述摘编》,北京:中央文献出版社2018年版,第126页。
② 中共中央党史和文献研究院编:《习近平扶贫论述摘编》,北京:中央文献出版社2018年版,第118页。
③ 《最深的牵挂 最大的担当——习近平总书记深入吕梁山区看望深度贫困群众并主持召开专题座谈会纪实》,《人民日报》2017年6月25日。
④ 中共中央党史和文献研究院编:《十八大以来重要文献选编》下,北京:中央文献出版社2018年版,第29—30页。
⑤ 中共中央党史和文献研究院编:《十八大以来重要文献选编》下,北京:中央文献出版社2018年版,第34页。

二〇年所有贫困地区和贫困人口一道迈入全面小康社会"①。习近平扶贫论述使我们对脱贫攻坚的艰巨性、复杂性、紧迫性有清醒认识和充分准备。

作为自1989年起国内生产总值连续居全国第一位的经济大省，经济总量已达到中上等收入国家水平的省份，随着扶贫开发工程的不断推进，广东的脱贫攻坚的工作局面和以前明显不同，呈现出贫困地区与贫困人数虽在日益缩减，但致贫原因和贫困结构却日趋复杂，贫困面依然较大，贫困程度相对较深等特点。全省剩下的贫困地区和贫困人口是最难啃的硬骨头，是贫中之贫、困中之困，攻克最后贫困堡垒的艰巨性不容低估。深入学习贯彻习近平扶贫论述，对标习近平扶贫论述，扎实推进精准脱贫各项任务落地落实，关系广东能否实现全面建成小康社会和率先实现现代化。

（二）习近平扶贫论述体现了社会主义的本质要求，是我党不断推进实践和理论创新的产物和伟大思想成果，是广东增强使命感责任感，打赢脱贫攻坚战、夯实乡村振兴的强大动力

习近平多次指出："消除贫困、改善民生、实现共同富裕，是社会主义的本质要求，是我们党的重要使命。"② "贫穷不是社会主义。如果贫困地区长期贫困，面貌长期得不到改变，群众生活长期得不到明显提高，那就没有体现我国社会主义制度的优越性，那也不是社会主义。"③

当前我国经济发展虽在稳步向前推进，区域非均衡发展格局却仍然存在。受自然资源与社会因素影响，东部沿海地区发展起步较早，经济发展水平和科技水平都相对处于国内领先地位，而中西部在自然条件、基建设施、教育、医疗水平等方面相比都有较大差距，这也是制约我国统筹区域经济协调发展、协调推进全面建成小康社会的最突出短板。

广东是我国改革开放最先开始的地方，如今改革开放40多年，这里是唯一拥有两座超一线城市——广州和深圳——的大省；这里是全国第一个世界级大湾区的试验地；这里是全世界最长跨海大桥——港珠澳大桥——的所在地；这里还临近我国的两个特别行政区。但富也广东，穷也广东。除了繁华光鲜的广州、深圳，广东还有另一面，除了珠三角，广东还有广大的粤北、粤东和粤西

---

① 中共中央党史和文献研究院编：《十八大以来重要文献选编》下，北京：中央文献出版社2018年版，第29—30页。

② 中共中央党史和文献研究院编：《习近平扶贫论述摘编》，北京：中央文献出版社2018年版，第3页。

③ 中共中央党史和文献研究院编：《习近平扶贫论述摘编》，北京：中央文献出版社2018年版，第5页。

地区。粤北地区有清远、韶关和河源；粤东地区有汕头、揭阳、潮州、汕尾和梅州；粤西地区有云浮、湛江、茂名和阳江。广大的粤北、粤东和粤西地区其实一直都比较落后。粤东地区2014年才通了动车，粤西地区2018年才通了高铁。粤西茂名是广东人口流失最严重的地区，一年有186万，在全国都排得上名。

"得民心者得天下。从政治上说，我们党领导人民开展了大规模的反贫困工作，巩固了我们党的执政基础，巩固了中国特色社会主义制度。"① 党和国家采取了一系列措施和政策推动贫困地区经济发展，提高脱贫成效。扶贫攻坚事关能否体现社会主义制度的优越性，只有让贫困群体尽快彻底摆脱贫困，才能达到社会主义的本质要求，使全体人民都能享受到社会经济发展的成果。学习习近平扶贫论述，从政党性质、执政责任、巩固制度的高度深刻理解深化认识，增强使命感责任感，为打赢脱贫攻坚战、夯实乡村振兴作出贡献。

（三）习近平扶贫论述始终聚焦完善国家治理体系和治理能力现代化的要求，把经济建设当作最大的政治，是有效化解民生问题的新途径，为进一步激发广东贫困地区贫困群众的主动性积极性，为新时代广东打赢脱贫攻坚战提供了行动纲领

党的十八届三中全会明确指出，全面深化改革的总目标是坚持和完善中国特色社会主义制度，推进国家治理体系和治理能力现代化。改革开放之初，解决广东人民的基本生存问题是最重要的民生问题，将经济发展的自主权交还给群众也就成为了当时的主要解决方案。由于历史、经济原因和环境条件，当前的贫困群体很难完全依靠自身能力摆脱贫困，在基本生活方面，在卫生医疗、教育资源、就业和社会保障等方面的负荷太重，基本需求也难以得到满足。但是最重要的还是贫困地区贫困群众必须有改变生活状态的动力和能力，进一步激发贫困地区贫困群众的主动性积极性。

扶贫工作中"输血"重要，"造血"更重要，扶贫先扶志，一定要把扶贫与扶志有机地结合起来，既要送温暖，更要送志气、送信心。习近平根据在福建宁德工作的经验，强调"弱鸟可望先飞，至贫可能先富，贫困地区完全可以依靠自身的努力、政策、长处、优势在特定领域先飞"②。"没有脱贫志向，

---

① 中共中央党史和文献研究院编：《习近平扶贫论述摘编》，北京：中央文献出版社2018年版，第14页。

② 中共中央党史和文献研究院编：《习近平扶贫论述摘编》，北京：中央文献出版社2018年版，第135页。

再多扶贫资金也只能管一时、不能管长久。"①

激发贫困村基层组织以及贫困地区、贫困村、贫困群众内生发展动力，是实现精准脱贫的根本性标志，是精准扶贫的着力点，这也是习近平扶贫论述的核心精神。

扶贫必扶智。培养智慧，教育是根本，教育是拔穷根、阻止贫困代际传递的重要途径。习近平多次强调扶贫必扶智、阻止贫困代际传递的思想，他指出："扶贫必扶智。让贫困地区的孩子们接受良好教育，是扶贫开发的重要任务，也是阻断贫困代际传递的重要途径。"② 扶贫先扶智，就是不让贫困家庭的孩子输在起点，就是要阻止贫困代际传递。"扶贫既要富口袋，也要富脑袋。要坚持以促进人的全面发展的理念指导扶贫开发，丰富贫困地区文化活动，加强贫困地区社会建设，提升贫困群众教育、文化、健康水平和综合素质，振奋贫困地区和贫困群众精神风貌。"③

学习习近平扶贫论述，就是要坚持人民群众的主体地位，激发贫困地区、贫困群众内生动力，帮助贫困群众靠自己的双手改变命运、实现人生出彩。

---

① 中共中央党史和文献研究院编：《习近平扶贫论述摘编》，北京：中央文献出版社2018年版，第134—135页。

② 中共中央党史和文献研究院编：《习近平扶贫论述摘编》，北京：中央文献出版社2018年版，第133—134页。

③ 中共中央党史和文献研究院编：《习近平扶贫论述摘编》，北京：中央文献出版社2018年版，第137页。

第一章　广东战略性扶贫之路
（1978—2008）

新中国成立以后，我国政府一直致力于发展生产、消除贫困工作。但真正意义上的扶贫，主要是改革开放以后提出并实施的。

党的十一届三中全会拉开了我国改革开放的序幕，也把解决贫困农民温饱、脱贫致富奔小康摆上重要日程。广东以敢闯敢干、敢为人先的大无畏精神，屡开风气之先，突破了农村贫困的传统体制机制束缚，推动了农业和农村经济社会全面发展，成为传送新观念、新事物、新潮流的"南风窗"，为我国农村扶贫提供了有益启示和强大动力。广东扶贫的先锋实践和创新精神成为我国改革开放文化的一部分。

第一节　体制改革推动扶贫（1978—1985）

新中国成立之初，广东经济基础薄弱，为了改变农村贫穷落后状态，广东省实施了小规模救济式扶贫。这种扶贫通过提供物资或现金，可以在短期内满足农村贫困人口的基本生活需要，但是难以从根本上解决贫困问题。

广东省的农村经济体制改革始于家庭联产承包责任制。广东以土地经营制度的改革为起点，在全国创造了许多第一，极大地激发了广东农民的劳动热情，从而极大地解放了生产力，提高了土地产出率。在广东农村进行的农产品价格逐步放开、大力发展乡镇企业等多项改革，也为解决广大农村的贫困人口问题打开了出路。这种通过激发农村经营制度改革，以体制改革为动力，激发调动农民的积极性，解放农村生产力的扶贫方式，就是体制改革推动扶贫。

一、家庭联产承包责任制

1978年以前，我国农业经营体制不适应生产力发展需要，农民的付出与所得不成正比，严重制约了农民生产的积极性，这是这一时期农村领域发生贫困的主要原因。1978年，广东全省人民公社基本核算单位（生产队）农民人均分配只有77.4元，其中农民人均年分配50元以下的生产队有98899个，占生产队总数的32.5%。① 因此，制度的变革就成为缓解贫困的主要途径。

家庭联产承包责任制的推行，纠正了长期存在的管理高度集中和经营方式过分单调的弊端，调动农民的生产积极性，较好地发挥了劳动和土地的潜力。

1978年，出现农民自发地划小生产队规模，部分山区和边远地区率先包产到户和包干到户，并逐步向平原地区推开。1980年4月，广东就当时农村形势政策、人民公社经营管理等问题召开会议进行了讨论研究，作出允许那些困难的"三靠队"（口粮靠返销、生产靠贷款、生活靠救济）或者已经实行"包产到户"的生产队，可以在生产队统一经营管理的前提下，实行包产到户。

1980年9月，中共中央指出，贫困落后地区可以搞包产到户、包干到户。虽然限定为边远和贫困地区，但是在其他地区很快推开。1980年10月，广东省委提出抓好和完善生产责任制这一中心环节，允许多种形式生产责任制同时存在，由低到高不搞"一刀切"。决定在全省实行包产到户和包干到户的承包责任制。

此后，广东农村自发地尝试推行不同形式的家庭联产承包责任制，最先在贫穷落后的农村取得突破，然后向全省推广。广东最早搞包产到户的是湛江地区海康县、海南岛文昌县、惠阳地区紫金县和广州市郊县的部分公社。1981年8月，全省实行包产到户和包干到户的生产队有27.1万个，占生产队总数的65.6%，其中包干到户占59.8%。1982年11月，全省农村包产到户和包干到户的生产队已占生产队总数的96.6%。1983年5月，全省农村98%的生产队实行家庭联产承包责任制。②

家庭联产承包责任制创新了农村的经营管理体制，重塑以农户家庭为主体的农业微观组织结构，建立了土地集体所有、农户家庭承包经营"统分结合"的双层经营体制。制度创新的经济绩效是农业生产出现了前所未有的增长。1978—1985年，广东种植业粮食产量年均增长3.16%，经济作物产量年均增长9.85%，种植业总产量年均增长5.91%。1984年，广东省粮食总产量

---

① 黄学平、刘洪盛、汤建东编著：《从贫穷到小康——三十年广东农村经济体制改革之路》，广州：广东科技出版社2008年版，第3页。

② 《广东省志》编纂委员会编：《广东省志（1979—2000）·农业卷》，北京：方志出版社2014年版，第44页。

1819.33万吨，比1978年增长12.05%，创造了历史最高纪录。① 据统计，到1983年，广东全省山区县农业总产值5年间增长40.3%，粮食总产值增长23.6%，人均收入增长2.9倍。②

二、林业生产责任制

随着农村种植业耕地实施家庭联产承包责任制，广东在全国率先开展山区的山地和林地经营制度改革。1980年3月，省政府发出通知，要求建立多种形式的林业生产责任制，提高了农民生产积极性，山区农民掀起耕山营林热潮。1981年3月，中共中央、国务院决定在全国实施稳定山权和林权、划定自留山、确定林业生产责任制（简称"三定"）的政策。国有林区让利放权，部分经营权由政府转移到国有林业企业经营者手上。农村集体林区实行分林到户的生产责任制，划定自留山，使林地经营权由集体转移到农民手上。

1981年6月，广东在全省林区开展以稳定山权林权、划定自留山和确定林业生产责任制为主要内容的林业"三定"工作。1981年开始，全省执行"三定"政策，到1983年基本完成。全省共划分自留山1830.28万亩、责任山（含承包山）1.11亿亩，分别占全省林业用地面积的10.1%和61.8%。③

1984年11月，广东省委省政府决定，进一步扩大自留山，落实生产责任制，林地林权管理混乱的局面逐渐得到扭转。

1987年3月，广东省对核发山林权属证书作出明确规定。规定全民所有和集体所有的森林、林木和林地，个人所有的林木和使用的林地，由县级以上政府登记造册，核发证书，确认其所有权和使用权。到1987年底，全省性的核发山林权属证书工作结束，共核发山林权证书面积826.67万公顷（未包括海南岛），占划定权属面积1040万公顷的79.5%。④

但是，林业家庭联产承包责任制在初期却没有取得像种植业那样发展的绩效。一些地方农户在获得山林承包权后，乱砍滥伐不断，森林资源遭到严重破坏。早期的林地承包制的缺陷突出地表现为林地平均承包，导致"一山多

---

① 《广东省志》编纂委员会编：《广东省志（1979—2000）·农业卷》，北京：方志出版社2014年版，第44页。

② 黄学平、刘洪盛、汤建东编著：《从贫穷到小康——三十年广东农村经济体制改革之路》，广州：广东科技出版社2008年版，第4页。

③ 《广东省志》编纂委员会编：《广东省志（1979—2000）·农业卷》，北京：方志出版社2014年版，第50页。

④ 黄学平、刘洪盛、汤建东编著：《从贫穷到小康——三十年广东农村经济体制改革之路》，广州：广东科技出版社2008年版，第5页。

主",且承包期限过短,导致林农短期行为。1984年1月,中共中央《关于1984年农村工作的通知》,提出土地的承包期一般应为15年以上,生产周期长和开发性的项目,如果树、林木、荒山、荒地等,承包期可以适当延长。

这让广东"三定"政策稳定下来。对经营比较好的山林,一般不作调整,从整体上保持政策的稳定性和连续性,取信于民,稳定民心。坚决贯彻"谁种谁有、谁投入谁得益"的政策。坚持国营林场、集体林场和联办林场体制不变,自留山政策不变,群众所办的"小五园"和经济林不变,群众经营得好并有一定规模的责任山(或承包山)不变。对于经营管理差的责任山,山林零星分散的"西瓜山",只要群众愿意,可进行调整;山林虽比较成片,但多年失管,超额采伐,只砍不造的山林,则采取措施坚决进行调整。

三、调整生产结构

广东调整生产结构起步比较早。改革开放后,广东种植业的一大亮点是经济作物得到迅速恢复和发展。从1979年1月起,广东不再下达指令性农业计划,各地可以因地制宜安排生产计划,调整布局;提出要发挥广东自然资源优势,建立农业商品基地,大力发展林牧渔业生产和开展多种经营、走农工商相结合的发展路子。1979年开始,各地因地制宜地调整种植业结构,把部分种植水稻的田地调整出来,改种糖蔗、水果、蔬菜等经济作物,适当调减粮食播种面积,扩大水果、糖蔗、花生、蔬菜等经济作物种植面积,提高作物单产水平,粮食和经济作物产量都得到较大提高,改变了长期以来"以粮为纲"的传统单一粮食的农业生产结构,初步确立了水果业、蔬菜业在广东种植业中的地位。

1979年11月,广东省提出合理调整农业生产结构、促进农业全面发展的思路,确定把调整生产结构,解决农业内部比例失调,使农村迅速富裕起来作为农业部门在三年调整时期中的工作重点。广东充分发挥地处热带、亚热带,气候温和,海域辽阔,发展农林牧副渔多种经营的优越条件,和作为供应港澳鲜活农产品的基地的优势,在继续抓紧粮食生产,大力提高粮食单产和稳定总产的同时,逐步合理调整农业生产结构,多发展热带、亚热带经济作物和供出口的农副土特产品,相应发展轻工业和其他加工业。

在珠江三角洲平原地区,加快种植业调整步伐。20世纪80年代,蚕桑、木薯、水草、黄红麻等一批低值低效的农作物逐渐被淘汰,糖蔗、低值粮食等一批效益相对不高的作物面积大幅减少,根据国内外市场的需求,大力发展优质稻、水果、蔬菜、花卉生产。珠江三角洲原是中国四大蚕桑产区之一,种桑

> 1979年春，原肇庆地区高要县沙浦公社农民陈志雄通过投标方式承包了8亩鱼塘。后因扩大承包经营规模，雇请5个固定工和一些临时工，在全国率先冲击雇工限额禁区，引发了承包鱼塘"雇佣工人算不算剥削""能不能跨队承包"历时三个月的全国性大争论。图为1981年5月29日《人民日报》发表的《一场关于承包鱼塘的争论》的文章。

养蚕有着悠久历史，1978年珠江三角洲产茧量2.15万吨，占广东省蚕茧产量的90%，至80年代末已基本被淘汰，昔日的"桑基鱼塘"传统产业被彻底改变。① 广东农业实现了从"三低"（低质、低产、低值）传统农业向"三高"（高产、高质、高效）现代农业过渡，克服了传统农业自给、封闭的弊病，实现了产品农业向商品农业的转变，农村商品经济得到加快发展。

---

① 《广东省志》编纂委员会编：《广东省志（1979—2000）·农业卷》，北京：方志出版社2014年版，第89页。

四、扩大市场调节

从 1979 年开始,广东在冲破旧有分配体制的同时,率先对高度集中统一的农业计划经济管理体制进行改革。广东将过去对农产品生产下达指令性计划改为指导性计划,让各地以市场为导向,积极调整农业生产布局,调整粮食、经济作物面积比例,放手发展热带、亚热带经济作物和土特产品,让生产者有权因地制宜和按照经济效益原则及市场需求,确定生产品种、数量,通过市场调节,生产者有权选择生产经营形式和确定产品的分配办法。

广东在全国率先对农产品流通封闭、渠道单一、品种单一、农产品统购统销等政策体制进行改革。将国家对农产品实行统派购,由国营商业、供销社独家经营和低价收购的体制,改变为除粮食任务内实行合同定购,由粮食部门经营外,定购外的粮食和其他农产品的价格和购销完全放开,由市场调节,率先在全国实行农产品经营体制和价格改革。农产品流通经营实行国营、集体、联合体、个体多家经营。让生产者在获得生产自主权的同时,又有产品的处置权,逐步形成了"多种经济形式、多条流通渠道、多种经营方式和少环节"的开放式农村商品流通体制,开创了广东农村市场繁荣、兴旺和稳定的局面。

放宽购销政策,缩小农副产品的统购派购品种范围。由 1979 年以前的 118 种减为 1980 年的 25 种、1984 年的 13 种,1988 年 3 月统派购只剩下粮、油、糖、烟、麻和木材 6 种。特别是 1985 年,由于产品有了较大幅度增产,自由贸易市场的产品供应丰富,牌价和市场差价不大,城乡居民收入有较大提高,在全国率先取消猪肉、水产品、蔬菜派购任务,使城乡居民能够吃到新鲜的农副产品,大大刺激了农民生产积极性,做到消费者和生产者都满意,在全国引起了强烈反响。

放宽农副产品运销和奖售政策,逐步改变过去对有些农副产品只准上市、不准运销、出省要经主管部门批准的做法。1979 年以前全省实行奖售农副产品达 53 种,至 1985 年只有 5 种,1988 年除全国定购粮食实行"三挂钩"(粮食合同定购与化肥、柴油、预付定金挂钩)和黄烤烟保留少量奖售化肥外,其余均取消奖售。

随着粮食价格和经营放开,农副产品全面放开,取消统派购计划任务,完全实行市场调节,充分调动全省农民生产经营的主动性和积极性,进一步解放生产力,促进农村商品经济的发展。广东农副产品商品率从 1978 年的 43.7%提高到 1996 年的 73.4% 以上。农副产品政策放宽,使实行联产承包责任制后的农村如虎添翼,农村生产力得到进一步发挥,促进了农村商品流通的活跃,推进了社会主义市场经济的发育和农村商品经济的迅速发展。

第二节 大规模开发式扶贫（1986—2008）

开发式扶贫，实现扶贫的方式以经济要素开发为主，利用贫困地区的自然资源，进行开发性生产建设，逐步形成贫困地区和贫困人口的自我积累和发展能力，从而依靠自身力量解决温饱、脱贫致富。①

20世纪80年代中期，通过农村经济体制改革，广东省绝大部分的贫困地区依据自身发展优势，极大地促进经济增长，解决大多数地区贫困农户的温饱问题，但是部分边缘地区，由于自然条件、资源禀赋和社会历史等多种因素制约，发展相对缓慢，贫困现象依旧突出。

针对这种情况，广东省开始有计划、有组织地开展大规模开发式扶贫。1997年，全省提前3年实现基本消除绝对贫困的目标。② 在此基础上，广东自我加压，建立动态贫困标准，不断提高贫困线标准。2008年，全省基本消除年均纯收入1500元以下的农村扶贫对象。

一、治山致富

改革开放以来，广东省委省政府高度重视山区经济发展和扶贫开发工作，把加快山区发展作为一项重大工程，采取了一系列政策措施，有效地推动了山区经济的持续快速发展，为全省区域协调发展打下良好的基础。

一是改革管理机制和经营方针。管理体制实行"放、分、包"。"放"，就是把生产经营的自主权下放给耕山者，使耕山者真正成为山林的主人；"分"，就是将适用于家庭经营的林山、荒山、荒坡等作为自留山，分给农户经营；"包"，就是把自留山以外的山林，一部分作为责任山由家庭承包，一部分以多种形式由有经营能力的人承包，做到山地有主，耕山有权，管山有责，劳者有得，充分调动农户耕山的积极性。经营方针贯彻"小、短、多"。"小"，就是以家庭经营为基础，兴办"小五园"（小林场、小果园、小茶园、小竹园、小药园）和"小山庄"；"短"，就是发展生产周期短、经济效益高的"短线作物""短线产品"，做到长短结合，以短养长；"多"，就是多种经营和多层经营方式，即利用山区多种多样的资源优势开展多种经营，发挥县、乡镇、村、

---

① 刘洁：《集中连片特困区开发式扶贫方略》，《开放导报》2019年第4期。
② 黄进、胡新科：《立起现代化经济体系"四梁八柱"》，《南方日报》2018年12月8日。

联户、家庭多层经营的积极性，加快山区资源的开发，促进山区经济的发展。

二是确立"优势在山、潜力在山、致富在山、希望在山"的发展路子。1985年，广东率先提出"五年消灭荒山，十年绿化广东大地"的目标要求①，把造林绿化、消灭荒山、培育资源视为改善生态生存环境和山区脱贫、发展山区经济的战略任务，掀起了一场"绿色革命"。1985—1990年，广东省把治山致富作为中心议题，联系干部群众的思想实际，强调造林种果是开发山区、治穷致富的基础工作，是山区由贫变富的正确途径，是使山区群众安居乐业、繁荣昌盛的百年大计。不断纠正"贸易致富""急功近利"的做法，从而使治山致富的方针不断深入人心。从1985年开始，广东每年增拨造林种果专项经费2000万元，由省农委山区办会同财政部门专项安排，扶助山区贫困农户发展种养业，解决种子种苗，实行无息有偿投资，定期回收，周转使用。至2000年，省财政共投放3.15亿元。②

三是加强扶贫开发的领导协调，把扶贫工作提上重要议事日程。1985年初专门成立广东省贫困地区山区工作领导小组。到6月，广东省各地先后帮扶农村贫困户33万户，其中14.7万户已脱贫，这对促进社会稳定和发展农村经济起到积极作用，但是仍有400多万贫困人口生活比较贫困，需要国家、集体和社会扶持，扶贫任务仍很艰巨。对此，结合实际情况，广东省制定有效的扶持措施，提出："靠山吃山，吃山养山，从造林绿化入手，培育新的资源，进而开发山区资源，发展工农业生产，加快脱贫致富步伐。"

四是对加快贫困地区山区经济发展作出重大决策和部署。1985—2005年，广东省采取的主要措施是：实施山区造林绿化工程和开发山地农业，推动山区基础设施建设，实施山区扶贫攻坚计划，组织省直机关挂钩定点，发达地区对口帮扶，开展民间帮扶，实行"异地开发、异地安置、异地就业"，扶贫重点向进村到户与整村推进，实行扶"智"工程等政策措施，全面推动山区经济社会发展。

经过努力，广东省的森林覆盖率大幅提高，为贫困户发展生产、治穷致富创造条件，有效推动了广东山区经济的持续发展。1985年以来，广东省出现了粤北山区数以千计的用材林和林业化工基地，粤东、粤西沿海十几万亩的滩涂养殖基地和上万亩海湾网箱养殖基地，及一大批万亩以上连片龙眼、荔枝、

---

① 《广东五年造林五千多万亩，获评"全国荒山造林绿化第一省"》，http://tour.workercn.cn/32889/201807/26/180726140646431.shtml。

② 《广东省志》编纂委员会编：《广东省志（1979—2000）·农业卷》，北京：方志出版社2014年版，第181页。

柑橘、沙田柚、香蕉、菠萝等水果基地和橡胶、甘蔗基地。到1990年完成荒山造林386.67万公顷，森林覆盖率由27.7%提高到48.9%，成为全国第一个基本消灭宜林荒山的省份。1991年3月，广东被国务院授予"全国荒山造林绿化第一省"称号。①

二、温饱工程

广东贫困地区基本上集中于山区，主要是粤北石灰岩地区。由于坡陡、土层瘠薄、气候差异大，加之当地科技落后，劳动者素质不高，使得粮食问题长期得不到解决。1988年6月7—9日，广东省在阳山县召开粤北石灰岩地区第二次扶贫工作会议。会议决定，挂扶石灰岩地区采取一系列科技扶贫措施实施"温饱工程"。

1989—1991年，广东省每年安排6000吨化肥指标和一笔贴息贷款，由省农业厅牵头，会同市、县农业部门，选择石灰岩地区7个县特别贫困的21个乡镇中的110个管理区共18万人口，实施科技扶贫的温饱工程。科技扶贫的领域从推广杂交玉米开始，扩大到经济作物（如烟叶、反季节蔬菜）和畜牧业。科技扶贫的方法采取组织专业技术人员搞技术培训，通过示范户、示范点推广良种良法。1991年，110个管理区杂交玉米占玉米种植总面积的78%，粮食总产量比1988年增长56.9%，人均占有粮食从1988年的209千克提高到324千克，从而带动整个石灰岩地区推广杂交玉米。至1994年，47个石灰岩乡镇人均口粮超过250千克，初步解决了吃饭问题。利用石灰岩地区特殊的土质气候条件，在乐昌、乳源的石灰岩乡镇引种黄烟、白肋烟6万多亩，阳山、英德、连州等县石灰岩乡镇扩种反季节蔬菜7.5万亩，1991年，110个管理区18万多人年均收入达到412元，越过温饱线（250元）。乐昌市1994年种植优质黄烟1.3万多公顷，总产值1.47亿元，单烟税返还一项，使7个石灰岩乡镇和65个管理区分别增收960万元和410万元。21个乡镇的110个管理区普及禽畜的防疫技术以后，1993年生猪饲养量达16.4万头，人均0.9头；鸡饲养量达86.9万只，人均5只，成为家庭收入的重要来源。据统计，石灰岩地区82万农业人口中，1986年人均年收入250元以下未解决温饱的贫困人口有35万人，占42.6%，1988年减少到16万人，1990年减少到12万人，1991年

---

① 《广东获誉"全国荒山造林绿化第一省"》，http://news.southcn.com/gdnews/sz/gdgd/hxsj/content/2008-09/25/content_4618562.htm。

减少到 9 万人，占 11%，比 1986 年减少 31.6 个百分点。①

三、全省扶贫攻坚战

1991—1997 年是广东省扶贫攻坚的关键时段，主攻任务有两个：一方面是解决贫困人口的温饱，消除绝对贫困；另一方面是实现四个层次的脱贫达标。

1991 年 10 月 4 日，广东省提出"八五"期间山区县脱贫的目标，通常简称"四个层次脱贫"：一是县（区）财政实现自给自余；二是乡镇一级分三种类型，每年集体纯收入分别达到 30 万元、50 万元和 100 万元以上；三是管理区一级集体经济分三种类型，每年纯收入分别达到 3 万元、5 万元和 8 万元以上；四是农户人均年纯收入达到 1000 元以上（1990 年不变价）。

国务院于 1994 年 2 月 28 日至 3 月 3 日在北京召开全国扶贫开发会议，4 月 15 日印发《国家八七扶贫攻坚计划》，目标是从 1994 年到 2000 年用 7 年左右，基本解决全国 8000 万没有完全稳定解决温饱的贫困人口的温饱问题，使贫困户年人均纯收入达到 500 元以上（按 1990 年不变价计算）。广东省于 1994 年 5 月 11—13 日在梅州市召开全省扶贫工作会议，传达贯彻会议精神，提出广东省扶贫攻坚的奋斗目标是：到 1996 年，以乡镇为单位，使全省 100 多万贫困人口实现年人均纯收入（按 1990 年不变价计算）超过 500 元；到 1995 年全面完成粤北石灰岩特困地区人口迁移任务，并全面实现山区"八五"四个层次发展目标。

1995 年 8 月 1 日，广东省委省政府下发《关于加快广东省扶贫开发的决定》，将上述计划时间作了调整，要求在 1997 年全省贫困地区实现脱贫，主要任务有：一是解决 60 万绝对贫困人口温饱问题；二是扶持 8000 多个管理区集体经济达到 3 万元以上；三是扶持 170 个贫困乡镇年机动财力达 30 万元以上；四是扶持 37 个财政补贴县实现财政收支平衡，自给有余。决定增加资金投入，一是省财政增加 2000 万元补助资金，用于增加安排粤北石灰岩地区 2 万人外迁；二是省财政 1995—1997 年投入 2 亿元用于安置新丰江库区 5 万名水库移民；三是省 2 亿元扶贫基金中 3 年内每年提取 2500 万元利息，其中 1700 万元用于扶持年集体纯收入不足 3 万元的管理区发展集体经济，800 万元用于发展"一乡一品"项目。到 1995 年底，已有 40 万人解决温饱，92% 的乡镇集体经

---

① 《广东省志》编纂委员会编：《广东省志（1979—2000）·农业卷》，北京：方志出版社 2014 年版，第 170 页。

济收入超过30万元，66.4%的管理区集体经济收入超过3万元，山区农民人均年纯收入2360元（低于全省农民平均水平339.24元）。50个山区县有普宁、潮安、曲江、仁化、梅江、高要、封开、罗定、云安、龙门、广宁、怀集12个县（区）达到四个层次脱贫标准，广宁、怀集、龙门3个贫困县同时摘帽。

1996年1月10—12日，广东省总结"八五"期间山区经济发展情况，确定"九五"的目标是消除贫困，实现小康。两年内使80万贫困人口解决温饱，进一步动员全省人民为山区全面脱贫致富而奋斗。3月11日印发《中共广东省委、广东省人民政府关于进一步扶持山区加快经济发展的若干政策规定》共28条，在扶持山区加快交通、通信建设，设立山区扶贫基金，支持山区发展农业和乡镇企业，帮助山区办好"造血型"项目，支持山区发展小水电，扶持山区加快林业综合开发，发展对外贸易，继续实行税费优惠政策等方面作了具体的规定。会议要求把发展农业特别是开发性农业作为加快山区发展的突破口，大力发展第二、三产业，促进山区经济全面发展。为了加大对重点地区的扶持力度，会议在贫困县中划出16个县为特困县，将省直机关挂钩扶贫和沿海地区对口扶贫调整为集中帮扶16个特困县。6月召开的特困县经济发展工作会议上，建立省直机关、沿海市帮扶特困县的责任制和特困县脱贫考评办法。

1996年是联合国确定的国际消除贫困年。在省委省政府统一领导下，省扶贫开发领导小组和省扶贫基金会发起，开展"国际消除贫困年"扶贫募捐活动，发动港澳同胞、省市机关和社会各界捐款1.6亿元，为推动广东省消除贫困作出贡献。

在各方努力下，1996年未解决温饱人口余下60万人；集体经济超过3万元的管理区达到79.4%；机动财力超过30万元的乡镇达到94.5%，山区农民人均纯收入达到2735元，比1995年增加375元。梅县、惠东、德庆、新兴、郁南、饶平6个山区县脱贫达标。

1997年1月22日，全省扶贫攻坚工作会议在广州召开，贯彻落实1996年9月党中央、国务院在北京召开的中央扶贫开发工作会议精神，明确1997年为广东省的扶贫攻坚年，要求决战一年，解决60万绝对贫困人口的温饱问题，提前3年实现《国家八七扶贫攻坚计划》的奋斗目标。①

1997年12月，组织省直28个单位分成17个工作组，按照省制定的验收

---

① 师春苗：《广东山区跃上脱贫致富新台阶（1991—1997）》，《红广角》2016年第7期，第40—46页。

办法对33个县扶贫攻坚工作进行检查验收。验收结果显示，到1997年底，60万绝对贫困人口中有582992人越过了温饱线（当年收入1000元），当年收入1000元以下的贫困人口余下29000人，全省贫困发生率由1996年的0.96%下降到0.04%。33个贫困发生率超过1%的县（市）都降到1%以下。50个山区县农民人均纯收入达到2989元，11686个管理区有94.6%集体经济收入达到或超过3万元，957个乡镇有99.2%机动财力达到或超过30万元[1]，南澳、乐昌、南雄、始兴、翁源、蕉岭、平远、阳春、高州、英德、连州、佛冈12个山区县脱贫达标，至此，50个山区县中，除16个特困县外，34个都实现了省定四个层次脱贫标准。当年，16个特困县有11个县本级财政收入增长率达到或超过省定标准。

1998年1月13日，省政府举行新闻发布会，宣布广东省基本消除绝对贫困，提前三年实现《国家八七扶贫攻坚计划》的奋斗目标。

1997年12月28日国务院总理朱镕基到河源视察时，听取省、市领导情况汇报，还深入源城区埔前镇达石村揭彩华等农户家，了解干部帮扶贫困户的情况，充分肯定广东"千干扶千户"的扶贫措施。《人民日报》作了专题报道，国务院扶贫办将此经验在全国推广。[2]

四、农村安居工程

广东省委省政府下发通知把全民安居工程列入"十项民心工程"之首。全民安居工程总任务为17.42万户，其中农村危房改造15万户由省扶贫办牵头，海上"连家船"特困渔民上岸安置5000户由省海洋与渔业局牵头，城镇住房特困户18922户由省建设厅牵头组织实施。由省扶贫办牵头组织实施的农村危房改造（又称"农村安居工程"）主要推进了以下工作。

（一）确定农村安居工程的目标任务

农村安居工程的目标是从2004年起，用5至7年时间，对全省农村年人均纯收入1500元以下的15万户农户危房分期分批进行改造，确保到2010年全省农村危房改造全部完成。[3]

---

[1] 师春苗：《广东山区跃上脱贫致富新台阶（1991—1997）》，《红广角》2016年第7期，第40—46页。
[2] 广东省扶贫开发领导小组办公室编：《广东扶贫志（1984—2005）》，2007年，第51—53页。
[3] 《广东省扶贫基金会倡议　为15万户危房添砖加瓦》，http://news.southcn.com/gdnews/nanyuedadi/200310170236.htm。

从 2002 年开始,湛江在雷州和徐闻相继开展安居工程试点工作,因地制宜搞好规划,成功地对两地 89 条村 4071 户贫困户危房进行改造。2004 年,经省扶贫办和市有关部门验收,一致认为改造试点工作取得良好效果,为铺开改造农村贫困户危房探索了一条可行的路子。(图片来源:《南方日报》2004 年 10 月 17 日)

(二)加强领导,明确目标

2003 年 8 月,省委省政府决定实施"十项民心工程"后,省委副书记欧广源和副省长李容根于 9 月 8 日和 25 日先后两次召开座谈会和协调会,由省委办公厅下发会议纪要,明确目标任务。省扶贫办于 9 月 20 日制订《广东省农村安居工程实施方案》,省委省政府于 11 月 20 日在韶关市召开全省农村安居工程现场会,总结推广韶关市和阳江市实施农村安居工程试点的经验,讨论实施方案,并对实施农村安居工程进行动员和部署。2004 年 4 月 27 日,省扶贫开发领导小组正式颁发《广东省农村安居工程实施方案》。2005 年 4 月 7—8 日在河源市召开全省解决农村"一保五难"问题现场会,进一步将解决住房难摆在解决"五难"的优先位置,提出加大财政扶持力度,加快农村安居工程实施步伐,力争 2008 年提前两年完成任务。12 月,省委九届八次全会进一步提出加快农村安居工程进度,力争 2007 年基本完成。各市、县党委、政府认真贯彻省委省政府的部署,把实施农村安居工程作为重要的德政工程来抓,成立办事机构,层层召开动员大会,市、县领导亲自办示范点,分管领导全面抓落实。任务分解到各部门,财政、交通、供电、建设、国土、扶贫和信用社等部门积极协调,全力配合,共同推进农村安居工程。

(三) 核准对象,分类指导

广东省农村安居工程以经省2002年认定的农村年人均纯收入1500元以下、现住房残破简陋、不御寒冷和风雨、不具备基本居住条件的贫困户为主要对象,省重点扶助东西两翼和粤北14个地级市及恩平市共86个县(市、区)的农村贫困户危房改造。按照《广东省农村安居工程实施方案》,实行分类指导。第一类是重点扶持的贫困户。力争用5年时间,完成分布在革命老区、石灰岩地区、少数民族地区、边远山区、水库移民区内,年人均纯收入1500元以下的现住残破简陋、不具备居住条件的贫困户危房改造,使之住上人均不少于18平方米、安全、实用、卫生的房子。第二类是引导扶持茅草房、泥砖房改造,力争7年完成。通过宣传教育、规划引导、政策扶持等办法,推动农村自我开展,实现居住环境安全、舒适、卫生、美化。第三类是推进村庄环境整治。即对分散、规模小、脏乱差而经济条件较好的村庄,以整村推进的思路,积极指导旧村改造,努力建设路面硬化、环境优化、家庭美化、卫生洁化的文明新村。[①]

(四) 多方集资,加大投入

农村安居工程的资金投入以农民自筹为主,政府扶持为辅。通过农户自筹一点、政府补一点、亲友借一点、帮扶单位和挂扶干部帮一点、社会捐助一点、银行贷一点等形式多渠道筹集。一是各级政府财政扶持。省政府从2004年起至2010年每年安排3000万元,专项用于贫困户危房改造补助资金,每户补助4000元。2005年9月26日,省政府常务会议决定,省财政在原计划安排1.8亿元(2005—2010年)的基础上,再新增安排1亿元(2006—2010年每年2000万元),同时在已有"大禹杯"专项资金(每年5000万元)中安排1.8亿元(2005—2010年每年安排3000万元),共计4.6亿元。后根据省委九届八次全会要求,加快进度,力争2007年基本完成,省财政2004年投入3000万元,2005年增加到14000万元。各市县2004—2005年也投入7800万元。二是广泛动员社会捐款。2004年3—10月,省扶贫办、省工商联、省私营企业协会和省扶贫基金会密切配合,在省委省政府领导大力支持下,广泛发动以民营企业和私营企业为主的"南粤群英献爱心"募捐活动,共募集资金8000多万元,其中4800万元用于农村安居工程;2005年5—12月,省扶贫办、省扶

---

① 《欧广源:掀农村安居工程高潮 推进粤农村全面小康》,http://news.southcn.com/gdnews/gdtodayimportant/200401180228.htm。

贫基金会与广东移动有限公司联合举办"畅享广东移动献爱心"募捐活动，为农村安居工程筹款4000万元。各市、县、区和沿海对口帮扶单位也开展了一系列募捐活动。2004—2005年，社会捐助用于扶助农村安居工程的资金共9725.7万元。三是制定优惠政策。各地对贫困户建房，尽量免除各种行政事业性收费，按规定要缴费的，一律按最低标准收费，坚决杜绝强制或变相乱收费。四是加大宣传力度。利用各种形式，向广大群众宣传安居工程的意义和政府的优惠政策，从正面引导农民发扬自力更生、艰苦创业精神，积极筹资、投工投料参与安居工程，使他们成为建房投入的主体。2004—2005年，农民自筹资金近10亿元。

（五）加强督查，狠抓落实

一是加强资金管理。2004年省财政厅与省扶贫办共同制定《广东省省级财政扶持农村安居工程专项资金管理办法》，采用直接核准并通过农行（信用社）设专账补助到户的做法，保证专款专用，扶持到户。二是推行安居工程公示制。被扶持贫困户建房，由户主申请，村委会讨论后张榜公示，再逐级上报，做到"三公开一监督"，即公开上级下达的扶持计划、公开扶持对象和公开扶持资金补贴到户等情况，接受群众和社会监督，确保农村安居工程公开、公平、公正，使农村安居工程成为"阳光工程"。三是加强督促检查。严格把好"三关"：建筑材料关，所有建筑材料要经过验收合格后才能施工；工程质量关，严格按照质量标准全程抓好施工质量监督；工程验收关，安居房完工后，由有关部门组成验收组按要求检查验收，合格后再兑现政府扶持资金，确保安居房质量。同时，从省到市、县分别派出督查小组逐村逐户检查验收，及时总结经验，表彰先进。四是建立健全贫困户建房档案。建房档案包括贫困户危房改造申请登记表、政府扶持资金补贴到户签收凭证和危房改造前后对比相片等资料，做到一户一册，并录入"广东省扶贫数字化管理系统"实行跟踪管理。

从2003年冬至2006年6月30日，据统计，全省有农村安居工程任务的15个地级市86个县（市、区）共完成危房改造57648户（不含纳入省农村安居工程计划的2005年"6·20"水灾全倒户1.5万户），投入资金13.68亿元，户均2.4万元，完成建筑面积461.07万平方米，户均80平方米。①

---

① 广东省扶贫开发领导小组办公室编：《广东扶贫志（1984—2005）》，2007年，第64—67页。

五、区域协调发展

2002年5月,中共广东省第九次代表大会开幕,省委书记李长春做《以"三个代表"重要思想为指导加快率先基本实现社会主义现代化》的报告,提出区域协调发展战略。8月,提出把加快山区发展作为实施区域协调发展战略的工作重点,制定一系列加快山区发展的政策。

(一)提出"五年打基础,十年上台阶"的奋斗目标

以解决山区贫困地区"住房难、饮水难、行路难、读书难、看病难"等问题为突破口,以中心镇建设为平台,发展县域经济,推动山区工业化,扶持农业龙头企业,推进农业产业化,山区经济快速发展,地方财政实力明显增强。各市GDP增长超出预期目标,清远、河源、梅州、韶关、云浮、肇庆6个山区市GDP从2000年的793.39亿元增加至2005年的1849.5亿元,年均增长18.4%,增幅高于全省平均水平。①

(二)以区域协调发展为战略,注重山区基础设施建设和生态环境的改善

一是进一步完善交通体系。到2004年底,东西两翼和粤北山区地级以上市都通了高速公路,连接山区的国道主干线上等级改造基本完成;15条出省通道全面建成,至2005年底,山区公路通车里程达到67313千米,公路密度由2000年的50.1千米/百平方千米提高到58.84千米/百平方千米。二是进一步改善水利设施。"十五"期间,省安排水利基础设施建设补助资金5.58亿元,专项用于山区重点防洪和水利工程,完成863宗小型水库除险加固,治理水土流失面积2000平方千米。三是加强山区生态建设和环境保护。全省50个山区县中有45个建立了自然保护区,面积达1197万亩;新建4个国家级、12个省级和91个县级森林公园,面积250万亩;完成"四江"流域水源涵养林改造61.3万亩和交通干线两旁造林12.9万亩。从2002年开始,省财政每年安排3000万元,扶持山区信息基本基础设施建设②,全部山区实现终端设备上网,基本建立起村级信息发布点,初步实现"网络到镇,信息到村"。

六、"十百千万"干部下基层

2004年11月18日,广东省委下发《关于组织"十百千万"干部下基层

---

① 广东省扶贫开发领导小组办公室编:《广东扶贫志(1984—2005)》,2007年,第18—19页。
② 黄燕玲:《省厅召开落实〈中共广东省委、广东省人民政府关于加强社会建设的决定〉情况汇报会》,《广东民政》2011年第9期,第46页。

驻农村深入推进固本强基工程的意见》，决定从 2005 年起，组织"十百千万"干部下基层驻农村，深入推进固本强基工程。对集体经济年纯收入 3 万元以下的贫困村派驻工作组，建立重点帮扶制。一抓 3 年，抓出成效。

组织"十百千万"干部下基层驻农村，基本任务是帮助建好班子，帮助加强队伍建设，帮助发展经济，帮助加强农村精神文明和民主法制建设以及帮助建章立制。在工作措施方面，一是落实领导干部挂钩联系点。省委常委、党员副省长分别挂钩联系地级以上市，地级以上市市委常委、党员副市长和省直机关部门"一把手"分别挂钩联系县（市、区），县（市、区）委常委、党员副县（市、区）长和市直机关部门"一把手"分别挂钩联系乡镇（街道）。二是选派机关干部驻村。每年选派一批，实行一年一轮换。每批都从省、市、县（市、区）、乡镇（街道）机关部门选派 3 万名以上优秀年轻干部驻村，挂任村党组织副书记或村委会主任助理，抓好固本强基工作。其中，省直机关部门选派干部 380 名，重点进驻粤东、粤西和粤北农村；市直机关部门选派干部 3000 多名；县（市、区）直机关部门选派干部 8000 多名，其余驻村干部从乡镇（街道）选派。三是上下联动。省、市、县（市、区）、乡镇（街道）机关部门和驻村干部，要增强工作责任感和主动性，紧紧依靠当地党组织开展工作，注意调动基层干部和群众的积极性，遇事多与他们商量，多听取他们的意见。在组织领导方面，采取了建立责任制，加强组织协调，实行分类指导，加强检查验收等制度。

第三节　广东战略性扶贫的特色

从 1978 年开始的体制改革推动扶贫到 1986 年开始大规模开发式扶贫，广东战略性扶贫走过了 30 年的路程。纵观广东体制改革推动扶贫到大规模开发式扶贫阶段，广东扶贫工作具有鲜明的整体性、连续性以及阶段性，扶贫开发工作不仅有效改善了贫困地区的生产生活条件和发展环境，促进了山区贫困地区经济社会的发展，而且提高了贫困农民的自我脱贫能力，增加了贫困农民的经济收入，维护了社会和谐稳定。广东的战略性扶贫形成了鲜明的特色，主要有：

一、坚持改革农业生产经营体制，使农业发展产业化、集约化、专业化

中国改革开放发轫于农村，1978 年冬，安徽省凤阳县小岗村的 18 位农民

以"敢为天下先"的精神,实行了农业"大包干",从此拉开了中国农村改革的大幕。几乎同时,从时间上广东更早。1975年大年初一,广东惠阳地区紫金县上义公社(今河源市紫金县上义镇)光锋大队黄坑排生产队秘密协议"包产到户";1977年冬至1978年冬,海康县、文昌县、紫金县和从化县先后有部分公社和生产队农民,为了吃饭问题,同样进行着"包产到户"的开创之举。①

2018年5月,《南方杂志》记者采访紫金县当时"包产到户"创举的亲历者。1975年初,紫金县上义公社光锋大队黄坑排生产队在全国率先实行"分田单干,分户经营"模式。到1978年10月,上义公社全面推行家庭承包责任制,实行"分田单干"。1980年春,该县成为广东省第一个大面积推行家庭联产承包责任制的县。 (图片来源:http://www.sohu.com/a/278366498_696392)

广东农村率先开展股份制改革。1978年8月18日,广州杨箕村1454名村民在一份合作经济的章程上加上当时人们还很陌生的"股份制"三个字。杨箕村因此名声大噪。1993年,佛山南海推行农村股份合作制改革,河村社区就在此时开始进行农村土地股份合作制改革。经过20多年的发展,形成目前

---

① 中共广东省委党史研究室:《广东改革开放发展史(1978—2018)》,广州:广东人民出版社2019年版,第47页。

以自建厂房仓库为主、租赁土地为辅的发展模式,带动社区经济迅速增长。

2005年,广东又领先全国一年在全省范围内全面免征农业税,所有面向农民的行政事业性收费与集资也全部取消。农业税费改革极大地调动了农民积极性,又一次解放了农村生产力,也为广东农业进一步向规模化、集约化发展提供了条件。

办好扶贫农业龙头企业,推进农业产业化经营。1998年省委八届二次全会通过的《中共广东省委关于贯彻十五届三中全会〈决定〉开创农业和农村工作新局面的意见》和同年11月召开的贫困县脱贫奔康工作会议,都把大力扶持兴办扶贫农业龙头企业、推进农业产业化经营作为山区脱贫奔康的首要措施。为了推进贫困县农业产业化经营,省委省政府决定从1999—2003年,重点扶持16个贫困县各兴办3个农业龙头企业。即由贫困县所在市市直机关单位帮扶1个,沿海对口市帮扶1个,省直挂钩单位帮扶1个。帮扶单位除负责帮助论证选定项目外,还需保证每个龙头企业的资本金不低于300万元。其中,贫困县自筹100万元,帮扶单位无偿扶持200万元。通过扶贫农业龙头企业作为桥梁,用经济关系作纽带,以合同契约相联结,使企业和农户之间形成利益共同体,把分散经营的千家万户和千变万化的大市场联结起来,形成"公司加基地加农户"的经营方式。温文选现代化家庭农场是与温氏食品集团股份有限公司(简称"温氏股份")合作的家庭农场,温文选与温氏股份的合作方式就是"公司+农户"模式,是由温氏股份所创造。这家成立于1983年的广东农业企业,也正是在这种模式的驱动下,缔造成一艘养殖业的"航母"。

为落实上述决定精神,广东省扶贫开发领导小组于2003年出台《广东省重点发展100家扶贫农业龙头企业的实施方案》,从龙头企业的目标要求、认定标准、考核办法、申报管理、优惠政策等方面作了具体规定。到2005年底,全省各级扶持的农业龙头企业达1083家,其中,已确认挂牌的省级扶贫农业龙头企业128家,带动农户265万户,增收51亿元,户均增收1926元。[①] 培育和发展扶贫农业龙头企业,加快山区贫困地区农业产业结构的调整和支柱产业、特色产业的发展,开展农村集体土地承包经营权流转,推行"公司+基地+农户"的产业化经营模式,建设农业社会化服务体系,使广东农业逐步走向产业化、专业化、集约化的道路。

---

① 黄华华:《2005年广东省政府工作报告——2005年1月23日在广东省第十届人民代表大会第三次会议上》,http://www.gov.cn/test/2006-02/10/content_185192.htm。

二、推动价格和商品流通体制改革，坚持开放市场，促进商品经济发展

价格改革是整个经济体制改革和市场流通的关键因素。广东的经济体制改革就是以价格改革和搞活城乡商品流通为突破口的。改革前，广东对农副产品实行统购统销政策，市场商品奇缺，对城镇居民限量供应的票证有40多种。广东从1978年底起，根据商品经济的特点，逐步把价格放开，让农民参与流通，建立起一支庞大的流通队伍。

广东率先在全国进行农副产品价格和购销体制改革。从1978年秋开始，在习仲勋主持下，广东省有步骤、分品种放开农产品价格，逐步把价格放开，同时扩大商品流通渠道。首先是通过价格杠杆调动农民的生产积极性，刺激生产，以满足市场需要。1978年8月，广州市首先对蔬菜价格进行改革，实行部分大宗品种幅度议价成交、小品种自由议价的购销形式。1978年底，为改变鱼米之乡"食无鱼"状况，广东决定改革水产品流通管理体制，对国家收购计划外的水产品实行产销见面，随行就市，按质论价，议价成交。这些措施打破了长期以来由政府统一制定农副产品价格的局面，迈开了农副产品放开价格的第一步。1983年，放开水果价格；1984年，又在全国大中城市中率先放开蔬菜价格和经营。

省政府对农副产品统派购体制进行改革。1980年1月，颁布《广东省人民政府关于农副产品采购若干问题的决定》，重新划定农副产品分类管理范围，把原来实行统派购的118种一、二类农副产品减少为47种，生产者在完成交售任务后可自行处理，三类产品生产单位和个人有权自行处理。9月，广东省人民政府颁布《关于疏通商品流通渠道，促进商品生产，搞活市场的十二条措施》，进一步推动广东商品流通体制改革，将47种一、二类农副产品调整为25种。此后，陆续采取一系列政策措施，取得了明显成效。1984年，广东农副产品统派购品种只剩下粮、油等5种农副产品没有完全放开市场。1985年1月和4月，先后放开生猪和水产品的经营；1988年，调整并放开粮油价格；1992年，广东在全省范围内取消粮食的统购统销。

广东通过率先推进农产品价格体制改革和农副产品流通，通过开放市场、运用市场，刺激生产，搞活流通，发展多种经济成分、多种经营渠道、多种经营方式，推动社会产品更加丰富，商品经济和市场更加活跃和繁荣。短短几年时间，广东成功实现由计划经济走向市场经济的价格改革和闯关，通过逐步放开统派购产品价格，运用价值规律来调动农民的积极性，不仅农民增加了收

三、坚持不断调整农业结构,坚持发展"三高"农业

广东在推行包产到户的同时,还大力调整农村生产结构。1979年后,在全省范围内调整农业发展方针,改变农业"以粮为纲"和农村"以农唯一"的经济格局和产业结构,逐步形成了多层次综合发展的农村产业格局。全省调减了粮食种植面积近千万亩,用于发展经济价值比较高的经济作物和塘鱼的生产,较好地发挥了地区优势,使农、牧、副、渔结构日趋合理。

调整各产业内部结构,使产业内部日益臻善,在确保粮食生产的同时,发展区域特色的园艺业、养殖业,生产出更多的优质农产品。1978年,全省农业总产值为74.33亿元,其中种植业占66.11%;林牧副渔四大产业占33.89%。1979年开始,广东不断调整农业产业结构,在发展种植业的同时,加快林牧副渔业发展。至1990年,林牧副渔业从占农业总产值的33.89%上升至47.89%。至2000年,种植业占五大产业的47.60%,林牧副渔业占52.40%。通过调整农业五大产业结构,农、林、牧、副、渔业实现了协调发展。

20世纪80年代后期至90年代中后期,进行以发展高质、高产、高经济效益的"三高"农业为重点的结构调整,农业经济结构和农村社会面貌发生深刻变化。1992年9月,全国"三高"农业现场会在广州召开,有力地推动了广东山区"三高"农业的发展。1994年11月,广东省大力推广高州、梅州及新兴县发展"三高"农业的经验,作出《关于加快发展"三高"农业的决定》,为鼓励和支持山区发展"三高"农业,强调要把支持山区和少数民族地区发展"三高"农业作为扶贫的重点项目;要扶持山区加快交通基础设施建设,加大对山区发展"三高"农业的资金投入。山区应该首先把精力集中到发展"三高"农业,搞综合开发农业上来。

90年代后期开始,以全面提高农业和农村经济效益为中心,大力推进农业产业化经营,发展农村第二、三产业。通过大办乡镇企业、发展"三来一补"和"三资"企业(中外合资、中外合作、外商独资企业)、鼓励农民直接进入流通领域搞活农副产品的流通,农村出现了第一、二、三产业并存的结构。广东农业的迅速发展,不仅满足省内需要,还将产品销往外省,逐步形成了南果北运、南菜北运和塘鱼北运的局面。外销的增长,又反过来刺激了广东的农业生产。广东农村五大产业结构的不断调整,使产业结构日益臻善,农村经济日益发展,农民生活水平不断提高,农民人均纯收入从1978年的193.25

元提高到2000年的3654.48元,消费水平从164元提高到2885元。①

四、坚持加强农业基础建设,依靠科技进步,实行科教兴农

1979—2000年,广东不断加大农业建设投入,为农业生产能力不断提高、稳步发展打下基础。建设多种类型的稳产高产农田、果园、鱼塘、畜禽场,实施"种子工程""植保工程""沃土工程""山区扶贫攻坚""温饱工程""菜篮子工程""十年绿化广东"等一系列农业基础建设,提高农业综合生产能力。

坚持科学技术是第一生产力,提高农业科技转化率。广东积极引进、选育新良种,探索和推广农业新技术,系统研究和科学集成种植业、畜牧业、养殖业、农产品精深加工业,使科研、生产、推广经营相结合,走经济高效、产品安全、生态良好、技术先进、功能多样的新型农业现代化道路。省级农科院校牵头,县一级建立和完善农业技术推广中心,镇一级建立农业技术推广站,管理区设农技服务站,做到县有示范片,镇有示范点,村有示范户,充分发挥农技推广服务体系的试验、示范、推广、信息反馈的枢纽作用;加强农科教育和培训,普及农科知识。除院校专业培养外,各级农业部门积极组织"三高"农业的专家和专门人才,深入山区巡回讲学,举办各类短训班,组织基层干部和农业开发"带头人"外出参观学习,推广先进生产技术和科学管理经验;制定政策,切实解决基层技术人员的生活福利待遇,充分调动他们的积极性。

通过抓好上述工作,促进科技兴农在山区开花结果。如曲江的"马坝油粘"、英德的"长丝粘"、海丰的"野清粘"等优质稻米,高州的"储良大广眼"龙眼、"白糖罂"荔枝、"高脚遁地雷"香蕉,梅县的金柚和大埔的蜜柚,饶平的单丛茶和仁化的白毛尖茶以及清远市的明珠番茄、西圆椒、荷兰豆等20多个蔬菜新品种都得到推广并成为价高畅销产品。省农科院以国家级农业科技园区白云基地为龙头,先后与罗定、东源、茂名共建3个农业科技示范基地,形成网络,发挥典型示范和辐射带动作用,加速了良种良法的推广。该院在东源县建立了优质板栗良种引进及配套栽培示范基地和品种改良示范基地,引进日本板栗新品种,改造低产板栗,帮助该县解决20多万亩板栗不挂果的技术难题。在耕地和劳力逐步减少的情况下,依靠科技进步,使单位面积产量稳步增长,优质农产品比例逐年扩大,经营效益不断提高。

---

① 《广东省志》编纂委员编:《广东省志(1979—2000)·农业卷》,北京:方志出版社2014年版,第85页。

选派科技副县长，解决了山区经济发展缺乏科学技术人才的问题。省委省政府决定，从中央驻广东的科研机构和省属科研单位以及高等院校中，选派一批懂技术、会管理，有一定政策水平和组织能力的科技人员到山区县兼任科技副县长，加强对科技工作的领导，使山区农业尽快转移到依靠科技进步、发展商品经济的轨道上来。2005年12月，省委组织部、省科技厅从省直和中直驻粤有关单位，选派了48名优秀年轻干部到山区和欠发达地区的县（市、区）担任科技副职。48位科技副职中绝大多数的民主测评结果为优秀，至2007年底，已有5人被当地政府留任，14人被派出单位提拔使用。[①] 科技副职对地方的作用，不只是解决几个实际问题，更重要的是他们带来了严谨良好的作风和科学的思维方式。

---

① 段功伟：《52科技副职月底赴任》，《南方日报》2007年12月18日。

第二章 广东"双到"扶贫之路
（2009—2015）

2007年12月，时任广东省委书记汪洋深入清远市阳山县和连南瑶族自治县开展调研工作，针对广东区域经济发展不均衡和山区、贫困地区的落后状况，要求各级相关部门要采取有效的解决措施，着实推动区域协调发展，带动贫困群众实现脱贫，过上美好生活。汪洋提出，当地的扶贫开发要"规划到户、责任到人、登记造册、电脑管理"，调动全社会力量，全面帮助贫困群体和贫困村实现脱贫。

2009年6月22日，广东省委省政府印发《广东省扶贫开发"规划到户、责任到人"实施意见》，正式打响扶贫"双到"（即规划到户，责任到人）的重大战役，其基本思想是：靶向疗法，定村定户，定责定人，驻村帮扶，一村一策，一户一法，一定三年，限期脱贫，分轮分批解决农村贫困问题。扶贫"双到"的宗旨是"精确扶贫、定点消除"。

2009—2015年，广东开展了两轮扶贫开发"双到"工作，实行精准帮扶，因户施策，靶向治疗，共投入各类帮扶资金430亿元，派出2万名驻村工作队和扶贫干部，先后使5978个贫困村、50.7万贫困户、248.6万贫困人口实现了脱贫[①]，贫困村集体经济实力明显增强，贫困户的生活明显改善，民生保障水平有效提高，扶贫开发成效显著。

第一节 第一轮"双到"扶贫（2009—2012）

第一轮"规划到户、责任到人"双到的实施期限是2009—2012年，重点帮扶对象是粤东西北的14个地级市、恩平等83个县（市、区）的3407个贫困村，以及低于家庭年人均纯收入标准2500元的大约36.7万户贫困户、

---

① 胡新科：《176.5万相对贫困人口三年内稳定脱贫》，《南方日报》2016年6月14日。

158.6万贫困人口。①

一、瞄准机制，靶向疗法

实施"瞄准机制，靶向疗法"，能够更直接、更精确地配置扶贫资源，提高扶贫资源使用效益，提升贫困人口自我发展的能力和应对贫困风险的能力，实现中国特色扶贫开发方式的重要突破。

（一）建立瞄准机制，明确目标任务，确保扶贫"双到"有的放矢

一是瞄准扶贫对象。根据扶贫"双到"制定的贫困标准，确定具体的贫困村、贫困户，并出榜公示，保证确定的扶贫对象公开、公平、公正。各帮扶单位深入到贫困村、贫困户摸底，逐村逐户调查核实基本情况，保证贫困村、贫困户的情况准确真实。按照"户有卡，村有册，镇有簿、县有案"的工作要求，对贫困村、贫困户登记造册，录入电脑，建立动态档案和帮扶台账，实现全省联网，使每一个贫困村、贫困户的基本情况和挂扶单位的帮扶情况一目了然。

二是瞄准贫困成因。按照扶贫"双到"工作要求，各帮扶单位深入贫困村、贫困户调研，了解贫困村集体经济发展情况、贫困户生活生产情况，找出贫困原因，为制定扶贫规划和措施提供可靠的依据。同时，按照"规划到户、责任到人"的工作部署，全省把3407个贫困村和36.7万户贫困户的帮扶任务具体分配落实到省直机关，企事业单位，科研院所，大专院校，珠江三角洲7个经济发达市和贫困村，贫困户所在市、县（市、区）的有关单位等，进行定点、定人、定责帮扶。瞄准机制明确了"谁去扶贫"和"扶谁的贫"，为实施"靶向疗法"打下坚实基础。②

（二）实施"靶向疗法"，落实工作责任，确保扶贫"双到"快见效、见实效

广东省在全国率先实施扶贫考核制和问责制，省相关部门出台考评办法，公开考评结果，并将扶贫"双到"成效纳入各级领导干部政绩考核范围；实施《扶贫开发"规划到户、责任到人"工作问责制》，对扶贫"双到"工作实行全程、全员、全方位跟踪监督，严肃问责，奖优罚劣，确保了按时高质完成任务。各帮扶单位按照所在市、县（市、区）制定的扶贫"双到"规划和年

---

① 《广东省"双到"扶贫模式》，http://cn.chinagate.cn/povertyrelief/2014-10/14/content_33761499_2.htm。

② 邓圣耀：《广东"精准扶贫"成全国经验》，《南方日报》2014年3月26日。

度实施计划，根据每一个村、每一户贫困户的不同情况，实行分类指导，采取"一村一策、一户一法"，制定每个村、每户农户的具体的帮扶计划和帮扶措施，着力于"帮思想扶志气、帮生活扶解困、帮生产扶技术、帮项目扶资金、帮学习扶智力"，达到了帮扶主体与帮扶对象的良性互动、合作共赢，使帮扶工作有目标、有规划、有步骤、有措施。

二、建档立卡信息化管理

扶贫开发"双到"中，广东省扶贫信息网实现了扶贫对象电脑管理，在全国率先将扶贫基础工作信息化，信息工作基础化，将"户有卡、村有册、镇有簿、县有案"的工作要求与信息化建设充分结合，建立严密的数据档案，实现统一管理。

顺德区大良扶贫工作组在英德市黄花镇城下村对各位贫困户的《帮扶记录卡》进行年度核对。（图片来源：广东省扶贫开发办公室、南方报业传媒集团主编：《奔向幸福——广东扶贫"双到"纪实》，第29页）

一是建立动态档案。粤东西北欠发达地区的市、县（市、区）将贫困村、贫困户的真实情况逐村逐户登记造册，建立动态档案，并实行电脑管理。做到户有卡、村有册，省、市、县（市、区）和乡镇有数据库，建立实时联网监测系统。

二是建立帮扶台账。全省统一制发帮扶贫困村贫困户的《帮扶记录卡》，由县（市、区）负责发放、管理。《帮扶记录卡》由贫困村、贫困户以及帮扶单位的责任人分别持有。各定点帮扶单位要按照要求，根据帮扶情况，如实填写《帮扶记录卡》，由村负责人、贫困户主、帮扶单位负责人共同签名，并作为评议的重要依据。县（市、区）、镇有关部门应当及时将记录卡内容录入电脑、存档、更新，建立帮扶动态档案，跟踪贫困村、贫困户的帮扶成效。

三是建立扶贫信息网站。省级扶贫信息网以及与之对接的各县子网站如期开通，有关市、县同时安排专人负责，积极配合省扶贫办做好本地网站栏目规划、信息采集、制定规章等工作。

四是完善全省扶贫信息网运行机制。通过对外信息发布平台，及时向社会反映广东省扶贫开发工作情况，实现扶贫政务公开，引导全社会关心帮扶贫困村贫困户，促使贫困农户早日脱贫奔康。

建档立卡信息化管理意义重大。一方面，扶贫信息电脑联网管理把基层扶贫细节完全放在阳光下，有利于打击"走过场"现象。针对扶贫对象"建档立卡，电脑管理"，使扶贫真正有案可查，在阳光下接受群众监督，也成为"双到"工作进展与成效的直观体现和重要评判依据。另一方面，扶贫工作信息化也为加强工作指导和监测管理提供了准确的信息依据。

三、大扶贫格局的构建

广东"双到"扶贫，举全省之力，聚社会之财，集全民之智，实施扶贫攻坚，形成了领导重视程度最高、扶持政策最实、资金投入最多、社会参与最广的大扶贫格局。

（一）领导挂钩落实责任，确保执行有力

扶贫"双到"建立了领导挂钩联系制度，为大扶贫格局搭起框架。省委常委会每年专门召开会议，听取21个地级以上市扶贫开发"双到"工作专题汇报；省委省政府多次召开工作现场会；省委13位常委和分管农口的副省长各挂钩联系一个市督导工作；省直各部门一把手作为挂钩帮扶贫困村第一责任人；各市、县党政一把手把扶贫"双到"列入重要议事日程，四套班子成员全部挂村挂户，明确领导责任。至2012年，全省各级领导到村超过60万人次，平均每村180多人次。[①] 确保扶贫有关政策在贯彻执行中不变味、不走

---

① 《2014年第一期广东帮扶广西扶贫管理干部培训班资料汇编》（内部资料，2014年8月，广州），第9页。

样，切实把扶贫各项工作落到实处。

(二) 集中资源"五方挂钩"，对口帮扶效果显著

省直机关、企事业单位、科研院所、大专院校、珠江三角洲7个经济发达市以及粤东西北14个市的有关单位全体动员，全省派出3541个工作组、11524名干部进村驻点，保证每个贫困村都有驻村工作组，每户贫困户都有帮扶责任人，入村到户、不留死角，构成了大扶贫格局的主体。各帮扶单位发挥自身优势、因地制宜、分类指导，通过帮助建设基础设施、发展经济项目、开展技术培训等，改善贫困村、贫困户生产生活条件，增加收入，加快脱贫致富步伐。实施扶贫"双到"以来，全省各级帮扶单位累计投入帮扶资金227.3亿元，其中各级财政专项资金66.1亿元；平均每个贫困村的村集体和贫困户落实帮扶资金667.2万元，帮助发展经济项目和基础设施建设等项目共28868个，扶贫资金多渠道供给机制初步形成。①

(三) 动员社会广泛参与，形成强大合力

集中力量办大事是中国共产党领导的社会主义中国所具有的一大独特优势。扶贫开发"双到"成就显著的一条重要经验是举全省之力，全民动员。各级扶贫部门牢固树立大扶贫理念，积极构建大扶贫格局，进一步动员、整合全社会的力量和各种资源参与扶贫工作，使扶贫工作的渠道更广泛、帮扶更到位、措施更丰富，为贫困地区的发展注入强大动力。

以"广东扶贫济困日"活动为契机，探索和建立"扶贫文化"机制，形成党委、政府主导，各党政机关、群众团体、企业、社会各界热心人士和贫困群众共同参与的扶贫工作新格局。争取各级政府机关和经济发达地区的帮扶协作，鼓励支持慈善事业发展，发挥非政府组织的作用，不断拓展社会扶贫领域，增强社会扶贫实效，提高扶贫工作的整体实力。构建多部门参与的行业扶贫平台，全面加强部门协调，加大资源整合力度；充分发挥企业、学校、科研院所、军队和社会各界在扶贫开发中的积极作用；坚持把组织社会扶贫资源和依靠社会力量推动扶贫开发摆到更加突出的位置，进一步落实党政机关和国有企事业单位带头扶贫的责任，强化社会扶贫的激励机制。广东省以前所未有的宣传力度，弘扬慈善精神，增强社会责任意识，动员社会各方参与扶贫工作，促使扶贫济困成为全省上下的广泛共识和统一行动。

---

① 邓圣耀：《广东"精准扶贫"成全国经验》，《南方日报》2014年3月26日。

四、党建、扶贫互促机制

广东省扶贫开发"双到"工作围绕扶贫抓党建、抓好党建促扶贫,坚持一手抓扶贫、一手抓党建,把扶贫工作与加强农村基层党组织建设有机结合起来,固本强基,争先创优,大大提高了被帮扶村党支部的凝聚力和战斗力。

(一)培养能人强班子,打造一支"永远不撤走的工作队"

在推进扶贫"双到"工作中,广东省大力加强基层干部队伍培训,提高基层干部整体素质。根据广东省政府发展研究中心完成的《广东扶贫开发"双到"创新实践的回顾与思考》,全省对3407个贫困村"两委"干部进行轮训,各驻村工作组积极帮助村"两委"增强依法依规办事、带领致富的能力,使村"两委"坚持用制度管人、管事、管财,提高了村"两委"的威信,在最新一届村"两委"班子选举中,无一投诉,无一上访。3407个贫困村村务公开、党务公开、财务公开已经达到100%。深圳、湛江、河源市在帮扶村实施"四培养工程":把党员培养成能人、能人培养成党员、党员能人培养成村干部、优秀村干部培养成村书记。打造了作风正、能力强的"两委"班子,为贫困村留下一支"永远不撤走的工作队"。扶贫开发"双到"通过干部驻村入户,问政于民,问需于民,听民声,解民意,想路子,盖房子,挣票子,解决了贫困户最直接最现实的问题,不仅得到基层群众的衷心拥护,也受到上下各方的充分肯定和良好评价。

(二)加强基层组织建设,提高基层党组织的战斗力和凝聚力

广东省在开展扶贫"双到"工作中,把加强基层党组织建设纳入工作组任务,扶贫工作与党建工作两手抓、两促进取得了成功经验。帮扶单位党组织与村党组织结对联系,单位党员与村党员结对联系;帮扶单位帮助结对联系村,进一步建立健全党组织,帮助培训老党员、发展新党员,为结对联系村送党课、送技术、送项目、送文化。按照有党支部牌子、有党员活动场所、有党员电化教育设备、有党建工作宣传栏、有党建工作制度"五个有"标准,帮扶单位党组加强对定点帮扶党组织活动场所的建设,使活动场所成为农村组织办公议事、党员活动、教育培训、便民活动、文体娱乐等的综合阵地。通过结对联系帮扶,转变了农村党员的工作作风,密切了党群关系,优化了基层党组织结构,进一步巩固了农村基层政权。

五、"双转移"促"双到"模式

广东省在转型升级的发展新阶段,紧紧把握产业转移的客观规律,大力实

施产业和劳动力"双转移"战略,推进珠三角劳动密集型产业向粤东西北地区转移,农村劳动力向城镇转移,并与扶贫开发"双到"紧密结合起来,以"双转移"促扶贫"双到",增强欠发达地区贫困村及贫困户的"造血"功能,缩小城乡差距,促进区域协调发展,为全面建设小康社会作出贡献。

(一) 加快珠三角产业向粤东西北地区转移,夯实欠发达地区的产业发展基础

欠发达地区承接珠三角产业转移,对产业扶贫起到了重要的辐射带动作用。全省建立起36个省级产业转移工业园区,总投资达到10196.8亿元,引进项目3629个,形成了一批有较大影响力的特色主导产业,夯实了粤东西北地区的产业基础,为欠发达地区培植税源、增加财政收入提供载体,也有力促进贫困村集体、贫困户的产业发展。产业转移的辐射带动作用使扶贫"双到"的贫困村、贫困户发展特色产业项目越来越多、规模越来越大、成效越来越明显。2009—2012年,3407个贫困村、36.7万贫困户累计发展经济项目28868个,其中农业项目18101个、工业项目2938个、商贸旅游项目1559个、其他建设项目6270个,经济实力显著增强。全省区域发展差异系数从2007年的0.75回落到2012年的0.63,城乡居民收入差距从2007年的3.15∶1缩小到2012年的2.83∶1。①

(二) 加快农村劳动力培训和转移就业,提高贫困户自我发展能力

广东省在全国率先实施智力扶贫,资助贫困农户子女入读技工学校,开展贫困农民职业技能培训,帮助贫困农民转移就业。2009年以来,把推动劳动力转移与扶贫"双到"结合起来,将全省农民纳入职业技能培训范围并形成制度安排,实现"就业一人,脱贫一户"。2009—2012年,全省3407个贫困村参加各种专业技能培训的农民共204.4万人次,已经实现转移就业的农村劳动力199.3万人。2012年,3047个扶贫村农民的人均工资性收入达到5744元,占纯收入的74%②,工资性收入的大幅提高成为贫困户增加收入的重要渠道。帮助贫困户培训就业、提智增收是标本兼治的扶贫,实现从单纯给钱给物的"输血"型扶贫向增强贫困农户自我发展能力的"造血"型扶贫转变。

---

① 《广东省"双到"扶贫模式》,http://cn.chinagate.cn/povertyrelief/2014-10/14/content_33761499_2.htm。

② 《广东省"双到"扶贫模式》,http://cn.chinagate.cn/povertyrelief/2014-10/14/content_33761499_2.htm。

六、广东扶贫济困日

"广东扶贫济困日"是由时任中共中央政治局委员、广东省委书记汪洋倡导并首先提议设立的。2010年6月4日,经国务院批准同意,确定自2010年起每年6月30日为"广东扶贫济困日"。

"广东扶贫济困日"以扶贫济困、奉献爱心为活动主题,营造"人人行善、团结互助、扶贫济困"的良好社会氛围。有意捐赠的单位和个人可通过广东省慈善总会、广东省扶贫基金会等机构进行捐赠。第一轮扶贫"双到"中,全省各地各部门广泛动员、精心组织,社会各界热情支持、踊跃参加,广泛开展各种形式的爱心捐赠、访贫慰问和专项扶贫等活动,推动广东扶贫济困日活动取得显著成效。社会各界爱心人士(企业)认捐款物达90多亿元,支持帮扶3407个贫困村、36.7万贫困户、158.6万贫困人口脱贫致富[①],有力促进了全省扶贫开发"双到"任务完成,推动了广东省公益慈善事业深入开展。"广东扶贫济困日"活动已逐渐成为全省上下弘扬乐善好施传统美德、共同建设幸福广东的重要平台。

七、扶贫开发长效机制

消除贫困是一项世界性难题,随着经济的发展,相对贫困现象将长期存在,必须加快建立扶贫开发长效机制,做到对口帮扶长期化,干部驻村长期化,财力支持长期化,社会扶贫长期化,农村基层班子建设长期化,实现扶贫工作继承与创新、动态与稳定的统一,加快脱贫致富步伐,确保广东省率先全面建成小康社会。

(一)建立贫困人口的准确识别和动态管理机制

随着由"面上"扶贫到"定点"帮扶的阶段转变,需要制定更为有效的扶贫对象识别和管理方法,这对于建立瞄准机制、精确配置扶贫资源、提高扶贫开发效率具有重要意义。广东各级政府按照"村为单位、分级负责、精准识别、长期公示、动态管理"的原则,认真细致做好精准识贫工作,及时对贫困户进行调整,使稳定脱贫的农户及时退出,新出现的贫困人口及时纳入扶贫对象给予帮扶,从而实现扶贫对象有进有出,扶贫信息真实、可靠、管用。

广东根据实际建立一套简单、科学、综合、定量与定性相结合的识别标准

---

① 《2013年广东扶贫济困日活动公告》,http://www.gdfp.gov.cn/gdsfpb/zwzc/gggsl/201306/t20130625_26504.htm。

体系,保证贫困对象识别的准确性、公正性和可行性;落实基层政府、村干部和帮扶单位的贫困户指标数据采集责任,并完善相应的实施办法;利用现代信息技术手段,搭建简便易用、覆盖全省的扶贫信息管理系统,实行电子化管理,实现数据动态监测和贫困对象动态进出。

(二)建立对口帮扶的长效机制

建立健全对口帮扶的长效机制,让先富起来地区的机关、企业、个人等与贫困地区群众对口帮扶,使扶贫的过程成为提高人的素质、锻造人的精神的过程,从而让扶贫济困、团结互助蔚然成风,培育良好社会风尚。

在实践过程中贯彻落实《广东省农村扶贫开发条例》《广东省农村扶贫开发实施意见》,一是坚持对口帮扶,继续实行贫困村、贫困户定点帮扶制度,明确帮扶任务、工作责任、工作要求,建立区域协调发展互动机制;二是坚持干部驻村,继续选派优秀年轻干部下基层驻农村;三是坚持社会扶贫,继续开展"广东扶贫济困日"等活动,促进社会扶贫工作常态化,引导鼓励社会各界共同参与扶贫开发;四是建立健全考核制度,完善扶贫考核制和问责制,扶贫不达标,挂扶不脱钩;将扶贫开发工作列入干部政绩考核内容,作为干部奖惩、考核任用的依据;五是加强基层班子建设,把党建工作作为推动扶贫开发的基础和前提,继续大力开展村干部培训教育,不断提高村干部的党性觉悟和致富能力,引导贫困群众更新观念,激发脱贫意愿,找准脱贫路子。

(三)建立健全多渠道多元化的资金投入机制

稳定、持续增长的资金投入是扶贫开发工作的基础和保障,必须完善资金合理投入、科学管理及有效使用,用好用活资金。

一是适当倾斜、统筹分配专项扶贫资金,改善扶贫投入不平衡问题,避免因地区间、部门间扶贫资源、经费的差异造成弱势地区和部门扶贫能力不足,影响扶贫整体效果;二是建立与地区经济发展水平相适应的财政扶贫资金增长机制,实现扶贫财政投入稳定增长,将扶贫投入列入各级年度财政支出预算,把年新增财政的一定额度安排为扶贫专项资金;三是加强扶贫资金整合和监管,认真研究各涉农部门扶贫资金的整合办法,对财政专项扶贫资金实行专户管理、封闭运行和报账制,确保资金安全并发挥效益,规范管理社会扶贫资金,确保及时足额用到扶贫开发项目中去。

(四)建立健全贫困村贫困户的自我发展机制

广东省扶贫开发工作注重扶贫对象自我发展机制的顶层设计,逐步提高贫困村贫困户自我发展的能力和应对贫困风险的能力,从源头上消除贫困,确保被帮扶的贫困户基本实现稳定脱贫。

一是切实保障农民土地财产权益，避免"因地致贫"；二是提升农业效率和竞争力，全面促进现代农业发展，提高从事农业的收入水平；三是大力促进地区、城乡协调发展，提高欠发达地区公共服务水平，营造有利的发展环境；四是加快中小城镇及其产业发展，创造更多的第二、三产业就业岗位，将富余劳动力转移出农村，保证农民变市民"转得出、稳得住、过得好"。

（五）建立健全贫困人口的社会保障机制

加快健全以社会救济、养老保险、社会福利、优抚安置、社会互助和合作医疗等为主要内容的社会保障制度以及配套服务网络。从共同富裕的大局出发，广东省应该不断提高农村社会保障水平，尽快实现城乡社会保障体系一体化，维护农村贫困人口的基本利益。

养老问题由养老保障解决，不断完善城乡居民基本养老保险制度，对符合条件的贫困人口由地方政府按规定为他们代缴养老保险费。因病致贫、因病返贫问题靠医疗保障解决，健全支持政策，将贫困人口全部纳入城乡居民基本医疗保险、大病保险保障范围，对仍有特殊困难的，采取医疗救助和其他手段帮扶。教育问题靠教育公平和教育保障来解决，进一步加强对贫困地区的教育支持，特别是要保障义务教育，确保贫困家庭适龄学生不因贫失学辍学。健全覆盖各级各类教育的资助政策体系，学生资助政策实现应助尽助。对于缺乏劳动能力和收入来源而生活困难的人，将其纳入最低生活保障制度覆盖范围。通过统筹各类保障措施，建立健全综合保障体系，为不同类型的贫困人口织就坚实的社会保障网。

八、专项扶贫资金

专项扶贫资金是指国家为改善贫困地区生产和生活条件，提高贫困人口生活质量和综合素质，支持贫困地区发展经济和社会事业而设立的财政专项资金。

在扶贫开发"双到"实践中，广东各地各部门继续落实好省委省政府《关于加快山区发展的决定》和其6个配套文件以及《关于实施"十项民心工程"的通知》要求，加大扶贫投入力度，按已定标准和时限要求继续落实好各项扶持政策，把扶贫开发专项投入列入本级财政年度预算，保证财政扶贫资金投入；省财政加大投入力度，继续推进贫困村基础设施建设，落实安排好产业化扶贫、科技、培训、教育、农村安居工程等专项资金，推动各项扶贫工作的开展；各地充分发挥金融服务业的作用，积极开展农村扶贫信贷业务和农户小额信贷业务，突出支农重点，优化信贷投向，提高信贷资金使用效率，支持农户创业,脱贫奔康。

第二节 第二轮"双到"扶贫(2013—2015)

为贯彻落实中央"两个大局"战略构想,实现广东省率先全面建成小康社会的奋斗目标,在总结第一轮扶贫"双到"经验的基础上,2013年,广东省委省政府部署启动了第二轮扶贫"双到"工作。第二轮扶贫"双到"中,全省各地、各部门坚持用倒逼的办法解决动力问题,用发展的办法解决贫困问题,用改革的办法解决制度问题,全面实现了扶贫"双到"目标任务,被帮扶贫困户生活状况大大改善,被帮扶村村容村貌焕然一新,被帮扶地区经济社会内生动力明显增强、发展速度显著提高。

一、"三位一体"大扶贫道路

坚持政府主导、行业统筹、社会参与,走专项扶贫、行业扶贫和社会扶贫有机结合、互为支撑"三位一体"大扶贫之路。充分发挥政治优势,把扶贫开发作为重大政治任务,纳入粤东西北振兴发展战略框架和各地经济社会发展战略总体规划,落实党政一把手负总责的扶贫开发工作责任制,建立党政领导班子成员挂钩联系制度,实施省负总责、县抓落实、工作到村、扶贫到户的工作机制,形成政府强力推动的新格局。将扶贫开发"双到"工作纳入各行业部门、各帮扶单位重点工作,由行业部门统筹解决贫困地区基础设施、产业发展、民生保障等重点问题,由定点帮扶单位协调解决村内基本公共服务、特色产业、帮扶救济等具体事宜,构建起行业部门与定点帮扶紧密结合、分工明确、各司其职、协同作战的工作推进机制。依托"10·17"国家扶贫日和"6·30"广东扶贫济困日,引导企事业单位、社会组织、志愿者、爱心人士等积极投身参与扶贫开发事业。2013—2015年共筹集扶贫捐款近80亿元,并按照捐赠人的意愿,重点投向贫困村基础设施建设、教育医疗保障和产业发展领域。

广东省政府主导、行业统筹、社会参与的"三位一体"大扶贫做法,巩固了以专项扶贫为主导,以行业扶贫、社会扶贫为支撑的大扶贫工作格局,完善了扶贫战略和工作机制,强化了扶贫"双到"的政治保障、社会基础和群众自觉,推动扶贫开发从政府行为向社会行为的转变。

二、规范化、制度化扶贫

作为东部地区率先推行"依法扶贫"的省份，2012年1月1日，广东省颁布实施《广东省农村扶贫开发条例》，建立动态扶贫标准、明确农村扶贫对象、规范对象识别程序、强化帮扶方与被帮扶方相应责任、健全资金投入与管理机制，标志着广东省扶贫开发正式进入法制化、制度化轨道。制定实施《广东省农村扶贫开发实施意见》《广东省新一轮扶贫开发"规划到户、责任到人"及重点县（市）帮扶工作实施方案》和《关于创新机制扎实推进农村扶贫开发工作的分工方案》，对全省扶贫开发工作进行全面系统部署，推动扶贫开发"规划到户、责任到人"模式长期化、制度化。在全国率先实施扶贫考核制和问责制，出台考评办法，公开考评结果，并将扶贫"双到"成效纳入各级领导干部政绩考核范围，确保各项扶贫措施落地见效。省有关部门制定出台关于选派驻村工作队和驻村工作干部、落实驻村干部待遇保障、加强贫困村基层组织建设、建立健全珠三角和粤东西北对口帮扶机制等配套政策，强化全省扶贫开发工作的制度保障，推动扶贫开发工作迈入规范化、制度化和常态化发展轨道。

三、动态贫困标准的建立

扶贫"双到"率先探索建立起动态贫困标准。广东省第一轮"双到"扶贫提出的识别贫困村、贫困人口的标准，是一种绝对意义上的静态贫困标准；第二轮"双到"扶贫提出的识别贫困村、贫困人口的标准，则是一种相对意义上的动态贫困标准。

广东省认识到完全照搬国际、国家贫困标准，已不适应广东经济社会快速发展和人民生活水平提高的实际，必须与时俱进制定科学动态的贫困标准。2009—2012年的扶贫"双到"中，广东实际上已将扶贫标准由1500元大幅提高到2500元，早于并高于全国2011年提出的2300元的国家贫困标准。2012年广东出台的《广东省农村扶贫开发实施意见》中，广东省更为明确地提出建立动态贫困标准，将当年全省农民人均纯收入的33%作为2013—2015年新的扶贫标准，约为3478元，比全国2011年扶贫标准约高出1178元。① （2012年广东全省农民人均年纯收入为10542.8元，广东省按33%的标准将2013—2015年广东贫困线从2500元提至3200元。此时全国扶贫标准为2300元，广

---

① 李丁丁：《"不能让任何一个贫困人口掉队"》，《南方农村报》2016年3月31日。

东的扶贫标准相当于全国农民人均纯收入的29.1%。①）按国际购买力评价法相当于人均一天2.5美元,高于世界银行制定的中等收入国家的相对贫困标准。2016—2020年广东以2015年为基期,根据当年经济社会发展状况和相对贫困人口规模,确定贫困标准。动态贫困标准的建立,明确了"扶谁的贫"的重大问题,确保扶贫工作始终瞄准并全面覆盖处于标准以下的贫困人口。

2013—2015年,被帮扶的相对贫困人口年人均纯收入达到当年全省农民人均纯收入的33%以上,实现稳定脱贫;被帮扶的相对贫困村年人均纯收入达到当年全省农民人均纯收入的60%以上,村集体经济收入达到5万元以上,全面改变落后面貌;重点帮扶县农民年人均纯收入达到当年全省农民人均纯收入的75%以上。②

广东在全面消除绝对贫困基础上,探索建立动态贫困标准,不断提高贫困线水平,目的不仅仅是解决贫困人口的基本生活需求,而是要从同等享受国民待遇和均等化基本公共服务的角度,给予贫困人口改善生活条件、取得自我发展的机会,体现了包容发展的理念。这既是对我国扶贫理论实践的创新,也是对国际反贫困理论实践的贡献。

四、创新性扶贫

坚持因地制宜、积极探索,走百花齐放的创新扶贫之路。坚持问题导向,尊重扶贫开发内在规律,各地各部门因地制宜创造性开展扶贫工作,从工作推动、增收渠道、利用外力和民生保障上,探索出多种行之有效、特色鲜明的帮扶方式。

一是思想扶贫。按照"扶贫先扶志,治穷先治懒"的要求,引导贫困户更新观念,树立自信和自我发展的意识,摒弃消极畏难和"等靠要"思想,变"要我脱贫、要我富"为"我要脱贫、我要富"。二是产业扶贫。围绕农业产业化和农产品商品化,在贫困村建立农产品生产基地,联结终端销售市场,带动贫困农户致富,实施全产业链帮扶,形成"公司+基地+农户"的产业扶贫模式。三是智力扶贫。为贫困户提供免费的职业技能培训,并推荐就业;设立奖助学金,资助贫困户子女教育。四是旅游扶贫。充分挖掘贫困地区的自然、人文旅游优势资源,大力发展农家乐、农家客栈、购物观赏长廊等乡村旅

---

① 吴松山、王群:《广东扶贫工作从实绩到认知创新的贡献》,《南方杂志》2020年第12期,第14—17页。

② 《广东省农村扶贫开发实施意见》,http://www.gdfp.gov.cn/zcfg/swszf/201605/t20160531_773054.htm。

2013年6月,由5位80后扶贫干部组成的"双到"沙井街道扶贫小组搭乘广东第二轮扶贫"双到"的快车,到河源市龙川县铁场镇开展对口扶贫工作,将"扶贫超市"等先进理念创新性地移植到扶贫工作中,大力改善当地村民的生活工作环境。(图片来源:《宝安日报》2016年3月21日)

游,扩大就业岗位,增加旅游收入,拉动农村经济。五是电商扶贫。以"互联网+特色农产品"的新形态、新手段,搭建贫困地区特色农产品电商平台,做到网上销售、实体展示相结合,减少中间环节,扩大农产品销路,解决农产品难卖的问题。六是金融扶贫。探索把扶贫专项资金作为小额贷款担保或者贴息的资金,通过金融杠杆,让这笔扶贫专项资金发挥更大的作用,即通过小额贷款解决资金短缺问题。七是民生扶贫。针对不具备劳动能力的贫困户,积极进行救济,出资为其购买养老保险、办理低保等,加大对贫困户子女教育资助、大病医疗救助和住房改造补助的资助力度。八是整村推进。由帮扶单位牵头推动,以政府投入为主,整合行业、社会扶贫资源,以村为单位实行总体规划、综合整治,改善村内的水、电、路、网等基础设施。九是对口帮扶。珠三角对口帮扶粤东西北地区,派出联合帮扶工作队,制定帮扶规划、共建产业园区、建立农产品产销对接机制、接纳农村劳动力转移,辐射带动贫困户发展生产、增加收入,形成两地互动、共促发展的帮扶新格局。十是党建帮扶。把巩固党在农村基层的政权与扶贫开发有机结合起来,充分发挥村"两委"在推动扶贫开发工作中的积极作用,选好一把手、配强领导班子,大力带领群众脱贫奔康,提升村"两委"的战斗力和凝聚力。

五、解决国家现行标准下的绝对贫困

国际上广泛运用的贫困标准是世界银行以购买力平价法确定的两条贫困线:一条是相对贫困线,每人每日2美元,适用于中等收入国家;另一条是绝对贫困线或极端贫困线,每人每日1.25美元,适用于贫穷的国家。我国2008年以前设有两个贫困标准:一个是绝对贫困标准,2007年收入为785元;另一个是低收入标准,2007年收入为1067元。2008年起将两个标准合一为1067元,并随着整体国力的提升和扶贫工作的深入持续提高标准。

2013—2015年,省委省政府部署第二轮扶贫"双到"工作,组织3599个单位,派出7986名干部驻村,以3480元为扶贫标准,帮扶2571个相对贫困村、20.9万相对贫困户、90.6万贫困人口如期实现脱贫,基本消除绝对贫困。①

第三节 广东"双到"扶贫的特色

在新形势下,广东省先行先试,科学发展,开创性地掀起一场前所未有的扶贫开发"规划到户、责任到人"大会战。通过在全国率先结合整村推进,实施"规划到户"帮扶;率先实施扶贫考核制和问责制,实现"责任到人";率先实施扶贫信息电脑联网管理,让扶贫在阳光下运行,广东闯出了一条独具特色的扶贫开发新路子。

一、政府主导,发挥统筹协调作用

面对"两个广东"的尴尬,要求政府在扶贫开发工作中起主导作用,统筹开展反贫困,以解决贫困村组织不力,贫困户分散化、原子化等带来的扶贫成本问题。扶贫开发"双到"是广东省委省政府为了破解扶贫开发工作的难题提出的扶贫新举措,是新时期扶贫工作的重大转变和突破,也是新形势下需要各级党委、政府和各部门共同打好的一场扶贫攻坚战。

广东省委省政府主要领导高度重视,亲自挂帅,多次主持召开会议,指导制定相关文件,大规模派驻干部,保证扶贫开发"双到"工作部署的贯彻落

---

① 胡新科:《十大模式精准发力 三年帮扶成果显著》,《南方日报》2016年3月22日。

实。省委13位常委和分管农业农村工作的副省长，每人挂钩联系一个市，负责联系督查；省四套班子领导同志深入贫困村开展调研指导，帮助解决工作中存在的突出问题；省直单位和各市、县党政领导班子全部挂村挂户抓点，进村入户现场研究"双到"工作。① 建立统筹各方、发挥各部门积极性的协调机制，扶贫部门负责统筹推进帮扶工作，各帮扶单位发挥积极性和主动性，落实"一村一法、一户一策"，助力贫困户脱贫致富。

二、规范程序，让扶贫在阳光下运行

扶贫开发"双到"将扶贫工作置于各方监督之下，让贫困户、村民参与帮扶过程之中，体现程序和实质意义上的公正公平公开，让扶贫在阳光下运行。一是突出帮扶对象的主体地位。决策制定中充分考虑贫困户的利益需求，发挥帮扶对象的主体作用，在扶贫决策、规划制定、实施推进、监督反馈各阶段，均以贫困户为中心。二是程序规范。帮扶全程注重程序性，充分征求各方意见，统筹全省帮扶工作；公开遴选驻市（县）组长、成员，按要求选派驻村干部；对贫困户生产生活状况进行全方位摸底，公示后报批；制定贫困村、贫困户脱贫规划和帮扶措施；将贫困户、贫困村的基本资料录入扶贫信息网，为扶贫部门跟进、调整、考核扶贫工作提供依据。② 三是坚持监管结合。围绕扶贫开发"双到"工作要求，省、市、县和镇各级联动，从2009年下半年开始搭建覆盖全省的扶贫开发信息管理系统，在全国率先实施扶贫信息电脑联网管理，将扶贫基础工作信息化、信息工作基础化，将"户有卡、村有册、镇有簿、县有案"的工作要求与信息化建设充分结合，建立严密的数据档案，接受群众的监督。

三、产业扶贫，让贫困户能致富、持久富

"脱贫是第一步，关键是要致富"，"产业发展是贫困地区、欠发达地区脱贫致富奔小康的根本途径"。按照时任广东省委书记汪洋的指示，"双到"工作坚持从实际出发，根据帮扶对象特点，分门别类制定到村到户的帮扶措施，选准和落实产业扶贫项目，制定帮扶规划，并把产业帮扶项目落到实处，解决产业发展"缺资金、缺技术、缺市场信息、缺有效的产业化组织机制"的

---

① 李鲁云、田晓霞：《广东扶贫"双到"创出建设幸福农村新路子》，《广东经济》2012年第4期，第4—10页。
② 李向阳：《广东"双到"扶贫模式的示范意义》，《开放导报》2015年第4期，第110—112页。

"四缺"难题,全力推进扶贫开发各项工作。

乐昌市大富村四周环山,是无自然资源开发利用的典型石灰岩山区。这里的贫困户老弱居多,没有专业技能,更没有创业资本。"双到"扶贫工作队经过详细调查研究,制订了"以产业帮扶,促种养致富"的扶贫方案。扶贫工作队帮助大富村建立了690亩蔬菜、黄烟特色农产品种植基地,分租给贫困户。贫困户缺少种苗和化肥,帮扶单位拿出种植帮扶资金3.2万多元,帮助其解决种苗和化肥问题;村里缺少技术,工作队请来技术员,开展技术培训、现场指导,大富村2011年的四季豆亩产量比常年提高了45%;村里基地用水困难,工作队筹集12万元修建了1605米"三面光"水渠;村里交通不便,工作队联系交通部门,修建了一条穿越蔬菜、黄烟基地核心区域的水泥路。有了产品和技术,没有市场也不行。工作队链接资源,联系当地农业龙头企业与村民建立"公司+基地+农户"的购销模式,贫困户收入大幅度增加,3264户种植1.1万亩蔬菜,仅此一项户均年收入可达1.3万元。时任广东省委书记汪洋高度评价大富村发展种植业带动贫困户脱贫致富的做法,并命名为"大富模式"。[①] 这种模式表明,产业扶贫是贫困地区、欠发达地区脱贫致富奔小康的根本途径。

陆河县上护镇的苏坑村、护径村和东坑镇的共光村、福新村都是广东省级贫困村。这两个镇四个村共有423户贫困户2130名贫困人口,家庭年人均收入不足1500元。村集体经济收入为零,还背负着沉重的债务。尽管村集体收入一分钱都没有,但村庄环境的保洁、生产发展等问题,都要花钱。中山东凤镇、中山文广新局、中山供销社组成联合工作组负责帮扶这四个村。工作组推进"一村一基地"产业扶贫模式,投资30万元为每村入股水电站、建设青梅加工厂,确保每村集体年收入达到3万元以上;分别建立护径村扶贫开发农业产业园、苏坑村贡柑基地、共光村青梅基地、福新村油茶—松树套种基地等各具特色的农业产业基地,每个项目为各村集体增加收入超5万元。[②] 工作组为贫困村构建了贫困户脱贫和村集体增收的长效机制。

清远市积极推行"四个一",引领产业扶贫,壮大产业基础。扶贫需要以产业化思维带动贫困地区打造经济生态,提高农产品品质和特色。"四个一"就是每个村至少发展一个主导产业、成立一个专业合作社、联挂一家龙头企业、带动一批有劳动能力的贫困户。截至2021年5月,清远累计建设产业扶

[①] 《扶贫"双到"点亮"幸福广东"之光》,《农民日报》2011年3月11日。
[②] 盛海辉:《"靶向疗法"创出扶贫开发新路子》,《源流》2012年7期,第12—15页。

贫项目15.73万个，261个相对贫困村全部出列，12.37万贫困人口实现脱贫，有劳动力贫困人口人均可支配收入比省定脱贫标准高9303.7元①，贫困人口收入稳定性明显提高。

四、防范化解返贫风险，防止在薄弱环节出问题

脱贫和致贫是一对矛盾，脱贫不返贫才是真脱贫。因病返贫，一直是扶贫脱贫工作中的突出问题。尤其是患了心脑血管疾病、糖尿病、尿毒症、白血病等慢性病或重病的，家庭收入几乎都用在看病上。广东"双到"扶贫，注重建立健全医疗保障机制，进一步为贫困群众兜牢医疗保障底线，防止因病返贫。

从2009年开始，珠海市卫生局以改善揭阳普宁市梅田村医疗卫生保障为基础，提高梅田村民身体素质，建立村民卫生保障体系为抓手，开辟了一条长远、稳定的健康脱贫之路。②

一是通过新型农村合作医疗与医疗资助的协调互补，共同解决贫困农民看病就医难的突出问题。每年投入4.45万元资金为全村322户贫困户购买新农村合作医疗保险。对长期患病无钱治疗的贫困户提供免费的医疗帮扶，组织一批患者到珠海各医院接受免费的诊治。二是建设梅田村卫生室。资助10万重建梅田村卫生室，配置基本的医疗器具和各类基本的药品。对现在的医护人员进行培训，并从各医院选派优秀的医务人员定期到村卫生室进行技术指导，提高卫生室医务人员的技术水平和行医能力。真正做到小病不出村的任务目标，使卫生室医务人员在计划免疫、妇幼保健及计划生育、食品卫生、学校卫生、生活饮用水、公共场所监督等各项公共卫生服务中发挥重要作用。三是培养村医务工作人员，保证村医疗卫生工作的延续性和稳定性。从梅田村的贫困学生中，选择三名有意愿从事医疗卫生服务的责任心强的初高中毕业学生到珠海市卫生学校接受免费培训，考核合格发给毕业证书，并取得执业医师资格证书后回到村卫生室从事医务工作。四是组织医疗义诊队，开展健康教育和送医送药活动。卫生系统从各医院选派20名技术骨干，于2010年7月到梅田村开展"送医、送药、送健康活动"。走访了130多户贫困户，接诊500多人次，发放健康教育手册600多本。

---

① 曹菁：《清远累计建设产业扶贫项目15.73万个》，《广州日报》2021年5月20日。
② 广东省扶贫开发办公室、广东省扶贫开发协会编：《广东扶贫开发"双到"十大模式》（内部资料），第284页。

五、全面参与，调动社会各方力量

扶贫开发"双到"重视对社会各界力量的动员和社会扶贫资源的整合，让志愿扶贫成为常态，逐步形成上下联动、左右联动、党政联动、全社会动员，宽领域、多层次、全方位发动帮扶的工作机制和党政主导、领导带头、全面动员、全社会参与的良好扶贫氛围。

广东省委省政府加大媒体舆论宣传力度，动员全社会、全民参与扶贫，举全省之力，集全民之智，广开筹资渠道，动员社会各界参与。时任广东省委书记汪洋提出，全省扶贫开发工作要进一步整合人、财、物等社会扶贫资源，构建专项扶贫、行业扶贫、社会扶贫三位一体的大扶贫格局。由汪洋书记亲自倡导，经国务院正式批准，广东省委省政府将每年6月30日定为"广东扶贫济困日"，这是广东在全国首开先河的扶贫开发工作创新举措，也是动员社会力量参与扶贫开发的重要平台，让社会扶贫成为广东的名片和特色。通过"广东扶贫济困日"活动，全省各界积极捐款，摆脱仅靠政府进行扶贫的局面，弥补政府扶贫财力的不足，形成先富帮后富、乐善好施、乐于助人的良好社会风气，对促进不同阶层的交流、理解和支持，促进社会和谐稳定具有非常积极的意义。

六、紧贴实际，实行动态调整

广东扶贫开发"双到"对贫困户、贫困线的瞄准与确定不是一成不变，而是紧贴实际进行动态调整。一是瞄准贫困户，将贫困人员根据其致贫原因分为不同类别，采用不同方法，对贫困村和贫困户进行动态管理，使得扶贫资金更为精准地瞄准贫困户。通过对公共基础设施的建设，结合产业扶贫、智力扶贫、金融扶贫等形式，提高其生产生活条件。二是根据实际确定贫困线，在不低于省定贫困线的情况下，各地根据实际确定贫困线，折射出责任政府的担当与承诺，促使群众得到更多的实惠。三是给予贫困群体更大自主权，在帮扶单位和贫困村推进自选项目时，通过加权方式对其进行考评，以此提升贫困人口的自我发展能力，促使他们稳定地走出贫困。

七、严格考核，落实政策措施

扶贫开发"双到"工作严格考核制度，按照省、市考核的标准，严格考核程序、严格考核结果的运用，把考核结果作为发现干部、提拔任用干部的重要指标。一是考核程序严格。省纪委、省委组织部、省扶贫办等部门出台

《广东省扶贫开发"规划到户、责任到人"工作考评办法》《关于进一步做好扶贫开发"规划到户、责任到人"驻村干部选派和管理工作的意见》和《广东省扶贫开发工作问责暂行办法》,对"双到"工作实行全程、全员、全方位跟踪监督,严格考评,严肃问责。二是考核过程规范。通过各种方式向社会公开考核内容、考核标准、考核程序、考核时间和考核结果,确保考核公开进行,坚决防止暗箱操作。省、市、县(市、区)分别组织几百个单位上千名干部对"双到"工作进行交叉大检查考评,对帮扶工作成效进行定量考核,对帮扶责任、组织计划和工作落实情况进行定性考核,重点考核村户的脱贫情况、短期与长期相结合,着眼促进扶贫开发工作长远发展,做到衔接一致、全面落实、不漏不偏。三是考核结果公正。从实际出发,合理把握两轮扶贫"双到"的时序节奏,防止急于求成、盲目冒进,防止数字脱贫、被脱贫,防止不作为、乱作为、假作为,挤干净水分泡沫,努力解决一些地方和部门存在的虚、假、飘等问题。将结果作为考核干部的重要指标,对经考核合格的驻村干部,符合有关任职资格条件的,按干部管理权限提拔一级职务;对长期不驻村、工作不落实的驻村干部,已提拔任职的免去提拔职务,未提拔任职的不予提拔,奖优惩劣,调动干部积极性。

第三章　广东精准扶贫精准脱贫之路
（2016—2020）

2016年，全国进入全面建成小康社会的决胜阶段。习近平把"大力推进脱贫攻坚"统筹纳入"高起点、高标准、高水平""国际标准"总要求。广东承担起以标准助力精准扶贫精准脱贫的厚重使命与责任，走出一条精准扶贫精准脱贫之路，意义重大，牵动全局，影响深远。

2016年3月22日，在全省扶贫开发工作会议上，广东省共认定相对贫困村2277个，相对贫困人口70.8万户，共176.5万人。① 2016年6月4日，广东省委省政府根据《中共中央　国务院关于打赢脱贫攻坚战的决定》，印发《关于新时期精准扶贫精准脱贫三年攻坚的实施意见》，提出广东脱贫攻坚的目标是到2018年稳定实现农村贫困人口不愁吃、不愁穿，义务教育、基本医疗和住房安全有保障，基本公共服务主要领域指标相当于全省平均水平，贫困人口与全省人民同步迈入全面小康社会；扶贫标准也提高到4000元，与广东省农村低保最低标准人均4020元基本一致。② 为了实现目标任务，广东省提出坚持精准扶贫、精准脱贫，坚持规划到户、责任到人，协调动员全方面力量，扎实推进脱贫攻坚"八项工程"，切实提高贫困人口收入，改变贫困地区落后面貌，助力贫困人口如期实现脱贫。

各部门坚决贯彻中共中央和省委省政府精准扶贫精准脱贫工作的决策部署，工作重视程度高，政策举措实，推进力度大，社会动员广，坚决落实省委省政府确定的全年扶贫工作任务，为全面完成三年攻坚、两年巩固目标奠定坚实基础，为到2020年如期完成全省脱贫任务提供有力支撑。

---

① 黄进、胡新科：《立起现代化经济体系"四梁八柱"》，《南方日报》2018年12月8日。
② 师春苗：《从"区域瞄准扶贫"到"精准扶贫"——以广东扶贫开发为例》，《红广角》2017年第6期，第38—45页。

第一节 五个"结合"

精准扶贫精准脱贫总体上延续了"双到"扶贫体制,从"双到"扶贫到精准扶贫,除了扶贫目标从缓解绝对贫困向相对贫困转变外,也具有明显的边际变革。

一、顶层设计与地方实战相结合

登高才能望远,对症才能下药。在脱贫攻坚的决胜时期,广东省委省政府向贫困发起总攻,将贫困治理的顶层设计与地方实战相结合,坚持"高位推进,精准施策",助力各地摘掉贫困帽子,铺平致富路子,让群众过上幸福日子。

一方面是加强顶层设计。科学编制规划,针对脱贫攻坚剩下的难啃的"硬骨头",以及脱贫攻坚需要从"大水漫灌"转向"靶向治疗"、精准扶贫,2016年全省扶贫开发工作会议后,省委省政府出台《关于新时期精准扶贫精准脱贫三年攻坚的实施意见》及《分工方案》,明确了全省三年脱贫攻坚的总体要求、政策支撑、责任落实、资金投入、工作机制和措施保障等。同时,省委办公厅、省政府办公厅印发《关于加大脱贫攻坚力度支持革命老区开发建设的实施意见》,省直各部门出台关于教育、医疗、住房"三保障"的配套文件或实施方案(细则),形成门类全、范围广的"1+N"脱贫攻坚规划体系,为脱贫攻坚提供强有力的政策支撑。2018年10月,省委办公厅、省政府办公厅印发《关于打赢脱贫攻坚战三年行动方案(2018—2020年)》。上述一系列政策文件明确了广东到2020年精准脱贫的"路线图"和"时间表",回答了"扶持谁""谁来扶""怎么扶""如何退"这四个关键问题,解决了脱贫攻坚工作中存在的对象不准、路子不清、责任不实、退出程序不规范的问题,切实把中央的要求和广东的实际有效结合起来。

另一方面是强化地方实战。贫困治理的顶层设计为脱贫攻坚进行了整体布局,精准脱贫的地方实战为治理贫困提供了现实模式。为促进各地区扶真贫、真扶贫和真脱贫,广东具体采取了以下八类扶贫措施:一是实施特色产业扶贫,就地就业促进增收;二是加强就业指导服务,转移就业促进增收;三是统筹做好贫困群众兜底保障工作,织密筑牢民生保障网;四是统筹推进脱贫攻坚和乡村振兴工作,深入推进贫困村创建新农村示范村工作,加快补齐贫困地区基础设施和基本公共服务短板;五是坚持大扶贫工作格局,充分发动社会各界力量积极参与脱贫攻坚,广泛凝聚攻坚合力,推动珠三角与粤东西北区域对口帮扶向纵深推进;六是积极深化"万企帮万村"行动;七是做实做好扶贫济困日活动;八是深入推进扶贫扶志行动,着力激发贫困户内生发展动力。通过强化地方实战,广东省的扶贫成效十分显著。根据省扶贫办发布,2016—2018年底,广东省有150万相对贫困人口达到脱贫标准,贫困发生率从2016年初的4.54%下降至2018年底的0.3%以下,有劳动力贫困户人均可支配收入由不到4000元提高到9600多元,贫困群众"两不愁,三保障,一相当"总体实现。①

二、开发式扶贫与保障性扶贫相结合

习近平强调:"要坚持'富脑袋'和'富口袋'并重,加强扶贫同扶志扶智相结合,加强开发式扶贫同保障性扶贫相衔接。"② 开发式扶贫和保障性扶贫是解决贫困问题的两种重要方式。开发式扶贫着眼于培育内生动力,通过发展生产和经济活动,帮助贫困地区和贫困人口实现自我发展和脱贫致富;保障性扶贫主要是采取外部援助和救济的方式,通过社会保障和社会救助解决贫困人口的生活困难。

为确保脱贫攻坚圆满收官,广东省特别注意加强开发式扶贫同保障性扶贫相衔接,不留死角、不落一人,保障脱贫人口不会因新的生活困难而返贫。坚持开发式扶贫与保障性扶贫"两轮驱动"的原则,一个轮子是抓好以农村低保为主的保障性扶贫;另一个轮子是抓好以帮助贫困群众发展主导产业、有效增加贫困群众收入为主的开发式扶贫。

对于极端贫困人口主要采取"输血"式保障性扶贫,通过低保、扶老、助残、救孤、济困等各种方式帮助极端贫困人口解决依靠他们自身没有办法解决的问题和困难。对于有条件脱贫的人口,把保障性"输血"式扶贫和开发式"造血"式扶贫结合,以"造血"式扶贫为主。在遵循市场规律、运用市场机制的基础上,充分发挥中央和地方两个积极性,实现专项扶贫、行业扶贫和社会扶贫有机结合,资源利用和生态环境保护相互协调;增加财政投入,加强财政与金融资源有机结合;促进贫困地区经济加快增长,有效提高公共服务均等化水平;努力缓解发展差距扩大趋势,明显改善集中连片和特殊类型贫困

---

① 广东年鉴编纂委员会编:《广东年鉴2019》,广州:广东人民出版社2020年版,第38页。
② 《"既要富口袋,也要富脑袋"——习近平论脱贫攻坚"两手抓"》,https://politics.gmw.cn/2020-06/28/content_33944419.htm。

地区的发展环境和条件，让更多的农村贫困人口共享改革发展成果。通过统筹各类保障措施，建立健全综合保障体系，为不同类型的贫困人口织就了坚实的社会保障网。至2019年年底，广东省开发式扶贫与保障性扶贫衔接机制全面建立。①

三、政府、市场与社会相结合

"单丝不成线，独木不成林。"广东省新时期脱贫攻坚战按照"政府主导、农民主体、部门联动、社会参与"的要求，着力完善社会力量参与扶贫开发机制，形成具有广东特色的政府、市场、社会协同推进的大扶贫格局，广泛凝聚脱贫攻坚合力。

2016年6月，《中共广东省委 广东省人民政府关于新时期精准扶贫精准脱贫三年攻坚的实施意见》强调"政府主导，各方参与"的基本原则：强化政府责任，引领市场、社会协同发力，发挥集中力量办大事的社会主义制度优势，鼓励先富帮后富，广泛动员各方面力量参与扶贫开发，着力构建政府、市场、社会、个人合力攻坚的扶贫开发新格局。2018年10月，省委办公厅、省政府办公厅印发《关于打赢脱贫攻坚战三年行动方案（2018—2020年）》，就"深入实施社会扶贫行动"作出具体部署，指出继续深化对口帮扶、深入开展定点帮扶工作、充分发挥各类企业、社会团体、基金会、社会服务机构、扶贫志愿者和行业协会等社会力量的作用。这为广东构建政府、市场与社会相结合的扶贫格局提供了强有力的政策支持。

广东大力构建政府、社会、企业共同参与的"扶贫生态"，从受援地需求出发，精准推动当地脱贫攻坚、经济社会发展和民生改善。一是坚持政府基础帮扶精准发力。扶贫的根基在政府，关键在精准。把精准要求贯穿扶贫开发各领域各环节，准确甄别，建档立卡，精细化管理贫困人口，精确化配置扶贫资源，精准化帮扶贫困户和贫困村，确保脱贫攻坚精准到村、到户、到人。二是释放市场配置扶贫资源的空间。引入市场参与扶贫资源配置、运作的合作模式，包括政府与社会资本合作模式、政府购买服务、资产收益扶贫以及电商扶贫。深化"万企帮万村"行动，引导各类企业积极开展产业扶贫、就业扶贫、公益扶贫，推进村企合作、镇企合作、县企合作。截至2018年10月，全省有1786家企业结对帮扶2331条村庄，投入资金31.19亿元，帮扶农村人口12万

---

① 许悦：《相对贫困人口和相对贫困村今年6月底前全部实现退出》，《羊城晚报》2020年3月9日。

多人。其中有6家企业帮扶村庄10个以上，数量最多的碧桂园集团有限公司帮扶村庄达181个。① 三是动员全社会力量参与精准扶贫。动员社会团体、基金会、社会服务机构等各类组织从事扶贫开发事业，发挥扶贫志愿者和行业协会的积极作用，加强社会扶贫平台建设和推广，推动社会力量与相对贫困村、相对贫困户精准对接。办好"广东扶贫济困日""全国扶贫日"等活动，2016—2018年，通过"广东扶贫济困日"等平台，社会各界认捐善款93.34亿元②，支持省内脱贫攻坚。

四、扶贫与扶志、扶智相结合

习近平对新时期扶贫工作的新论断是"扶贫先扶志""扶贫先扶智"。广东省深入推进扶贫与扶志、扶智相结合的行动，着力激发贫困户内生发展动力。正确处理外部帮扶和贫困群众自身努力的关系，强化脱贫光荣导向，注重培养贫困群众依靠自力更生实现脱贫致富的意识，提高贫困地区和贫困人口自我发展能力。

一是加大教育扶持力度，实施"扶智代际传递"工程。对全部贫困家庭学生建档立册、跟踪管理，落实好学费减免政策，安排专项资金用于生活补助，保证贫困家庭学生100%完成学业。修建完善教学场所及配套设施，持续改善教学环境。举办青少年励志系列论坛等，开拓农村学生知识视野。二是开展个性化对接帮扶，实施"扶志培苗育才"工程。帮扶单位成员与贫困户子女结对，确保不间断引导和教育。如来自龙山村的李洁宁，因户口问题一度想辍学外出务工。省税务局扶贫工作队获悉后，安排"一对一"帮扶党员定期上门慰问和协助解决户口问题，并资助其继续学业。③ 三是完善政策引导机制，各地积极探索实施精准扶贫项目"以奖代补"机制，对参与产业项目的贫困户实行"奖勤罚懒"，实施多劳多扶、少劳少扶、不劳不扶，打破平均化，破除"等靠要"，唤起精气神。四是加强技能培训，依托各类技工院校、各类培训机构和企业，对有意愿提升技能的贫困家庭劳动力开展免费技能培训，并按规定优先给予技能晋升培训补贴及生活费补贴。④

---

① 《关于广东光彩事业，你都知道哪些?》，http://www.zytzb.gov.cn/gcsy/309113.jhtml。
② 胡新科：《我省贫困发生率从4.54%降至1.52%以下》，《南方日报》2018年10月21日。
③ 肖文舸、吕瑞轩：《脱贫攻坚税助力 扶贫队伍"带不走"》，《南方日报》2020年6月30日。
④ 广东年鉴编纂委员会编：《广东年鉴2019》，广州：广东人民出版社2020年版，第38页。

五、扶贫与基层党建相结合

习近平强调:"要把扶贫开发同基层组织建设有机结合起来","真正把基层党组织建设成带领群众脱贫致富的坚强战斗堡垒"。① 基层党建工作是农村各项事业发展的基础,精准扶贫是党中央实现全面建成小康社会战略目标的重要举措。推进基层党建工作和精准扶贫工作的深度融合是全面建成小康社会、实现中华民族伟大复兴的"中国梦"的重要保障。

广东省积极推进扶贫与基层党建相结合。广东省委省政府《关于打赢脱贫攻坚战三年行动方案(2018—2020年)》强调党建扶贫,建强贫困村党组织。深入推进抓党建促脱贫工作,全面强化贫困地区农村基层党组织领导核心地位,提升贫困地区党组织的组织力、战斗力。坚持党建引领,把"抓党建促脱贫攻坚工作"纳入《广东省加强党的基层组织建设三年行动计划(2018—2020年)》,要求市县镇党委书记带头挂点整顿,着力打造一支"不走的"工作队。

在实践中,广东省创新推进党建扶贫促攻坚工作,全面推广"三个在先"党建扶贫工作机制,即党组织优化设置在先、党组织领导决策在先、党员作用发挥在先。实施"头雁"工程,构建基层党组织书记后备队伍。这些措施进一步强化基层党组织的领导核心作用,提升农村基层党组织对脱贫攻坚的引领能力,增强党员在脱贫攻坚中的带动作用,把贫困村党组织建设成为带领乡亲脱贫奔康的坚强战斗堡垒。

第二节　四个"精准"

脱贫攻坚贵在精准,重在精准,成败之举在于精准。为深入贯彻落实党中央、国务院关于新时期扶贫开发的决策部署,打赢新时期广东省脱贫攻坚战,广东省委省政府作出推进精准扶贫精准脱贫三年攻坚重大战略部署。精准扶贫工作在不同的阶段重点有所不同,关键是要做到精准识别、精准帮扶、精准脱贫、精准管理,在精准施策上出实招,在精准推进上下实功,在精准落地上见实效。

---

① 中共中央党史和文献研究院编:《习近平扶贫论述摘编》,北京:中央文献出版社2018年版,第37页。

一、精准识别

精准识别就是按照统一标准,通过规范的流程和方法,找出真正的贫困户。要做好精准扶贫,首先就要做好贫困人口的精准识别。精准识别是精准扶贫的基础、前提和关键。

(一) 贫困人口动态管理机制

抓好贫困人口动态管理,根据扶贫对象获得扶持和增收情况,及时对贫困户进行调整,使稳定脱贫的农户及时退出,新出现的贫困人口及时纳入扶贫对象给予帮扶,从而实现扶贫对象有进有出,扶贫信息真实、可靠、管用。

广东"双到"扶贫工作的扶贫要点在于解决了"扶持谁"(规划到户)与"谁来扶"(责任到人)的问题,工作过程中形成的扶贫机制是当前精准扶贫工作的基础。2016年6月,《中共广东省委 广东省人民政府关于新时期精准扶贫精准脱贫三年攻坚的实施意见》强调不断完善贫困人口动态管理机制:健全建档立卡和动态调整机制,抓好贫困对象精准识别工作,确保扶贫精准度。各县(市、区)政府要按照规定,逐村逐户开展调查摸底,全面掌握贫困村、贫困户和贫困人口基本情况,严格识别和核准扶贫对象。科学制定贫困村贫困户进出调整的规则,明确脱贫标准,定期对建档立卡的贫困人口进行全面核查,实行扶贫台账动态管理。建立贫困户脱贫认定机制,对已经脱贫的农户,在一段时间内让其继续享受扶贫相关政策,避免出现边脱贫、边返贫现象。

广东各级政府按照"村为单位、分级负责、精准识别、长期公示、动态管理"的原则,认真细致做好精准识贫工作。2016年,精准识别建档立卡工作有序推进。建立动态管理机制,加强与民政、公安、教育、住建、工商等部门数据信息比对。组织多次"回头看"的工作,摸清底数,找准薄弱环节。截至2016年底,扶贫信息系统已录入相对贫困人口66.4万户、173.1万人,基本完成了相对贫困村、相对贫困人口的精准识别工作。[①]

(二) 扶贫大数据信息平台

建设扶贫大数据信息平台是实施精准识别的基础和重要手段。《中共广东省委 广东省人民政府关于新时期精准扶贫精准脱贫三年攻坚的实施意见》对建设扶贫大数据信息平台提出进一步的要求:健全信息化管理机制,加强扶贫开发大数据、扶贫开发融资、县级扶贫开发资金项目整合管理、贫困村扶

---

① 胡新科:《今年50万人减贫任务有望如期实现》,《南方日报》2016年12月30日。

脱贫工作落实和社会扶贫对接等平台建设，与相关部门业务信息系统实时对接，实现扶贫信息数据共通共享。健全扶贫信息发布机制，全面落实重大信息公告公示制度，定期将政策制度、项目工程、人事安排、资金流向、财务审计等信息向群众公示，接受社会监督。

大数据为精准识别提供了技术支持。2016年以来，在"精准扶贫、精准脱贫"的新要求下，广东省在原先瞄准机制基础上，初步建立起广东扶贫信息系统，依托大数据实施精细管理、精确瞄准、动态监测，同时注重用发展的办法解决贫困问题，推动粤东西北地区加快发展，从区域协调发展角度解决好广东的贫困问题，打造广东省精准扶贫大格局。当前，系统初步信息包括贫困对象属性、贫困对象致贫原因，贫困户的情况和扶贫进度等，基本实现贫困信息的共享共用。①

二、精准帮扶

精准帮扶，就是扶贫对象识别出来以后，针对其贫困情况确定帮扶责任人、制定帮扶规划、落实帮扶措施，集中力量予以扶持，切实做到真扶贫，扶真贫，确保如期实现"两不愁三保障"的目标。在瞄准相对贫困村和相对贫困人口后，广东省以更加集中的支持、更加有力的举措、更加精细的工作深化精准帮扶，围绕加大脱贫攻坚领导力度、发展生产脱贫一批、生态补偿脱贫一批、发展教育脱贫一批、社会保障兜底一批等核心任务，解决好"怎么扶"的问题。

（一）加大脱贫攻坚领导力度

2018年10月，广东省委办公厅、广东省政府办公厅印发的《关于打赢脱贫攻坚战三年行动方案（2018—2020年）》强调"进一步落实脱贫攻坚责任制"：严格落实省负总责、部门联动、市县抓落实的工作机制。各级党委和政府要把打赢脱贫攻坚战作为重大政治任务，层层传导压力，压实脱贫责任。健全各级党政一把手亲力亲为抓脱贫攻坚的工作制度，建立五级书记遍访贫困户机制，压实镇村对分散贫困人口的精准帮扶责任。

广东省各地贯彻落实《三年行动方案》的决策部署，压实领导责任，合力脱贫攻坚。充分发挥各级党委总揽全局、协调各方的领导核心作用，严格执行脱贫攻坚一把手负责制，省市县镇村五级书记一起抓，培养各级指挥长的战

---

① 广东省社会科学院社会学与人口学研究所课题组：《广东精准扶贫的动态识别机制研究》，http://www.gdass.gov.cn/MessageInfo_5709.shtml。

略思维、系统思维、问题思维、效果思维和底线思维,着力提升脱贫攻坚领导力。如广东省韶关市始兴县委县政府历来高度重视精准扶贫工作,为切实发挥县四套班子成员"以身作则、率先垂范"的领导风范,带头树立"既挂帅又出征"的担当精神,进一步营造比学赶超的良好氛围,始兴在县四套班子成员中创新开展以"比拼美村整治、比拼精准扶贫、比拼创文攻坚、比拼项目推进"为主要内容的"四比拼"活动。比拼活动对县四套班子成员的工作成效进行评分和排名,并成立了以县委副书记为组长、三位县委常委为副组长的考核工作领导小组,督促比拼考核工作切实落到实处。为强化比拼结果运用,比拼考核结果进行公榜亮相,并与县四套班子成员的科学发展观考核奖金、年终评优评先挂钩,特别是精准扶贫工作比拼的结果以省、市年终扶贫工作考核成绩为结果,记入领导干部政绩档案。始兴通过创新开展"四比拼"活动,强化了全县领导干部脱贫攻坚责任意识,自上而下压实扶贫工作责任,有力地推动精准扶贫工作深入开展。①

(二)发展生产

在精准扶贫大背景下,发展生产被证明是解决扶贫从"输血"到"造血"的有效方法,也是广东省扶贫开发工作的重要内容。2016年6月发布的《中共广东省委 广东省人民政府关于新时期精准扶贫精准脱贫三年攻坚的实施意见》,其中第二章第五条明确提出实施产业发展扶贫工程,大力发展区域特色产业。2016年8月,广东省首批八个部门贯彻《实施意见》的配套方案印发出台,其中包括省国土资源厅、省林业厅、省商务厅、省文化厅、省海洋与渔业局、省旅游局、省妇女联合会、广东电网有限责任公司。这个配套方案紧紧围绕《实施意见》中实施扶贫攻坚八项工程的要求,着力为新时期广东省精准扶贫精准脱贫提供政策支撑,并对三年脱贫攻坚的产业扶贫任务逐一分解,制定实施步骤,明确时间进度表。

发展生产是稳定脱贫的根本之策。没有产业发展带动,贫困地区很难脱贫;缺乏产业支撑的脱贫,脱贫后的发展也难以为继。广东强化产业扶贫,实现劣势转化,整合资源优势实现脱贫致富。

一是大力发展优势特色扶贫产业。各级扶贫部门健全产业扶贫规划,大力发展特色扶贫产业,发挥现代农业产业园的辐射带动作用,建设一批特色鲜明、带动能力强的扶贫产业,因地制宜发展休闲农业、乡村旅游、农产品加工

---

① 《压实领导责任 合力脱贫攻坚》,http://www.gdfp.gov.cn/gzdt/gddt/201709/t20170920_890581.htm。

业等农村第一、二、三产业，如从培育特色农产品到建设生态果园采摘项目，再到发展特色乡村旅游，串珠成链地推动产业融合发展，辐射带动建设一批旅游扶贫、电商扶贫、光伏扶贫等特色产业扶贫村，提升产业扶贫的组织化程度。积极培育和推广有市场、有品牌、有效益的特色产品。比如英德市的茶叶产业闻名于国内外，颇受欢迎，大力推动当地脱贫工作的进程。同时，各级政府部门加强产业扶贫基础设施建设，加大投入保障力度，引导各地发展长期稳定的脱贫产业项目，实现每个有劳动能力和有参与意愿的贫困人口都有扶贫产业带动，实现就地就业，做到精准帮扶，让贫困人口享受到扶贫产业发展带来的实惠。

二是加快完善产销对接机制。以多种方式拓宽农产品营销渠道，推动批发市场、电商企业、大型超市等市场主体与扶贫产业基地和相对贫困村建立长期稳定的产销关系，推广以购代销的扶贫模式。完善新型农业经营主体与相对贫困户联动发展的利益联结机制，推广"公司（合作社）+基地+贫困户"、代耕代种、土地托管、股份合作、订单帮扶等模式。加快推进"快递下乡"工程，支持大力发展农村电子商务，完善粤东西北地区冷链仓储、物流配送和农村电商服务体系。加大脱贫致富带头人培育力度，健全县级脱贫致富带头人培育体系，辐射带动一批相对贫困户。深入实施农业科技特派员精准扶贫"千村大对接"行动。鼓励通过政府购买服务方式向相对贫困户提供便利高效的农业社会化服务。深入实施贫困地区特色农产品品牌提升行动，加大对贫困地区"三品一标"、品牌农产品宣传推介的支持力度，办好扶贫农产品展销会，如2019年6月6日，广州·清远农超对接会暨农业招商推介会在广州举行，启动帮扶项目665个，签约工业项目277个，帮扶4万余人，大力推进广清一体化建设，加快共建粤港澳大湾区"菜篮子工程"。到2020年底，基本实现市场销售主体、农业企业（合作社）、农业科技人员与扶贫产业结对全覆盖。

三是规范发展资产收益扶贫。完善收益分配管理机制，推广"保底收益+按股分红"分配方式，加强资产收益扶贫项目的风险防控，保障贫困户权益。积极推动贫困地区农村资源变资产、资金变股金、农民变股东改革，通过盘活集体资源、入股或参股、量化资产收益等渠道增加集体经济收入。到2019年底，引导实现有意愿的相对贫困户参与资产收益项目，获得稳定分红收益。资产收益项目优先安排贫困残疾人家庭。①

---

① 邓雅雯：《习近平新时代精准脱贫理论及其广东实践》，中共广东省委党校2019年硕士论文。

（三）生态补偿

作为可直接对农户产生经济效益的环境政策，生态补偿为解决生态脆弱地区的贫困问题提出了新的解决思路，能够兼顾实现生态环境保护和农村减贫增收的双重目标。广东省积极探索生态脱贫路子，《中共广东省委　广东省人民政府关于新时期精准扶贫精准脱贫三年攻坚的实施意见》提到"巩固易地移民搬迁成果，支持安置区配套公共设施建设和迁出区生态修复；对不具备生产生活条件的零散分布的贫困户，实施插花搬迁；对没有搬迁意愿的少数贫困户，探索以生态补偿方式让其中有劳动能力的贫困人口就地转化为护林员等生态保护人员"。《关于打赢脱贫攻坚战三年行动方案（2018—2020 年）》强调"加强生态扶贫"，优先把有劳动能力的建档立卡贫困人员选聘进入生态公益林管护队伍。因地制宜扶持贫困村、贫困户发展以林下种植、林下养殖、相关产品采集加工和森林景观利用等为主要内容的林下经济。深化贫困地区集体林权制度改革，鼓励相对贫困人口将林地经营权入股造林合作社，增加资产性收入。完善横向生态保护补偿机制。

广东通过生态公益林效益赔偿制度、优先聘请贫困户当护林员、绿化乡村等生态扶贫途径，实现生态保护与脱贫致富"双丰收"，奏响扶贫帮困生态补偿交响曲。

一是促保护、促增收，公益林赔偿尺度向贫困户倾斜。1999 年，广东省率先施行生态公益林效益赔偿制度，以发放赔偿资金促保护、促增收。近年来，广东累计落实中央和省财政两级生态公益林赔偿资金 201.77 亿元，惠及林农 559.7 万户、2649.7 万人，约占全省农业人口的 2/3。为助力打赢脱贫攻坚战，广东省提出切实摸清相对贫困村、贫困户省级生态公益林面积情况，进一步规范生态公益林激励性津贴资金的使用治理，广东每年安排 50 个精准扶贫、精准脱贫行政村实施乡村绿化美化省级示范点建设，每个村补贴津贴 20 万元，合计 1000 万元。省级财政每年安排专项资金 500 万元，用于开展送苗下乡运动，支持贫困村、贫困户建设经济林小园和家庭小苗圃。另外，安排造林补助每亩 100 元至 200 元，重点向贫困地域倾斜。

二是防山火、防盗猎，勉励下层林业部门聘用护林员。生态护林员穿梭在山林中，防患于未然，他们又奔走在山间的公路点，发严禁烟火的传单。广东省林业局勉励下层林业部门在聘用护林员、专业或半专业扑火队员时，优先聘请符合条件的当地贫困农户。2017 年以来，全省共安排帮扶资金 2870 万元，用于解决聘用专职护林员资金。

三是美生活、美家园，因地制宜生长绿色富民工业。生态扶贫，不仅要切实增加贫困户收入,还需着眼于改善乡村人居情况,建设宜居、宜业的漂亮家园。广东省林业局相关负责人表示,2020年乡村生态治理事情要落实"五个一"的建设尺度,即一个公共休闲绿地、一条绿化景观路、一块庭院绿化示范区、一片水源修养林和一项绿色富民工业,助力乡村振兴。广东省林业局驻揖花村工作队在乡村里种下黄花风铃木、异木棉,提高绿化面积,并推动建成村文化楼、卫生站、湿地公园、污水处置惩罚池,给乡村换上了新妆,是乡村生态治理的范例。茂名市依托森林小镇和乡村美化绿化示范点,计划建设5条精品旅游线路,预计年接待游客250万人次,为当地农民增加13000个就业岗位。①

(四) 发展教育

"扶贫先扶智,治贫先治愚",教育扶贫被认为是精准扶贫的治本之策,是阻断贫困代际传递的重要途径。发展教育,成才一人,致富一家,带动一片。2016年6月,《中共广东省委 广东省人民政府关于新时期精准扶贫精准脱贫三年攻坚的实施意见》指出,到2018年,广东省扶贫开发的目标任务是"稳定实现农村贫困人口不愁吃、不愁穿,义务教育、基本医疗和住房安全有保障"。"保障其教育"是扶贫工作的重点和难点,为此《实施意见》提出实施教育文化扶贫工程,让贫困家庭子女都能接受公平有质量的教育,防止贫困代际传递。为贯彻落实党中央、国务院新时期"发展教育脱贫一批"的决策部署以及《实施意见》精神,2016年10月,广东省教育厅提出《关于推进教育精准扶贫精准脱贫三年攻坚的实施方案》,主要任务是改善教育基础设施建设、实施学生资助惠民政策、实施特殊困难儿童保障政策、实施职业教育富民政策、加强贫困地区师资队伍建设,并划分了每一阶段的实施步骤和目标。

在省委省政府的统一领导下,实行分级负责、各部门协同推进的工作机制,鼓励社会力量参与,确保教育扶贫工作落地见效。据省扶贫办的数据,2016年广东省教育保障基本落实。全省农村贫困户子女九年义务教育阶段毛入学率达95.85%,落实贫困户子女入读义务教育、高中(含中职)、大专院校学生生活补助27.95万人,占应补人数的95.18%。2016年9月至2018年年底,广东省共下达建档立卡学生补助18.2亿元,受助学生约28万人。探索将建档立卡学生生活费补助范围扩大至全日制本科教育阶段和研究生阶段,因

---

① 《广东林业:护得了生态、富得了口袋》,http://lyylj.gz.gov.cn/zhzx/zwyw/content/post_6440729.html。

贫辍学现象得到明显遏制。①

（五）社会保障

"社会保障兜底一批"作为"五个一批"之一，是打通脱贫"最后一公里"、确保贫困人口一个不掉队的政策保障。针对贫困人口中完全或部分丧失劳动能力的人，由社会保障来实现兜底扶贫。在精准扶贫精准脱贫中，实施社会保障兜底一批工程发挥核心作用的三大制度是社会救助、社会保险和社会福利。

2016年6月，《中共广东省委 广东省人民政府关于新时期精准扶贫精准脱贫三年攻坚的实施意见》，就"实施社会保障扶贫工程"作出具体部署，包括农村最低生活保障制度、特困人员救助供养制度、临时救助制度以及医疗救助、教育救助、住房救助等专项社会救助项目等内容。根据《实施意见》精神，广东省民政厅制定《关于底线民生精准扶贫精准脱贫三年攻坚的实施方案》，以全面健全实施好农村底线民生保障工作为主线，对无法通过产业扶持和就业帮助实现脱贫的贫困家庭实行政策性保障兜底，发挥底线民生在扶贫攻坚战中的兜底功能，编密织牢社会救助托底安全网。2020年4月，广东省民政厅、广东省扶贫办出台《社会救助兜底脱贫行动实施方案》，将兜底救助行动划分为摸清底数、自查自纠、查漏补缺、巩固提升四个阶段，工作时间从2020年4月底前开始到12月结束，针对当前脱贫攻坚兜底保障工作提出一系列重点任务。

广东省始终坚持以习近平关于扶贫工作的重要论述为指导，围绕打赢脱贫攻坚战总体目标，结合自身实际，探索各项社会保障兜底措施。如完善农村低保制度，发挥兜底作用；提高农村特困供养水平，确保特困供养人员全面共享小康成果；提高医疗救助水平，遏制因病致贫因病返贫；健全临时救助制度，防止因突发性困难致贫返贫；健全困境儿童分类保障制度，提高困境儿童生活水平；完善受灾人员救助制度，防止因灾致贫返贫；完善城乡居民基本养老保险制度，确保贫困群众老有所养；加强农村低保制度与扶贫开发政策的有效衔接等。通过上述行动，织牢兜底政策覆盖网，织密兜底制度防护网，织好兜底社会参与服务网。

三、精准脱贫

精准扶贫是为了精准脱贫。2020年3月6日，习近平出席决战决胜脱贫

---

① 广东年鉴编纂委员会编：《广东年鉴2019》，广州：广东人民出版社2020年版，第38页。

攻坚座谈会并发表重要讲话:"到2020年现行标准下的农村贫困人口全部脱贫,是党中央向全国人民作出的郑重承诺,必须如期实现。这是一场硬仗,越到最后越要紧绷这根弦,不能停顿、不能大意、不能放松。"① 为贯彻落实习近平的讲话精神,广东在2020年脱贫攻坚重点工作安排中明确提出:实施挂牌督战集中攻坚。积极稳妥做好脱贫退出工作,确保2020年6月底前现行标准下相对贫困人口和相对贫困村全部实现退出,同时利用第三方评估手段加强退出评估。②

(一)退出机制

为贯彻落实中央和省委省政府关于打赢脱贫攻坚战的部署,确保到2020年全省相对贫困人口、相对贫困村全部实现脱贫目标并有序退出,2019年9月,广东省扶贫开发领导小组印发《广东省相对贫困人口相对贫困村退出机制实施方案》,对相对贫困人口和相对贫困村的退出标准、退出程序作出规定,同时要求加强组织实施、确保退出质量、强化督查问责。

2016年开始,国务院扶贫办不再给广东下达减贫任务,对广东省内扶贫工作也不进行考核。根据广东省的扶贫标准和脱贫任务,2016年度全省实现脱贫57.36万人③,2017年全省有约60万相对贫困人口达到当年脱贫标准。④至2018年底,累计150万相对贫困人口达到脱贫标准,贫困群众"两不愁三保障"总体实现。到2019年底,全省有劳动能力相对贫困户年人均可支配收入达到10560元,累计160万相对贫困人口实现脱贫,实现90%以上的相对贫困人口达到脱贫标准、90%以上的相对贫困村达到出列标准。2020年6月底前现行标准下相对贫困人口和相对贫困村全部实现退出。⑤

(二)考核评估

2017年3月,广东省扶贫开发领导小组印发《广东省新时期脱贫攻坚督查巡查工作办法》《广东省地级以上市党委和政府扶贫开发工作成效考核办法》,实行最严格的考核评估机制,以更加务实的作风、更加具体的措施,全力打赢精准脱贫攻坚战。《关于打赢脱贫攻坚战三年行动方案(2018—2020年)》,强调"完善脱贫攻坚考核评估监督机制":强化考核的导向作用,坚持

---

① 顾仲阳、张帆等:《越到最后越要紧绷这根弦》,《人民日报》2020年3月10日。
② 许悦:《相对贫困人口和相对贫困村今年6月底前全部实现退出》,《羊城晚报》2020年3月9日。
③ 胡新科:《四年来近148万人实现稳定脱贫》,《南方日报》2017年5月4日。
④ 南方日报评论员:《确保三年如期完成脱贫攻坚目标任务》,《南方日报》2018年10月10日。
⑤ 许悦:《相对贫困人口和相对贫困村今年6月底前全部实现退出》,《羊城晚报》2020年3月9日。

现行脱贫标准，突出脱贫实效，完善考核办法，重点考核帮扶工作和脱贫成效的真实性，加强对党政一把手的工作考核，引导基层更加注重脱贫攻坚质量。改进第三方评估方式，重点评估"两不愁三保障一相当"实现情况。改进约谈方式，开展常态化约谈，随时发现问题随时约谈。完善监督机制，省扶贫开发领导小组每年组织脱贫攻坚督查巡查，纪检监察机关和审计、扶贫等部门按照职能开展监督工作，充分发挥人大、政协、民主党派监督作用。

年度考核工作由省扶贫开发领导小组统一组织。由省扶贫办、省委组织部牵头，省直机关工委、省财政厅、省民政厅、省人社厅、省农业厅、省水利厅、省教育厅、省住建厅、省统计局组成广东省新时期扶贫开发成效考核工作办公室，设在省扶贫办，省考核办依据《考核办法》，负责组织广东省扶贫开发工作成效考核具体工作。考核对象是有脱贫攻坚任务的单位和全省相对贫困村；考核内容包括减贫成效、精准识别、精准帮扶、扶贫资金、工作责任等；考核步骤包括自评总结、抽查与核查、第三方评估、数据汇总、综合评定和结果反馈。组织开展扶贫开发工作成效考核，突出考核重点，防止数字扶贫、数字脱贫。

（三）巩固成果

打好脱贫攻坚战，脱贫是基础，防止返贫是根本。衡量脱贫攻坚成效，关键就看能否做到不返贫，实现脱贫攻坚成果的可持续。2019年，广东省巩固脱贫成果防止返贫长效机制初步建立。① 严把贫困退出关，制定相对贫困人口和相对贫困村退出机制，积极稳妥做好脱贫退出工作。建立返贫监测预警机制，加强建档立卡动态管理，加强对边缘人口的监测预警，对返贫人口和新发生贫困人口及时提供帮助，全年新纳入因灾致贫贫困人口 0.36 万户、0.78 万人。

广东省在实践过程中摸索出了巩固脱贫攻坚成果的经验。第一，要脱真贫，真脱贫，扶贫对象需有收入的渠道，通过自己的劳动，而不是别人替他干出来的，不是送钱送出来的。第二，脱贫以后，相关政策不能立即取消，要扶上马，送一程。第三，要发展特色优势产业，保证有持续稳定的收入来源，这是脱贫的长远之策。第四，要有一些继续关注贫困的措施，如培育贫困村的创业致富带头人、领路人继续带领已经脱贫的和没有脱贫的群众继续发展生产，增加收入。

---

① 许悦：《相对贫困人口和相对贫困村今年6月底前全部实现退出》，《羊城晚报》2020年3月9日。

(四) 防止返贫

防止返贫是当前及今后一个时期扶贫工作的重要任务。2020年4月，广东省扶贫开发领导小组印发《关于建立防止返贫监测和帮扶机制的实施意见》，就监测方式、帮扶措施和工作要求提出指导意见。

在监测方式上，监测对象是以家庭为单位，主要监测建档立卡未脱贫户、已脱贫不稳定户和边缘易致贫户；监测范围一般控制在当地建档立卡人口的5%左右；监测程序以县级为单位组织开展，包括农户申报、镇村核查、比对筛查、确认对象；监测周期为识别当月上一年度的收入总和。在帮扶措施上，开展产业帮扶、就业帮扶、综合保障、扶志扶智、科技扶贫和其他帮扶等。在工作要求上，要求各有关单位压实责任、及早介入、动态管理、探索创新、减轻负担。

通过建立防止返贫监测和帮扶机制，广东省返贫人口数量逐年下降，脱贫质量不断提升，贫困人口抗风险能力也在逐步增强。

四、精准管理

精准管理是精准扶贫的保证，确保帮扶措施落到实处。实施精准管理需要做好几个方面的工作，包括扶贫干部选派及培训、项目库建设、资金使用及管理、扶贫资产管理等方面。

(一) 扶贫干部选派及培训

扶贫干部能力的高低直接影响扶贫工作的开展成效，扶贫干部选派工作十分关键。《中共广东省委 广东省人民政府关于新时期精准扶贫精准脱贫三年攻坚的实施意见》强调"加强扶贫开发队伍建设"，《关于打赢脱贫攻坚战三年行动方案（2018—2020年)》强调"培养过硬的脱贫攻坚干部队伍"，突出干部选派和培训的重要性。同时，广东省认真贯彻落实中共中央办公厅、国务院办公厅印发的《关于加强贫困村驻村工作队选派管理工作的指导意见》，规范人员选派，明确主要任务，加强日常管理，加强考核激励，强化组织保障，确保贫困村驻村工作队选派精准、帮扶扎实、成效明显、群众满意。

2018年以来，广东省坚决贯彻落实党中央、国务院决策指示，进一步聚焦深度贫困地区，举全省之力、以超常举措加大帮扶力度，促进扶贫工作再上新台阶。其中东西部扶贫协作派出扶贫协作干部和教育医疗等专业技术人才4248名，共派出驻市、驻县协作干部275人，实现了对93个携手奔小康结对县派驻处级干部全覆盖。推动珠三角和粤东西北区域对口帮扶向纵深推进，珠三角6市累计向粤东西北对口帮扶的12个市1719个相对贫困村派驻2157名驻村干部。① 2019年，为巩固完善大扶贫工作格局，继续深化区域对口帮扶和党政机关定点扶贫，调整轮换驻村干部12038人，省级通报表扬驻村干部2183人。全面提升基层扶贫干部能力，对地方党政干部、扶贫系统干部、行业部门干部、帮扶干部和贫困村干部等分级分类开展培训，累计培训各级党政领导干部和扶贫干部25万人次。

（二）项目库建设

完善脱贫攻坚项目库建设，是精准扶贫精准脱贫的重要基础，是提高扶贫资金使用效率的关键环节，是预防扶贫领域腐败问题的重要举措，项目库建设的质量和成效直接关系扶贫项目的质量。为进一步强化扶贫项目管理，加强扶贫项目论证和储备，着力解决扶贫资金闲置和损失浪费等问题，提高扶贫资金使用效益，2018年6月，广东省扶贫开发办公室印发《广东省县级脱贫攻坚项目库建设实施意见》，就入库项目的编制内容、编报程序、工作要求等内容作出指示。

广东省多措并举扎实做好扶贫项目库建设和管理工作，进一步发挥扶贫项目库的带动引领作用，高质量建设好扶贫项目库。2019年，加强脱贫攻坚项目库建设管理，录入全国扶贫开发信息系统项目库子系统37899个项目。建立健全县级扶贫产业项目库，以县区为基础抓好扶贫项目储备，有脱贫任务的责任单位积极协作，加强项目对接，同时对实施主体、建设内容、资金需求、带贫机制等进行管理和规范，以此推动扶贫项目落地。

（三）资金使用及管理

广东省深入贯彻党中央关于打好脱贫攻坚战的决策部署，不断完善相关政策制度，不断加大财政投入力度。2016年6月，《中共广东省委　广东省人民政府关于新时期精准扶贫精准脱贫三年攻坚的实施意见》就"加大财政投入力度"作出具体部署，确保政府资金投入与脱贫攻坚责任相适应，加强扶贫资金的监管和审计工作。之后，广东省财政厅同省扶贫主管部门在充分调研的基础上制定《广东省精准扶贫开发资金筹集使用监管办法》《关于进一步加强扶贫资金使用管理的意见（试行）》，为加强扶贫资金使用和监管、用好一揽子财政投入扶贫专项资金提供坚实的政策保障。

2016—2018年，广东省各级财政投入391亿元（其中省级244亿元），用于推进精准扶贫精准脱贫。为让投入的资金用在刀刃上，真正取得实效，广东财政主动作为、精准施策，健全监管体系，通过采取五个方面的措施，确保财

---

① 广东年鉴编纂委员会编：《广东年鉴2019》，广州：广东人民出版社2020年版，第38页。

政扶贫资金精准高效使用，推动脱贫攻坚政策有效落地，让贫困群众真正受益。①

一是明确责任，优化扶贫资金使用管理机制。依据《关于进一步加强省级扶贫资金使用管理的意见（试行）》，明确省扶贫开发领导小组各成员单位的政策指导责任、地市落实资金使用管理的总体职责、县级落实扶贫资金使用管理的主体责任、乡镇落实扶贫资金使用管理的直接责任和村落实扶贫资金的具体使用责任。同时，深化财政"放管服"改革，解决"程序多、审批繁"问题。对于县级扶贫项目及资金审批流程，省、市不做具体要求，县级按照"快审、快批、快用"原则，在确保资金安全和项目正常运营的前提下，自行在县级扶贫资金实施细则中予以明确。扎实推进涉农资金统筹整合，赋予市县确定项目规划布局、项目建设先后顺序、项目实际投资额度的权利，推动扶贫资金由分散向集中、由低效向高效转变。

二是健全扶贫资金公告公示制度，提高扶贫资金使用透明度。针对个别地区存在扶贫资金闲置、套取、挪用等问题，广东省扶贫办、广东省财政厅联合印发了《广东省扶贫开发项目资金公告公示制度》。明确要求全省使用财政扶贫资金的县（市、区）100%实行公示公告制，按照"谁分配、谁使用、谁公开"的原则，要求全面公告公示资金来源、资金规模、资金项目及其实施地点、建设内容、实施期限、预期目标、项目实施结果、实施单位及责任人、举报投诉情况等内容。到村到户项目均要在所在行政村村务公开栏中公告公示，由村委会进行摸底并召开村民小组会议确定，经张榜公示后予以实施，做到项目公开、公正、透明，接受群众监督。

三是依托信息技术手段建立扶贫资金动态监控机制，实现"自动抓取数据""自动比对预警"。为解决扶贫资金使用"最后一公里"的问题，依托信息手段对跨层级资金运行进行全链条流程监控。每一笔资金下达后，省、市、县、乡各个层级，预算指标接收、分配、支付每一个环节均纳入监控视野。同时，全面监控财政系统内部操作流程，各环节业务操作实行流痕管理。将绩效目标和预警信息嵌入监控系统，预警违规操作或疑似问题，全程跟踪资金绩效。同时，市县建立扶贫开发资金使用台账，依托精准扶贫信息平台，在每个季度终了后的15个工作日内，汇总本地区扶贫开发资金使用情况，并报送省扶贫部门和财政部门。

---

① 《广东财政五大举措强化扶贫资金管理》，http://czt.gd.gov.cn/mtgz/content/post_2382097.html。

四是全面实施绩效管理，提升扶贫资金使用水平。建立"事前有绩效目标，事中有绩效督查，事后有绩效考评的结果应用"的专项资金全过程绩效管理机制。预算编制强调扶贫资金绩效的目标审核，将有关资金的绩效评价报告和预算绩效目标表，作为专门的预算材料供给人大代表参阅。将省级精准扶贫精准脱贫专项资金列入省级财政重点评价范围，评价报告直接反馈主管部门整改完善。发挥绩效评价对财政专项扶贫资金使用管理的导向和激励作用，编制形成《精准脱贫绩效指标集》，为开展扶贫资金绩效管理提供重要参考依据，强化了指挥棒和标尺作用。

五是加大扶贫资金监督检查力度，强化执纪问责的纪律保障。针对扶贫资金使用中存在的问题，主管部门加大综合监督检查力度，开展自查自纠，对省级扶贫资金（新农村建设资金）使用情况开展重点检查，对资金绩效目标实现情况、资金进度实行"双监控"。为扩大扶贫资金的监督广度和深度，斩断伸向扶贫领域的"黑手"，建立扶贫民生领域腐败和作风问题等线索报送机制，扎实开展"监督的再监督、检查的再检查"，一旦发现问题，严肃追究直接责任人责任和有关领导的监管责任。

（四）扶贫资产管理

加强扶贫资金资产管理，防止闲置浪费流失，防止扶贫资产不扶贫，日益成为基层重大而紧迫的工作任务，更是加强农村基层党风廉政建设、巩固脱贫攻坚成果、实施乡村振兴战略的必然要求。2020年5月，广东省扶贫开发办公室、广东省财政厅发布《关于进一步规范和加强扶贫资产管理工作的通知》，强调"加快建立资产家底清晰、产权归属明晰、类型界定科学、主体责任明确、收益分配合理、运行管理规范的扶贫资产管理制度"。

各部门进一步提高政治站位，深刻认识加快规范和全面加强扶贫资产管理的重要性和紧迫性，正确认识当前扶贫资产管理面临的形势和问题，进一步压实责任、高位推进，消除顾虑、因地制宜，大胆探索扶贫资产管理经验。

韶关扶贫资产管理经验走向全省和全国。自2016年以来，韶关全市共投入各类精准扶贫资金30.37亿元，形成扶贫资产22.93亿元，现已完成确权12.91亿元，基本实现扶贫项目安全可控、扶贫资产保值增值。以南雄市为试点，继南雄市率先在全省出台扶贫资产管理办法后，韶关市在此基础上在全省率先出台市级文件《韶关市扶贫项目及资产管理产权制度改革试点实施方案（试行）》，全域推进扶贫资产管理改革，从制度层面加强扶贫资产高效利用和规范管理。在2020年的全国扶贫资金项目资产管理培训会上，韶关作为东部9省唯一地级市在广东分会场作典型发言，向全国介绍韶关扶贫资金项目资产

2020年6月,韶关市作为东部地区唯一单位在全国扶贫资金项目资产管理培训会广东分会场作典型发言。韶关市是广东省扶贫资产管理示范试点市,全域规范和加强扶贫资产管理,注重分类指导和平衡推进,涌现出南雄市、翁源县、仁化县等各具特色、值得推广的经验做法。(图片来源:南方plus客户端)

管理工作经验。

云浮郁南县在探索推进"四个一"强化扶贫资产管理方面有很好的经验。一是确立一个目标,达成思想共识。郁南县通过调查摸底,基本摸清了全县各类扶贫资金形成的扶贫资产数量、存在形态、带贫益贫效果等情况,为确保扶贫资产的安全运行和保值增值,郁南县最终确立扶贫资产"产权明晰、权责明确、经营高效、管理民主、监督到位"的20字目标要求,提高了思想认识。二是建立一个机构,构建管理体系。为探索建立扶贫资产长效管理机制,指导各镇各部门扎实做好扶贫资产长效管理工作,确保扶贫资产管理规范、健康有序运行,郁南县委县政府决定成立以县委书记为组长,县长为第一副组长,分管县领导为副组长,县农业农村(扶贫)、财政、民政、审计、国资等部门和各镇主要负责人为成员的县扶贫资产管理工作领导小组,在县农业农村局设立办公室,负责日常工作。当前,郁南县正抓紧建立"县级统管、部门联管、镇级辖管、村级直管、村民协管"的五级管理体系和工作机制。三是建立一套制度,规范完善管理。郁南县制订《郁南县扶贫资产管理办法(试行)》《郁南县扶贫资产收益分配使用办法(试行)》,从扶贫资产的确权登记、运营管理、收益分配、资产监管等方面明确有关要求，指导镇村和有关部门规范做好各个环节的管理工作，建立了一套相对完整规范的扶贫资产管理制度，确保扶贫资产落地到哪里，管理制度就延伸到哪里，管理规范，运行安全，保值增值。四是开展一批试点，探索监管新路。郁南县在广泛听取有关部门、镇村干部和部分贫困户意见的基础上，选取河口、平台等4个镇各2个村，率先开展4项扶贫资产管理创新试点，其中河口镇河口寨村、佛子坝村，试点推进"党建+扶贫资产管理"，探索建立以村党组织为载体的村集体扶贫资产管理委员会，履行村级扶贫资产、到户资产的直管责任；平台镇平台村、中村村和桂圩镇桂圩村、莳口村，试点推进"三资平台+扶贫资产管理"，探索借助现有"三资"管理平台，将扶贫资产纳入监管范围，实现动态管理。[①]

第三节　广东精准扶贫精准脱贫的特色

"三年脱贫攻坚，两年巩固提升，五年稳定脱贫"，广东省始终坚持把提高脱贫质量放在首位，聚焦重点难点关键点，注重帮扶长期效果，扎实推进精准扶贫精准脱贫。广东省实施精准扶贫精准脱贫取得的巨大成就，有力地彰显了中国共产党领导和社会主义制度的政治优势，是中国共产党全心全意为人民服务的最生动证明，是"四个自信"的最生动呈现，是中华民族走向伟大复兴的最有力宣示，彰显了广东扶贫的亮点和特色。

一、坚持党建引领，高位推动，狠抓责任落实

广东始终坚持狠抓精准扶贫班子建设，把党组织建到脱贫攻坚前沿。

一是领导带头示范，全面部署。省委省政府、各市委市政府的工作高度聚焦脱贫攻坚工作，多次召开常委会议、政府常务会议、扶贫开发领导小组会议以及专题会议进行研究部署。建立完善党政一把手抓扶贫机制，集中力量，统筹省市人力、财力、物力投入，建立保障脱贫攻坚各项工作落到实处的工作体系。领导亲力亲为带头抓，扑下身子落实遍访贫困村和贫困户制度，亲自研究部署重大问题，亲自指导帮扶工作队伍建设、贫困户危房改造、产业扶贫项目建设，发挥了以上率下带头作用。

二是抓党建强基础，促进脱贫攻坚。将抓党建促脱贫攻坚工作纳入市县镇

---

① 《郁南县探索推进"四个一"强化扶贫资产管理》，http://www.gdfp.gov.cn/gzdt/fpjb/202002/t20200221_1026145.htm。

党委书记抓基层党建述职评议考核的重要内容，通过选优配强贫困村"两委"领导班子，建强基层党组织、夯实基层基础，选好带富能力强的贫困村党组织书记，压实基层党组织政治责任，充分发挥党的政治优势、组织优势、密切联系群众的优势，抓好基层党员干部教学培训，加强软弱涣散党组织整顿转化工作和驻点普遍直接联系群众工作，有针对性地把贫困村中外出务工经商人员、在村创业致富带头人、返乡大学生等对象培养发展成党员，为贫困村党员队伍注入新鲜血液，为推进脱贫攻坚打下坚实基础。

三是狠抓责任落实，实现"五个全覆盖"。建立市、县领导班子挂钩联系县（市、区）及贫困村制度，实现市、县领导班子挂钩联系贫困村全覆盖；除对口帮扶市和中直、省直单位派驻扶贫干部外，从市直、县直单位以及镇街选派干部定点挂钩贫困村和贫困户，实现一对一结对帮扶所有贫困户全覆盖；审计部门按照"一季度一审计"要求，工作过程重心前移，对各县（市、区）精准扶贫精准脱贫政策措施落实情况进行滚动跟踪审计全覆盖；各县（市、区）每阶段脱贫攻坚工作进度督查督办全覆盖；完善乡村治理体制机制，建立由各级干部和乡贤、村民代表组成的乡贤咨询委员会全覆盖。①

四是创新党内生活，激发活力。开展扎实有效的基层党组织生活，增强打赢脱贫攻坚战的信心和决心，把党员整合凝聚起来，为党组织、党员推动带头脱贫致富作用做好思想和组织准备。如云浮全市推广的"支部主题党日＋"模式，其要点是以县（市、区）为单位，每月确定一个主题，引导基层党组织结合实际开展"主题党日＋扶贫攻坚""主题党日＋产业共建"等活动，增强了党内生活的吸引力和感染力。

五是建立结对子长效扶贫机制，让贫困群众时刻能看到党员身影、感受党的关怀。广东省扶贫工作一直注重组织有帮带能力的党员与重点扶贫对象结对子，让党员为贫困群众提供力所能及的帮助，让贫困群众感受到党就在身边。如肇庆市充分利用党建资源，积极探索"党建＋精准扶贫""党组织＋产业基地＋合作社＋贫困户"等工作模式，推动农村党员创业，建立党员发挥带动作用的基础。翁源县财政局帮扶的江尾镇仙北村，在农民专业合作社成立了党支部，通过"专业合作社党支部＋党员致富能手＋贫困户"的帮扶模式，推广党员致富能手的带动，解决了当地8家贫困户10个劳动力就近务工问题。

---

① 《突出"六大"重点　打好脱贫攻坚战》，http://www.gdfp.gov.cn/gzdt/gddt/201812/t20181206_981043.htm。

二、坚持因地制宜，聚焦贫困户脱贫增收精准施策

广东积极贯彻落实新发展理念，突出农业农村优先发展，因地制宜、多措并举、持续发力抓好新时期精准扶贫精准脱贫工作，增强贫困户自我发展能力，真正让干部带劲头、村民尝甜头、贫困户有奔头、特色产业产品出好名头。

韶关市翁源县翁城镇沾坑村发展集装箱特色养殖。沾坑村水源丰富、水质良好，适合开展水产养殖。广东省发展改革委作为帮扶单位，立足当地水源优势，因地制宜开展集装箱特色产业养殖，成为全省山区县第一个现代设施渔业示范点。省发改委帮助该村筹集资金120多万元作为全村贫困户的股本，引入集装箱养殖特色产业项目，养殖鳗鱼、宝石鲈等高附加值海产品。项目第一期投资80万元，于2017年初正式运营，上半年获利25万元；第二期投资40万元，全年获利50万元。参与项目的46户贫困户，除了正常养殖收益，每年预计还可获得3000—10000元不等的股份收益。同时，沾坑村委通过参与项目管

2017年9月，广东省渔业保质保护中心技术员舒忠明在沾坑村养鱼集装箱上查看海鱼生长情况。养鱼集装箱有净水、投喂系统，鱼排出的粪便在50多秒内就会被收集器感应到，并收集排出。沾坑村具有山泉水质好、水位高、水压强的优势。（图片来源：《南方农村报》2017年9月20日）

理，每年可获得15万元的集体收入。该项目立足当地资源优势为贫困山区县探索出一条可持续发展的绿色产业发展路子，备受肯定，英德市、惠来县的一些贫困村已借鉴此做法开展集装箱养殖。

河源市源城区陂角村打造"小坑土鸡"品牌。陂角村有养鸡的传统，但养殖规模小，销路不好，收益不佳。深圳大鹏街道办事处作为帮扶单位，帮助村民树立品牌意识，开展电商销售，提升产业市场价值。驻村扶贫工作队考察后决定帮助村民成立陂角村养鸡专业合作社，打造"小坑土鸡"品牌。工作队申请注册"小坑土鸡"商标，还与河源市电子商务产业园合作进行线上销售，每只"小坑土鸡"价格可达125元，陂角村贫困户每年养鸡产值估计在100万元以上。

梅州市五华县梅林镇金坑村实施"六+工程"，打造"金坑金柚"品牌。广州美术学院作为帮扶单位，驻村工作队充分挖掘金坑村的生态资源优势，通过"六+工程"，即合作社规范管理+专家技术指导+金苗计划培育+绿色生态种植+广美品牌设计+电商推广销售，精心打造"金坑金柚"品牌。2017年上市的10万多斤金柚已经销售完毕，带动农民直接增收40多万元。指导种植大户联合成立梅州金进源金柚专业合作社，对"金坑金柚"进行统一的技术、资金、包装、销售等支持，高起点高标准发展金柚产业。合作社已建成500亩的示范基地，有55户贫困户主动申请加入，人均年增收1500元以上；同时还带动全村100多户农户种植金柚，"一村一品"的产业脱贫路径初步形成，大大提升了金坑村自身的"造血功能"。

揭阳市揭西县金和镇山湖村建设苗圃场，打造电商龙头企业。广东省交通集团有限公司作为帮扶单位，通过多方调研，确定苗木种植作为山湖村发展的主导产业，筹集资金170万元投建占地80亩的山湖村苗圃场，帮扶山湖村发展苗木种植产业。苗圃场采取"合作社+基地+贫困户"的模式，吸收贫困户劳动力，并以"提供幼苗、技术扶持、包购成苗"的方式带动村民特别是贫困户分散种植苗木。帮扶单位还积极推动苗圃场苗木电商销售，成功举办"山湖村苗圃场电商推介会"，力争将苗圃场打造成"互联网+扶贫"电商龙头企业，逐步形成稳定的客户源和产业链，使主导产业在帮扶工作结束后能长期可持续发展，构建脱贫长效机制。

汕头市潮阳区金灶镇桥陈村发展休闲观光农业。汕头市农业局、汕头市农科所、中国人保财险汕头分公司驻村干部调查发现，该村虽然经济发展缓慢，但自然生态与人文环境保持得很好，于是决定利用这些有利条件，将桥陈村打造成集农业观光区、湿地生态区与生活服务区于一体的美丽乡村，并制定了三年发展规划。帮扶单位一方面引导村民种植水稻、特色水果、荸荠等，打造农业观光片区，另一方面则引入社会资金改造旧村，形成潮汕特色老厝建筑群，同时建设310亩湿地生态公园，将桥陈村打造成社会主义新农村示范村。①

三、开拓网络扶贫，激发脱贫攻坚新动能

网络扶贫为传统扶贫开发工作提供了新思路，成为扶贫开发工作新的重要推动力量。信息化既是扶贫手段，更是脱贫内容。广东省充分发挥网络优势，创新精准扶贫精准脱贫扶贫方式方法，将"互联网＋扶贫"作为精准扶贫精准脱贫工作的重要抓手，提升新时期扶贫工作的精度、深度和广度。

一是及时出台有关政策措施，为"互联网＋扶贫"的实施提供有效指引。广东省积极落实中央网信办、国家发展改革委、国务院扶贫办联合印发的《网络扶贫行动计划》，针对广东实际，发挥互联网先导力量和驱动作用，出台了《广东省促进农村电子商务发展实施方案》《广东省农村电商精准扶贫工作方案（2018—2020年)》等，凝聚全社会力量，践行精准扶贫精准脱贫，以网络扶贫激发脱贫攻坚新动能。

二是加大资金投入力度，加快贫困地区信息基础建设，补齐短板，让贫困地区百姓享受到"用得上、用得起、用得好"的信息服务。一方面加大贫困地区广播、电视、宽带网络等信息基础设施建设，推进光纤等互联网基础设施入乡进村入户，提升贫困地区贫困村网络覆盖水平，为扶贫开发工作提供良好的信息基础。另一方面立足打造良好的信息软环境。通过加大宣传和培训力度，提高贫困地区人员的现代信息网络意识，有效拓展新型信息移动软件运用的广度和深度，利用微信、微博等移动工具提升扶贫开发工作的效率，努力提升精准扶贫的针对性。

三是大力推动电子商务进村入户，健全完善农村电商扶贫产业链，提升扶贫造血能力。一方面加强农产品流通基础设施建设，健全完善特色产业开发、网货供应、包装加工、物流快递、网络营销等农村电商扶贫产业链。引导物流、快递公司分支机构或服务站点入驻乡镇、中心村，鼓励电商企业落地建立服务站、帮扶店，同时积极建设本地电商平台，培育发展电子商务土壤。另一方面通过嵌入发展，让电子商务扎根贫困地区土壤，使"工业品下乡""农产品进城"更通畅。在原有"公司＋基地＋农户"等扶贫开发项目模式以及农村专业合作社的基础上，引入电子商务，推动线上销售与线下生产有机融合，

---

① 苏晓璇：《发展可持续绿色产业构建精准脱贫长效机制》，《南方农村报》2017年11月30日。

实现贫困地区农畜特色产品、民俗文化产品等上网变现。另外,结合大众创业、万众创新,鼓励贫困户进行"网创",借助贫困地区电商知识培训、互联网创业脱贫典型案例以及信贷金融支持等措施,激发贫困户发展电子商务的积极性和主动性,提高农村电子商务应用和贫困户自主创业脱贫的能力。①

2020年7月,广东网信办、广东省委农办、广东省互联网业联合会在广东韶关仁化举行"脱贫攻坚——广东互联网企业在行动"结对帮扶活动。广东省互联网业联合会组织了腾讯、网易、欢聚传媒等21家省内重点互联网企业、网络社会组织,重点围绕"互联网+公共就业服务"、"互联网+教育"、农村电子商务、网信产业合作、特殊贫困群体信息服务等,采取"边调研,边推进,边落实"的服务模式,分赴粤东粤西粤北的7个地市13个贫困村开展结对帮扶活动,深化推进网络扶贫项目。②

中国电信广东公司用信息化的力量开展精准扶贫服务,推动光网进村入户,积极落实提速降费,致力于用信息化手段弥补城乡发展不均的鸿沟。清远四方村是一个留守村,广东电信公司在四方村村委搭建了"粤想家"活动室,配备了电信光宽带、电脑、电视及"粤想家"全套设备,村小学的师生和家长实现电视与电视、电视与手机、手机与手机之间的高清视频通话,家长因为长期外出务工造成留守儿童亲情缺位得以缓解。广东电信还从教育入手,帮助老师和同学们通过"天翼高清""广东教育视频网"获取广州、深圳等一线城市的优秀课件,和一线城市学校的老师交流彼此的教学经验,推动城乡优质教育资源共享,缩小城乡差距。截至2017年底,电信光网宽带已实现广东全省行政村100%覆盖,越来越多的乡村学校留守儿童通过互联网手段,保持与亲人的日常沟通,体验日益丰富多彩的信息化生活。③

四、坚持经济发展与社会建设并重,加快贫困地区发展新进程

党的十八大以来,以习近平同志为核心的党中央不断带领人民创造美好生活,增强人民的获得感、幸福感、安全感。广东省落实在精准扶贫精准脱贫上,坚持经济发展与社会建设并重,促进贫困地区经济持续增长、民生持续改

---

① 龚鹏辉:《发挥广州信息网络优势,实施"互联网+扶贫"的思考与建议》,《广东经济》2017年第4期。
② 《"脱贫攻坚——广东互联网企业在行动"结对帮扶活动在广东韶关启动》,http://www.cac.gov.cn/2020-07/15/c_1596365259483670.htm。
③ 《不忘初心 中国电信广东公司网络扶贫一直在路上》,https://www.sohu.com/a/225573359_161795。

善、社会稳定和谐，成为广东扶贫开发工作的一大重要经验。

在扶贫标准上，贫困群众不仅人均收入达标，"两不愁"质量水平明显提升，"三保障"突出问题总体解决。至2018年底，广东累计150万相对贫困人口达到脱贫标准，贫困发生率从4.54%降至0.03%以下，有劳动力贫困户人均可支配收入由不到4000元提高到9600多元[①]，贫困群众"两不愁三保障"总体实现。具备条件的建制村全部通硬化路，村村都有卫生室和村医，义务教育薄弱学校的办学条件得到改善，深度贫困地区贫困村通宽带等，贫困地区群众出行难、用电难、上学难、看病难、通信难等长期没有解决的老大难问题普遍解决，生活质量水平明显提升。

在扶贫方式上，注重扶贫与扶志、扶智相结合。既想方设法提高农民收入，也注意满足教育、就业、社会保险、医疗卫生、住房保障、文化体育等民生基本需求，通过完善基础设施建设、提高公共服务水平、培育"造血"功能，加快贫困地区经济社会发展进程，提升贫困治理能力。广东坚持以脱贫攻坚统揽贫困地区经济社会发展全局，贫困地区呈现出新的发展局面。特色产业不断壮大，产业扶贫、电商扶贫、光伏扶贫、旅游扶贫等快速发展，贫困地区经济活力和发展后劲明显增强。通过生态扶贫、退耕还林还草等，贫困地区生态环境明显改善，贫困户就业增收渠道明显增多，基本公共服务日益完善。推进抓党建促脱贫攻坚，通过组织开展贫困识别、精准帮扶、贫困退出，基层党组织的战斗堡垒作用和共产党员的先锋模范作用得到充分发挥，农村基层党组织凝聚力和战斗力明显增强，农村基层治理能力和管理水平明显提高。全省共派出驻村工作队员41345人，组成12162个驻村工作队入驻3284条贫困村，派出第一书记2277人，强化了农村扶贫的人才储备与组织。[②]

五、坚持统筹城乡发展，促进脱贫攻坚与乡村振兴有机对接

党的十八大以来，以习近平同志为核心的党中央在总结历史经验教训并客观分析我国发展新方位的基础上，通过统筹城乡发展，建立城乡融合发展体制机制，构建新型工农城乡关系，让广大农民平等参与现代化进程、共同分享现代化成果。广东省着力城乡统筹，积极实施乡村振兴战略，逐步缩小城乡差距，促进城乡共同繁荣，在实践中推进脱贫攻坚与乡村振兴的有机结合。通过

---

① 符畅：《广东形成大扶贫格局 150万相对贫困人口已脱贫》，《新快报》2019年1月18日。
② 《省扶贫办：六年已有249.2万贫困人口脱贫致富》，http://www.mm111.net/2016/0909/305731.shtml。

在发展过程中处理好城乡关系，既为新型城镇化建设提供内生动力，也为推进农村扶贫开发、乡村振兴提供了有利契机。

广东省立足省情，把工业和农业、城市和乡村作为一个整体统筹考虑，让农村发展和城市化相得益彰。一是坚持脱贫攻坚与小康社会建设同步安排。结合发展实际、群众意愿，采取产业扶贫、智力扶贫、金融扶贫、政策兜底等措施，推进脱贫攻坚，补齐发展短板。同时同步考虑、同步安排、同步实施、同步推进小康社会建设，进一步提升经济发展、公共服务水平，确保脱贫攻坚、全面建成小康社会目标如期实现。二是坚持城市管理与乡村治理同步推进。广东的城市管理在优化布局、改变面貌、改善环境上下功夫，努力建设宜居城市；同时充分发挥城市的吸纳辐射带动作用，紧密结合新农村建设，打造美丽乡村、宜居乡村，让城乡群众共享改革发展成果。三是坚持经济社会与科教文化事业同步发展。在推进经济快速发展的同时，集中财力优先发展科技、教育、卫生、体育、文化等社会和民生事业，着力提高人民福祉。四是坚持发展生产促进产业升级。坚持财政倾斜农业，工业反哺农业，大力发展城郊农业，推动现代特色农业发展；全力加快工业转型升级，同时加快促进旅游、商贸物流等现代服务业增效提速，加快构筑产业转型升级平台，进一步增强产业发展活力，建设幸福广东。广东把乡村振兴摆在全省工作重中之重的位置，科学谋划乡村振兴工作，统筹好乡村振兴和城市发展，书写新时代广东"三农"工作新篇章。

第四章　广东对口支援与东西部协作扶贫之路

习近平强调，"东西部扶贫协作和对口支援，是推动区域协调发展、协同发展、共同发展的大战略，是加强区域合作、优化产业布局、拓展对内对外开放新空间的大布局，是实现先富帮后富、最终实现共同富裕目标的大举措"[①]，必须认清形势、聚焦精准、深化帮扶、确保实效，切实提高工作水平，全面打赢脱贫攻坚战。广东作为改革开放的前沿阵地，积极贯彻落实党中央和国务院的重大决策部署，主动作为。广东省委省政府把东西部扶贫协作和对口支援作为重大政治任务，按照"中央要求、当地所需、广东所能"，动员全省各地各部门和社会力量，与当地党委政府、群众共同努力，扎实做好东西部扶贫协作和对口支援工作，彰显广东担当。在开展东西部扶贫协作和对口支援工作中，广东积极发挥广东优势，创新帮扶思路，走出东西部扶贫协作和对口支援的新路径，帮助当地困难群众实现精准脱贫，得到了帮扶地区人民的赞许，并多次得到党中央、国务院和中央领导同志的肯定。

第一节　对口支援

对口支援模式是在我国政治环境中产生、发展和不断完善的一项具有中国特色的政策模式。对口支援萌芽于20世纪50年代，60年代初开始正式实施，1979年在中央52号文件中，以国家政策的形式正式把对口支援确定下来。[②] 对口支援政策是为了缩小东西部区域差距，推动西部少数民族地区经济社会较快发展，实现民族平等、团结和共同繁荣的一项具有中国特色的区域政策。同时，它是在中央政府主导下开展的地方政府合作，其不仅是中国扶贫开发工作

[①] 中共中央党史和文献研究院编：《习近平扶贫论述摘编》，北京：中央文献出版社2018年版，第101—102页。

[②] 李晓玲：《新一轮援疆布局首落点》，《瞭望》2010年第24期，第26—28页。

的重要组成部分,也是促进中国区域协调发展、建设社会主义和谐社会的重大战略措施,更是实现共同富裕的捷径。对口支援政策的实施,有效地促进了东部支援地区与西部受援地区之间资金、物资、人才、技术等的转移和整合,弥补贫穷落后地区差距,在极大程度上促进了西部受援少数民族地区的经济增长和社会发展,促进了民族团结和社会的稳定。① 此外,对口支援政策在长期演进过程中,已被广泛运用于重大工程兴建、重大自然灾害恢复重建、西部民族地区治理、东西部扶贫协作、公共服务均等化等国家治理的诸多领域,成为一项富有中国特色的国家治理政策。在对口支援的诸多领域中,尤其是省际对口支援边疆政策的运行是最为持久和影响最为广泛的,其使两个在地理空间上不相邻的支援方和受援方政府为提高边疆治理水平而长期协作共治,并取得重要成效,充分体现了中国"集中力量办大事"的政治制度与体制优势。②

在党中央和国务院的部署和安排下,广东主要负责对西藏林芝、新疆哈密和喀什以及四川甘孜等地区的对口支援工作。广东省委省政府一直以来高度重视对口支援的帮扶开发工作。面对国家东西部地区发展不平衡不均衡的实际,迎难而上,瞄准脱贫攻坚的目标步步为营,紧紧围绕中央和国务院的相关要求,不断完善扶贫开发的体制机制,探索脱贫攻坚新的高效工作方法,逐步推动扶贫开发由大水漫灌向精准滴灌转变,形成了一套因地制宜、实事求是、扎实科学的工作思维,创造出符合新时代扶贫开发工作的新路子。

一、西藏林芝

西藏自治区位于西南边陲,地处青藏高原,自然环境艰苦,交通闭塞,只有牧业和少量农业、工业,经济属于落后地区。林芝作为西藏自治区下辖地级市,古称工布。位于西藏东南部,处在雅鲁藏布江中下游,其西部和西南部分别与拉萨市、山南市相连,西连那曲市嘉黎县、东接昌都市,南部部分区域在藏南地区(印度占据),与缅甸接壤,被称为西藏江南,有世界上最深的峡谷——雅鲁藏布江大峡谷和世界第三深度的峡谷——帕隆藏布大峡谷。根据中央的部署和要求,广东于1995年开始对口支援西藏林芝地区。20多年来,广东严格按照中央对援藏工作的总体要求和部署,按照习近平提出的"五个始终"的要求,紧紧抓住林芝发展过程中的薄弱环节和群众急需解决的困难和

---

① 李娅、赵鑫铖:《东西部对口支援中的能力缺口、援助需求与自我发展能力——以西部边疆五省区为例》,《学术探索》2016年9期,第93—99页。
② 丁忠毅:《国家治理视域下省际对口支援边疆政策的运行机制研究》,《思想战线》2018年第4期,第76—87页。

实际问题，不断加大援藏力度、拓宽援藏领域、创新援藏方式、深化援藏内涵，推动援藏工作向纵深发展，逐步形成"一个龙头，两翼齐飞"的援藏工作新格局，成为全国援藏重视程度最高、工作力度最大、干部表现最好、援藏效果最显著的省份之一。同时，广东的援藏工作受到中央及粤藏两省区党委政府的充分肯定和林芝地区人民群众的广泛认可，时任西藏自治区党委书记，现任中央政治局委员、新疆维吾尔自治区党委书记、新疆生产建设兵团第一政委陈全国对广东援藏工作作出了"广东援藏堪称楷模"的高度评价。

广东作为全国援藏的排头兵，也是西藏稳定发展的坚强后盾。自1995年广东正式启动援藏工作以来，先后派出大量援藏干部与当地干部群众在世界屋脊携手奋斗，18万林芝人民亲眼见证了广东援藏干部的大爱与奉献，也见证了自身的巨大变化。在广东的对口支援帮扶下，林芝地区实现了跨越式发展，林芝地区更是成为西藏全区科学发展的排头兵。可以说，广东援藏工作为发达地区对口支援欠发达地区工作积累了有益的经验。

（一）以干部援藏为引领，不断加大投入夯实发展基础

自1995年开展援藏工作以来，广东始终站在战略全局和民族团结的高度，按照中央的总体部署，以干部、资金援助为引领，从干部、人才、资金、技术等各方面支援林芝地区发展。援藏干部人数和援藏项目呈倍数递增，援藏资金也以十位数的倍数增长。从前期狠抓基础设施建设，到近年来构建起全方位、多层次、宽领域的全新格局，广东援藏20多年来坚持不懈的大力投入，成效显著。到了2013年，林芝地区实现地区生产总值81.83亿元、财政收入6.67亿元、固定资产投资100.03亿元、社会消费品零售总额20.68亿元、农牧民人均纯收入8612元，分别是1994年的33倍、26倍、55倍、21倍和8倍。① 林芝地区基础设施也得以大幅改善，广东援藏工作促进当地取得了良好的经济效益和社会效益。

（二）以民生援藏为龙头，倾力为林芝人民群众谋福祉

根据援藏形势的变化发展，按照省领导提出的"坚持富民优先，民生为重"原则，第六、七批援藏工作把改善和保障民生放在核心位置，资金重点投放于改善农牧区基础设施和提升基本公共服务水平的民生项目建设。如第六批援藏队将80%以上的援藏资金投向农牧区，完成1019户解困安居工程，建成25个小康示范村，建设林芝地区疾控中心重点实验室、养老院、中学体育

---

① 吴哲、谢思佳、林旭娜、唐柳雯：《雪域高原粤藏情——写在广东对口支援西藏20周年之际》，《南方日报》2014年8月12日。

场馆等，开展卫生医疗援助，提升城乡居民养老水平和就业水平。第七批援藏队计划重点投入开展民生援藏项目，集中力量实现偏远村"六通"、农房改造、农用桥梁修建及建设小康示范镇村、孤儿院、幼儿园、妇幼保健院等。民生援藏工作的积极推进，实实在在改善了林芝地区的民生，也赢得了林芝人民的心。在第九批援藏工作中，大力促成粤林两地联合主办两场就业援藏专场招聘会，提供优质就业岗位4726个，先后促进114名高校毕业生区外市场就业；提供广东省5个省直单位、粤港澳大湾区7个城市38家事业单位优质岗位146个，帮助60名高校毕业生在广东事业岗位就业；协调人力资源和社会保障部选派高层次人才为林芝经济社会发展把脉献策，达成合作意向项目7个；借鉴粤港澳大湾区智库建设经验做法，积极筹划建立以指导咨询为主要职能的林芝专家库。此外，第九批援藏工作队依托广东实施"粤菜师傅"工程中积累的成功经验，大力实施林芝"粤菜师傅培养十百千万"工程，为林芝30名学员开展为期15天的技能培训，学员培训后就业月人均收入超万元；组织林芝市、县、乡三级就业创业工作人员、技能培训教师、创业导师等40多人次，前往广州、珠海、中山等地参加就业创业培训；从广东引进师资为林芝90名学员开展劳务经纪人培训，有效提升林芝就业工作人员能力和水平。

（三）以产业"造血"为抓手，逐步培育林芝经济内生动力

根据广东省委省政府的指示及林芝地委、行署"把林芝建成绿色生态地区，藏东南的经济、旅游中心"的发展定位，援藏队紧密结合实际，依托当地独特的气候、地理资源、区位特点和产业发展基础，着重帮扶林芝发展生态文化旅游业和特色农牧业，培育新的经济增长点，增强产业"造血"能力。通过在一些重大项目上实现突破，对整个林芝经济发展形成辐射带动效应，带动农牧民脱贫致富。如以打造重要的世界旅游目的地为目标实施建设福清河景观带、鲁朗国际旅游小镇、波密县木镇和察隅县小城镇，形成"四点一线"精品旅游布局，全面盘活林芝东线旅游资源；积极发展工布、门巴、僜人等民俗文化特色旅游，大力推动旅游文化产品开发。在察隅农场打造现代养殖业，建设藏东第一个农牧产业园区——波密产业园区，建设林芝县优质水果带、墨脱县万亩高山有机茶种植基地和易贡茶场茶田改扩建等项目，做大做强高原特色农牧业，扶持林芝逐步建立特色产业体系，强势推动地区经济跨越式发展和农牧民收入加速增长。

（四）以智力援藏为支撑，不断增强经济社会发展软实力

广东结合林芝发展实际，科学布局智力援藏项目，以人才培训工程为主要抓手，为林芝可持续发展提供坚强的人才保障和强有力的技术支持。一方面加大"请进来"力度。如前六批援藏队先后组织59批400多名专家赴林芝开展短期技术援藏。第七批援藏队组织4批医疗援藏队和15名教师赴林芝义诊和支教，在3年内再引进108名中高层急需技术人才，培训800名党政干部和专业技术人才。另一方面实施"走出去"战略。实施"培优带富"行动计划，选送当地优秀教师、医生、基层干部到对口援建市跟班学习，组织急需的农牧技术人员和农牧民致富带头人到广东发达地市实践培训，力争达到"培训一人，收益一片"的效果。此外还打造"带不走"平台。如援藏队长期在教育、医疗、工程、农牧等多个领域开展送教带训、技术交流和互动互动活动，帮助建立便民服务中心，为林芝打造一支"带不走"的智援队伍。

（五）以社会力量为补充，促进援建工作广泛参与

广东省委省政府和援藏工作队积极牵线搭桥，多领域、多形式、多渠道地动员社会各界力量参与到援藏工作中，积极引导和鼓励优秀的企业到林芝地区寻求合作、投资兴业。如以鲁朗国际旅游小镇为平台，引进恒大、保利、广药集团等17亿元项目投资。同时，广泛宣传发动广东党政机关、事业单位、各类企业团体和爱心人士积极参与，实施多项捐赠和支持，重点帮扶林芝边远落后地区和贫困农牧区。如广东省直40多家单位和企业向波密县农牧民捐赠价值500多万元的物资，东莞市一类镇街援助820万元结对帮扶建设4个小康示范村，虎门商会爱心企业家捐赠650万元援建林芝妇幼保健院住院楼等。

值得一提的是，广东中山对口支援林芝工布江达县以来，中山援藏工作组紧紧围绕民生、产业、智力、社会和感情援藏，打造"五位一体"的援藏工作格局。4年来，实施规划内援藏项目40个、投资2.09亿元，完成规划外援藏项目79个、投资3322万元。在中山对口支援有力促进下，2018年9月工布江达县在林芝市6县中率先实现脱贫摘帽，2019年底全县79个贫困村全部退出，贫困人口清零，稳步实现"两不愁三保障"。中山援藏经验被全国援藏总队肯定和推介，获评为林芝市"民族团结进步模范集体"，工作组22人次分获区市县表彰。此外，在广东对口支援林芝地区实现脱贫的同时，也加大了"文化援藏"力度，广东注重藏族建筑特色的保护和文化传统的传承，通过援藏传播中华文化、加强汉藏文化交流，为西藏文化的传承和保护添砖加瓦。[①]

同时，与大量的项目、资金一同进入西藏的，还有广东的先进发展思路和理念。广东援藏干部把"敢为人先、求真务实、开拓创新、开放兼容"的广

---

① 叶彤、李哲：《广东推动援藏工作的实践与思考》，《广东经济》2014年第10期，第20—25页。

东精神与"特别能吃苦、特别能战斗、特别能忍耐、特别能团结、特别能奉献"的老西藏精神结合起来,弘扬"缺氧不缺精神、高寒不缺热情"的工作作风,从而不断擦亮广东援藏工作品牌,当好全国科学援藏的排头兵。①

二、新疆哈密、喀什

新疆维吾尔自治区地处西北边陲,土地辽阔,周边与8个国家接壤且边境线长达5600多千米,是我国陆地边境线最长、毗邻外国最多、面积最大的省区,维吾尔、哈萨克、回、蒙古等几十个少数民族人口约占60.5%,公元前60年西汉就在此设西域都护府。无论是从国际关系角度还是从民族关系角度而言,新疆都是我国十分重要的省份。根据中央统一部署,广东1998年开始对口支援新疆哈密地区。2010年中央部署开展新一轮对口援疆工作,广东调整为对口支援喀什地区疏附县、伽师县和兵团第三师,深圳市对口支援喀什市和塔什库尔干县任务单列。同年,广东成立省对口支援新疆工作领导小组,统筹领导广东对口支援新疆工作。近20年来,广东省委省政府将对口支援新疆视作重大而光荣的政治任务,以习近平新时代中国特色社会主义思想为指导,深入贯彻落实习近平关于新疆工作的系列重要讲话精神和党中央治疆方略,站在全党全国工作大局的战略高度,全力以赴完成广东对口支援新疆任务。同时,随着援疆工作的大规模实施,广东省委省政府定期召开省委常委会、省委书记专题会、省援疆工作领导小组会及省政府常务会,统筹谋划、研究部署对口援疆工作,省党政主要领导均带队赴新疆考察对接。在深入开展援疆工作过程中,广东对新疆地区的对口支援逐渐形成特色,走出了一条边疆少数民族地区脱贫致富、创业发展的新路子,为新疆社会稳定和长治久安作出了积极贡献。据相关数据显示,2010年以来,广东选派援疆干部人才5705名,投入援疆资金202.2亿元,实施援疆项目1104个,帮助受援地27.3万贫困群众脱贫。广东援疆前方指挥部也荣获2018年全国脱贫攻坚奖"组织创新奖"。②

(一)广东对口支援新疆哈密地区

哈密作为新疆的东大门,是新疆连接内地的交通要道,自古就是丝绸之路上的重镇,素有"西域襟喉""中华拱卫""新疆门户"之称。东与甘肃省酒泉市相邻,南与巴音郭楞蒙古自治州相连,西与吐鲁番、昌吉回族自治州毗

---

① 庞彩霞、李彦臻:《广东不断擦亮援藏工作品牌》,《经济日报》2012年9月25日。
② 马汉青:《"一个龙头、两翼齐飞" 广东援疆工作成效良好》,《羊城晚报》2019年7月20日。

第四章 广东对口支援与东西部协作扶贫之路

2010年9月2日,由广东省旅游局、广东对口支援新疆工作前方指挥部共同策划的"百万广东人游新疆"活动,首趟火车专列出发。专列的出发让更多的广东人走进新疆、了解新疆、支持新疆,以旅游业为契机探索一条有广东特色的援助新路子,撬动当地经济发展。(图片来源:http://news.sina.com.cn/c/2010-09-03/145121033835.shtml)

邻,北与蒙古国接壤。设有国家一类口岸——老爷庙口岸,是新疆与蒙古国发展边贸的重要开放口岸之一。① 其经济基础弱、贫困程度深,是打赢脱贫攻坚战难度最大、任务最重的地方之一。

广东积极推进援疆哈密地区工作。1998年广东省开始对口支援新疆哈密,先后向哈密地区选派5批工作队共203名援疆干部,援疆干部时刻把维护民族团结和社会稳定放在首位,尽心尽力为各族群众做好事、办实事、解难事。总体而言,广东的援疆工作主要包括促进哈密干部群众观念的转变、加快哈密城乡基础设施建设、构建粤哈经济技术合作长效机制、拓宽智力援疆渠道、推进

---

① 罗斌:《当前对口援疆政策的实施现状研究——以哈密地区为例》,中南大学2011年硕士论文。

粤哈两地文化交流、密切粤哈两地的联系、积极参与灾害救助七个方面的工作。① 据不完全统计，广东省委省政府在援疆工作期间落实援建资金 6.5 亿元，先后无偿援建哈密近 300 个扶贫性、公益性重点项目，援助资金、物资超过 5 亿多元。10 多年来广东共培训哈密各类人才 1 万余人次，通过各类培训，哈密干部开阔了眼界，增长了知识，转变了思维方式，极大地提高了哈密地区干部队伍的整体素质。在关注社会发展的同时，也对当地的教育作出了贡献，先后援建 43 所中小学校，援助资金（设备）2360 多万元，资助贫困学生 1900 多名。②

广东援疆工作得到了粤新两省区党委、政府的高度重视和精心指导，在粤新两省区组织部门的全力配合和大力支持下，援疆干部肩负光荣使命，以良好的精神状态和高昂的工作热情，开展人才、智力、项目、资金、技术并重的综合援助，充分发挥工作队、宣传队、联络队的作用，为哈密地区的改革、发展和稳定作出了贡献。在粤哈的共同努力下，广东援疆工作取得了丰硕的成果。如广东路、天山南路、南粤文化中心、回王府重建一期工程、骨科创伤中心、地区一中综合教学楼、苏吉沟水库等一大批涉及交通、农业、教育、文化、卫生等城乡基础设施建设的标志性工程，都极大地改善了哈密的投资发展环境和基础设施条件，对提高哈密各族人民的物质文化生活水平等发挥着重要作用。此外，在广东的帮助下，哈密市完善了城市总体规。新修、改扩建城市道路和供水管网，增加供热面积和绿地面积，使哈密城市面貌和生态环境得到了改善。③ 援疆工作队也得到了粤新两省区党委、政府的肯定，赢得了哈密各族干部群众的信任和支持。

(二) 广东对口支援新疆喀什地区

喀什古称"疏勒""任汝""疏附"，作为古丝绸之路的交通要冲，是中外商人云集的国际商埠，也是新疆唯一的国家历史文化名城，集中体现了维吾尔族民俗风情、文化艺术、建筑风格及传统经济的特色和精华。2010 年，喀什经济开发区被批准为经济特区。

广东在开展对口援疆工作时，始终把民生援疆作为龙头，把产业"硬援

---

① 刘建军：《对口支援政策研究——以广东省对口支援哈密地区为例》，新疆大学 2007 年硕士论文。
② 《广东对口支援新疆哈密十多年　民族团结放首位》，http://www.chinanews.com/gn/news/2010/04-26/2246987.shtml。
③ 罗斌：《当前对口援疆政策的实施现状研究——以哈密地区为例》，中南大学 2011 年硕士论文。

疆"和智力"软援疆"当作两翼,形成"一个龙头、两翼齐飞"援疆新格局。重点做好抓好援疆规划的实施、坚持民生援疆为龙头、加大产业援疆力度、全方位推进援疆工作、强化援疆工作的组织领导五项工作。①

在援疆起初的5年内,广东便安排资金96亿元对口援建喀什地区"两市三县"(兵团农三师图木舒克市、喀什市、疏附县、伽师县、塔什库尔干县)。随着帮扶的不断深入和发展,广东找准符合新疆当地实际的科学发展思路,将产业发展与改善民生相结合,2010年,广东开展新一轮对口援疆,力促新疆跨越式发展。6月初,广东省援助新疆喀什地区的4个试点项目正式开工,这4个项目主要围绕着新农村建设、抗震安居房、棚户区危房改造、小城镇基础设施和设施农业展开,为此,广东省投入了1亿元的启动资金。② 在广东新一轮对口援疆工作开展以来,先后派出多批广东援疆干部全身心投入援疆工作,2011年援疆工作实现"双百",即资金100%到位、项目100%完成,使新疆经济社会发生巨大变化。其中,在广东对口援建兵团农三师图木舒克市时,注重早谋划、早安排、早实施,赢得了当地广大兵团干部群众的认可和信任。同时,广东省对兵团援建到位资金逐年递增,成为我国对口援助资金最多的省市之一。③

由于喀什地区所辖12个县市全部为扶贫开发重点县市,其中10个县市为深度贫困重点县市,是全国14个集中连片特殊困难地区和深度贫困地区,因而其脱贫攻坚的任务也比较艰巨。对此,2018年,广东在新一轮对口支援新疆工作中,继续大力推进产业援疆工作,持续助力喀什地区脱贫攻坚。一方面,积极以产业带动就业,重点打造产业园区吸纳就业。2017年以来,"两县一师"(广东对口支援的喀什地区疏附县、伽师县和新疆生产建设兵团农三师)共引进东纯兴纺织、依锦诚服装和兴业中小企业孵化基地等各类企业97家,吸纳就业2.04万人,其中少数民族群众占94%。截至2018年6月,已有148家内地企业落户广州新城、喀什国际经济合作区起步区、广州工业城等园区,提供3万余个就业岗位,带动就业近4万人次。另一方面,在众多园区和企业配套开设开办普通话学习班和脱贫攻坚学习班,重点宣讲致富方法和生产技能培训,帮助员工快速掌握技能,增强员工脱贫意识,用"产学"结合的方式,让员工不仅鼓起"钱袋子",同时也充实"脑瓜子"。此外,推广县、

---

① 谢思佳:《今年我省拟投11.65亿援疆》,《南方日报》2012年4月22日。
② 李晓玲:《新一轮援疆布局首落点》,《瞭望》2010年第24期,第26—28页。
③ 谢思佳:《今年我省拟投11.65亿援疆》,《南方日报》2012年4月22日。

乡、村"1+X+Y"（总部+卫星工厂+农户车间）三级就业模式，让群众就地就近就业。如以吾库萨克镇7村为例，2017年，全村贫困人口已从2014年的290户969人下降到194户601人。在三级就业模式的帮助下，疏附县、伽师县各乡镇的卫星工厂已稳定吸纳近万名本地劳动力就地就近就业，其中贫困人口超过3000人。此外，广东在援疆工作中因地制宜提出的农牧林果水居"六位一体"组合式庭院经济，经过改造和升级，使当地农户庭院利用率从以往不足30%提高至85%以上，户均增收过万元，极大改善了受援地的生活质量。①

科技帮扶也是广东援疆工作的亮点之一。新疆地处内陆，科技发展较为落后。为此，2017年7月18日，在广东省对口支援新疆工作前方指挥部，广东省科技情报所、喀什地区科技局和喀什地区第一人民医院签订共建喀什广东科技创新信息中心协议。通过采用广东省科学技术厅拨款100万元、喀什地区第一人民医院自筹经费50万元的模式，最终打造了面向南疆地区科技创新的"一站式"服务平台——喀什广东科技创新信息中心。该中心作为南疆首家科技信息平台，以科技创新推动区域发展，提升了喀什地区科技水平，完善了区域创新体系，增强了喀什的综合竞争力，促进新疆经济建设和社会发展。② 教育帮扶作为广东援疆工作的关键任务之一，广东着重打造和启动"援疆万名教师支教计划"，单是2018年就有270名广东援疆教师走进新疆开展支教工作。广东省援疆教师采取"组团式"的方式支援喀什地区12所中小学校，承担学科教学和班级管理任务，组织教研活动，开展业务培训和教学指导，充分发挥骨干示范作用，与当地教师组成教学团队，带动受援学校提升教学水平和育人管理能力，帮助受援地打造一支"带不走"的高素质专业化教师队伍。③

除此之外，广东在喀什经济开发区发展目标、产业选择、项目支持、开发运作模式和管理体制等方面也提供较多的帮助和指导，如深圳市2011年安排1.15亿元，重点支持开发区空间及城市布局规划编制、重大口岸基础设施建设前期工作、试验区政策研究等。同时，深圳市帮助制定《喀什特殊经济开发区发展规划（2011—2020）》，对喀什特殊经济开发区的发展目标、产业选

---

① 李赫、曾励：《广东援疆持续发力，助新疆喀什地区脱贫攻坚鼓起"钱袋子"充实"脑瓜子"》，《南方日报》2018年6月13日。

② 霍明：《喀什广东科技创新信息中心：构建南疆首家科技信息平台》，《广东科技》2020年第6期，第16—19页。

③ 马立敏：《粤270名教师赴新疆支教 "组团式"支援喀什地区12所中小学校》，《南方日报》2018年8月24日。

择、开发运作模式和管理体制等问题作了明确的说明。① 该规划的制定和实施,使新疆喀什地区的发展迈向了新的里程碑。

三、四川甘孜

甘孜地处青藏高原东南缘,是连接西北、西南的"咽喉",是川藏交通的要道和多民族长期交往融合的"走廊"。良好的生态、丰富的资源和多彩的文化是甘孜州的独特优势。2014 年 8 月,国务院办公厅出台《关于印发发达省(市)对口支援四川云南甘肃省藏区经济社会发展工作方案的通知》,其中广东对口支援甘孜藏族自治州。由此,广东省与甘孜州紧紧联系在一起。2015 年 8 月,广东省援川前方工作组正式派驻甘孜州。广东省对口支援甘孜州采用"省统筹,市配合,分片联系到县"的方式开展工作,其中深圳市联系石渠县、德格县和甘孜县。2016 年 10 月,中共中央办公厅、国务院办公厅印发《关于进一步加强东西部扶贫协作工作的指导意见》。对口支援甘孜工作被赋予东西部扶贫协作的新使命,甘孜州亦成为全国同时接受对口支援和东西部扶贫协作的地级市(州)之一。②

自 2014 年中央作出发达省市对口支援藏区的重要战略部署,广东省认真贯彻落实党中央、国务院决策部署,坚持稳中求进工作总基调,贯彻新发展理念,落实高质量发展要求,统筹推进各项工作取得新进展;按照"中央要求、当地所需、广东所能"的原则要求,始终以高度的政治自觉、政治责任和政治担当,遵循"以民生援建为龙头、产业援建和智力援建为两翼"的工作思路,先后制定《广东省对口支援甘孜州 2014—2015 年投资计划》和《广东省"十三五"对口支援四川甘孜经济社会发展规划》,强力推动粤川对口支援和东西部扶贫协作各项工作的有效落实。③

通过"结对子"帮扶形式,广东以全方位帮扶、统筹推进,聚焦关键、精准施策,安排援建资金实施一系列援建项目,与甘孜州在旅游、农牧业、新能源产业等领域展开深入合作,积极创新实施"前店后厂"消费扶贫模式、"双飞地经济"产业帮扶模式、"拎包入学"寄宿学校教育援建模式、"三扶三转"就业脱贫模式、"组团式"医疗帮扶模式、"五个一"交流交往模式等,全力助推甘孜州促发展、惠民生、保稳定。

---

① 蒙慧、李紫烨:《对口援助与落后地区经济开发区建设问题研究——以广东等省市援助喀什国家级特殊经济开发区为例》,《河北大学学报(哲学社会科学版)》2012 年第 4 期,第 65—71 页。
② 王莉英:《脱贫奔康路上粤甘携手同行》,《经济特区报》2017 年 10 月 17 日。
③ 徐登林:《广东对口支援 甘孜借力发展》,《四川日报》2018 年 8 月 7 日。

（一）民生援建村民受益

在对口支援和东西协作过程中,广东注重对甘孜州进行民生援建工作。广东省将资金向贫困村和建档立卡贫困人口倾斜,重点用于民生和基层。"十三五"期间,广东规划支援甘孜州121个项目,总投资10.96亿元,其中,规划安排改善农牧民生产生活条件、教育及就业等民生项目资金9.83亿元,占规划帮扶资金总量的89.7%。如2017年,广东援建资金391.4万元,在幺姑村实施幸福美丽新村建设项目。幺姑村35户村民家全部进行了房屋风貌改造、厨房改造、厕所改造、圈舍改造、环境改造,建起了浴室、院坝和庭院经济。同时,新村还建成11千米联户路,修建公共厕所1座、垃圾处理池3个,安装太阳能路灯等公共设施,当年该村退出了贫困村行列。2014年以来,援建资金共建成小康示范村4个、幸福美丽新村21个、乡村道路25条,惠及贫困村531个、贫困群众10407人;建设贫困残疾人新居及农牧民住房项目21个,惠及贫困残疾人家庭2821户;建成标准化乡镇卫生院68所、寄宿制学校73所。①

（二）产业援建优势促互补

广东省始终把产业合作作为帮扶的重要抓手,立足甘孜州产业基础,认真分析资源优势,着力找准与广东省的互补点,不断满足"甘孜所需",支持当地特色产业和生态旅游业等发展;充分发挥"广东所能",助推甘孜对外招商引资;积极回应"群众所求",打通优势产品销售渠道;配套解决"企业所急",补齐产业发展短板。2014—2019年,广东省对甘孜州累计安排产业帮扶项目52个,甘孜州广东企业招商引资签约项目18个,投资总额673.15亿元。据不完全统计,截至2018年,在广东的帮扶下,甘孜州建成特色农牧业基地5个、特色乡村旅游项目2个。同时,广东还成功推动广东棕榈、广州粤旺等大型企业在甘孜州落地,推动甘孜州与广州融捷集团等70余家企业签署合作协议,涉及总额900多亿元。②如广东壹号食品与甘孜州政府签署战略合作框架协议。根据协议,该公司将投资数亿元,在道孚、九龙、甘孜等县建立保种繁育、集中育肥、加工销售基地,推动牲畜出栏出售、畜种改良、技术集成应用,构建高原生态特色牦牛全产业链发展体系。通过与壹号食品公司的合作,道孚乃至甘孜州的牦牛肉逐渐走向全国。在不断的实践中,广东与甘孜产业合作形成订单保底收购模式、"前店后厂"消费扶贫模式、资产收益扶贫模式等

---

① 徐登林:《广东对口支援 甘孜借力发展》,《四川日报》2018年8月7日。
② 徐登林:《广东对口支援 甘孜借力发展》,《四川日报》2018年8月7日。

多元化模式。在旅游业方面，广东除了协调有关部门支持开通广东直飞甘孜航线之外，还积极推动广东企业走进甘孜投资旅游业，目前广东已成为甘孜旅游第三大客源市场。在现代农牧业方面，已有上百种甘孜高原绿色农特产品走进广东，为此广州赛特环保公司还投资40亿元开展特种动物养殖和景区环保设施建设。思路创新也是广东与甘孜州帮扶的亮点之一，广东省为甘孜"量身定制"州外州内双飞地产业园区的产业扶贫模式：州外，依托成甘、甘眉两个飞地工业园区，承接广东产业转移和企业投资；州内，开展农村土地产权流转和跨区合作试点，让不具备产业发展条件的贫困村，也有扶贫产业。例如，炉霍县利用广东产业扶持资金，投入750万元建冬暖式钢架大棚种植蔬菜，覆盖88个贫困村，户均增收1000余元。①

（三）智力援建互派共提升

广东省充分发挥人才资源和优势，务实推进甘孜州的人才选派、培训工作。2014—2018年，广东省累计为甘孜州开展就业技能培训140期，培训电子商务、招商引资、旅游服务、藏汉双语文字翻译等专业技术人才1842人，培训干部1639人、教师3345人、医生5534人。甘孜州累计选派277名骨干教师和189名医务人员赴广东省进修学习。此外，两地还引导粤川两省优秀村党支部书记、老党员、致富带头人、藏汉学生等交流交往700人次，推动广东省社会各界组团到甘孜州开展慈善活动64次。两地建立起跨区域劳务输出对接机制，对受扶地贫困群众实施订单式培训，促进劳动力到帮扶方务工就业。值得一提的是，2019年，广东省江门市派出5名粤菜厨师，到康定市若吉村开办"粤菜师傅"技能培训班，开展"手把手"的技能培训。学成后的若吉村通过农家乐推出的粤菜，为村里吸引了不少外地游客。②

总体而言，经过两省共同努力，7年来，广东8个市与甘孜州18个县（市）建立了结对关系，围绕民生帮扶、产业合作、智力支持等做了大量富有成效的工作，两省扶贫协作和对口支援工作不断深入，有力助推了甘孜州脱贫攻坚进程。据不完全统计，广东累计安排对口支援资金29.96亿元，实施项目275个；组织广州等8市计划外投入和广东省社会各界捐款捐物约2.05亿元。③ 2018年，甘孜州康定、丹巴等5个国家级贫困县摘帽，4.98万贫困人口

---

① 侯冲：《浙粤川携手 向绝对贫困冲锋》，《四川日报》2020年6月17日。
② 徐登林：《广东对口支援 甘孜借力发展》，《四川日报》2018年8月7日。
③ 杨琦：《生活甜如蜜 日子有奔头》，《甘孜日报》2020年3月24日。

实现脱贫，463个贫困村退出。①

第二节 东西部扶贫协作

我国是一个发展中大国，自然资源差异及经济文化发展的地区不平衡十分明显，这种差异和不平衡在东西部之间表现得尤为突出。东南沿海发达地区与西部欠发达地区在资金、技术、人才、资源和管理经验等方面具有很大的互补性。在这种背景下，东西部扶贫协作应运而生。东西部扶贫协作是改革开放以来党中央、国务院依据邓小平关于共同富裕理论所制定的一项重大战略决策和扶贫政策。其源于改革开放初期党和国家动员发达地区对口支援少数民族地区加快发展的对口支援政策，在20世纪90年代中期正式提出并加以实施。中央和各地方政府根据我国的贫困现状以及反贫困战略的具体要求，在扶贫实践中出台了一系列相关政策和措施，不断对东西部扶贫协作政策进行调整、补充和完善。进入新世纪以后，东西部扶贫协作政策在科学发展观指导下，在扶贫主体、扶贫资源以及扶贫领域等多个方面都有了进一步的发展与深化，开创了中国特色的东西部扶贫协作新局面。②

2016年中央调整东西部扶贫协作结对关系以后，广东与广西、四川、贵州、云南4个省（区）14个市（州）93个贫困县开始有了紧密的联系。这些地区中有深度贫困县62个，其中云南怒江州、四川凉山州和甘孜州属国家确定的"三区三州"，云南昭通市、贵州毕节市、广西河池市等市贫困人口数量多、贫困程度深，都是贫中之贫、困中之困、坚中之坚的硬骨头。广东省委省政府不畏艰难，全面贯彻党的十九大精神，以习近平新时代中国特色社会主义思想为指导，深入贯彻习近平对广东重要指示批示精神，以及全国"两会"期间对广东工作提出的"四个走在全国前列"重要讲话精神，增强"四个意识"，提高政治站位，把东西部扶贫协作和对口支援作为重大政治任务，按照"中央要求、当地所需、广东所能"，动员全省各地各部门和社会力量，与当地党委政府、群众共同努力，扎实做好东西部扶贫协作工作，在全国打赢脱贫攻坚战中体现广东担当、贡献广东力量。③

---

① 《广东省人民政府关于印发四川广东扶贫协作和对口支援联席会议纪要的通知》，www.gd.gov.cn/zwgk/wjk/qbwj/yfh/content/post_2528067.html。

② 李勇：《改革开放以来东西对口扶贫协作研究》，福建师范大学2012年硕士论文。

③ 黄进：《广东东西部扶贫协作"当了排头兵、啃了硬骨头、做了大贡献" 有力助推被帮扶地区如期打赢脱贫攻坚战》，《南方日报》2019年10月21日。

2016年以来,广东加强统筹指导,坚持对口支援和东西部扶贫协作"一盘棋",先后派出5个工作组,迅速扎根桂、川、云、贵四省区的扶贫一线。广东10市(广州、深圳、珠海、佛山、东莞、中山、江门、湛江、茂名、肇庆)也各自发挥自身的优势和资源对口帮扶四省区。在东西部扶贫协作过程中,广东深刻认识把握打赢打好脱贫攻坚战面临任务的艰巨性,深刻认识把握实践中存在的突出问题和解决这些问题的紧迫性,不放松、不停顿、不懈怠,坚决完成东西部扶贫协作的政治任务,注重从产业协作、人才支援、资金支持、易地搬迁帮扶、劳务协作、扶志扶智帮扶、发动社会帮扶、携手奔小康行动等方面进行全方位帮扶,并且取得显著成效,使广东的东西部扶贫协作工作始终走在全国前列。

一、广西(8市33县)

广西壮族自治区东界广东,南临北部湾并与海南隔海相望,西与云南毗邻,东北接湖南,西北靠贵州,西南与越南接壤,是以壮族为主体的少数民族自治区,也是全国少数民族人口最多的省(区),经济发展较为落后,国家级贫困县较多。党中央最早在1996年的文件中明确,由广东对口帮扶广西,在1996年至2016年间,广东一直为广西提供援助资金和开展各项帮扶,但是较少派出干部常驻广西。直到2016年,根据中央对东西部扶贫协作工作的部署,广东、广西两省区政府印发《关于进一步加强粤桂扶贫协作工作的意见》,明确广东对口帮扶广西的行动由深圳市牵头负责,深圳重点帮扶百色、河池及所辖17个国定贫困县(石漠化片区县),在此基础上再扩大结对范围,充实帮扶力量,增加广东的江门、肇庆、湛江和茂名市所辖县(市、区)与广西的崇左、桂林、贺州、柳州、南宁和来宾市所辖16个国定贫困县(石漠化片区县)建立结对关系,开展"携手奔小康"行动。

广东省各帮扶市向开展"携手奔小康"行动的受帮扶县选派1名扶贫协作干部,挂任县党政副职,开展扶贫协作工作;帮扶县(市、区)党委或政府主要负责同志每年赴结对国定贫困县(石漠化片区县)调研对接。从2016年开始,广东对百色、河池、崇左、桂林、贺州、柳州、南宁和来宾市所辖的33个国定贫困县(石漠化片区县)按平均每县每年1000万元安排财政援助资金,视财力增长情况逐步增加,列入年度预算。此外,两省区建立粤桂扶贫协作联席会议制度,两省区层面成立扶贫协作领导机构及办事机构负责对接粤桂扶贫协作事宜。两省区党委政府主要负责同志每年开展定期互访,协调推进扶贫协作。①

两广作为睦邻友好的省（区）兄弟，东西部扶贫协作力度更大，节奏更快，目标更明确。频密的交往、精准的互动，见证着两省区协力共圆小康梦的决心。深圳市自与广西百色、河池两市建立对口帮扶关系开始，便选派了27名优秀干部进驻帮扶两市，全市10个区（新区）与两市17个贫困县建立结对关系，其中9个街道、11个社区（股份合作公司）与两市15个乡镇、11个贫困村开展村镇结对帮扶。2017年3月15日，在广东省和广西壮族自治区两地党委、政府主要领导的共同见证下，两地签订了"十三五"时期粤桂扶贫协作框架协议，标志着粤桂扶贫协作工作进入了实质性的阶段。②

（一）顶层统筹，高位推动

两省区联合编制的《粤桂扶贫协作规划（2016—2020年）》，明确了"十三五"时期扶贫协作的工作重点，将"十三五"粤桂扶贫协作框架协议涉及的十大协作内容分工落实到各级各部门，明确牵头单位、配合单位及有关市、县的工作任务和要求，积极推动各项协作工作落地实施。同时，两省区扶贫部门联合在广西成立粤桂扶贫协作办公室，具体协调推动各项工作有效开展。两省区积极探索创新"县县、乡乡、村村和村企"等结对帮扶模式。深圳市10个区和江门、湛江、茂名、肇庆市的16个县（市、区）所辖的镇（街）、社区或企业、行政村与广西33个贫困县（石漠化片区县）所辖的82个贫困乡镇和106个贫困村进行结对，开展"携手奔小康"行动，形成多层次、立体化协作格局。广西区党委、政府认真贯彻落实习近平扶贫开发战略和东西部扶贫协作的系列讲话精神，党政主要负责同志不定期专题听取工作汇报，及时研究部署和推动重大工作，把粤桂扶贫协作工作列为自治区党委常委会、政府常务会重要议题来研究，并主动赴粤对接协商，达成多项协作共识。在两广的紧密联系中，粤桂不断达成共识，持续明确扶贫协作的时间表、任务书、路线图。2018年，粤桂扶贫协作重点工作从组织领导、产业、劳务、人才、教育、医疗、社会扶贫、基础设施、环保、金融10大类38项着手，进一步推动两省区基础设施互联互通、产业发展合作共赢、生态保护联防联控、公共服务共建共享、干部人才互培互育。同时，双方持续加大对粤桂扶贫协作和区域合作清单的督查落实，完善三年行动方案（2018—2020年），再次明确省区及各市县的

---

① 胡新科：《粤桂联合出台进一步加强扶贫协作工作相关意见 两省区结对范围增至33个贫困县》，《南方日报》2017年11月16日。

② 张斌洋：《关于加快推进县级层面东西部扶贫协作的思考——基于广东高州市和广西上林县开展"携手奔小康"行动的案例分析》，南昌大学2019年硕士论文。

责任，整体推进各项工作。

（二）产业帮扶，资源互补

2017年以来，结合广东雄厚的产业项目、技术资金等有利条件，广西出台相关优惠政策，开通绿色通道，充分利用自身丰富的农业、劳动力、土地等资源优势，大力推进与广东省的产业合作。在广西的贫困地区，特别是与广东有结对帮扶关系的8个市、33个贫困县，引进了一批规模以上和具有扶贫带动效应的产业项目。尤其是2017年，贺州市与东莞、肇庆、佛山等市达成建设12万亩、年供应广东蔬菜25万吨以上的"菜篮子"蔬菜生产基地意向。至2017年底，两省区举办粤桂扶贫产业专项展销、对接活动4场，成功签约项目61个，计划总投资276.5亿元。2018年5月8日在深圳举办的投资合作推介会上，百色、河池两市共引进6个农业产业扶贫项目，计划总投资56.7亿元。

与此同时，深圳市为广西百色、河池两市提供4个免租农产品批发市场交易档位，设立农产品展示销售中心，深圳中央大厨房和百色、河池13家农业合作社建立农产品供应基地，面积达5.12万亩，惠及一大批贫困户。[1] 百色、河池两市也在深圳举办农产品扶贫展销会。两省区共同发起"手牵手关爱行"公益活动，以市价产地收购广西贫困户自产农副产品，推出扶贫礼包销往广东经济发达地区，带动贫困户直接受益。两省区还以"飞地模式"为抓手壮大集体经济。如富川县利用扶贫资金7000万元，其中广东帮扶资金4000万元，购买4栋标准厂房，共建粤桂（四会·富川）扶贫协作产业园，通过出租厂房获得收益发展"飞地经济"，不断壮大集体经济。一是补齐富川58个贫困村集体经济短板。2018年厂房租金238.35万元，帮助58个贫困村每村平均增收3万元；2019年厂房租金553.26万元，帮助156个村社区（含58个贫困村）每村平均增收4万元，确保了全县贫困村集体经济长效稳定增收。二是壮大县域经济总量。引进8家合计投资2.438亿元的广东企业落户产业园，新增工业产值超8000万元。[2] 三是广东帮扶资金购买厂房作为贫困村集体资产，保证了集体经济的可持续发展，并帮助贫困户实现就近就业增收，并有效解决留守儿童、空巢老人照顾难问题。

截至2018年3月，两省区共同组织135场扶贫劳务招聘会，举办培训班

---

[1] 韦继川：《携手共圆小康梦——粤桂推动东西扶贫协作纪实》，《广西日报》2018年6月13日。
[2] 王克础：《要"输血"更要"造血"——广西富川和广东四会开展扶贫协作见闻》，《广西日报》2020年6月22日。

237 期，培训 1.8 万多人次，其中贫困人口 1.4 万多人次。同时，共同梳理出 5 万多个适合"两后生"培训人员就业的岗位信息，共有 949 名贫困家庭"两后生"与广东省企业签订就业协议。通过扶贫劳务协作，共新增引导 5.59 万贫困劳动力到广东省务工就业，帮助 1.7 万多人实现就业脱贫。除此之外，2017 年，广东省共选派 71 名干部来桂挂职扶贫，选派 162 名专业技术人才支援。广西选派 92 名干部（其中有 33 名贫困县党政干部）到广东省挂职锻炼。两广还共同举办 3 期扶贫干部培训班，培训各级扶贫干部、业务骨干 227 人次；共同举办 5 期贫困村致富带头人培训班，培训学员 483 人次，签订种植养殖意向书 954 份。① 2018 年 11 月，粤桂两省区扶贫开发领导小组联合在广州举办"同饮一江水、携手奔小康"粤桂扶贫协作大型募捐活动启动仪式。在启动仪式上，粤桂两省区领导向"粤桂扶贫协作脱贫攻坚队"授旗，591 家企业和社会组织共捐赠社会帮扶资金 3.95 亿元。2019 年 5 月，粤桂扶贫协作工作再出新举措，广西首家驻大湾区招商工作站落户江门，两广东西协作结出了累累硕果。

（三）产业帮扶，生根开花

在东西部扶贫协作中，广东更着力在增强广西贫困地区"造血"能力上下功夫。如粤桂采用培育扶贫产业、培育致富带头人模式，在上林县开展试点工作。2016、2017 两年，广西共举办培训班 7 期，培训学员 700 多人，签订种养意向书 954 份，将 216 人培育成创业致富带头人。国务院扶贫办将贫困村创业致富带头人培育纳入"十项精准扶贫工程"来推进实施，同时推广上林经验。

此外，两广以项目带动、业态培育为抓手，推进粤桂旅游扶贫协作，让更多的贫困人口受益。如两省区旅游部门与广东省第二扶贫协作组构建立体化多方协作机制，达成"深圳共识"，共同制定旅游扶贫协作工作计划；结成"南宁成果"，明确 5 类 28 个旅游扶贫协作实施项目；开展"肇庆行动"，形成两广各结对市县及旅游企业结对帮扶；发布"广州政策"，出台粤桂旅游扶贫协作优惠政策，83 个景区面向广东籍游客推出门票减免政策。一批重大旅游项目相继落户广西。2017 年，广西接待广东游客达 4929.12 万人次，"东客西送、带动扶贫"成效凸显。

除此之外，广东还充分发挥西部地区充裕的劳动力、较低的土地成本以及丰富的资源优势，利用广东资金、技术优势，在被帮扶地区建设产业园区，提

---

① 韦继川：《携手共圆小康梦——粤桂推动东西扶贫协作纪实》，《广西日报》2018 年 6 月 13 日。

升被帮扶地区产业发展水平。如深圳巴马大健康合作特别试验区引进70家企业落户，合作项目56个，协议意向投资额达623.7亿元。据不完全统计，粤桂合作特别试验区入驻重点企业达358家，2019年新增企业47家，新签约项目18个，合同投资额达51.3亿元。①

20多年来，广东各界在人力、物力和财力等多方面援助广西。据不完全统计，广东捐款捐物共计20多亿元。广西则主动对接、主动服务，管好用好帮扶资金，大力推进帮扶项目建设，确保各项目标全面完成。在粤桂扶贫协作工作中，两省区也探索出一些特色做法，如做大做强粤桂消费扶贫，广东把建立"广东东西部扶贫产品交易市场"作为大力实施消费扶贫的重要抓手，促进广西产品外销和消费增收。此外，在帮扶残疾人脱贫上也有新举措。据不完全统计，自粤桂残疾人扶贫协作工作开展以来，在广东的帮扶下，广西有10780名建档立卡残疾人脱贫摘帽，粤桂两省区残联干部和技术人员交流对接51批次，近200名残疾人在广东就业，广东省各级残联开展残疾人职业培训8班次，广西8个地市与广东省5个地市完成了帮扶协议签订工作。②粤桂两省区扶贫协作的创新，也成为全国东西部扶贫协作的典范，在国家扶贫成效考核中成绩连续3年位列全国第一方阵。

为打赢脱贫攻坚战，两广认真贯彻习近平关于"对工作难度大的县和村挂牌督战"的指示精神，认真落实国务院扶贫开发领导小组《关于开展挂牌督战工作的指导意见》和国务院扶贫办社会力量助力挂牌督战工作会议精神，两广联合积极动员广东企业和社会组织开展结对帮扶行动，扎实推进国家挂牌督战工作。

一方面，两广通力合作，实现结对帮扶国家挂牌督战村全覆盖。对广西国家挂牌督战的48个贫困村，广东省工商联、广东省第二扶贫协作工作组与广西扶贫办、工商联通力合作，组织有实力的企业、社会组织参与结对帮扶，并于2020年5月底实现"一对一"或"多对一"结对帮扶全覆盖。另一方面，两广补齐短板，加大帮扶力度。两广凝聚社会力量，对照脱贫摘帽标准和巩固脱贫成果要求，创新机制，加大帮扶力度，助力攻克"难中难"。广东民营企业和社会组织充分利用资金、人才、技术、市场优势，搭建平台，与挂牌督战村开展对接、考察、洽谈工作，推动产业扶贫、消费扶贫、人才培训等项目，

---

① 韦继川：《携手共圆小康梦——粤桂推动东西扶贫协作纪实》，《广西日报》2018年6月13日。
② 《广东5市残联与广西8市残联签订东西部残疾人扶贫协作协议》，http://www.gddpf.org.cn/gzdt/201905/t20190531_1002789.htm。

进行针对性的帮扶。截至 2020 年 6 月 10 日，已有 112 家广东民营企业和社会组织与广西 48 个贫困村建立了结对帮扶关系，签订帮扶协议，计划捐赠帮扶资金 2300 万元，现已到位资金 1250 万元；计划实施 61 个帮扶项目，已启动 36 个。①

二、四川（甘孜、凉山）

2016 年，中共中央办公厅、国务院办公厅印发《关于进一步加强东西部扶贫协作工作的指导意见》后，广东 8 个市与甘孜州 18 个县（市）、佛山市 5 个区与凉山州 11 个县建立结对关系。其中甘孜州亦成为全国同时接受对口支援和东西部扶贫协作的地级市（州）之一，前文已对广东对口支援甘孜州、广东与甘孜州的东西部扶贫协作内容做了详述，此处将针对广东与四川凉山州的东西部扶贫协作展开介绍。

凉山彝族自治州，首府是西昌市，是四川的 21 个地级行政区之一。位于四川省西南部，北起大渡河与雅安市、甘孜州接壤，南至金沙江与云南省相望，东临云南省昭通市和四川省宜宾市、乐山市，西连甘孜州；地势西北高，东南低，北部高，南部低。凉山自古就是通往云南和东南亚的重要通道、"南方丝绸之路"的重镇；地处"大香格里拉旅游环线"腹心地带，有 A 级景区 27 个，其中 AAAA 级景区 9 个，有邛海—泸山、邛海国家湿地公园、螺髻山、泸沽湖、西昌卫星发射中心等景点；有全世界唯一反映奴隶社会形态的博物馆——凉山奴隶社会博物馆，有彝族漆器传统技艺等 18 项国家级非物质文化遗产，"彝族火把节"是国务院向联合国教科文组织推荐申报的"人类非物质文化遗产"，泸沽湖摩梭文化有"人类母系社会活化石"之称。由于凉山腹地山高坡陡，土层瘠薄，"一方水土养不了一方人"曾是不少贫困村面临的最实际的困难。2016 年 8 月底，广东佛山市和凉山州 11 个县建立结对关系。

广东佛山市和凉山州建立扶贫协作结对关系后，迅速选派工作组开展工作，工作组不顾山高路远、道路泥泞，深入昭觉、布拖、甘洛、越西等县实地调研、现场勘查，12 天跑遍了 11 个贫困县，经过实地调研情况后，工作组将工作重点放在改善贫困群众的居住条件上，及时对全州 11 个贫困县的易地搬迁项目进行实地调研对接，将 1.1 亿元的援助资金一次性划拨到位。② 在东西

---

① 蒋海生：《广西：广泛动员社会力量助力挂牌督战取得实效》，http://fpb.gxzf.gov.cn/gzzc/xyshfp/t5588437.shtml。
② 李妹妍：《佛山对口凉山扶贫工作 1758 户贫困家庭住进"广东新村"》，http://www.gdfp.gov.cn/fpyw/mtbd/201707/t20170711_851793.htm。

部扶贫协作过程中，广东主要围绕民生帮扶、产业合作、智力支持等方面做了大量富有成效的工作，使两省扶贫协作工作不断深入，有力助推了凉山州脱贫攻坚进程。一是加大对口凉山州扶贫协作工作力度，按照中央提出的新标准新要求不断调整和完善帮扶规划，增强对口凉山州扶贫协作力量，扩大扶贫协作覆盖面，派驻扶贫协作工作组，加大资金支持力度；二是突出对口扶贫协作工作重点，集中精力做好住房建设，切实改善少数民族贫困群众的居住条件；三是加强产业合作，在旅游业、农副产品深加工、能源矿产资源开发利用等方面推动两地企业有效对接，帮助凉山州提升产业发展水平；四是加大劳务输出脱贫工作力度，动员广东企业参与，帮助有意愿到广东务工的凉山贫困人口实现稳定就业；五是做好凉山州发展急需人才的选派和培训，帮助提高人才队伍水平。①

自结对帮扶凉山以来，佛山市委、市政府按照"中央要求、凉山所需、佛山所能"原则，全力、扎实推动扶贫协作取得成效。

一是为近3万困难户解决住房问题。在东西协作工作中，佛山坚持把帮扶凉山州作为重大政治任务来抓，派出精兵强将、拿出真金白银，在人才支持、产业合作、劳务协作和易地搬迁等方面不断加大帮扶力度，推动各项工作落地落实，有效带动凉山州减贫事业，助力凉山州累计实现1772个贫困村退出，80.1万贫困人口脱贫；11个国定贫困县中，雷波、甘洛、盐源、木里4个县成功脱贫摘帽，为凉山州决战决胜脱贫攻坚打下了坚实基础。同时，佛山紧扣困难群众最关心、需求最紧迫的问题，实施一批民生重点项目，将"建好房子"作为重中之重，援建安全住房6600多套，为27680名住房困难户解决住房问题。此外，佛山还积极组织教师、医生和农技人员等到凉山开展支教、支医、支农工作。

二是携手打造东西部扶贫协作典范。一方面，为帮助村民寻找稳定的收入来源和致富渠道，工作组和凉山州政府通过各种途径积极想办法。如介绍务工、组建农业合作社发展畜牧与种植业、培训各类技能等。结合广东有市场、制造业和民营经济的优势，工作组和凉山州政府注重以产业带动贫困群众的自我发展能力，使贫困群众实现稳定脱贫。据不完全统计，佛山有5家农业龙头企业与凉山当地农业签订合作意向书，凉山优质农产品亮相"粤桂黔农博会"，很快就被抢购一空。另一方面，在积极对接村民到佛山务工之外，佛山5区11个村（社区）还与凉山11县11个村集中签订结对帮扶协议，这是两

---

① 张宏平：《加大对口凉山州扶贫协作工作力度》，《四川日报》2016年8月10日。

地在东西部扶贫协作基层帮扶模式的一次探索和创新。佛山对口帮扶村还用"以购代捐"的方式,以略高于市场的价格从贫困户家中购买农副产品,替代资金捐赠帮扶,帮助村民把农产品销售到佛山市场,大大增强了贫困户脱贫致富的积极性和信心。此外,佛山与凉山州的东西协作还注重模式创新。针对凉山州喜德县医疗条件落后的现实,佛山创新提出"组团式"医疗帮扶方案,不仅从佛山三甲医院选派医生到喜德县指导业务,更帮助喜德县人民医院创建专科,提高整体医疗水平。佛山市顺德区是联合国教科文组织认证的"世界美食之都"以及粤菜文化的重要发源地。2018年,顺德厨师学院在顺德职业技术学院挂牌成立,并且开展顺德厨师学院凉山州"精准扶贫"厨师培训班的第一堂课。2019年3月,顺德厨师学院随佛山市顺德区扶贫调研小组赴四川凉山州金阳县等地开展对口帮扶活动,决定分期分批开展"精准扶贫送教上门"。通过面试、体检等多个环节,调研小组从当地踊跃报名的109名学员中挑选出35名学员代表,为学员们开展为期2个月的免费培训,通过顺德名厨将向学员们传授烹饪秘诀,力争实现"一人学厨、全家脱贫"的脱贫攻坚目标。①

三是安排超1亿元资金支持劳务协作。2020年是全面建成小康社会目标实现之年,也是脱贫攻坚决战决胜之年,凉山州脱贫攻坚进入冲刺决战的最紧要关头。截至2020年5月,凉山州尚有7个贫困县、300个贫困村和17.8万贫困人口。为助力凉山州打赢脱贫攻坚战收官战,佛山聚焦着力解决好"两不愁三保障"等突出问题。2020年,佛、凉两地围绕贫困户安全住房、特殊困难家庭安全住房改造、集中连片整治贫困现象突出区域等方面,安排专项资金3.78亿元,实施48个安全住房及配套设施建设项目,目前项目已全部动工。其中易地搬迁配套设施建设、住房和饮水安全等工程将于6月底前全面完成。同时,因新冠肺炎疫情对贫困劳动力外出务工影响较大,也直接影响贫困户收入。为了对冲疫情给贫困户增收带来的不利影响,佛、凉两地安排超过1亿元资金支持劳务协作工作。如佛山开展"心贴心"稳岗保障,明确继续给予到当地务工的凉山州建档立卡贫困户每月1000元、满12个月1.2万元的稳岗补助。在此基础上,佛、凉两地将进一步完善劳务协作政策机制,加大务工人员稳岗力度,并加强与企业沟通对接,做好贫困人口岗前培训和精准就业服务。此外,佛山不断加大对凉山州产业发展帮扶力度,用好用活1.76亿元产

---

① 赵越、王芃琹:《顺德厨师学院凉山州"精准扶贫"培训班在佛山开班 凉山青年迎来"粤菜第一课"》,《南方日报》2019年4月13日。

业资金,加强招商引资和园区基础设施建设,吸引广东特别是佛山企业到凉山投资。同时,持续推动扶贫产品认证,建立"凉山产、湾区销"的长效机制。2020年,佛山在继续做好乡镇、医院、学校结对帮扶工作基础上,重点新增一批企业与凉山州挂牌督战贫困村结对,实现帮扶300个贫困村全覆盖。

经过佛山与凉山州的共同努力和协作,在全国东西部扶贫协作考核中,佛山市连续3年获得"好"的等次。2019年,广东(佛山)对口凉山扶贫协作工作组获得全国脱贫攻坚奖"组织创新奖"。①

三、贵州(毕节、黔南)

1996年8月,党中央、国务院决定深圳市对口帮扶贵州省。其中,深圳市帮扶黔南、毕节,由此拉开东西部扶贫协作序幕。2013年2月,国务院办公厅印发《关于开展对口帮扶贵州工作的指导意见》,新增包括广州在内的4个东部城市对口帮扶贵州省,并明确广州帮扶黔南、深圳帮扶毕节。2016年12月,中共中央办公厅、国务院办公厅印发《关于进一步加强东西部扶贫协作工作的指导意见》,对东西部扶贫协作结对关系进行调整,明确广州帮扶黔南和毕节,标志着新一轮东西部扶贫协作不断向纵深推进。贵州是革命老区、民族地区和欠发达地区,在国家划定的11个集中连片特殊困难地区中,贵州就占了3个,而黔南、毕节各占1个,分别归属于滇桂黔石漠化区、乌蒙山区。②

在深圳对口帮扶黔南和毕节期间,深圳市历届党政领导都亲自赴黔考察,深圳市对口扶持工作领导小组办公室积极出谋献策。按照"诚心扶贫、热心合作、有偿使用、滚动发展"的指导思想和"到村到户、整村推进"的方针,充分发挥深圳特区的窗口作用,有组织、有计划地吸纳贵州贫困农民劳动力到深圳务工,用财政投入建立教育助学基金。市委、市政府统一布置,组织全市各区、党工委、资产经营公司分别与毕节、黔南的国家贫困县结对帮扶,开展多层次、多形式、宽领域、全方位的对口扶持,取得了显著的成效。

自2013年新一轮对口帮扶工作开展以来,帮受双方工作机制不断完善,高层交流互访积极开展,工作内涵不断丰富,从扶贫攻坚为主向促进社会发展、人才交流、园区共建、旅游开发等方面全方位推动,从单纯输血式的无偿援助向造血式的互利合作发展,形成了共谋发展、共同进步的对口帮扶工作新

---

① 王芃琹:《助力凉山80.1万人脱贫》,《南方日报》2020年5月26日。
② 卢方琦:《广州对口帮扶贵州研究》,《产权导刊》2018年第1期,第29—32页。

格局。一是不断加大帮扶力度，帮扶资金带动成果进一步凸显，有力地加快了贵州省贫困地区同步小康进程。二是以基础设施建设为重点，着力改善贫困地区生产生活条件。针对贵州贫困地区基础设施欠发达的实际，帮扶城市将贵州省"四在农家·美丽乡村"基础设施建设六项行动计划作为帮扶重点，投入帮扶资金建设农村小康路、小康水、小康房、小康电、小康讯、小康寨，加快推动基础设施向乡镇以下延伸。三是以民生事业为重点，着力提高基本公共服务均等化水平。把支持教育、医疗发展作为重要内容，组织实施学校校长、医院院长培养计划，推进职业学校建设，开展结对帮扶、互派挂职、共建实训基地等工作，促成帮扶城市三级医院对口帮扶贵州省贫困县医院。四是以共建园区为重点，着力促进经济技术合作。坚持"优势互补、互惠互利、长期合作、共同发展"的原则，以共建产业园区作为推进经济合作的有效载体，通过援建、托管、股份合作、产业招商等模式，联手推进园区共建工作，开展形式多样、内容丰富的经济技术合作。五是以提高素质为重点，着力加强人才培训和劳务输出。如帮扶城市派出干部到贵州省挂职锻炼，接受贵州省干部挂职学习，帮扶双方专业技术人员（教师、医生、农业技术人才等）交流学习频繁，劳务输出机制不断健全。充分利用"广东技工""粤菜师傅""南粤家政"工程带来的培训就业机会，带动更多帮扶地贫困家庭实现勤劳致富。六是以产业扶贫为重点，着力增强贫困地区自我发展能力。依托贵州省自然条件和资源优势，紧紧围绕生态畜牧、中药材、茶叶、精品水果、乡村旅游等扶贫特色产业，支持受帮扶地区产业开发，推进当地农业结构调整，提高农业产业化水平，拓宽贫困农民增收渠道。七是深度挖掘消费扶贫，大力推动"黔货出山""黔菜进广"，开展旅游协作，打造多且优的销售渠道和品牌项目。八是抓住粤港澳大湾区建设和支持深圳建设中国特色社会主义先行示范区重大历史机遇，不断拓展合作发展的新空间。九是以社会帮扶为重点，着力拓宽对口帮扶领域。积极动员社会各方面力量，营造浓厚的情感氛围、社会氛围、政策舆论氛围，为帮扶城市社会各界在贵州省贫困地区从事爱心助学、义务支教、捐资捐物、志愿服务等社会帮扶活动搭建平台、创造机会、提供支持，对口帮扶合力不断凝聚。①

在广东与贵州东西部扶贫协作的过程中，涌出了一些产业扶贫的创新模范。如，2019年11月，广东·贵州"东西协作产业合作"对接会在广州举行。对接会上，30家世界500强、中国500强、民营500强企业，以及500多

---

① 《关键词解读丨脱贫类：东西部扶贫协作》，http://www.ddepc.cn/2017/jr_0901/109488.html。

家大型国有和上市企业、优强企业、知名商协会的负责人等700余人出席，达成签约项目134个，投资总额达874.5亿元，涉及华为、腾讯、温氏集团、宝能、越秀、江楠、中红农业等知名企业，涵盖高科技、智能制造、新能源、文化旅游、高效农业等产业性项目。具体项目包括黄果树高端民宿集群及旅游综合体项目、都匀（广州）黄埔小镇、贵安新区华为云数据中心、贵安新区腾讯七星数据中心三期等。广药集团以助力贵州刺梨产业转型发展为突破口，帮扶打造贵州省"第四张名片"，研制出"刺柠吉复合果汁饮料""刺柠吉润喉糖"等系列产品，至2019年11月，销售额已超亿元。国务院扶贫办主任刘永富批示，"广药集团对贵州刺梨的产业帮扶做法值得宣传推广"。① 此外，近两年来，广州对口帮扶毕节、黔南的扶贫工作组探索出一条"赏花经济"模式，为当地发展特色农业、拉动各产业融合发展作出了突出贡献。2018年，广州向毕节、黔南投入帮扶资金7.89亿元，帮助两地实现贫困人口到广东地区就业3040人、就地就近就业1.86万人。在这一过程中，广州的扶贫队伍秉持生态环保理念，将广州打造"花城"品牌的经验，注入对贫困地区的帮扶工作中，在广州对口帮扶的毕节和黔南州地区，发展总结出一条"赏花经济"产业扶贫办法。同时，广州对口帮扶毕节、黔南州以来，还组织了"百企千团十万老广游贵州"等旅游协作系列活动，使得被帮扶地区的旅游收入逐年攀高，带动了一大批贫困户彻底脱贫。②

在两省共同努力下，粤黔扶贫协作取得了新进展、迈上了新的台阶。截至2019年底，毕节、黔南减少贫困人口逾209万人，14个贫困县摘帽，贫困发生率分别降至1.54%、0.68%。2018年至2019年11月，广东在贵州投资项目1295个，合同投资额达4770亿元。③ 尤其广州先后引导186家企业落地毕节黔南，实际投资95.51亿元，带动9.23万多名贫困人口增收。2020年，广州新引进13家企业到毕节黔南投产，新增投资12.13亿元。此外，广州先后选派1664名扶贫干部到受援地开展对口帮扶工作，先后帮助受援地区实现贫困人口转移就业3万多人次、就近就业30多万人次，其中毕节黔南到广东就业人数为1.3万人，就近就业4.6万人。2019年以来，广州在毕节、黔南建设11个"菜篮子"生产基地；动员1000多家连锁超市聚约销售贵州鸡蛋、茶叶、火龙果、高钙苹果等产品，累计销售毕节、黔南扶贫产品17.6亿元。

---

① 谢庆裕、黄进：《粤黔东西协作产业合作对接会在穗举行》，《南方日报》2019年11月10日。
② 刘冠南：《"花城"品牌给贫困地区注入脱贫新动力》，《南方日报》2019年3月19日。
③ 谢庆裕、黄进：《粤黔东西协作产业合作对接会在穗举行》，《南方日报》2019年11月10日。

2020年以来,广州成立消费扶贫专班,组建广州消费扶贫联盟,通过电商引流、直播带货等举措,1—4月累计销售毕节、黔南扶贫产品6.44亿元。① 粤、黔两省立足优势互补,推动两地经贸、产业、能源、环保、旅游等领域交流合作不断深化。广州的东西部扶贫协作工作连续两年在国考中综合成效考核结果均为"好",受到中共中央办公厅、国务院办公厅通报表扬。

(一)广州与毕节东西部扶贫协作

毕节是贵州省下辖地级市,位于贵州西北部,是贵州金三角之一,处于乌蒙山腹地,是川、滇、黔之锁钥,扼滇楚之咽喉,控巴蜀之门户,是长江、珠江之屏障,西邻云南,北接四川,是乌江、北盘江、赤水河发源地,是一个多民族聚居、历史文化灿烂、资源富集的地方。同时,其也是国家"西电东送"的重要能源基地,国家新型能源化工基地,国家新能源汽车高新技术产业化基地,国家生物医药产业基地,现代山地高效生态农业、新能源、新型建材、以大数据为核心的服务外包和呼叫中心等多种新兴产业的集聚地,全国唯一一个以"开发扶贫、生态建设"为主题的试验区。2016年,根据中央的决策部署和广东省的统筹安排,广州市承担对口帮扶贵州省毕节市东西部扶贫协作任务。广州和毕节两市在产业合作、消费扶贫、劳务协作、结对帮扶等方面进行全方位、深层次协作,推动经济大融合、发展大联动、成果大共享,谱写出两地协同发展的新篇章。

1. 消费帮扶

借助电商线上渠道以及批发市场、专柜、专区、专馆等线下渠道,广州采取定向采购、商超对接、花市展销、直供直销、动员企业和爱心人士采购等方式,多措并举推动毕节消费扶贫,积极组织毕节企业参加广州国际食品食材展、广州国际美食节等大型展会,开展毕节绿色优质农产品展销活动,为"毕货出山"树立良好口碑。从2016年中央安排部署广州对口帮扶毕节以来,到2020年9月,广东市场销售毕节农产品40.87万吨,销售总金额25.61亿元。②

2. 产业合作与帮扶

人力资源丰富、劳动力成本低是毕节的优势,广州引导广州劳动密集型企业充分利用这一优势,带动企业向毕节转移。从2016年到2020年6月,共引导104家广州企业到毕节投资兴业,累计投资45.59亿元,带动9.34万贫困

---

① 吴城华、刘冉冉:《扶贫协作路上的广州作为》,《广州日报》2020年5月19日。
② 文静、龙嘉丽:《采购扶贫产品超80亿元》,《广州日报》2020年9月2日。

人口增收。此外,广州积极帮助毕节生猪出山进城,单是2020年就帮助卖出生猪1080头,销售金额495万元。其中,广州耀泓农业公司在毕节市织金县投资打造的现代高效农业全产业链项目作用比较突出。该项目以织金县为中心,在纳雍县、黔西县、金沙县和七星关区等县(区)形成南瓜集中生产区,实施订单南瓜种植30万亩。广州港华集团在毕节市赫章县铁匠乡建设"云海花田"田园综合体项目和铁匠鲜花育种、育苗种植基地,表现也比较突出,已建成400个种植大棚,带动贫困户500多户2000多人。①

3. 劳务协作

劳务协作是企业与行业劳动管理机构根据富余人员自身意愿和实际条件以及企业、行业劳务余缺情况,进行的劳务交流和合作。为推进东西部劳务协作深度融合,广州市搭建了提升劳务输出质量的三个平台。(1)建劳务协作站,让务工人员"出家门""进厂门"。在广州市建立11个劳务协作工作站,并选派23名人社干部驻站工作,通过深入企业走访、主动上门服务等方式做好在广州就业的毕节务工人员心灵疏导工作,为其提供政策咨询、岗位推荐等服务。(2)在广州市建立14个"山海心连之家",为在广东务工的毕节籍人员提供跟踪帮扶、政策法规解读、节日慰问、户外拓展等一系列帮扶关爱服务。(3)建爱心求职平台,让务工人员"出得去""稳得下"。穗毕两地结合毕节未就业的贫困劳动力情况和广州企业招聘需求,着力引导广州企业到毕节举办专场招聘会,引进南方人才市场在毕节开办分市场,搭建企业与求职者的双向交流主阵地。

广州市2020年共促进毕节12.29万名返乡农民工到广东省返岗就业,其中贫困劳动力3.09万人。帮助建档立卡贫困劳动力4955名到广东省稳定就业,其中到广州市稳定就业1102人;争取广州市对口帮扶资金7500万元,共促进3.3万名建档立卡贫困劳动力就近就业。②

4. 扶志扶智并举

广州和毕节的对口帮扶,坚持扶贫与扶志、扶智相结合,注重强化人才支援,提升脱贫攻坚的内生动力和发展后劲。

一是交流党政领导干部和专家,强化整体帮扶力量。两地共选派317名党政领导干部和专业技术人才到两地开展帮扶工作,特别是2018年底在原来15

---

① 朱子荣:《广州对口帮扶贵州毕节 谱写东西部扶贫协作新篇章》,http://gd.cri.cn/20200619/61125998-24d5-9f7b-313c-9ac776f7c33c.html。

② 潘宇:《广州毕节两地推进劳务协作结硕果》,http://www.newjobs.com.cn/Details?newsId=67BC5117922CBB81。

名援黔党政干部的基础上,再增派了16名党政干部,其中14名安排在毕节7个贫困县,进一步充实了帮扶力量。从2017年到2019年,帮扶挂职干部有3名被评为广东省脱贫攻坚工作突出个人,14名被评为贵州省和毕节市脱贫攻坚优秀共产党员、先进个人,2名被授予"援黔医疗卫生对口帮扶工作特殊贡献奖"。天河·纳雍东西部扶贫协作工作党支部被贵州省委评为脱贫攻坚先进党组织。

二是携手推进教育结对帮扶。2017年7月广州、毕节两地市直11所学校签署了结对帮扶协议。自开展东西部扶贫协作教育对口帮扶工作以来,广州与毕节共开展教育交流互访275次,广州市选派341名骨干教师到毕节受援学校挂职、支教,接收毕节市245名中小学校长、105名中层干部、408名教师到广州挂职、跟岗学习;援助教育资金累计近3亿元(含广州专项资金),捐赠教育物资累计1100余万元;开展远程教育培训、同步课堂、同步教研、精准送课,利用智慧教育等方式在线培训学生2.27万人次,接收480余名贫困家庭子女到职校就读。①

(二)广州与黔南东西部扶贫协作

隶属于贵州省的黔南布依族苗族自治州,处于贵州高原向广西丘陵过渡的斜坡地带,地势北高南低。黔南州位于贵州省中南部,既是过去南方出海丝绸之路的重要通道,也是黔中通往川桂湘滇的故道。根据党中央、国务院的重大决策,2013年起,广州市接棒深圳市,开始对口帮扶黔南州。特别是2016年广东省第一扶贫协作工作组进驻黔南以来,把东西部扶贫协作引向深入。广州举全市之力高质量推动各项扶贫协作工作落地落实,将其视为时代赋予广州的历史使命。

1. 通过劳务协作实现2万余人就近就业

2016年以来,黔南州10个贫困县在结对帮扶的广州市各区挂牌成立劳务协作工作站。据不完全统计,到2019年8月,两地联合举办劳务培训班166期,培训贫困人口6495人,通过举办60场招聘会、开发公益性岗位、扶持扶贫车间稳定就业、培训后就业等劳务协作方式,帮助贫困户就近就业22294人,在东部稳定就业1.6万人。广州市白云区和黔南州荔波县通过引进广州彩道集团公司加强两地区域劳务协作,在荔波县建立了就业扶贫车间,帮助易地扶贫搬迁劳动力和建档立卡的贫困劳动力实现就业,截至2019年8月,共吸

---

① 禹跃昆等:《广州市对口帮扶毕节市,创造东西部协作新典范——乌蒙山来了"广州亲戚"》,《中国教育报》2020年9月29日。

纳 101 人,其中建档立卡贫困劳动力 52 人,月均工资超过 1800 元。

2. 通过人才交流实现活跃思维开阔视野

两地以人才交流为抓手,精准对接,双向发力,通过挂职、培训等方式共享好做法、好经验、好理念。2019 年 8 月,通过广州市南沙区到贵定县挂职的荆茂团的牵线搭桥,贵定县有 4 名干部到南沙区去学习锻炼。贵定县融媒体中心副主任吴艳兰来到广州市南沙区融媒体中心进行跟岗学习,直言"开阔了视野,激活了思维,提升了境界"。截至 2019 年 8 月,广州共选派 40 名党政领导干部和 358 名专业技术人才到黔南挂职,帮助当地培训党政领导干部 2946 人次,培训各类专业技术人才 36974 人次。2019 年,黔南州向广州派出挂职干部和专业技术人员共 150 人。

3. 通过电商"新引擎","菜篮子"鼓了百姓钱袋子

电商成为脱贫的支撑。2017 年以来,广东轻工职业技术学院紧扣电子商务进农村综合示范工作,开展贵定县"轻爱黔行"的定向扶贫行动,通过"电商＋贫困户"把贵定建档立卡贫困群众融入到电商产业链条。截至 2019 年 7 月,"轻爱黔行"团队结对建档立卡贫困户 237 户共 892 人。通过电商帮贫困户卖出 2 万多斤大米、1760 升菜籽油、5620 斤茶叶等各类农产品,销售额达 40 多万元,贫困户人均增收 142.4 元。这种助力"黔货出山"的产业扶贫已成为扶贫协作的重要模式。此外,两地还充分借力珠三角庞大发达的市场优势,开拓黔南绿色农特产品销售市场和渠道。黔南州在广州 5 个帮扶区设立了"黔货出山"分销中心或展销窗口,黔南州被确立为粤港澳大湾区"菜篮子工程"基地,都匀市被确定为粤港澳大湾区"菜篮子"产品配送分中心。另外,贵定县与广州奇码科技有限公司签订建立领略中国农产品大数据中心,贵定将依托领略中国农产品大数据中心实现农特产品生产、加工、销售及流通的升级,引领农特产品生产经营企业蜕变。上、线下扶贫齐头并进,带动黔南州的优质农产品、水果等走出大山,走向珠三角和世界。①

广州先后引导 186 家企业落地毕节黔南,实际投资 95.51 亿元,带动 9.23 万多名贫困人口增收。截至 2019 年底,黔南贫困发生率降至 0.68%。广州的东西部扶贫协作工作在 2018 年、2019 年的国考中综合成效考核结果均为"好"。②

---

① 张发扬、高荣华:《山海情深 同心筑梦——广州对口帮扶黔南扶贫协作谱新篇》,《贵州日报》2019 年 8 月 20 日。

② 吴城华、刘冉冉:《扶贫协作路上的广州作为》,《广州日报》2020 年 5 月 19 日。

四、云南（昭通、怒江州）

2016年党中央、国务院印发《关于进一步加强东西部扶贫协作工作的指导意见》后，广东、云南两省统一部署，把东西部扶贫协作作为践行初心使命的实际行动。2016年9月，广东东莞市、中山市帮扶云南省昭通市，珠海市帮扶怒江傈僳族自治州。2019年4月，深圳市又帮扶昭通市。在东西部扶贫协作对口帮扶中，广东始终坚持"中央要求，广东所能，云南所需"的工作思路，两地六州市围绕"两不愁三保障"目标任务，强化沟通协调，搭建协作平台，完善结对帮扶，拓展协作领域，不断推动东西部扶贫协作向纵深发展。在东西部扶贫协作中，两省通过深化合作交流，建立协作机制，推进产业合作，强化"造血"功能以及加强劳务协作，补齐教育卫生短板等方面持续推进云南昭通和怒江的脱贫攻坚进程。

在两省的共同努力和协作下，粤滇扶贫协作结出累累硕果。据不完全统计，3年来，广东省累计投入财政帮扶资金17.46亿元，实施帮扶项目1385个，帮助云南省昭通市和怒江州9.1万建档立卡贫困人口实现脱贫。同时从人才支持、智力帮扶到产业合作、劳务协作，再到社会参与、全面结对，通过深度协作，粤滇携手脱贫呈现出互惠共赢的格局。

（一）中山、东莞、深圳与昭通东西部扶贫协作

昭通市位于云南省东北部，属于乌蒙山国家级连片特困地区，下辖11县区，有10个属于国家级贫困县，是一个集山区、革命老区、深度贫困地区、民族散杂区于一体的城市，自然地理环境复杂、经济基础薄弱、社会发育程度较低、思想观念落后，使得昭通脱贫攻坚的任务十分艰巨。按照党中央、国务院的要求和广东、云南两省的统一部署，2016年9月，广东省东莞市、中山市帮扶云南省昭通市。为助力昭通如期打赢脱贫攻坚战，根据中央要求，广东省在自身帮扶任务较重的情况下，2019年4月，又增加深圳市从8个方面重点帮助昭通解决易地扶贫搬迁贫困群众后续发展的问题。

1. 深化合作交流，建立协作机制

2016年9月，时任中共中央政治局委员、广东省委书记胡春华率团到云南省对接东西部扶贫协作工作，强调要深入贯彻落实习近平在东西部扶贫协作座谈会上的重要讲话精神，按照中央关于加强东西部扶贫协作的决策部署，借鉴"闽宁模式"的经验做法，坚决完成好中央交给广东的帮扶任务。确定由广东省东莞市和中山市帮扶云南省昭通市、珠海市帮扶怒江州。2018年11月，中共中央政治局委员、广东省委书记李希，省长马兴瑞率广东省党政代表

团一行，赴云南省怒江州调研对接粤滇扶贫协作工作，并在怒江州召开云南广东扶贫协作工作联席会议。自粤滇扶贫协作机制建立以来，两省省委省政府高度重视，多次召开省委常委会议、工作推进会，深入贯彻落实习近平关于扶贫工作的重要论述，把粤滇扶贫协作工作纳入省委省政府重要议事日程安排部署，建立省级统筹、州市推进、基层抓落实的三级扶贫协作工作机制。东莞市、中山市与昭通市主动对接，携手推进扶贫协作工作，签订《广东省东莞市中山市与云南省昭通市扶贫协作框架协议和8个专项合作协议》，形成了昭通"1+8"的帮扶工作格局。在两省党委、政府的推动下，两省扶贫协作之间交流协作、互动密切。根据昭通市与东莞市、中山市签署的《对口帮扶干部人才交流协作协议》，广东省第三、第五、第六扶贫协作工作组派出多名挂职干部进驻昭通，开展帮扶工作；选派数百名专业技术人才到昭通开展智力帮扶。

2. 推进产业合作，强化"造血"功能

广东积极发挥优秀企业资源优势，借助东西协作扶贫平台，将国内一流的现代化大型畜牧企业集团广东温氏食品集团引进昭通，颠覆了昭通传统养殖业的现状。同时，两地坚持把承接产业转移和加大产业协作作为扶贫协作的重点，充分利用召开联席会议、参加各种博览会、开展"岭南优品"平台农产品上线免费发布活动、开办"云南昭通高原特色农产品体验馆"、邀请两市农业企业到昭通实地考察等机遇，大力宣传推介昭通高原特色产业资源。推动东莞市、中山市企业到昭通开展产业扶贫项目82个，投资达18.68亿元，吸纳贫困人口就业1334人，联结带动贫困人口脱贫1.6万人；共建滇粤产业园区，引导华坚鞋业集团、富顺光电LED灯具和汽车充电桩项目、昭通立时电子有限公司等13个企业到园区投资兴业；建设扶贫车间16个，吸纳1034名劳动力就地务工（其中建档立卡贫困劳动力302名）；开展产销对接，帮助农户采购、销售农特产品金额达5335.45万元，预计带动贫困对象脱贫10129人。通过以上多种方式推动，昭通东西部扶贫协作逐步实现由"输血式"向"造血式"转变。

3. 加强劳务协作，补齐教育卫生短板

昭通是云南省劳动力资源大市，有320多万农村劳动力长年外出务工。为做好劳动力转移，两地按照"近抓外出就业为主、远抓产业培育支撑"的思路，通过积极整合各类培训资源，立足企业用工需求，有针对性地开展"订单式、定向式、定岗式"培训，提高农村劳动力技能水平。同时，通过建立劳务协作议事协调机制，在东莞市、中山市建立人力资源服务机构11个、派驻工作人员33人，全力做好维权服务、联络管理等工作。设立1306名劳务输出村级联络员，对接岗位信息和组织输送工作。加强与深圳市人才集团、劳动服务公司以及国有企业、民营企业的劳务协作，推动昭通籍农村劳动力有序转移到深圳市稳定就业。强化稳岗补贴、交通补贴等政策支撑，加强政策宣传引导，开展送政策、送岗位、送服务上门等活动，提升就业帮扶质量，激发贫困劳动力就业积极性和脱贫致富的内生动力。自开展东西部扶贫协作以来，东莞、中山、昭通3市围绕聚焦精准对接、实现机制协同，聚焦精准组织、实现动员协同，聚焦精准推动、实现市场协同，聚焦精准落地、实现稳岗协同"四精准四协同"模式，着力提高劳动力转移组织化程度。累计举办培训班647期，培训贫困人口4.53万人次，使2.35万贫困劳动力实现有计划、有保障的转移就业。此外，两地以东西部扶贫协作为契机，强化产业招商引资，支持鼓励外企带设备、带技术、带订单创建"扶贫车间"，吸纳贫困劳动力就近就业，不断拓宽就业增收渠道，促进贫困群众稳定增收，截至2019年8月，昭通市建设扶贫协作车间16个，吸纳1034名劳动力就地务工（其中建档立卡贫困劳动力302名）。广东省在昭通市还积极探索"职教2+1"，招收昭通籍学生到东莞、中山2市学习。除此之外，在健康扶贫工作中，广东省东莞市、中山市多家医院与昭通市医疗机构开展一对一医疗帮扶；东莞市派出眼科专家团队常驻昭通，为眼科患者做白内障筛查和手术治疗。为深化结对帮扶关系，广东帮扶昭通的东莞、中山、深圳3市按照"携手奔小康行动"要求，在广泛开展教育、文化、卫生、科技等方面的合作，瞄准贫困任务重、贫困程度深、脱贫难度大的贫困县与帮扶方区域内经济发达的区、镇（街道），积极探索"二帮一""一对一"结对帮扶新模式。截至2019年8月，东莞、中山两市组织47个镇街、108个村（社区）组团帮扶昭通10个县（区），并与昭通74个乡镇、148个贫困村结对开展帮扶工作，动员433家企业和社会组织结对帮扶昭通345个贫困村。2019年昭通和深圳市围绕产业园区开发及项目引进、高原特色产业、页岩气开发、人才交流和劳务输出、校校合作、职业教育、技能培训、国资国企融合发展等方面全方位进行合作。①

深圳自2019年4月确认帮扶昭通以来，仅仅协作帮扶一年时间也取得了不错的成效。深圳帮扶云南昭通市主要聚焦就业扶贫、产业扶贫、教育扶贫、健康扶贫、消费扶贫五个方面，开启深圳—昭通共建小康的扶贫协作新篇章。

---

① 蔡侯友、胡晓蓉、李寿华：《粤滇携手攻坚拔穷根——广东云南东西部扶贫协作纪实》，《云南日报》2019年8月20日。

在就业扶贫方面，深圳发挥辖区内企业多、就业需求大的优势，着力推进精准对接转移一批、扶贫车间吸纳一批、产业基地承接一批"三个一批"行动，多渠道、多途径帮助昭通易迁群众稳定就业、增收脱贫。深圳市人才集团、对外服务集团、恒大新能源、恒大园林物业等企业先后在昭通举办专场招聘会32场，招聘大中专毕业生和易迁群众到深圳就业；深圳望家欢农产品公司、深圳和昇隆电子科技公司等企业入驻昭阳靖安、鲁甸卯家湾扶贫车间；恒大集团投资1亿元，在昭阳靖安、红路和鲁甸卯家湾安置点建设3254栋大棚，将提供1600个就业岗位。在产业扶贫方面，深圳积极组织企业和商协会到昭通考察投资。深圳联合澳牛集团、神州天立集团、深圳隆讯视通电子科技公司、深圳衣着经典服饰公司等企业到昭通投资发展特色产业；深圳能源集团、深圳高速、深圳农产品集团等企业也计划到昭通投资；平安银行、招商银行拟到昭通设立分支机构。在深圳的支持和帮助下，昭通至深圳开通了每周三班的航班。在教育扶贫方面，深圳市发挥职业教育资源优势，从职教招生、捐资助学、校校合作、校企合作4个层面支持昭通教育扶贫。深圳投入2亿元资助昭通籍贫困家庭学生就读深圳职业院校。2019年，深圳职业技术学院、深圳信息职业技术学院招收昭通籍学生达1176人。此外，两市职业院校还通过结对帮扶，开展人才交流互访、教育教学指导、课程师资培训、资源共建共享帮扶。昭通一批骨干校园长、学科带头人、管理人员还到深圳职校挂职研修或跟岗学习。在校企合作方面，万科集团捐资1亿元在昭阳靖安、鲁甸卯家湾安置区建设学校。在医疗扶贫方面，支持昭通建设区域医疗中心，助力昭通医疗卫生服务体系建设。如平安集团为昭通市100所村卫生室捐赠100台健康检测一体机，培训了1000名贫困村乡村医生。在消费扶贫方面，深圳运用自身科技优势，帮助昭通推进现代农业科技创新。如中国农业科学院深圳基因组研究所先后多次与昭通市对接，2018年7月，召开"昭通市·中国农业科学院深圳农业基因组研究所座谈会议"，为昭通特色农产品发展提供了有力技术支持。深圳还发挥会展业优势，支持昭通开展消费扶贫、宣传推介、社会帮扶。组织昭通17家农业企业和苹果、马铃薯、天麻、竹笋、红糖等20余个特色品种，参加中国·深圳第五届国际现代绿色农业博览会和2019深圳扶贫协作地区农产品展销会，推动昭通农特产品进入珠三角市场。

为了帮助昭通进一步加强宣传，深圳广电、报业、出版发行集团多次派出团队赴昭通采风拍摄，陆续播放《大山包风光》《昭通苹果》公益宣传片，协助昭通苹果、土豆等高品质农产品走出深山。①

（二）珠海与怒江东西部扶贫协作

怒江傈僳族自治州位于云南省西北部，境内居住着汉、傈僳、怒、普米、独龙等22个民族，少数民族人口占全州总人口的93.96%，是全国唯一的傈僳族自治州。同时，其集高山峡谷、民族地区、边疆地区、深度贫困地区于一体，全州贫困发生率高达42%，是全国"三区三州"最困难的地区。2016年9月，根据党中央、国务院部署和广东、云南两省协作计划，珠海市与怒江州启动东西部扶贫协作。

自扶贫协作工作开展以来，珠海市以"两不愁三保障"为统领，以立足"怒江所需、珠海所能"为原则，立足怒江实际开展精准扶贫、精准脱贫。珠海市与怒江州主动对接，携手推进扶贫协作工作，签订《珠海市怒江州对口扶贫协作工作总体计划（2016—2019年）》及15个专项子协议，形成了怒江"1+7"帮扶工作格局。在两省党委、政府的高位推动下，两省扶贫协互动密切。根据珠海市与怒江州签署的《对口扶贫协作干部交流方案》，广东省第三、第五、第六扶贫协作工作组多名挂职干部进驻怒江开展帮扶工作；选派百余名专业技术人才到怒江州开展智力帮扶。在与怒江州东西部扶贫协作过程中，珠海市具体抓好"五个落实"。

1. 落实资金支持

珠海市积极协同怒江州开展脱贫攻坚挂牌督战和"百日歼灭战"，加强专项资金支持，全力以赴推动挂牌县、村尽快摘帽出列。抓紧开展易地搬迁安置后续帮扶工作。截至2019年，珠海市已累计投入各类援助资金10.32亿元，其中，财政资金7.14亿元。投入2.1亿元援建6个易地扶贫搬迁点和4个危房改造点，共解决2618户8530名群众的住房问题。

2. 落实产业带贫

珠海市累计投入资金1.96亿元开展131个产业帮扶项目，涉及特色农业、蔬菜水果、中药材种植和中华蜂、家禽水产等养殖业，建成了农产品、民族服装制鞋和手工艺品扶贫车间，以及乡村农家乐等旅游服务项目，受益卡户6万多人。珠海市在对口帮扶怒江中，在产业发展上瞄准怒江气候、土地、生态等优势，结合珠海市场、信息、区位优势，扶持怒江贫困群众大力发展羊肚菌、冬早蔬菜、中华蜂、花椒、金银花等产业。为确保种得出卖出好价钱，珠海在

---

① 《扶贫合作｜深圳对口帮扶云南省昭通市,去年做了这些事……》,https://baijiahao.baidu.com/s?id=1665167588880056815&wfr=spider&for=pc。

市内6个农贸市场、批发市场设立怒江特优农产品专区,与京东等电商进行战略合作,扩大怒江特色农产品在粤港澳的销售渠道。截至2019年8月,已经有7家珠海企业到怒江投资兴业,培育电商人才,引进中药材加工企业,夯实冷链物流等涉农产业基础设施建设,发展壮大怒江绿色生态产业,探索在怒江"造血式"扶贫的路子。

3. 落实劳务协作

珠海市在对口帮扶怒江中,注重将就业视为重要的民生工作,把劳务输出作为花钱少、受益多、见效快的精准帮扶措施,专门设立怒江州驻珠海劳务服务工作站,出台用工企业社保补贴、中介机构奖励、村委会奖励、贫困劳动力稳定就业补贴等劳务协作政策,实施"双百工程",即对有意愿来珠海接受技工教育且具备基本文化素质等条件的"两后生",实行百分之百接收入读珠海市技工院校,百分之百推荐就业。同时,在怒江建立珠海企业培训生产线,开展订单培训和定向输送,引导怒江农村劳动力到珠海市务工就业,学技术、转变生活理念,激发内生动力,提升能力素质,实现就业增收脱贫。广东省在怒江州还积极探索"职教2+1",开设"怒江班",招收怒江籍学生到珠海市学习。截至2019年,在珠海市的支持和帮助下,共转移怒江州劳动力就业10020人,其中,转移到珠海就业累计达到6722人,涉及建档立卡3938人,稳岗率从2016年的不足20%提高到现在的90%以上。

4. 落实人才交流

珠海市先后接收1453名怒江州党政干部到珠海培训,安排44名珠海干部、56名怒江州干部开展挂职锻炼;选派126名教师到怒江州支教,已培训怒江州教育行政干部、骨干教师超过1000名。此外,珠海市重视对怒江州开展健康扶贫工作,派出168名医疗人员到怒江州支医,其中"背篓医生"管延萍荣获中宣部"最美支边人物"称号。并安排珠海市多家医院与怒江州多家医疗机构开展一对一医疗帮扶,派出医务人员为怒江州群众开展义诊活动,稳步推进"结核病防治"项目实施,动员蓝海之略公司在怒江州人民医院首批建设心血管介入、病理、皮肤美容3个重点学科。

5. 落实社会帮扶

珠海已有18个乡镇、8个村、161家企业、12家社会组织、3个社区分别与怒江州贫困乡(镇)村开展结对帮扶,筹集社会帮扶资金和捐物折款累计超过3.1亿元。此外,为深化结对帮扶关系,珠海市按照"携手奔小康行动"要求,与怒江州广泛开展教育、文化、卫生、科技等方面的合作,瞄准贫困任务重、贫困程度深、脱贫难度大的贫困县与帮扶方区域内经济发达的区、镇

（街道），积极探索"二帮一""一对一"结对帮扶新模式。

第三节 广东对口支援与东西部扶贫协作的特色

广东对口支援与东西部扶贫协作取得突出成绩。2018年广东省东西部扶贫协作取得财政援助资金数、筹集社会帮扶资金数、转移贫困劳动力就业数、派驻人才数、带动减贫数5个"全国第一"。[①] 开展东西部扶贫协作和对口支援，是党中央从全局高度制定的重大决策部署。围绕这一重大决策部署，广东省委省政府强化担当、勇担使命、尽锐出战，高质量推进东西部扶贫协作和对口支援全面升级加力，在产业合作、劳务协作、人才支援、资金支持和基础设施建设等方面，做了大量卓有成效的工作，推动对口帮扶地区显著加快了脱贫攻坚进程，为打赢脱贫攻坚战、全面建成小康社会贡献了广东之为，书写了广东担当。

一、加强组织领导，持续加力工作统筹

广东省主动作为，多措并举，以更高的站位、更强的担当、更大的力度，扎实推进东西部扶贫协作各项工作落实。

一是注重高层统筹和高位推动。省委书记李希、省长马兴瑞多次召开省委常委会、省政府常务会议，传达学习习近平对脱贫攻坚工作和东西部扶贫协作作出的重要讲话和批示指示精神，研究部署东西部扶贫协作工作，对标中央考核要求和扶贫目标任务，坚持焦点不散、靶向不变，高标准做好东西部扶贫协作和对口支援工作。

二是深入三级遍访。广东省、市、县三级党政主要领导带头部署、积极推动，分别遍访了所有被帮扶地区。省委书记李希、省长马兴瑞连续两年率广东省党政代表团到桂、川、黔、滇4省区调研对接，实现对被帮扶省区及被帮扶深度贫困地区"两个全覆盖"，为推动东西部扶贫协作工作提供坚强有力的领导，也为全省上下作出了表率。承担帮扶任务的广州、深圳、珠海、佛山、东莞、中山、江门、湛江、茂名和肇庆10个市及与贫困县结对开展"携手奔小康"行动的62个县（市、区、镇）党政主要领导，调研对接被帮扶地区实现"两个100%"，即100%的领导到访被帮扶贫困地区、覆盖100%的被帮扶市县，研究解决帮扶困难问题，推动具体工作落实、落地。

---

① 符信：《全力深化拓展我省东西部扶贫协作》，《南方日报》2019年4月16日。

三是健全工作机制。健全财政保障机制，将东西部扶贫协作资金列入当年财政预算，及时拨付到位。健全资金监管机制，加强项目资金管理和监督，确保帮扶资金安全、高效使用。健全考核督查机制，严格按照国务院扶贫开发领导小组关于东西部扶贫协作考核评价办法要求，将东西部扶贫协作工作纳入相关单位的年度工作考核，明确各方责任，强化日常检查和督办落实。与授援省份建立援建项目联合监管推进实施机制，常态化开展联合督查，确保项目实施顺利有序、资金使用规范安全，项目发挥效益。

四是完善政策支撑。注重以政策为支撑，不断完善相关帮扶政策。如根据中共中央、国务院《关于打赢脱贫攻坚战三年行动的指导意见》，广东省结合实际制定《广东省东西部扶贫协作三年行动方案（2018—2020年）》，为落实工作任务提供政策支持和保障措施。省委省政府印发《对标三年取得重大进展硬任务扎实推动乡村振兴的实施方案的通知》，明确将各有关市和省直相关单位参与东西部扶贫协作情况纳入乡村振兴考核体系。省委组织部、省人社厅、省扶贫办联合印发《关于进一步完善我省东西部扶贫协作干部人才选派管理的通知》，对东西部扶贫协作干部人才选派管理进行了规范。

二、啃下"硬骨头"，持续加力资金支持

在财政援助资金方面，广东省按照突出重点、集中地区、精选项目、精准发力原则，集中财政资金力量扶持被帮扶地区的国定贫困县，重点投向贫困群众住房、产业、就业、教育、医疗、民生等方面，不断加大对帮扶省（区）的资金支持。聚焦深度贫困地区建档立卡贫困人口和贫困村，确保80%以上项目资金用于民生和基层，做到资金和项目向基层倾斜、向农牧民倾斜、向贫困人口倾斜。大力组织实施农牧区基础设施、公共服务设施、生态与人居环境等工程建设，有效改善农牧民生产生活条件，助推精准扶贫、精准脱贫，让贫困群众得到更多实惠。如明确2019年将广东省拨付给东西部扶贫协作被帮扶桂、川、黔、滇4个省（区）93个贫困县的财政援助资金县均基准从2018年的3000万元提高到4000万元。2019年，广东省实际拨付4省区财政援助资金48.93亿元，年度增长24.6%，比协议数37.2亿元增加11.73亿元，县均5261万元。在社会帮扶资金方面，广东把东西部扶贫协作纳入"全国扶贫日"和"广东扶贫济困日"系列活动，强化中国社会扶贫网的推广使用，发挥统一战线优势，发动更多社会力量参与东西部扶贫协作，单是2019年共募集社会帮扶资金7.89亿元，为东部省份最多的省份。

三、提升带贫实效，持续加力产业合作

产业扶贫是脱贫攻坚的根本出路。广东按照"当地所需、广东所能"的思路，重在通过多方外力的推动，瞄准提升带贫实效，以先富帮后富的形式，在产业合作上加大帮扶力度，把市场、产业、技术等优势和被帮扶地的资源、生态等优势深度对接，增强内生动力和"造血"功能，完成"输血"向"造血"转变，不断推动东西部扶贫协作和对口支援提质增效。

一是重点引入龙头企业。广东充分利用优秀的企业资源，引导企业到西部地区投资兴业，目前已成功引导华为、平安、万科、腾讯、融创、雪松、广药、越秀集团等一批经济实力强、辐射作用大、带动效果好的龙头企业到西部地区投资。

二是重点建设产业园区。广东充分发挥西部地区充裕的劳动力、较低的土地成本以及丰富的资源优势，利用广东资金、技术优势，在被帮扶地区建设产业园区，提升被帮扶地区产业发展水平。如深圳巴马大健康合作特别试验区引进 70 家企业落户，合作项目 56 个，协议意向投资额达 623.7 亿元。

2019 年 9 月 28 日，广东东西部扶贫协作产品交易市场开业暨第一届广东东西部扶贫协作产品交易博览会开幕式在广州举行。中西部等 12 个省份的 1200 多家企业入驻参展，打造了广东东西部扶贫协作和对口支援工作"升级版"。该市场被国务院扶贫办授予"全国消费扶贫示范单位"。（图片来源：《新京报》2019 年 9 月 28 日）

三是打造消费扶贫。充分发挥广东经济社会发展好、市场发育程度高、社会购买潜力大的优势，采取"以购代捐"等形式，组织贫困地区农特产品进超市、进社区、进机关，做大做强消费扶贫。利用粤港澳大湾区这一巨大消费市场，不断完善产销渠道，建设广东东西部扶贫协作产品交易市场，实施粤港澳大湾区"菜篮子工程"，在商场、社区设立专柜、专区，开展"以购代捐""以买代帮"活动，充分利用中国社会扶贫网、互联网＋5G消费扶贫等线上平台，形成"人人皆能为、人人皆可为、人人皆愿为"良好氛围，把消费扶贫打造成产业扶贫的"升级版"。

四、拓岗上岗稳岗，持续加力劳务协作

广东省围绕解决贫困劳动力就业技能低、优质岗位少、稳定就业率不高等问题，抓实"三个三"就业体系，即搭建校企合作、用工招聘、就业信息三个平台；畅通异地转移就业、就近就地就业、就业权益保障三个渠道；抓好"定制化"培训、完善"保姆式"服务、强化"全覆盖"激励三项服务。

一是搭建劳务协作平台。广东为探索校企合作新路径，联合企业开办"格力班""大洋班""广汽班"等特色班。利用"春风行动""南粤春暖行动"等契机，举办园区招聘、乡村招聘等活动。拓展"互联网＋"应用，通过手机APP、微信公众号、公共人才就业服务网等互联网媒体，搭建实时对接的网络平台。

二是畅通劳务协作渠道。发挥广东驻被帮扶地区劳务机构、人力资源中介机构、劳务经纪人的作用，提高劳务输出组织化程度，建设扶贫车间，促进贫困人口实现就地就近就业。

三是抓好劳务协作服务。广东开展"定制式"培训，与广西、四川、贵州、云南、西藏、新疆等兄弟省区人社部门分别签订省际劳务扶贫协作协议，将"粤菜师傅"工程导入省际扶贫协作，面向对口帮扶省区，推进实施粤菜师傅"请进来"学制培养、"送上门"短期培训、"普及性"远程教育和"组织化"劳务协作四项行动，充分发挥"粤菜师傅"工程的辐射带动作用，每年面向受帮扶地区建档立卡贫困劳动力培养"粤菜师傅"全日制学生1000人、技能培训2500人次以上，以期让贫困人口真正有"一技之长"，促进就业，实现"就业一人，脱贫一户"。① 随着广东东西部扶贫协作的深入，"粤菜师傅"招牌不断被擦亮，这项民生工程逐渐走出广东走向全国，成为广东省

---

① 黄叙浩：《"粤菜师傅"工程将导入省际扶贫协作》，《南方日报》2019年3月9日。

际对口帮扶工作的重要手段。除了"粤菜师傅"工程，广东还积极开展南粤家政工程等，不断提高贫困人口就业水平。

五、志智双扶，持续加力人才支援

广东坚持扶贫与扶志、扶智相结合，注重强化人才支援，不断提升脱贫攻坚的内生动力，积蓄发展的后劲。

一是不断加大党政干部互派挂职力度。以2019年为例，广东选派了286名党政干部到扶贫协作地区开展帮扶工作，接收扶贫协作地区435名党政干部来广东挂职锻炼。

二是加大教育医疗帮扶力度。广东注重开展教育医疗组团式帮扶，运用现代科技手段，开展"互联网+教研"、远程医疗会诊等，促进教育医疗质量全面提升。开展西部地区骨干教师来粤跟岗学习、名校长培养工程、"1+2""0+3"职教联培工程等模式。同时，深入开展医疗人才培养交流、组团医疗义诊、医疗器材设施等帮扶活动。

三是加大致富带头人培训力度。广东大力实施粤桂扶贫协作首创的贫困村创业致富带头人"双培双带双促"培育模式，通过"广东南海+广西上林"辐射带动，培训一批又一批的贫困村致富带头人。同时，把被帮扶地区贫困人口纳入"粤菜师傅"培训工程，免费招收贫困建档立卡家庭"两后生"到广东接受职业教育并保障毕业后在粤就业，着力提升贫困人口受教育水平。

六、做细做实帮扶行动，持续加力携手奔康

结对帮扶是东西部扶贫协作和对口支援的主要形式。广东省在帮扶实践中，坚持党建引领，不断深化多领域交流交往，促进观念互通、作风互鉴，实现携手并进、共同发展。

一是加大结对覆盖面。广东在区县、镇街、村居精准对接帮扶的基础上，不断扩大至社会组织、行业部门结对帮扶，持续扩大结对覆盖率，包括企业、社会组织与被帮扶地区的贫困村结对，学校与被帮扶地区的学校结对，医院与被帮扶地区的医院结对。

二是拓展帮扶形式。广东注重开展多领域、多形式的帮扶行动，除了在产业合作、劳务协作、教育医疗等方面加大帮扶力度的同时，广泛动员社会力量参与"爱心助学""希望工程""学前学会普通话"等活动。

三是抓实帮扶行动。在广东与帮扶地区的统一指导和部署下，镇镇、村村、村企、社会组织与贫困村之间不仅有结对协议，还有明晰翔实的帮扶举措。

第五章　广东扶贫模式

模式是主体行为的一般方式，是理论和实践之间的中介环节，具有一般性、简单性、重复性、结构性、稳定性、可操作性的特征。扶贫开发模式指的是扶贫主体运用一定的生产要素和资源，将一定的方法和手段作用于扶贫对象，促进扶贫对象脱贫致富的方式、方法和措施的总称。依据不同的标准，扶贫开发模式有不同的分类。广东扶贫走在全国前列，经历多年的扶贫开发实践，已经形成了多种扶贫模式。

广东的扶贫大致可以分为市场化导向的扶贫模式和基础建设导向的扶贫模式。市场化导向的扶贫模式，突出的是产业要素和市场要素，因地制宜发展对贫困户增收有明显推动、带动作用的元素，充分发挥市场在致富资源配置中的决定性作用，突出价值思维、竞争思维和客户思维，符合市场需要和消费者习惯，赢得竞争主动位势。要打赢脱贫攻坚战，要攻克深度贫困难题，要实现稳定脱贫，必须要高度重视市场化导向的扶贫模式，稳定经济后续来源，尊重市场规律和产业发展规律，才能真正脱贫。

基础建设导向的扶贫模式是和市场导向对应的扶贫模式。市场导向对应的扶贫模式强调的是真正发挥好产业的"造血"功能。基础建设导向的扶贫模式目的是建立健全基本设施，满足基本需求，教育、健康、住房、兜底、交通、水利等基础性要素的落后，会阻碍当地扶贫资源优势转化成经济优势的速度，成为脱贫致富的瓶颈。一旦这些基础性要素得到了改善，当地的资源优势就能迅速地转化成经济优势，带动贫困户摆脱贫困。如果没有这些基础性设施和兜底性服务，生产力也就提高不上去，市场性要素也没办法尽快运送出去，从而流通到下一进程，造成扶贫浪费。基础建设导向的扶贫模式强调的是"输血"功能。

广东扶贫模式助力被帮扶地区如期打赢脱贫攻坚战，为其他地区解决贫困治理一系列难题创造了广东经验，提供了广东方案，贡献了广东智慧。

第一节　市场化导向的扶贫模式

一、产业扶贫

产业扶贫是指以经济效益为中心、以产业发展为杠杆的扶贫开发过程，是促进贫困地区发展、增加贫困农户收入的有效途径，是扶贫开发的战略重点和主要任务。产业扶贫是一种内生发展机制，目的在于促进贫困个体（家庭）与贫困区域协同发展，根植发展基因，激活发展动力，阻断贫困发生的动因。其发展内容为：在县域范围，培育主导产业，发展县域经济，增加资本积累能力；在村镇范围，增加公共投资，改善基础设施，培育产业环境；在贫困户层面，提供就业岗位，提升人力资本，积极参与产业价值链的各个环节。从这一角度看，产业扶贫可看成是对落后区域发展的一种政策倾斜。

2018年10月，习近平在广东省清远市连江口镇连樟村考察时讲道："产业扶贫是最直接、最有效的办法，也是增强贫困地区造血功能、帮助群众就地就业的长远之计。"[①] 广东省历来重视产业扶贫，出台了诸多产业扶贫举措，推动各地积极创新产业扶贫做法，发展优势特色产业，以产业发展增强脱贫"造血"功能，激发攻坚内生动力。

（一）主要做法

产业扶贫是扶贫脱贫的治本之策、根本之举，是脱贫攻坚的重点，也是难点。广东省各地市从抓产业、抓带动、抓机制入手，加快推进产业扶贫工作，取得了一定成效。

1. 发展优势特色扶贫产业

加大县镇统筹力度，健全县级产业扶贫规划和项目储备库，发挥现代农业产业园的辐射带动作用，统一规划、连片开发，建设一批特色鲜明、带动能力强的扶贫产业，因地制宜发展休闲农业、乡村旅游、设施农业、农产品加工业等农村第二、三产业，加强农业经营主体带动引领作用，扎实推进旅游产业精准扶贫，辐射带动建设一批电商扶贫、光伏扶贫等特色产业扶贫村，提升产业扶贫的组织化程度。加强产业扶贫基础设施建设，加大投入保障力度。将产业扶贫纳入贫困地区党政一把手经济责任审计的重要内容，引导各地发展长期稳

---

① 《"产业扶贫是最直接、最有效的办法"——习近平论产业扶贫》，http://www.qstheory.cn/zhuanqu/2020-06/24/c_1126155769.htm。

定的脱贫产业项目。

2. 完善产销对接机制

多渠道拓宽农产品营销渠道，推动批发市场、电商企业、大型超市等市场主体与扶贫产业基地和相对贫困村建立长期稳定的产销关系，推广以购代销的扶贫模式。加快推进"快递下乡"工程，支持大力发展农村电子商务，完善粤东西北地区冷链仓储、物流配送和农村电商服务体系。完善新型农业经营主体与相对贫困户联动发展的利益联结机制，推广"公司（合作社）+基地+贫困户"、代耕代种、土地托管、股份合作、订单帮扶等模式。加大脱贫致富带头人培育力度，健全县级脱贫致富带头人培育体系，辐射带动一批相对贫困户。深入实施农业科技特派员精准扶贫"千村大对接"行动。鼓励通过政府购买服务方式向相对贫困户提供便利高效的农业社会化服务。深入实施贫困地区特色农产品品牌提升行动，加大对贫困地区"三品一标"、名牌农产品宣传推介的支持力度，办好扶贫农产品展销会。基本实现市场销售主体、农业企业（合作社）、农业科技人员与扶贫产业结对全覆盖。

3. 强化产业脱贫精准到村到户

一是推动产业精准扶贫到贫困户。产业扶贫对象精准瞄准贫困户，措施精准落实到贫困户，效益精准体现到贫困户，实现有劳动能力贫困户按其意愿有扶贫产业带动或进入农业龙头企业、农民合作社、家庭农场、种养大户、农业服务组织中工作，参与产业发展，获得稳定收入。

二是推动产业精准扶贫到贫困村镇。发展"一村一品、一镇一业"，全省2277个贫困村每个村和分散贫困人口所在镇都要规划发展1个以上特色优势扶贫产业或产品，每个贫困村都有第一书记、驻村干部、技术干部帮扶扶贫产业发展，确保投入有资金扶持，发展有市场主体，技术有培训指导，产品有销售渠道。

三是推动产业倾斜扶持省定贫困村。各级整合资金项目倾斜扶持省定贫困村，发展特色优势扶贫产业，集聚市场要素，培育经营主体，健全产业体系，完善产业链条，配套基础设施。

4. 完善产业扶贫工作机制

加强组织领导，完善工作机制。市、县、镇政府认真履行产业扶贫主体责任，细化工作措施，落实工作责任，强化组织协调。市、县农业产业主管部门加强技术指导，帮助贫困村引进培育新型农业经营主体。镇、村加快推进各项工作，重点推进合作组织创新，探索建立新型农业经营主体与贫困户的利益联结机制。积极指导贫困村选主体、定产业，探索建立帮带模式，及时总结产业扶贫建设中的好办法、好经验，树立典型，发挥示范带动作用。

（二）扶贫经验

广东省农业产业共建和精准扶贫成效是否显著，关键在于粤东西北要结合本地资源禀赋特点、现有农业产业基础与配套，选择与珠三角合适的产业承接与合适的承接模式运作下去。发挥好本地区龙头农业企业的产业先导性和就业带动性的作用，将扶贫地区的劳动力资源转化为企业发展的人力资源，实现产业升级和精准脱贫的双赢。

1. 加强有效制度供给，建立跨区域协调机制

有效的制度供给既包括高瞻远瞩的顶层设计，又包括行之有效的具体方案。一是进一步编制农业产业共建与精准扶贫规划。明确珠三角帮扶企业和粤东西北帮扶企业的产业定位、对接项目和具体方式，做到受益精准、产业精准和项目精准。二是建立农业产业共建与精准扶贫的跨区域协调机制。政府层面着重建立农业产业转移与共建机制，包括产业选择、土地利用、生态补偿、人才支援等。企业层面主要建立技术与管理共享机制，包括企业整合、股份合作、项目对接、共性技术研发等机制。

2. 推进农业产业链整合，推动农业产业转型升级

农业产业价值链共建的主体是企业。一是充分发挥农业龙头企业的带动效应，促进价值链中游企业向上下游发展。有针对性地实行"珠三角重点龙头农业企业对口技术扶持和经营帮扶粤东西北扶贫龙头企业"战略，进一步提升广东扶贫龙头企业的技术研发水平和产业化经营能力，促进产业价值链向上下游延伸。二是进一步完善"公司＋基地＋农户"的现代农业经营模式，增强种植养殖业的产业化经营规模和经营效益，实施"互联网＋农业"战略，发展"研发＋生产＋加工＋销售"的一体化农业模式，促进上中下游产业价值链一体化发展。

3. 促进产业园提质增效，强力推进农业产业共建

产业园区是产业共建和产业扶贫的主要载体，促进产业园提质增效是实现高水平产业转移与升级的关键。一是加强珠三角的"输血"功能，建立农业产业转移项目库，加大产业共建力度。通过建立珠三角农业产业梯度转移项目库，精准开展产业对接，引导符合要求的农业技术企业到粤东西北对应扶贫地区发展。二是加强粤东西北的"造血"功能，提升产业园区建设水平。加大园区基础建设和配套环境建设，打通园区交通最后一公里，设立专项基金鼓励承接珠三角地区产业梯度转移、产业共建与技术创新。进一步优化营商环境和提高行政服务水平，推广"一门式、一网式"政府服务模式，建立园区项目

审批的绿色通道,进一步提高涉企事项的审批服务效率。

4. 聚焦发展现代农业,实施特色农业

产业到户精准扶持农业产业共建和产业扶贫的最终落脚点在于农民精准脱贫,必须实施到户精准扶持。一是聚焦发展科技研发和绿色制造等现代农业,既要注重推动产业升级,又得充分发挥企业的就业效应。各地因地制宜,确定具体帮扶特色农业产业,将特色农业产业和发展项目规划到户、联结新型农业经营主体和开展农业生产技能培训精准到户。二是实施特色农业产业到户精准扶持。瞄准广东扶贫对象地区具有一定农业产业基础和劳动生产能力的贫困户和贫困人口,开发当地农业优势资源,推广"农业龙头企业＋扶持项目＋贫困农户"模式,建立发展特色产业的贫困农户与农业龙头企业紧密联结的利益保障机制,提高贫困户在特色农业产业发展中的参与度、受益度和组织化程度,实现精准扶贫的攻坚目标。

广州市人大常委会机关对口帮扶清远市中南村。2019年11月29日,华南农业大学陈日远教授的专家工作站在清远市清新区太平镇中南村揭牌,这是清远市首个在农村设立的专家工作站。中南村在所有清远市的省定贫困村中第一批申请退出贫困村序列。(图片来源:http://www.rd.gz.cn/xwdt/content/post_89340.html)

5. 以点带线辐射面,扶贫基地见真效

通过重点培育产业扶贫示范基地与相对贫困村、农户的紧密联结,解决了一部分相对贫困村、相对贫困户无技术、无资金、无市场、无组织的"四无"难题,为贫困村、贫困户注入自我发展动力,扎实构建扶贫开发长效机制,打造一批规模化、集约化、标准化的绿色扶贫农产品生产、加工基地,对提高相对贫困区域、贫困村农业组织化程度、加快转变农业发展方式、促进现代农业建设和相对贫困户就业增收发挥了重要的作用。

6. 民企正在成为社会扶贫的中坚力量,发挥作用是关键

全省非公有制企业及非公有制经济人士发挥了重要作用,民营企业正在成为广东社会扶贫的中坚力量。针对不同贫困地区、不同特色资源进行产业开发,把发展能力最强的民企与发展需求最迫切的贫困群体有效对接起来,这是贫困地区脱贫致富的一个重要途径,也是深入推进产业扶贫开发,发挥产业扶贫在扶贫开发中的基础作用和在扶贫"双到"工作中的促进作用、增强扶贫发展能力、实现稳定脱贫致富奔小康的有效保证,应成为当前和今后民企参与扶贫开发的重点努力方向。

7. 探索产业转出地和接收地的利益共享机制

产业共建要基于利益共享的机制方能使产业转出方和接收地持续长期合作下去。构建利益共享长效机制,使得产业转移各方有足够的利益保障,才能激发利益主体积极参与,发挥各自的比较优势,形成产业共建合力。对于珠三角地区来说,通过转移出去低端产业,可以为产业升级转型提供空间,而且转移出去的产业还能让转出市获得税收和GDP统计方面的收益。对于粤东西北落后地区来说,通过产业共建可以提升产业结构,增加财政收入,促进当地的就业,改善人民生活水平。对于企业来说,通过政府产业转移政策,不仅降低劳动力、水电、土地等生产要素成本,还能获得相应的税收优惠,为企业发展拓展了空间。

8. 多种模式推进产业共建

一是转出地政府主导、接收地政府配合的模式,然后按照协议进行利益分成,如深汕经济合作区和顺德(英德)产业转移园。二是股份制模式,即各地按照投入(包括资金、技术、土地、原材料等)计入股份,然后按照股份公司运作,如中山火炬(阳山)产业转移园。三是第三方管理,即委托第三方进行管理,再按照协议进行利益分成,如深圳(吴川)产业转移园。四是基本由转入地进行管理,转出地协助,如中山(肇庆大旺)产业转移园区。

(三)典型案例:中国奥园集团的"脱贫攻坚"路[①]

产业扶贫需要依靠企业的力量,整合各类资源,拓宽扶贫路径。企业扶

---

① 陈靖斌:《产业扶贫从"输血"到"造血"揭秘中国奥园的"脱贫攻坚"路》,《中国经营报》2020年7月6日。

的难点是，既要做到精准扶贫，又要做到防止返贫。中国奥园集团给出了自己的答案：脱贫攻坚既要扶智也要扶志，既要"输血"更要"造血"，建立"造血"机制，增强致富内生动力，防止返贫。通过精准扶贫、产业扶贫，奥园集团打造出一条激活致富内生动力的道路。

奥园集团在探索广东省梅州市五华县精准扶贫模式的经验中，找到了通过开发大型县域综合体带动产业扶贫的模式，并且成功落地。因该模式易于复制，中国奥园集团也在广东省、江西省、广西壮族自治区、湖南省、安徽省、贵州省等多个省区的贫困县、人口大县开发大型县域综合体，以城市综合体带动产业经济，通过"公司+农户+商场+电商"的助农模式，让县域农产品走出县域、走出世界，以产业扶贫带动农民共同致富。

广东省梅州市五华县是国家级贫困县，也是人口大县。根据2016年的数据显示，五华县全县相对贫困户达到2.9万户、近9.5万人，数量将近达到梅州市一半。如此庞大数量的贫困人口，如何"先富带动后富"激活致富的内生动力？

中国奥园集团通过调查发现，县域普遍缺乏大型的商业综合体，当地人民购物休闲不方便，城市配套亟待改善。在当地政府高度重视和大力支持下，五华奥园广场项目很快落地建设。奥园集团与众多国际国内知名品牌商家组成了"奥商会"战略联盟，2017年1月开业时很多品牌都是首次进入县域，开业当天五华奥园广场购物中心客流量突破10万人次。

据了解，奥园广场县域综合体平均一年直接创造税收约5000万元到1亿元，并至少带动中小企业创业经商近千家，提供超2000个就业岗位。同时，一个奥园广场带动县域整个区域发展和投资，间接创造的效益超过百亿元，提供上万个就业岗位。在中国奥园集团带动的县域经济"扶贫攻坚"模式下，当地的GDP 3年来也在稳步增长。相关数据显示，2017—2019年五华县全县实现生产总值（GDP）分别为151.63亿元、153.3亿元和155.67亿元，同比增长6.4%、3.1%和3.4%。①

中国奥园集团在精准扶贫一线，坚持"授人以鱼不如授人以渔"的扶贫思路，为了贫困地区的"明天"，积极布局教育；为了制造贫困地区的"造血中枢"，积极打造县域综合体，投入到精准扶贫的宏大"战役"之中，为打赢脱贫攻坚战贡献企业的一份力量。

---

① 《产业扶贫从"输血"到"造血"揭秘中国奥园的"脱贫攻坚"路》，http://www.cb.com.cn/index/show/bzyc/cv/cv13462671647。

二、就业扶贫

就业是贫困劳动力实现脱贫的重要途径,就业扶贫工作以提升贫困劳动力就业创业能力、帮助其实现稳定就业为首要任务,通过促进就业增加贫困家庭劳务性收入,加快贫困劳动力脱贫步伐。习近平指出:"就业扶贫是最有效最直接的脱贫方式,一人就业、全家脱贫,长期坚持可有效解决贫困代际传递问题。"① 就业扶贫工作是全省打赢精准扶贫攻坚战的一项重要举措,把就业扶贫工作做实做细做好,具有十分重大的现实意义。

(一)主要做法

广东省积极贯彻落实上级要求,努力完成目标任务,结合本省实际,创新工作方法,扎实推进就业扶贫,助力贫困人口提升就业技能,落实就业岗位。

1. 实施就业创业精准扶贫八项行动计划

(1) 转移就业导航计划。对有外出就业愿望的青壮年贫困劳动力,根据其就业意向和就业能力,制定帮扶到位、任务到人的转移就业导航计划。通过组织开展职业指导、岗前培训、专场招聘、收集用工岗位进村入户、定向推送招工信息等措施,为贫困劳动力转移就业提供专项服务,促进有外出就业愿望的贫困劳动力实现转移就业。

(2) 贫困家庭高校毕业生就业帮扶计划。全面掌握贫困家庭离校未就业高校毕业生信息和就业创业需求,制定专项帮扶计划,强化跟踪服务,及时提供岗位信息,优先推荐参加就业见习,帮扶其尽快就业;对有创业意愿的,组织其参加免费创业培训,优先安排进驻创业孵化基地;对有培训意愿的,组织其参加技能晋升培训。政府购买的基层公共管理和社会服务岗位优先吸纳其就业。

(3) 就地就近就业计划。对大龄、妇女、残疾人等难以外出就业的贫困人员,引导企业将简单生产加工、销售服务等环节延伸到乡镇、村居,创建"扶贫车间"或"扶贫工作坊",组织其就地就近就业。

(4) 公益性岗位安置计划。对残疾人、零转移就业贫困家庭劳动力等特别困难且无法输送到企业就业的群体,由当地政府结合实际组织开发一批道路养护、园林维护、山林看护、治安巡逻、城管交通、环卫保洁、安全管理等公共管理和服务性岗位优先安排就业。

---

① 中共中央党史和文献研究院编:《习近平扶贫论述摘编》,北京:中央文献出版社2018年版,第104页。

（5）珠三角对口帮扶计划。借鉴省际劳务协作精准扶贫工作经验，完善省内劳务协作对口帮扶机制，组织珠三角地区与贫困县区建立结对帮扶关系，提高劳动力从贫困县区转移到珠三角地区就业的组织化输出程度，落实个性化帮扶和人文关怀措施，促进贫困劳动力稳定就业。珠三角各市筛选建立一批适合贫困劳动力特点的企业建立就业安置基地，积极帮扶贫困劳动力到珠三角地区就业。

（6）企业对接帮扶计划。按照省委省政府《关于新时期精准扶贫精准脱贫三年攻坚的实施意见》的相关规定，鼓励各类企业吸纳贫困劳动力。有条件的地区，组织用工需求较大的企业和产业园区与贫困劳动力较多的村加强对接，建立对口帮扶机制，根据企业需求，组织贫困劳动力进行订单式培训和就业。实施灵活就业帮扶措施，在农闲时节组织贫困劳动力进厂从事简单生产加工。

（7）创业带动就业计划。对具有创业愿望的贫困劳动力，组织其参加创业培训，提供项目推介、政策对接、技术指导、融资支持等创业服务。支持创业带头人和返乡务工人员在贫困地区创办各类企业，带动贫困劳动力实现就业。依托现有各类园区等存量资源，在有条件的乡镇建设创业孵化基地，省对欠发达地区建设区域性（特色性）创业孵化基地给予倾斜支持。

（8）零距离服务计划。组织公共就业人才服务机构进村入户，对贫困劳动力每年至少提供一次政策咨询、就业指导、职业介绍、信息推送、创业指导、创业项目推介等就业创业服务。加强贫困劳动力就业创业跟踪服务，及时帮助失业人员尽快再就业，避免因失业返贫。对有意愿入户城镇的农村贫困劳动力，引导其通过积分制等政策在就业地入户。

2. 实施技能精准扶贫

（1）建立技能精准扶贫对接机制。根据贫困家庭的技能提升需求，组织动员全省技工院校与有扶贫任务的县区对接，建立帮扶对接机制，开展招生和政策宣传，动员有入读技工院校愿望的贫困人员入读，开展技能提升和就业推荐帮扶，提高贫困家庭劳动力的技能水平和就业能力，促进贫困家庭脱贫奔康。

（2）开展贫困家庭学生入读技校专项帮扶。对有意愿入读技工院校的贫困家庭学生开辟招生绿色通道，在招生、报读专业、申领免学杂费和国家助学金，以及安排实习和推荐就业等方面开展专项帮扶。

（3）实施贫困人员职业技能培训补贴制度。对有培训需求的贫困家庭劳动力，根据其意愿和当地企业用工需求，依托当地技工院校、各类培训机构和企业开展技能晋升培训,确保每人至少接受一次培训,促进技能脱贫。针对大龄、妇女、残疾人等难以外出就业的贫困人员,结合其个人特点和培训意愿,通过校企合作、校镇合作、送教下乡、送教进村等模式,开展有针对性的中短期培训,提高其职业技能水平。

(4) 提升贫困地区职业技能培训能力。支持贫困县区建设精准扶贫职业技能公共实训基地。帮助贫困地区开发有利于贫困人员转岗就业、脱贫致富的地方特色职业(工种)和生产类、种养类专项职业能力。加强贫困地区职业技能鉴定考评和鉴定质量督导队伍建设。依托广东远程职业培训公共网络服务平台,开展贫困人员远程职业培训。

(二) 扶贫经验

就业扶贫,让一人就业带动全家脱贫;技能扶贫,让贫困劳动力学得一技之长;人才扶贫,推动人才投身农村基层。一直以来,广东省各级部门践行以人民为中心的发展理念,在脱贫攻坚战役中积极发挥作用,大力开展就业、技能、人才扶贫,取得了显著成效,推进脱贫攻坚,助力乡村振兴。

1. 就业扶贫精准发力,两个战场有效减贫

就业是最大的民生。"六稳"的第一个"稳"就是稳就业,"六保"的第一个"保"就是保居民就业,充分体现了就业的重要意义。一直以来,广东省聚焦省内就业扶贫和东西部劳务扶贫协作,在"一场战役、两个战场"上取得积极进展。

在省内扶贫战场,广东实施精准就业帮扶计划,逐户逐人制定相应帮扶措施,通过岗位推送、兜底安置等多渠道帮助就业。对不适合外出就业的贫困劳动力,主动协调企业将简单生产加工、销售服务等环节延伸到乡镇、村居,同时增设公益性岗位,兜底安置就业。截至2020年6月,全省已累计帮助26.2万名省内贫困劳动力实现家门口就业。

在东西部扶贫协作战场,作为用工大省的广东,近年来通过开展省际劳务协作,既有效促进了贫困劳动力转移就业、脱贫增收,又为广东经济社会发展提供了有力的人力资源支撑。广东已建立了完善的网络招聘对接机制,促进供求精准匹配。据国务院扶贫办数据,目前外省在粤务工的贫困劳动力达360多万,其中广西、四川、云南、贵州四省区在粤务工的贫困劳动力近200万。

2. 技能扶贫授人以渔,人才下乡助推振兴

无论是广东省内的脱贫攻坚战,还是与多个省份的对口帮扶,广东技能扶贫行动无所不在。由此,一大批贫困户在提升技能后自主创业,不但解决了自身的收入问题,也拓宽了当地特色农产品的销路,带动当地贫困户增收创收,

促进乡村产业融合，推动乡村振兴发展。

技能扶贫中，广东156所技工院校全部投入战斗。有职业技能提升意愿的贫困家庭子女，均可100%得到免费技工教育和技能晋升培训，100%推荐就业。据统计，2019年技工院校共有建档立卡贫困家庭在校生1.3万人，其中绝大部分来自粤东粤西粤北农村，省级财政下达生活费补助3526.84万元，有力地支持了广东贫困生实现技能脱贫。

送智下乡是广东脱贫攻坚的亮点之一。2019年，广东出台实施《关于进一步鼓励引导人才向粤东粤西粤北地区和基层一线流动的实施意见》，培育壮大乡村专业人才队伍，推动人才服务农村基层。2020年，《广东省"乡村工匠"工程实施方案》提出实施"乡村工匠"培养、"乡村工匠"评价激励、"乡村工匠"就业创业、"乡村工匠"服务"三农"发展四大行动任务，发挥其带领技艺传承、带强产业发展、带动群众致富的作用，推动实现乡村振兴。

同时，广东还实施了诸多人才计划，引导各类人才支持贫困地区发展。比如，"三支一扶"计划实施以来，共派遣19485名大学生到粤东粤西粤北经济欠发达地区服务，人员足迹遍及16个地市、83个县（市、区）的2188个镇街基层单位，大大促进了山区农村基础教育、医疗卫生、农林水利和社会保障等公共事业发展。

3. 三大工程一手好牌，脱贫致富底气十足

广东省委省政府贯彻落实习近平对广东重要讲话和重要指示批示精神，着眼于满足人民群众美好生活需要、支撑高质量发展作出重大部署，陆续推出"粤菜师傅""广东技工""南粤家政"三大工程。

三大工程相互联系、相互促进，又各有侧重、各具特色："粤菜师傅"工程重在帮助农民增收致富、解决就业，"广东技工"工程重在解决技能人才供给不足问题，"南粤家政"工程重在解决城市"一老一小"服务需求问题。三大工程犹如三驾马车，拉起了知识型、技能型、创新型高技能人才队伍，拉开了广东打赢脱贫攻坚战的生动局面，拉动了全省齐奔小康的矫健步伐。

广东还将三大工程导入省际劳务扶贫协作，推进对口支援和帮扶的六省区落实"不分户籍、终身培训"的技能培训政策，组织包括外省籍务工人员在内的劳动力接受职业技能培训，落实各项补贴，帮助实现在粤稳定就业、增收脱贫。

2020年，省委省政府将三大工程列入"省十件民生实事"，省就业工作领导小组印发《关于深入推进"广东技工""粤菜师傅""南粤家政"三大工程保就业促发展的实施方案》，切实发挥好三大工程就业缓冲器、人才储备库作

用，以"小切口"推动服务"大变化"、解决就业"大问题"、满足民生"大需求"、促进产业"大发展"。

（三）典型案例：碧桂园就业扶贫助力"三大工程"①

自2011年碧桂园针对农村劳动力大力开展技能培训、就业推荐工作以来，带动贫困户脱贫效果显著。

1."稳就业"扶贫扶技有"妙招"

随着脱贫攻坚工作的持续深入，无法离乡、无业可扶、无力脱贫的"三无"贫困劳动力是最难就业的贫困群体。碧桂园就此大力发展就业扶贫扶技，帮助他们"稳就业"。碧桂园扶贫扶技有三大"妙招"：

妙招一，集中培训与送课下乡相结合。碧桂园针对可以集中到学校参与培训的人员，进行广泛的宣传；针对农村无法外出的学员，把课堂搬到村民家门口、村落周边农家乐和学校饭堂等，就近上课。更有学员通过"云培训"获得职业技能，成功就业创业脱贫。

妙招二，理论教学与实操训练相结合。碧桂园职业培训课程分为理论教育与实际操作，以实操为主、理论为辅，搭建实训课堂。推荐实习上岗，提升就业率与就业稳定率，真正做到"做一成一"，培训一批，就业一批。

妙招三，培训与就业多方结合。培训是方法，就业是目的。碧桂园对接培训地及周边企业用工需求，结合学员就业意愿匹配信息，做到培训与就业的有机结合，同时做好就业的定期回访，做到扶上马，送一程。

自2018年5月20日碧桂园启动9省14县结对帮扶行动以来，14县共开展461场次培训班，开展就业招聘会109场。共有24087人参加培训，其中贫困户参加培训人数9312人。已有13071人实现上岗就业，其中贫困户就业人数达6217人，受益贫困户21459人次。

2. 配合助力广东"三大工程"

近年来，碧桂园配合广东省开展的"粤菜师傅""南粤家政""广东技工"三大民生工程，助推就业扶贫扶技。

碧桂园自2019年5月开展"粤菜师傅"培训工程以来，吸引广东、广西、贵州、四川、江西等14省1503人参与，有335人为贫困户；通过培训已经实现1105人就业创业，包括贫困户216人，其中有39人还开起"粤菜师傅"创业店。2019年10月，碧桂园启动"粤菜师傅"技能真人秀大赛《发现大厨》项目，进一步帮助"粤菜师傅"提升技能和助力消费扶贫，为贫困地区青年

---

① 麦婉华：《碧桂园就业扶贫助力"三大工程"》，《小康》2020年第14期，第108—113页。

提供成长和就业渠道。碧桂园自2019年8月开展"南粤家政"培训工程以来，在广东碧桂园职业学院（以下简称"碧桂园职院"）开展星级保姆培训，共527人参加，其中贫困户26人；已有342人就业，其中从事家政行业293人。

3. 职业教育是扶贫排头兵

随着产业升级和经济结构调整不断加快，各行各业对技能人才的需求越发紧迫，职业教育的重要地位和作用越发凸显。职业教育是教育扶贫的排头兵，是见效最快、成效最显著的扶贫方式，在脱贫攻坚中起到了十分关键的作用。

碧桂园职院是2014年创办的一所全国首家全免费慈善性质的全日制普通高等学校。自开办以来，碧桂园职院先后开设建筑工程技术、工程造价、物业管理、酒店管理、建筑装饰工程技术、园林工程技术、学前教育、智能控制技术8个高职专业。碧桂园职院秉承创办人投身国家教育扶贫事业的社会责任担当精神，坚持教育扶贫的初心对贫困家庭学生免除一切费用，并为贫困与非贫困的学生提供学习优秀奖学金，促其成才。碧桂园职院创建"产教融合、校企共育"人才培养模式，是教育部第三批现代学徒制试点单位，并在2018年入选广东教育创新十大优秀案例。

碧桂园职院的招生、就业指标均高于广东省高职院校平均水平。碧桂园职院招生工作连续5年第一志愿录取率100%，报到率保持在93%以上，且生源质量不断提高。2017届、2018届两届毕业生就业率均达到100%，专业对口率95%以上。担任基层一线管理干部或技术骨干的比例分别达到61.73%和71.43%。《2018年毕业生就业质量年度报告》显示学院毕业生平均月薪在全省高职院校中名列第四，其中4.8%的毕业生月薪超过万元。

三、消费扶贫

消费扶贫是社会各界通过消费来自贫困地区和贫困人口的产品与服务，帮助贫困人口增收脱贫的一种扶贫方式，是社会力量参与脱贫攻坚的重要途径。大力实施消费扶贫，有利于动员社会各界扩大贫困地区产品和服务消费，调动贫困人口依靠自身努力实现脱贫致富的积极性，促进贫困人口稳定脱贫和贫困地区产业持续发展。

（一）主要做法

广东省以习近平新时代中国特色社会主义思想为指导，深入贯彻落实习近平关于扶贫工作的重要论述，坚持政府引导、市场主导、社会参与、互利共赢的原则，将消费扶贫纳入有关工作内容，带动贫困人口增收脱贫。

1. 建立完善受授援两地消费机制

(1) 建立消费扶贫领导机制。成立消费扶贫领导小组,由消费扶贫受授援两地政府主要领导任组长,分管市领导任常务副组长,两地商务、发改、国资、农业农村、文化广电旅游、供销合作、财政和扶贫协作等部门为成员单位组成消费扶贫领导小组。定期召开协调推进会,统筹协调消费扶贫工作,通报消费扶贫实施情况,研究解决开展消费扶贫工作中遇到的问题困难,深化消费扶贫政策举措。

(2) 建立受授援两地消费扶贫企业联盟。推动两地商务、农业农村主管部门组织参与消费扶贫的农业龙头企业、农民专业合作社、物流冷链企业等为骨干建立消费扶贫企业联盟,进一步带动贫困农民生产的农副产品进入商品流通环节。

(3) 建设粤港澳大湾区"菜篮子"项目。以供港澳标准为质量标杆、以绿色生态为发展方向,鼓励受援地建立标准化生产流程体系、政府强力监管的质量安全体系和高效便利的现代化流通服务体系,支持受援地符合粤港澳大湾区"菜篮子"质量安全标准的农产品进入粤港澳大湾区"菜篮子"平台流通。支持受援地扶持一批消费扶贫示范企业,有序推进受援地实施食用农产品安全控制规范和技术规程,加强产地安全管理、严格农业投入监管、规范生产行为、推行产地准出和追溯管理、加强农产品收贮运环节监管、强化专项整治和监测。

2. 提升受援地消费扶贫供给

(1) 提升农产品规模化供给水平。鼓励受援地深入挖掘特色农产品品种资源,优化农产品品种和区域布局,做大做强优势产业。采取"企业+合作社+农户"的模式,大力发展订单农业,提高农产品供给的规模化组织化水平,提升农产品质量和供应量,增强农产品持续供给能力。鼓励受援地提升农产品储藏保鲜、分拣分级等能力,提高农产品初加工率,逐步提升深加工精加工能力。发展种养业和发展加工业要向建档立卡贫困户倾斜。

(2) 打造区域性特色农产品品牌。发挥地区优势、传授地区做法,指导受援地统一区域性扶贫产品标识,指导受援地积极推进特色农业产业化发展,帮助打造区域性特色农产品品牌,支持名特优、中高端农产品产业发展。建立诚信机制,协调当地商务、农业农村、市场监督主管部门将虚假链接、假扶贫、真糊弄企业列入黑名单,协助受援地建立失信联合惩戒机制。

(3) 与受援地共同打造农副产品质量监管体系。充分发挥广东的先进经验做法,指导受援地相关部门做好农产品加工食品的标准化生产指导工作、质量安全监测、溯源及风险评估工作,让人民群众吃得放心、安心。

3. 提升受援地消费领域发展

(1) 旅游资源领域。整合提质旅游资源,做好规划设计,协助开发旅游线路,设计旅游产品,挖掘受援地自然生态、历史文化、地域特色文化、民族民俗文化、传统农耕文化等资源。帮助受援地培育一批乡村招牌菜式烹饪技术能手,培养一批乡村旅游和休闲农业管理人才,向贫困劳动力倾斜,提供营销、服务和管理指导,提升服务规范化和标准化水平。

(2) 文化体育领域。组织文化单位到受援地开展优秀节目交流演出活动,丰富基层贫困群众精神文化生活。协助提高非物质文化遗产保护和利用水平,购买一批演出节目,协助优秀文艺作品创造。协助受援地引进或组织策划一批有影响力的体育大赛,提升现有大赛办赛水平和影响。

(3) 家政服务领域。大力实施"南粤家政"工程,建立家政扶贫对接帮扶机制,重点加大对建档立卡贫困人员、低保低收入等困难群众的培训就业支持力度。推动在帮扶地区建立家政扶贫输出基地,把家政服务纳入技能培训重要内容,吸纳被帮扶人员来穗从事家政服务工作。

4. 推动消费扶贫助力脱贫攻坚

(1) 对接承销。鼓励引导党政机关、事业单位、国有企业、金融机构、大专院校、城市医疗及养老服务机构等在同等条件下优先采购受援地农特产品,引导受援地出台农产品招标采购的优惠政策和办法,鼓励各级工会按照有关规定组织职工到受援地开展爱国教育、红色之旅等工会活动。

(2) 推介展销。支持受援地举办面对广东及粤港澳大湾区的多种形式农产品产销对接活动,发挥受援地产品原产地、品质全、货源新等独特优势,与有大宗需求方进行对接推介,建立直接销售渠道。支持受援地参加广东省东西部扶贫协作消费扶贫产品展示、广州国际美食节和广州国际旅游博览会等展会,帮助宣传推介当地的农特产品、旅游资源、投资环境和特色美食,集中推介受援地特色产品。

(3) 商场直销。广泛开展"买产品、献爱心、促脱贫"消费扶贫活动,在区域性品牌超市、大型农产品批发市场开设农特产品销售专区、专柜,引导农产品批发市场和商超企业与受援地建立长期稳定的供销关系,扩大消费扶贫商品宣传推广。

(4) 电商营销。支持有关电子商务平台与受援地农业龙头企业、农业种养与加工基地、农副产品营销大户等主体对接。鼓励电商企业、平台、网店等优先采购、销售贫困户受援地农业龙头企业库惠及贫困群众农特产品。

(5) 旅游促销。引导受援地产品进景区、进宾馆、进饭店，在大型旅游景点设立消费扶贫专区。开展多种形式的旅游扶贫公益宣传，集中推介一批受援地旅游精品目的地旅游线路，鼓励市民前往旅游消费。

（二）扶贫经验

广东省创新"广式扶贫"理念，以推进消费扶贫促进贫困人口增收、助力打赢脱贫攻坚战为目标，为各地探索消费扶贫新格局、建立稳定脱贫长效机制提供范本。

1. 政府、社会、企业和贫困户共同发力

消费扶贫最大的特点就是政府、社会、企业和贫困户四方共同发力，形成合力，通过市场手段，有效打破贫困地区农产品产、供、销壁垒，促进贫困地区产业发展，帮助贫困户增产增收，构建稳定脱贫的长效机制，进而形成一个"人人皆愿为、人人皆可为、人人皆能为"的扶贫格局。

广东人民素有从善帮扶的传统。广泛动员爱心企业、社会组织、公民个人以及党政机关和国有企事业单位的工会组织、干部职工积极支持、参与消费扶贫，发挥各自优势，履行社会责任，通过"以购代捐""以购代帮"等形式，引导企业到贫困地区建立"菜篮子"基地，进一步扩大对贫困地区产品和服务的消费规模，提高持续消费力。银企配合商务部门开展"提信心、惠民生、促消费"活动，支持发放扶贫消费券、电子消费券，引导社会各界踊跃参与消费扶贫。充分调动贫困户的生产积极性，激发自主发展的内生动力，培养市场竞争意识，大力提升产品和服务质量，以此满足消费者个性化、多层次的产品消费需求，从而为致富增收带来最大经济收益。

2. 加大力度扶持贫困地区特色产业发展

消费扶贫与产业扶贫息息相关，发展扶贫产业是实现贫困户脱贫之根本。立足于广东贫困地区自然环境、蔬菜种植、畜牧养殖等自然条件以及自身优势打造扶贫产业，引导更多产业项目落户贫困地区，推动脱贫攻坚和乡村振兴有机衔接，通过产业帮扶提升贫困地区和人口的"造血"能力。

结合广东省"一村一品""一镇一业"富民兴村规划，大力发展种植产业及养殖产业等，坚持"农业合作社＋农户""公司＋农户"帮扶模式，促进产业升级。以农产品加工和农村"双创"为重点，帮助搭建全产业链，打造形成从农户种植到合作社规模化种养殖，再到大型企业深加工，最终供应给平台和销售市场的链条，真正实现第一、二、三产业融合。积极拓展农业保险覆盖面，加大对贫困农户农业保险的政策性补贴力度，支持贫困户发展产业的扶贫小额信贷发放。

促进贫困地区休闲农业与乡村旅游融合发展，引导贫困户开展诸如农副产品认种认养、微田园生产等服务，兴办乡村民宿，打造各具地方特色的旅游服务品牌。结合打造"粤美乡村"旅游品牌，深入挖掘贫困地区自然生态、历史文化、地域特色文化、民族民俗文化、民族手工艺品、传统农耕文化等资源，做好名人故居、古道古树的修复保护工作，推动乡村旅游提质升级。针对粤东粤北贫困山区红色资源丰富的特点，弘扬红色文化，发展红色旅游。

3. 通过标准化提升贫困地区农产品供应水平和质量

消费端的搭建是消费扶贫的一个环节，长期持续的消费有赖于贫困地区农产品和服务提升水平和质量。大力推动绿色消费，必须实现绿色发展，加快贫困地区农产品标准化、品牌化、绿色化体系建设，通过标准化逐步健全生产标准、产品标准和质量可追溯体系，通过在品牌标识、包装设计方面的改进，以贫困地区的生态优势、绿色信誉促进绿色消费。

依托广东省农业科学院、华南农业大学、各地市的农技站等，对贫困地区、贫困户进行技术帮扶，把农业技术、社会力量"引进来"，切实推进扶贫与扶智、扶志相结合，全方位提高农民技能，提升贫困地区农产品供应水平和质量，推动贫困地区产品和服务进入珠三角乃至整个粤港澳大湾区。采取"企业＋合作社＋农户"的模式，大力发展订单农业，提高农产品供给的规模化组织化水平，增强农产品持续供给的能力。同时，根据各地基础条件和区位环境，引导贫困户实现差异化发展，防止产业、项目同质化恶性竞争。

4. 着力拓宽扶贫产品线上线下销售渠道

消费扶贫一头连着贫困地区和人口，一头连着广阔的消费市场。必须积极探索完善"互联网＋线下零售"销售模式，拓宽扶贫产品销售渠道。

线下推广方面，深入实施广东"消费扶贫直通车"工程，将产自贫困地区的优质农产品通过展销的形式，优先推广到机关、部队、学校、企业、社区、园区、商场，帮助农产品开拓市场，实现增值超值。广泛组织各地搭建消费扶贫交易博览会推介平台，设立消费扶贫专馆、专区、专柜及推广快递进村等，为社会各界购买扶贫产品、参与消费扶贫提供便利条件。

线上平台方面，充分利用现代互联网技术，大力发展农村电商平台，通过微博、微信、直播、抖音、众筹等形式，减少交易环节，降低流通成本，提高销售效率，助力贫困地区农产品销售。可借助中国社会扶贫网、广东移动岭南优品、东西优选网和阿里巴巴"村淘"、腾讯"为村"等平台，开设精准扶贫优质产品网店，形成稳定的线上销售渠道。借助"农特产品＋直播＋电商＋助农"模式，提高扶贫产品知名度，提升品牌价值。培训提高贫困人口使用网络的能力，为贫困户及村民讲解电商知识，帮助他们及时了解市场需求、掌握市场信息，克服抗风险能力弱、容易跟风种养、销售渠道信息不通等问题。

5. 加强贫困地区基础设施建设

广东省贫困地区仍然存在道路交通建设滞后、村容村貌需要改善等问题，农产品运不出去、旅游消费引不进来，严重制约消费扶贫的效果。各级政府要加大扶贫财政投入，合理利用扶贫资金，加大珠三角地区通达粤东西北地区交通基础设施建设，建设扶贫产业生产基地，完善边远山区物流仓储基础设施，铺设流通服务网点。深入实施环境改造工程，改善村容村貌、人居环境，建设美丽乡村。让众多非物质文化遗产尤其是乡村民俗、传统民歌、传统技艺等重新回到公众视野，发展乡村旅游，满足消费者回归自然、感受田园生活、体验乡村文化的需求。

（三）典型案例

1. 惠州市多措并举开创消费扶贫新局面[①]

惠州市认真贯彻落实中央和省有关消费扶贫精神，借助"一村一品、一镇一业"和"农业产业园"等农业产业建设，探索建立长效农业特色产业，积极推进产业扶贫、消费扶贫。惠州市以互利共赢为核心，通过政府搭台、扶贫展销、电商营销等多种手段，促进消费扶贫，带动贫困户脱贫致富。截至2020年1月，惠州市消费扶贫产品销量达82434.4吨，销售金额2.21亿元，其中省定贫困村产品销售额2078.4万元，带动贫困户2264户增收。

（1）党建引领，广泛动员全社会参与。一是加强党的阵地建设，制定消费扶贫工作方案。制定《惠州市关于深入开展消费扶贫助力打赢脱贫攻坚战的通知》工作方案，博罗、惠东、龙门三县结合实际，分别制定消费扶贫工作方案，主要以各村党群服务中心为阵地，以党建带扶贫，发动广大党员带头落实、宣导政策，各村、驻村工作队、帮扶责任人定时上传工作进度，随时解决存在的问题，确保工作天天有动作、周周有进展、月月有变化。二是广泛发动社会力量，共同参与到消费扶贫工作中。动员社会各界扩大对贫困地区产品和服务消费，推动各级机关和国有企事业单位等带头参与消费扶贫，动员民营企业等社会力量参与消费扶贫。2019年12月20日举行的博罗县农作物新品种展示会暨"消费扶贫·你我同行"活动上，共有8个乡镇、23家企业（个体户）、32种扶贫产品参加现场展销，参展产品都来自村合作社、扶贫企业以及

---

① 《多措并举开创惠州市消费扶贫新局面》，http://dara.gd.gov.cn/sbnyblm/content/post_2877564.html。

贫困户致富带头人。活动现场发布《博罗县消费扶贫行动倡议书》，动员社会各界、机关单位、广大群众争做消费扶贫达人、爱心帮扶先锋、爱心扶贫代言人。一些企业与贫困户签订长期用工协议，一些企业大量购买贫困户的产品，还有一些企业与村合作社建立长期购销关系。龙门县五家大米企业与贫困户签订购销协议，共从70多户贫困户手中收购大米约76500千克，其中平陵金燕米厂从13户贫困户中收购大米17896千克，顺喜来生态农业发展有限公司从19户贫困户中收购大米12524千克。

（2）活动为媒，有效拓宽农产品销路。消费扶贫一头连着贫困地区和贫困户，一头连着广阔市场，它的最大特点是运用市场机制，找到消费扶贫的利益连接点，而让产品有"可销售的渠道"、广大消费者有"可保证的品质"，实现这一过程的重要前提是"知名度"。2019年以来，惠州市以形式多样的活动为载体，并与地方特色旅游文化融合互动，在提升知名度、美誉度的同时，有效拓展农产品销路。

一是以节庆活动为支点，撬动外部消费市场。惠东县举办的首届山瑶柑喊山采摘旅游文化节，主打山瑶柑、岩茶、横坑茶等农产品，吸引外地游客、客商总计超过2万人次，共销售签约总值超过1600万元；龙门县举办的庆祝2019年"中国农民丰收节"暨龙门丝苗米文化节活动，龙门大米、龙门三黄胡须鸡、龙门蜂蜜及麻榨杨桃等特色农产品广受欢迎，带动现场销售金额达15万元；博罗县举办的农作物新品种展示会，不仅有该县8个乡镇、23家企业（个体户）、多达32种扶贫产品参加现场展销，还有来自全国各地40多家种业单位的1000多个优新品种集成展示，有效提升了当地农特产品知名度，广泛连接外部消费市场。

二是以农特产品为龙头，带动农业、旅游、文化产业互促。充分利用地方适宜的土质条件和气候环境，打造一批扶贫"拳头"农特产品，多个地方形成"种植+旅游"产业扶贫模式。惠东县白盆珠镇在"民宿+农家乐"的旅游产业基础上，将山瑶柑体验种植、产品销售融入乡村旅游，拉伸乡村旅游产业链条，丰富乡村旅游路线和产品，2019年1—11月，该镇旅游人数突破12万人次，旅游营业收入1000万元，分别增长20%和35%；博罗县农作物新品种展示会与第二届广东航天农业嘉年华有效互动互促，展销现场也成了节假日期间游人如织的热门景点。

三是营造创业就业氛围，引导村民回乡创业。举办各类节庆文旅活动，积极联系外出乡贤返乡创业，持续扩大农业产业规模；同时，号召引导外出务工人员回乡参与特色农产品种植，让本地户籍人口在"家门口"就业。惠东白盆珠 2015 年以来已经吸引 16 户返乡创业，并通过加强与种植企业的沟通对接，引导种植企业主动为村民提供种植技术培训，以现场讲解、视频教学、实地操作等方式，为返乡创业者、就业者种植提供技术支持和智力保障。

（3）塑造品牌，搭建电商平台和打通物流渠道。贫困地区往往农产品丰富，且品质较好，这契合了当前消费者对优质农产品日益增长的消费需求。但是，在各地探索消费扶贫的实践中，越来越多地暴露出"有品不优"、品牌缺失等问题，大大降低了消费者的体验感，进而影响消费扶贫的可持续性。因此，惠州市在供给侧下足功夫，特别是在提升农产品品质、搭建电商平台及品牌塑造能力等方面着重发力。

一是电商平台逐步完善，打造"电商＋产业＋农户"电商扶贫模式。在博罗县，由合作社、农业产业化龙头企业牵头组织农户（贫困户）进行标准化生产，电商企业负责产品挖掘和网络销售推广，让电商服务商为农产品提供服务，推行"线上订单、高价回购"模式，引导电商企业与贫困户签订保护价统购代销合同；在龙门县，2019 年已完成全县 11 个镇级电子商务服务站建设，累计完成 109 个（包括 53 个省市贫困村）村级电子服务站点建设。通过农村电子商务服务站体系建设，龙门县开启农产品上行和互联网＋农特产品＋生态旅游模式，建成县、镇、村三级具有服务农村产品上行功能的物流配送体系，在全县 156 个行政村设置有村级物流服务点，实现了物流全覆盖。

二是打造区域公用品牌，激活农村电商扶贫市场主体。龙门县围绕各镇村的特色农产品，专门设计制作龙门农特产品公用品牌 logo，初步通过"礼跃龙门"作为农产品公共品牌，并办理商标注册。龙门县积极实施"一村一品"策略，在塑造区域公用品牌基础上，积极打造特色子品牌，杨桃妹农产品专业合作社创立"杨桃妹"品牌，合作社现有农户逾 104 户、贫困户 5 户，帮助当地 30 余人解决就业困难，带动周围群众种植 2000 余亩杨桃，其产品主要通过淘宝、拼多多、一亩田 APP 以及惠农网作为电商批发渠道进行网上电商销售，而合作社 1 年给周围农户单单是杨桃包装人工费用就超 100 万元，解决了当地农户和贫困户的就业问题。

三是引入社会力量，创新农村电商运营模式。2019 年惠州市财政再次拨付商务发展专项资金 200 万元，扶持本地电商平台发展。已推出淘惠州、四季绿商城、镇隆荔枝微商城、"吃喝惠州"生活新媒体平台等多个具有惠州特色的电商平台。为推动省级贫困村农产品线上线下融合发展，龙门县与佳兆业集团合作，以"扶贫公司＋专业种植企业＋农民合作社＋电商平台（城市社区）销售"的闭环模式，走"集约化、精品化、品牌化"的发展道路，由企业组建上线了龙门佳选电商平台,组织村民成立种植合作社,并组织贫困村村民在自家的田地上种植有机水稻、葡萄、百香果等产品,对于符合品质要求的,龙门佳选电商平台以高于市场价5%—10%的价格包销,形成产销一体的闭环产业扶贫模式。

2. 广东联合7省发布消费扶贫倡议书[①]

2020年5月19日,"战疫战贫与你同行"暨520消费扶贫云上行活动启动仪式在碧桂园集团总部举行,广东等8省现场联合发布消费扶贫倡议书,倡议各方力量参与消费扶贫。

2020年是全面打赢脱贫攻坚战收官之年,消费扶贫是关键一环。为解决贫困地区农副产品滞销问题,2020年5月19日,广东省扶贫办联合湖北、广西、四川、贵州、云南、陕西、甘肃省(自治区)扶贫部门,采取"1+7"模式联动,启动这一扶贫消费活动。

启动仪式上,8省(区)扶贫办联合发布消费扶贫倡议书,倡议企业、社会组织和个人"以买代帮"参与消费扶贫,网络平台、网红主播应积极参与公益直播带货,推动和促进消费扶贫。

本次消费扶贫云上行活动自5月19日开始,6月30日结束,其间组织淘宝直播、采购联盟、快手、拼多多、一亩田等平台进行直播带货活动。"淘宝第一主播"薇娅、中国男篮"主帅"杜锋担任推广大使。

相关省扶贫部门也与相关企业现场签订《消费扶贫框架协议》《合作框架协议》和《扶贫名优农产品购销合作框架协议》等。同时,广东省农村电子商务协会携手众多MCN机构,牵头发起成立消费扶贫爱心助农团。

活动得到了众多企业和消费者支持,当日,中国平安集团、广州千鲜电子商务有限公司、宏辉果蔬股份有限公司已签约,承诺年内购买、协销扶贫产品总价值6.5亿元。

此次活动由国务院扶贫开发领导小组办公室指导,广东省扶贫办、广东省委网信办、中国社会扶贫网联合湖北、广西、四川、贵州、云南、陕西、甘肃省(自治区)扶贫部门主办,碧桂园集团、中国平安集团、国强公益基金会承办。

四、金融扶贫

金融扶贫是指利用银行信贷资金或者与国内外金融机构合作,从事产业开

[①] 张子俊:《我省联合7省发布消费扶贫倡议书》,《南方日报》2020年5月20日。

发，改善贫困地区、贫困农户生产生活条件的一种扶贫方式。习近平指出："要做好金融扶贫这篇文章，加快农村金融改革创新步伐。"① 党的十八大以来，中国人民银行、中国银行保险监督管理委员会、中国证券监督管理委员会、国务院扶贫办等部门不断完善金融扶贫政策体系，通过加强宏观信贷政策指导，综合运用多种货币政策工具，调动全金融系统力量集中攻坚，引导金融机构将更多资源投向贫困地区，为打赢脱贫攻坚战提供有力支撑。广东省积极响应上级号召，推进省内金融扶贫工作的开展。

（一）主要做法

扶贫不仅是要帮扶脱贫，更是要帮助贫困地区民众提升"造血"能力，保障他们不返贫，并走向富裕。广东金融扶贫工作近两年来取得了可圈可点的成绩，与广东银保监局党委着力引领、把扶贫作为一项重要政治任务、第一民生工程来抓有着密切关系。

1. 以政策扶贫为依托，切实履行社会责任

建立扶贫工作任务督导台账、银行机构定期评估汇报机制和监管定期通报机制，强化政策落实情况跟踪监测。引导银行业成立扶贫开发工作领导小组，把金融精准扶贫作为一项重要政治任务、第一民生工程来抓。引导银行机构不断完善扶贫工作体系，辖内中国农业银行、中国邮政储蓄银行成立三农金融事业部，国家开发银行成立扶贫金融事业部，统筹推进金融扶贫工作。

2. 以资金扶贫为根本，发挥金融撬动作用

指导主要涉农机构与地方政府对接，由县（区）政府与一家以上银行机构签订合作协议，以乡镇为单位明确一家责任银行，开展建档立卡贫困户信用评级和授信等工作，推动省内有扶贫任务的乡镇全面落实扶贫小额信贷分片包干责任制，联动地方政府扶贫部门出台扶贫小额信贷工作实施方案，建立完善风险补偿机制和财政扶贫贴息制度。创新金融产品和服务模式，指导试点地区银行机构累计发放"两权"抵押贷款，辖内农合机构借助广东农信"鲜特汇"平台，为贫困农户提供融资支持、产品销售、品牌宣传等服务。

3. 以人才扶贫为支撑，助力贫困地区升级"换脑"

一方面，切实落实广东省扶贫开发结对帮扶任务，选派银行业优秀干部担任驻村工作队队长或帮扶村第一书记，围绕到户到人落实帮扶责任，做好定点帮扶村脱贫工作，支持广东将相对贫困村建设成为社会主义新农村示范村。另一方面，鼓励促进地区间人才双向交流，指导法人银行、广州地区一级分行积

---

① 《习近平谈治国理政》第二卷，北京：外文出版社2017年版，第85—86页。

极选派政治素质过硬、业务能力较强的优秀干部赴粤东西北贫困地区分支机构挂任"扶贫金融专员",搭建沟通桥梁和纽带,输送先进金融服务经验。

4. 以知识扶贫为保障,提升贫困户自我"造血"能力

大力发展教育扶贫,广东银监局牵手广州地区外资银行、广东省麦田教育基金会共同开展"爱聚行动",为贫困地区中小学建立多媒体活动中心,募捐书籍和电子设备。鼓励辖内机构多种渠道发放助学贷款。加大金融知识宣传培训力度,大力开展"送金融知识下乡""金融知识进万家""送金融知识进课堂"等活动,不断提升贫困地区金融消费者的金融知识水平。

5. 以普惠金融为重点,提升贫困户和贫困地区金融可获得性

配合广东省政府推进普惠金融建设工作,引导辖内银行机构不断完善机构网点建设,大力发展电子银行业务,推动全省基础金融服务覆盖率提升至98%,填补农村金融服务的空白地带,让每一个贫困人口都能享受到普惠金融带来的实惠。

(二)扶贫经验

1. 引导金融机构加大对农村经济主体的资金和服务支持

一是金融机构应提高思想认识,在农村信用体系建设的经济效益与社会效益之间取得平衡,更加注重社会效益,履行社会责任。二是创新信用融资工具,加强产品应用推广。引导金融机构大力发展以信用为基础的产业链贷款、小微企业联保贷款等,满足农村不同经济主体的金融需求。如对缺少担保抵押品的,大力发展住房抵押、土地承包经营权抵押等信贷业务,增强农村经济主体的信贷可得性。三是积极推动地方政府设立信用担保、保险基金等,完善风险分担机制,降低金融机构放贷风险,增强金融机构供给意愿。四是支持金融机构运用信用信息发现客户并进行信用风险的动态管理。

2. 筛选有扶贫带动作用的特色产业和项目,推动产业扶贫落地

一是探索互联网金融支持"三农"发展新路径,扩大特色产业产品销路,服务特色农业发展。以农村信用体系建设成效作为筛选基础,选择云浮、梅州、肇庆、清远4市作为互联网众筹帮扶试点,在农业生产项目的事前筛选、事中监督、事后跟踪阶段都把其信用状况作为参考,整个过程实现了"互联网+征信+农户(贫困户)"的有机结合。二是开展"金融机构+扶贫龙头企业(合作社)+贫困户"帮扶模式,引导金融机构加大对贫困地区龙头企业和扶贫项目的支持力度,引导金融机构通过该系统筛选出信用度高、带动力强、收入稳定、有真实金融需求的龙头企业和贫困户给予信贷支持。在农业产业链征信系统及其他有关政策的综合作用下,该帮扶模式取得了明显成效。

3. 夯实农村社会治理基础，从源头上改善贫困基因

农村信用体系基础制度不断巩固，成为农村创新社会治理的持续力量。广东农村信用体系建设坚持把加强基层党组织建设与农村信用体系建设有机结合起来，把信用村和信用户创建作为一项基础性工作来抓，将信用评价结果运用于基层发展党员、评优评先等各个领域，并通过相应的激励和约束机制（如差别授信和评先评优）增强农户的信用观念，营造诚实守信的社会氛围。信用信息共享、信息评价、信用激励约束等基础制度的建立有利于从三个维度改善贫困基因。一是增强基层党组织的带富能力。以农村经济增长、农民增收、社会治安改善等指标来衡量党支部的先进性，倒逼基层党组织不断增强带富能力，提升党组织在基层的公信力、话语权和影响力。二是增强贫困户改变贫困现状的决心和信心。农村信用体系建设使有信用、有脱贫决心的贫困户得到信贷和邻里评价的激励，有助于转变其"等靠要"观念，激发其主动参与发展、主动脱贫的内生动力，斩断贫困代际传递。三是增强金融机构服务贫困群体的意愿。"信用高地"促进"资金洼地"形成，信用环境的不断优化使贫困群体获得贷款的难度不断降低。

（三）典型案例

1. "政银保"助推扶贫脱贫

从广州白云机场出发，沿高速向北行驶 3 小时，便可到达粤北清远市阳山县。曾几何时，这里是韩愈笔下的"天下之穷处"。看今天的阳山，很难想象这里曾贫穷过 1000 多年。一场精彩的翻身仗的背后，是金融扶贫的不懈支持与帮扶。如今的阳山修起了高速路，交通方便了许多，而金融机构为当地的农业合作社提供的金融支持，也帮助当地的生活水平高速奔往小康。

在当地多种多样的贷款项目中，"政银保"当属最受农民欢迎的产品。"政银保"以当地政府财政投入的担保基金作为担保，以保险公司的保证保险作为保障，向各个农村集体经济组织等发放贷款，再由各贷款主体统一调配使用。在助力脱贫中，"政银保"贷款起了很大作用。大部分村民表示，加入合作社以后，不仅生产和销售的压力小了很多，还能获得资金支持，特别是合作社拿到了"政银保"贷款扩大经营之后收入节节攀高。

2. "两权"抵押贷款盘活闲置资产

作为"全国农村综合改革示范试点单位"，阳山县于 2013 年开始土地确权工作，于 2014 年 5 月成立广东省首家县级农村综合性产业交易中心，可为包括农村土地承包权、宅基地使用权在内的 11 类流转交易品种提供交易服务。

2015 年，阳山县被纳入全国农村承包土地经营权抵押贷款试点县范围。

依靠这些政策优势，阳山县农村信用合作社的"流转易"以及中国农业银行清远分行试点推出的"农地流转贷"，也成为当地的亮点产品。阳山县南粤农业发展有限公司是一家从事农业种养、农产品加工和仓储物流的农业龙头企业。2014年，这家业绩良好的公司遇到了困难——生猪养殖项目亏损严重，资金周转遇到严重困难。万幸的是，该公司在小江种养基地的1900亩土地确权手续完成，阳山农信社以这块地的承包经营权作为抵押，向其发放100万元"流转易"贷款，帮助该公司解决资金问题。

"两权"抵押贷款的抵押物处置和风控历来被视为业务难点。农行清远分行的"农地流转贷"产品以大农户带动小农户和贫困户的形式，分摊风险，助力产业扶贫。在贷款过程中，引入政府担保基金，并严格落实贷前调查和贷后管理制度，与林业部门、产权交易中心共享数据信息。此外，农行内部还会对抵押物进行内评，确保其价值准确，保证将贷款风险降到最低。

五、网络扶贫

网络扶贫，首次出现于2016年10月中央网信办、国家发展改革委、国务院扶贫办联合印发的《网络扶贫行动计划》，要求充分发挥互联网在助推脱贫攻坚中的重要作用，实施网络覆盖工程、农村电商工程、网络扶智工程、信息服务工程、网络公益工程五大网络扶贫工程，推进精准扶贫、精准脱贫。

信息化是脱贫攻坚的有力保障。为贯彻落实习近平关于"要实施网络扶贫行动，推进精准扶贫、精准脱贫，让扶贫工作随时随地、四通八达，让贫困地区群众在互联网共建共享中有更多获得感"[①]的重要指示精神，广东省充分发挥互联网先导力量和驱动作用，完善网络扶贫的相关政策，落实网络扶贫行动，让网络扶贫成为决胜全面小康的新杠杆。

（一）主要做法

互联网的快速发展为扶贫开发工作提供了新思路。广东省切实发挥互联网在助推脱贫攻坚中的作用，推进精准扶贫、精准脱贫，以更高标准对标信息时代扶贫开发工作的新要求。

1. 动员社会各方力量，共同提供网络扶贫服务

网络扶贫是一项系统性工程，应当成为各相关部门、各级政府、网信企业和单位的共同事业。信息服务体系的搭建也需要充分调动和发挥各方的积极性

---

① 《网络扶贫：决胜全面小康的新杠杆》，http://opinion.people.com.cn/n1/2016/1201/c1003-28918107.html。

和主动性，发挥网络最大效能。扶贫、信息化、农业、科技、商务、民政等政府部门要共享信息、齐抓共管。充分发挥电信运营商、信息服务商、互联网电商等企业和单位的自身优势和主观能动性，形成全社会共同参与的网络扶贫氛围。如运用网络信息技术，精确采集、管理和分析贫困人口信息，做到贫困人口底数清楚，变化情况及时掌握，扶贫措施精准有效。通过发展农村电子商务，让更多农产品走出乡村，为贫困地区的经济发展找到内生动力。通过网络教育，让贫困地区孩子接受优质教育，彻底摆脱贫困代际传递的困境。通过远程医疗，有效提高贫困地区人们的医疗服务水平，减少因病致贫、因病返贫。

2. 运用大数据等技术手段，提高扶贫精准度

习近平说过："精准扶贫，就是要对扶贫对象实行精细化管理，对扶贫资源实行精确化配置，对扶贫对象实行精准化扶持，确保扶贫资源真正用在扶贫对象身上、真正用在贫困地区。"[①] 精准扶贫贵在"精"字，原始的手工记账和人工统计显然无法满足精准要求。快速发展的信息网络技术为精准扶贫提供了丰富强大的工具手段。广东省网信办、省扶贫办、省委党史研究室联合今日头条新闻客户端，对韶关市所属278个相对贫困的行政村、3.85万户、9.55万贫困人口进行核查登记，筛选出150多户需要帮助的贫困户，借网络的力量"一对一"帮助他们渡过难关。网络精准扶贫项目，便是通过网络与大数据、云计算技术精准推送，促进粤北山区贫困户与珠三角地区富有家庭结对子，实行精准的"一对一"帮扶。

3. 全要素工作部署，确保网络扶贫无死角

信息服务体系既包括平台系统，也包括人员、终端、信息等要素，实现了全要素部署。建立一支综合素质高、网络技术能力强的网络扶贫队伍，有力保障网络扶贫工作落地。培养"一村一带头人"，充分发挥乡村带头人的作用，最大限度调动贫困群众的积极性，形成示范效应，变"要我发展"为"我要发展"，协助贫困户提高信息技能，实现增收致富。在电商扶贫中，能人前期带动，后期提升村民自我"造血"功能。在扶贫工作中，能人前期带动是必不可少的环节。网店店主和驻村干部均属于能人前期带动，通过手把手传授，使得农民提升自身文化水平，掌握了电商技能，自我"造血"，真正达到脱贫目的。

（二）扶贫经验

1. 紧密结合民生服务，打造综合信息服务体系

[①] 中共中央党史和文献研究院编：《习近平扶贫论述摘编》，北京：中央文献出版社2018年版，第58页。

网络扶贫不仅要让贫困群众富起来，更要让他们的生活好起来。因此在构建网络扶贫信息服务体系时，注重与民生服务体系的协同衔接。在国家层面，依托政府数据统一共享交换平台，实现扶贫办与扶贫开发相关部门的数据共享，做到相关政策协同一致。在县级层面，加快推行"互联网+政务服务"，整合利用教育、医疗、疾控、计生、社保、低保等信息系统和服务资源，构建起扶贫综合服务体系，让公共服务普惠贫困人群。在乡（镇）层面，注重承接实现电子政务系统功能，支撑医疗、教育、就业、社会、救助等兜底政策落地。

2. 政府发挥服务功能，改善电商扶贫的基础设施

政府及时发现电商扶贫的优越性，打造淘宝村，出台一系列政策制度，同时推进基础设施的改造，引入大型电商平台，通过规范化的操作和运作提升电商扶贫的真正落地。

3. 发展产业集群，通过产业优化升级来巩固扶贫成果

广东网络扶贫的实践表明，任何扶贫措施的推动都应有相应的产业给予经济支持，需充分利用本地的资源、地缘、人才、技术、资金等比较优势，完善产业集群，发展特色产业。

4. 根据地区资源禀赋基础，走各具特色的电商扶贫之路

电商扶贫可应用于各行各业，其产业依托也不局限于农业，可以是工业或实体商贸。电商扶贫有三种表现形式：一是直接到户，即通过教育培训、资源投入、市场对接、政策支持、提供服务等形式，帮助贫困户直接以电子商务交易实现增收，达到减贫脱贫效果。二是参与产业链，即通过当地从事电子商务经营的龙头企业、网商经纪人、能人、大户、专业协会与地方电商交易平台等，构建起面向电子商务的产业链，帮助和吸引贫困户参与进来，实现完全或不完全就业，从而达到减贫脱贫效果。三是分享溢出效应，即电商规模化发展，在一定地域内形成良性的市场生态，当地原有的贫困户即便没有直接或间接参与电商产业链，也可以从中分享发展成果。如具有劳动能力的贫困户可以参与快递、包装等工作，道路、卫生、光纤入户、水电、公共照明等设施的改善，也会惠及失去劳动能力的贫困户，分享电商扶贫的溢出效应。

（三）**典型案例：中国电信广东公司拓展网络扶贫新路径**[①]

一时脱贫易，一世脱贫难。如何让贫困群体真正具备长效脱贫的内生动力，是中国电信广东公司（以下简称"广东电信"）在扶贫工作中一直研究和

---

① 潘敬文：《中国电信广东公司拓展网络扶贫新路径》，《信息时报》2020年6月27日。

寻求解决的问题。广东电信作为华南地区信息化建设的主力军，充分发挥企业特点和优势，以先进的信息网络通信技术为支撑，积极承担起消除贫困、改善民生、缩小信息鸿沟的社会责任，针对性地开展智力扶贫、公益扶贫、产业扶贫、就业扶贫等工作，为打赢打好脱贫攻坚战，不断展现新作为，实现新突破。

广东电信高度重视扶贫工作，坚决执行广东省委省政府和中国电信集团公司的决策部署，以强烈的政治责任感和使命感，发挥企业自身优势，多措并举夯实精准扶贫基础工作，推进广东电信扶贫工作不断深入，扶贫工作成效逐渐显现。

1. 拓展网络扶贫新路径，助推精准扶贫新模式

"要想富，先修路。"在当今互联网+时代，在网上"修路"，构建网络信息扶贫体系，对脱贫攻坚有着不可或缺的作用。持续加大对深度贫困地区网络建设力度，为贫困地区产业发展和民生改善提供网络基础，是近年来广东电信扶贫工作的重中之重。

2016—2020年，广东电信共投入网络扶贫资金约2.5亿元。2019年，广东电信超额完成省扶贫开发领导小组《关于打赢脱贫攻坚战三年行动方案（2018—2020年）责任清单》中2019年底完成20户以上自然村光网覆盖达到85%的目标，全省20户以上自然村光网覆盖数量达到125949个，覆盖率达到88.5%。在此基础上，还主动承担并完成"2019年乡村信息基础设施建设项目"中2400个村光网建设，并在同年11月份提前100%完成任务。

随着2020年全面脱贫的时间节点日益临近，网络扶贫同样进入攻坚期，时间紧、任务重是面临的突出问题。广东电信坚决表态，将毫不妥协地贯彻落实工信部网络扶贫三年规划，并制定2020年网络扶贫的四个目标：当年内完成20户以上自然村光网覆盖任务；粤东西北20户以上自然村4G覆盖达标率达到83%，百户自然村达标率达到96%；建设5个欠发达地市级政务云，通过"新基建"高速发展为贫困地区产业数字化转型升级提供强大支撑；建立健全自然村网络覆盖数据库，对网络扶贫覆盖区域及扶贫项目投资完成情况精确管控。在此基础之上，广东电信依托对深度贫困乡镇的网络建设，打造出一批具有品牌效应的扶贫示范项目，随着网络建设的逐步完善，贫困乡镇正逐渐步入发展的快车道。

2. 充分发挥行业优势，信息化应用精准扶贫、扶困

作为通信网络运营商，广东电信脱贫攻坚的核心战略和思路是充分发挥信息化的行业优势，坚持以网络扶贫为引领，带动通信业务扶贫、信息化扶贫等

多方面扶贫协同推进，帮助贫困村建立健全稳定脱贫的长效机制和防止脱贫人口再返贫。

据了解，广东电信迄今已参与韶关、湛江、云浮、肇庆等地的 75 个省级产业园信息化专项建设行动，推动了全省农业数字化前进，打造出特色农业、乡村旅游品牌拉动农村致富之路。同时，广东电信积极推进"互联网＋医疗"工程，对接各地贫困县的卫健主管部门，实现影像云平台覆盖两区一县共 14 家镇级以上医疗机构，助力优质医疗资源下沉乡镇。广东电信利用远程课堂、教育视频网等平台与应用支撑教育部门提升信息化服务能力，助力城乡优质教育资源共享和贫富地区之间的教育均衡。这丰富了广东教育视频网的课程辅导视频等优质教育资源，推进缩小广东城乡信息化差距的步伐。

英德市曾经的贫困村连樟村在 2019 年 10 月实现 5G 覆盖，村民们从此走上了脱贫致富的快车道。英德市政府积极以"直播带货"为契机打造"直播经济"，全力扶贫助农。英德电信主动对接活动，提供 5G 手机作直播之用，5G 网络的开通覆盖让整个系列活动科技感十足，5G 直播带货、网红、O2O 体验以及农村电商等新名词成为当地耳熟能详的热词，由 5G 推动的信息化建设成为决战脱贫攻坚战的助推器。

3. 建立健全大扶贫工作格局，加大通信业务扶贫力度

作为网络扶贫行动重要的建设者和参与者，广东电信公司每年都投入不菲的人力和物力回馈社会，助力消除贫困。

2019 年以来，广东电信推出的致富包等专属扶贫优惠套餐，已惠及 3666 户用户；天翼高清、机顶盒、终端机等资费让利累计总金额达 350 万元。广东电信在天翼高清（广东 IPTV）平台推出精准扶贫专区，收视人数超 5 万人，点播次数达 10.8 万次。针对渔民目标群体策划推出天通卫星＋天翼 4G 畅享流量综合通信服务套餐，并通过补贴通信费用等方式贯彻落实扶贫攻坚工作，覆盖全省持证渔船 4 万多艘和渔民约 40 万人。

疫情期间，广东电信不但积极落实扶贫教育工作，推出暖心政策，为省扶贫办会同省教育厅提供的省内建档立卡的家庭经济困难学生（大中小学），每月免费提供 30GB 助学通用流量。不在建档立卡范围的省内所有 25 岁及以下大中小学生同样可办理"天翼大黑牛卡"，每月 28 元 70G 安心流量，解决同学们上网课流量不够用、网速延迟、视频卡顿的窘境。

第二节 基础建设导向的扶贫模式

一、教育扶贫

"教育扶贫"的概念最早由吴春选提出,他认为"教育扶贫是扶贫工作的根本途径"①。教育扶贫的目的不仅是提升科学文化素质,而且是提升人的全面发展能力,进而提升贫困地区人口的整体素质,最终目标是彻底解决贫困。

为贯彻落实党中央、国务院新时期扶贫开发的决策部署,以及教育扶贫的文件精神,广东围绕"发展教育脱贫一批"的中心任务,坚决打好脱贫攻坚战,结合全省教育工作实际,完善有关政策,探索发展经验。

(一)主要做法

广东省在教育扶贫上取得重大进展,主要做法可以概括为以下几个方面:

1. 改善教育基础设施建设

(1)加快完善学前教育资源建设。加强欠发达地区乡镇中心幼儿园和村级幼儿园建设,扶持欠发达地区扩大民办普惠性学前教育资源。满足贫困家庭适龄幼儿入园需求,着力解决贫困地区农村幼儿"无园上"的问题。

(2)提升义务教育办学水平。健全义务教育经费保障机制,全面推进实施"全面改薄"等项目建设,支持欠发达地区改善义务教育办学条件。科学规划义务教育学校设置,均衡配置教育资源,为贫困地区适龄儿童少年接受义务教育创设良好环境。实现全省所有县通过国家义务教育发展基本均衡县的评估认定。加快义务教育现代化学校建设,全面推进实施素质教育。

(3)加快推进标准化特殊教育学校建设。着力改善特殊教育学校办学条件,省财政安排新建标准化特殊教育学校建设资金和特殊教育学校建设维护资金,对欠发达地区标准化特殊教育学校建设予以奖补。

(4)加快教育信息化进程。一是加大农村教育信息化建设力度。推进广东教育视频网建设,着力提高农村学校宽带网络接入带宽和班级多媒体配备覆盖率,2018 年实现农村学校和教学点宽带网络"校校通""班班通"高水平全覆盖。二是推进优质数字教育教学资源建设。巩固教学点数字教育资源全覆盖项目成果,引进社会机构免费向教学点提供优质数字教育资源,通过"专

---

① 魏有兴:《中国教育扶贫 70 年:历程、经验和走向》,《深圳大学学报(人文社会科学版)》,2019 年第 9 期。

递课堂""同步课堂"等多种形式提高教学点和薄弱学校开课率,提高教学质量。深入开展"一师一优课、一课一名师"活动,组织建设优质数字教育资源,将资源配置到省市各级教育资源平台免费提供给农村学校使用。三是加强教师信息技术应用能力培训,帮助基层学校教师会用、用好信息化资源。

2. 实施学生资助惠民政策

加大对贫困家庭的教育资助,在落实现有各教育阶段家庭经济困难学生资助政策的基础上,精准资助建档立卡贫困户子女。增支所需经费,省级财政负担60%。

(1) 义务教育阶段。对就读义务教育阶段的建档立卡贫困户学生给予生活费补助,将补助标准由每生每学年200元(20%的特困小学生500元、初中生750元)提高到3000元。

(2) 高中教育阶段。对就读普通高中和中等职业学校的建档立卡贫困户学生免学杂费,普通高中按每生每学年2500元补助学校,中等职业学校按每生每学年3500元补助学校,同时对普通高中和中等职业学校的建档立卡贫困户学生补助生活费,在原有每生每学年2000元国家助学金的基础上,再给予每生每学年3000元生活费补助。

(3) 全日制专科教育阶段。对就读全日制专科教育阶段的建档立卡贫困户学生免学费并给予生活费补助,按照每生每学年5000元补助学校,在原有每生每学年3000元国家助学金的基础上,再给予每生每学年7000元生活费补助。

(4) 做好高校就业困难毕业生精准帮扶工作。各高校进一步完善就业困难毕业生帮扶政策措施,建立资金扶持、技能培训、求职指导、就业岗位推荐等方面相结合的困难毕业生就业帮扶机制。配合人社、财政等部门落实家庭困难毕业生求职创业补贴。准确掌握家庭困难毕业生、农村生源毕业生、少数民族毕业生、残疾毕业生等各类就业困难群体的情况,一个不漏地摸清情况和分门别类登记造册,实行"一生一策"动态管理,通过"一对一、多对一"进行有针对性的重点指导、重点服务、重点培训、组织专场招聘等帮扶措施,做到精准发力、精准帮扶,确保每一位困难毕业生尽快实现就业。

3. 实施特殊困难儿童保障政策

(1) 推动实施残疾学生15年免费教育。在全省范围内实施高中阶段残疾学生免费教育,高中阶段残疾学生免费补助标准按不低于普通中等职业学校学生免学费补助标准的1.1倍拨付,鼓励有条件的地区实施从学前教育到高中阶段残疾学生免费教育。

(2）提高义务阶段残疾学生生均公用经费标准。特殊教育学校义务教育学生生均公用经费按不低于普通学生8—10倍的标准拨付；附设特教班学生按不低于5倍且每年不低于6000元的标准拨付；随班就读、送教上门学生，按每年不低于6000元的标准拨付。鼓励有条件的地区进一步提高残疾学生公用经费拨付标准。

（3）进一步提高残疾学生资助水平。针对义务教育阶段残疾学生的特殊需要，在"两免一补"基础上进一步提高补助水平，各地可根据实际对残疾学生提供交通费补助，并纳入校车服务方案统筹解决。完善非义务教育阶段残疾学生资助政策，优先保障家庭经济困难的残疾学生享受全省学前教育、普通高中、中等职业学校和高等学校的助学政策。各级财政支持的残疾人康复项目优先资助6周岁以下（含6周岁）残疾儿童。

4. 实施职业教育富民政策

稳定职业教育办学规模，推进职业教育资源进一步向贫困地区、贫困家庭倾斜，构建面向农村的职业教育体系。

（1）积极推进职业教育战略性结构调整，加大力度扩大中职教育转移招生规模。不断完善政府推动、以教育行政部门为主导、以学校为主体的"转移招生"工作机制，在保持以往转移到珠三角中职学校就读规模的基础上，推动珠三角各市加强结对帮扶，积极建立与粤东西北地区职业教育合作办学机制，规范开展"1+1+1""1+2"等多种形式的校校联合招生、合作办学，充分发挥优质教育资源辐射作用，扩大招收粤东西北地区贫困家庭生源规模。

（2）推动有条件的粤东西北地区县区整合资源，积极发展面向农村的职业与成人教育。粤东西北地区有条件的县区要积极整合县域职成教育资源，打造以县级职业教育中心（中等职业学校）和社区教育中心为龙头、乡镇成人文化技术学校（社区教育学校）为骨干、村民文化技术学校（学习站）为基础的职业教育和成人教育三级培训网络，满足县域城乡劳动者接受职业教育和技能培训的需要。鼓励粤东西北地区有条件的县区积极打造"四位一体"县级职教中心，努力创建国家级和省级农村职业教育与成人教育示范县。

（3）积极发展农业职业教育，面向基层结合实际着力培育适应现代农业发展的新型职业农民。鼓励中职学校面向贫困家庭成员开展多种形式的继续教育和培训。涉农职业学校、县级职业教育中心要充分利用师资、设备、场所，面向行业、面向社会支持开展职工培训、社会培训；要面向基层、面向农村，会同乡镇成人文化技术学校（社区教育学校）开展农村实用技术培训、农村劳动力转移培训和农民学历继续教育；要面向大中型农业企业骨干、专业大户、家庭农场经营者、农民专业合作社负责人、农村经纪人和农村基层干部等,培育适应现代农业发展的"有文化、懂技术、会经营"的新型职业农民。

5. 加强贫困地区师资队伍建设

(1) 保障贫困地区教师工资福利待遇。一是落实中小学教师工资福利待遇"两相当"。努力实现县域内教师平均工资水平不低于或高于当地公务员平均工资水平,农村教师平均工资水平不低于或高于城镇教师平均工资水平的目标,进一步提高农村教师工资福利待遇水平。省财政每年安排奖补资金对粤东西北地区给予补助。二是进一步完善山区和农村边远地区学校教师生活补助政策。突出差别化补助政策,分类分档进行补助,重点向边远山区和艰苦地区倾斜,将政策实施对象从义务教育学校和完全中学扩大到公办普通高中和公办幼儿园的在编在岗教职工。2016 年补助标准从人均不低于 700 元/月提高到不低于 800 元/月,2017 年提高到不低于 900 元/月,2018 年提高到不低于 1000 元/月。继续执行山区和农村边远地区学校教师生活补助政策。三是建立乡村教师荣誉制度。按照国家和省有关规定,为在乡村学校从教 20 年以上的教师颁发荣誉证书。鼓励和引导社会力量对长期在乡村学校任教的优秀教师给予奖励。

(2) 加大城乡教师交流培训。一是大力推进实施"强师工程"。积极贯彻省政府印发的《关于全面实施"强师工程"建设高素质专业化教师队伍的意见》,实施"优质师资资源下乡行动计划",每年安排省级名校长、名教师和"百千万人才培养工程"省级培养对象、特级教师到欠发达地区农村学校巡回讲学和指导,提升农村教师教学能力和水平。二是加强对欠发达地区支教力度。建立发达地区与欠发达地区之间、优质学校与薄弱学校之间的对口帮扶关系,并纳入对口帮扶整体规划。深入实施"三区"(民族地区、革命老区、贫困地区)人才支持计划教师专项计划,每年从全省幼儿园、中小学和中等职业学校选派 400 名左右优秀教师到广东省"三区"学校支教,每年为"三区"培训一批幼儿园、中小学和中等职业学校的骨干教师和紧缺学科教师,切实提高"三区"教师队伍的整体素质和水平。三是加强对乡村教师培养培训。认真落实国家和广东省乡村教师支持计划,建立省级示范、市县为主的乡村教师、校(园)长培养培训支持服务体系,每年为乡村地区培训一批幼儿园、中小学和中等职业学校的骨干教师、紧缺学科教师和校(园)长;建立对口帮扶教师队伍培养培训机制,发达地区在制定本地区教师培养培训计划的同时,要同步将帮扶市乡村教师培养培训纳入计划,每年将不低于 5% 的培养培训名额用于欠发达地区乡村教师,持续为欠发达地区培养人才,同时积极开展学校结对、教师支教跟岗、送教下乡、网络研修指导等活动,将教育帮扶落实到学校、具体到人,切实提高乡村教师教育教学能力,促进乡村教育水平和质量的提升。四是实施"高校毕业生到农村从教上岗退费"政策。对自愿到欠发达地区农村中小学任教5年以上的高校毕业生每年给予6000元退费,本科生退4年,专科生退3年。每年组织"农村从教"专场招聘会,组织欠发达县区教育、人社等部门和中小学校与高校毕业生进行双向选择。

(二)扶贫经验

在广东扶贫开发攻坚战中,教育扶贫扮演了重要的角色,发挥了积极作用,累积了扶贫经验。

1. 以制度安排明确教育扶贫重点

经济发展制约教育发展水平,广东省教育扶贫的政策随生产力发展水平而呈现阶段性特征。教育扶贫的顶层化设计能确定教育扶贫每个时期的重点,体现了社会治理的系统思维。教育扶贫的制度化设计从实现中华民族伟大复兴的中国梦、实现人民对美好生活向往的大局出发,从扶贫攻坚的具体要求出发,对教育扶贫工作涉及的各要素进行统筹规划,高效率高效益地实现贫困地区教育发展目的,从而实现"发展教育脱贫一批"的目标。

2. 精准施策提升扶贫质量

精准扶贫提升了资源利用效率,提升了扶贫的效益。教育扶贫精准施策聚焦的是每一所学校、每一名教师、每一个贫困家庭、每一名贫困学子,目标明确,作用直接,易见效果,量化的形式更便于评估考核,这种"看得见、摸得着"的扶贫模式使受助对象感情上更易接受,使有限的扶贫资源发挥最大的效益。

一方面,教育精准扶贫体现于机制的创新。教育扶贫转向造血式扶贫,完善了学前教育、义务教育、职业教育、高等教育、特殊教育、继续教育的全过程教育发展机制,全面提升贫困地区的教育水平。同时,通过优化布局,均衡教育资源,实施优质教育资源共享,提升贫困地区学生的教育获得感。另一方面,教育精准扶贫体现于方法的创新。滴灌式的差异化教育扶贫方法更加精准地聚焦每一个贫困家庭、每一名贫困学生。精准识别建档立卡户、精准帮扶贫困家庭、精准资助贫困学生,这种"横到边、纵到底"的工作模式确保"不让一个学生因家庭经济困难而失学"。

3. 与多元扶贫协同推进

广东省在实施教育扶贫过程中特别强调注重推进教育扶贫与多元扶贫方式的协同发展,实现"1+1>2"的效果。在扶贫的战场上为了实现"学有所教、劳有所得、病有所医、老有所养、住有所居"的可持续发展目标，先后出现产业扶贫、科技扶贫、健康扶贫、文化扶贫、金融扶贫、互联网＋扶贫等多种扶贫形式。当前，各级部门承担着扶贫任务，也出台多项扶贫政策，形成"九龙治水"的局面。

4. 以满足不同群体的教育需求为着力点

精准扶贫蕴含着丰富的情感伦理。农村贫困群体自下而上的弥散式情感表达与国家对于贫困群体自上而下的聚焦式情感慰藉的交汇构成了扶贫的"情感精准点"。"优先发展教育"，无论是在财政支持、政策配套上，教育扶贫得到比其他扶贫模式更多更优先的资源，乡村教师支持计划、职教圆梦行动计划以及国家、地方、高校三个专项计划等不同的项目为解决不同群体的教育需求提供了政策支持和资金保障。

(三) 典型案例

1. 基础教育：广清"结对子"帮扶

清远连州市长年以来因地处山区经济欠发达，从小学到高中基础教育的底子十分薄弱：教学场地局促、教学设备落后、师资流失严重，升学率在清远市排名倒数，更遑论与珠三角地区相提并论。然而如今，连州的中小学生也能享受到广州的教育。这归功于2013年广州荔湾区启动对口帮扶连州以来，用创新形式开启的"结对子"教育帮扶。

这种帮扶模式是采取"一对一"的方式，由区部分省、市一级学校具体与受援学校结对帮扶。具体来说，开展多项内容，如干部挂职，交流合作；送教下乡，助学帮教；专家讲座，名师引领；深入教研，开发校本；学生互动，加强交流；改善条件，共享资源等。

在连州西岸镇七村小学，2015年9月建成由香港道德会所捐赠的电脑室，当时全校只有教导主任一人能够教授电脑课程。而连州的东陂镇香花小学，全校仅有36名学生和4位教师。针对贫困学校的发展难题，荔湾区赴连州考察后"结对子"帮扶方案应运而出。帮扶方深化课程改革、优化课程设置，加强校长、教师培训和师生交流，促进学校教学质量提高。

强调素质教育的同时，如何提高偏远山区中考、高考的升学率，是基础教育始终无法回避的一个问题。本着"帮其所需"的原则，荔湾区帮扶连州采取中考、高考"备考同享"战术，打破了封闭的教学资源。

为应对中考，对口帮扶的荔湾区将辖区学校的师资优势、资源优势、信息优势和经验优势，通过送教送课、同课异构、建立备考QQ群进行中考备考教学交流活动。近3年来，荔湾区围绕中考备考到连州送教送课11次，同课异构6次。连州北山中学共派出初三教师七批、80多人次到荔湾南海中学跟岗学习备考经验。

而对于高考，此前封闭的资源被打破。在2014届、2015届高考备考中，荔湾区教育局将连州中学高三年级纳入荔湾区统一考试及评价当中。其中荔湾真光中学把该校丰富的备考经验充分与连州中学实现共享，通过指导召开一模分析会等活动协助备考。连州市上重点大学的人数逐年上升，2013年为9人，2014年为80人，2015年则上升到110人。

仅仅为中考、高考备战，显然不够。为推动连州市内高中教育的均衡发展，2015年9月经过半年多的酝酿，荔湾区教育局与连州市政府和教育局多次面议、协商，决定在连州市第二中学开办"荔湾区广州一中实验班"（文理科各一个班）。目的是通过荔湾区教育局派出的管理团队，对连州市第二中学在办学理念、教育管理、教学教研、学生培养、队伍建设、校园文化等方面实施全方位的管理。

该实验班于2015年9月1日开办，完全按照广州一中教学模式统一管理。学生有一中的校服，有一中的学号，老师教学上统一教案，统一进度，统一教研，对学生进行统一测试和统一评价。

2. 职业教育：学费全免的职校

2013年，广东碧桂园职业学院在清远创办。2016年3月，这所全免费的大专学校接收了672名贫穷学生，其中大部分为广东籍贫困学生。学校不仅免除一切学杂费用，还为学生发放日常生活补贴。

来自清远佛冈的黄小群，是碧桂园职业学院的一名大二学生。黄小群所在的建筑工程技术专业，2014级2班只有5个女生。一年前黄小群参加高考，但普通民办大专昂贵的学费差点让她的求学之路止步。碧桂园职业学院全免费招生的做法曾一度让她和家人"不敢相信"。

学院以准军事化管理来塑造学生的纪律性，以理论加实操的教学强化学生的职业技能。为了让建筑工程专业的学生能得到充分的实操锻炼，学院二期工程的工期是根据教学进度来安排的。除此以外，学校的物业管理和酒店管理专业也全部与碧桂园旗下的物业公司和酒店对接，形成学校、企业里面的双导师制。

早在2012年，在清远市佛冈县水头镇，碧桂园将职业教育的课堂搬到了村子里，开展技术技能培训下乡。该项目对全镇16—60周岁适龄劳动力，开展免费的技术技能培训。除了开展培训，还联系人才公司和用工单位，多次组织现场招聘会，疏通就业渠道，帮助受训农民找工作。3年来，该项目免费培训 16469 人，其中 8150 人取得叉车、电工、家政育婴师等 9 种职业资格证书，通过推荐就业，3828 人进城就业。

3. 社会教育："村官大专班"和贫困户职业技术培训

地处粤东的汕尾市是广东的革命老区，经济基础薄弱。深圳作为帮扶城市，除把产业帮扶作为重点外，其创造的"智力帮扶"同样引人注目。在汕尾市海丰县电视广播大学校内，深圳帮扶指挥部与当地组织部、电大联合开设了一个"村官大专班"，是独立于基础教育、职业教育外的第三种"社会教育"方式。每个周末，该班请来教授授课，内容包括管理学基础、社区管理、政治学原理、社会调查等，一学期4—5门课程。计划用3年时间，投入40万元，以满足贫困村的要求，实现"50村行政教育"的要求。

除开办"村官大专班"，2014年3月18日深圳龙岗区驻海丰扶贫"双到"工作组、海丰县扶贫办还开展一轮50个贫困村有劳动能力的贫困户职业技术培训。其目的在于提升他们的实用技能，促进农村经济发展和农民收入持续增长。对村官、村民的智力帮扶，在汕尾已成为深圳对口教育扶贫的一个重要板块。

贫困户职业技术培训的课程里，结合贫困村农户种养实际，设有肥料知识与施肥技术问答、现代水稻生产、瓜类蔬菜生产、叶菜类蔬菜生产实用技术等，此外，农村的电商培训也被纳入到这一课程中。

二、健康扶贫

健康扶贫指的是通过提升医疗保障水平，采取疾病分类救治，提高医疗服务能力，加强公共卫生服务等措施，让贫困人口能够看得上病、方便看病、看得起病、看得好病、防得住病，确保贫困群众健康有人管，患病有人治，治病能报销，大病有救助。为实现贫困人口基本医疗有保障的目标，广东省把精准健康扶贫作为一项重要民生工程，大力实施健康扶贫行动，并取得积极成效。

（一）创新做法

广东省积极贯彻落实党中央、国务院脱贫攻坚战略决策部署，根据国家卫生健康委办公厅、国务院扶贫办综合司《关于印发贫困地区健康促进三年攻坚行动方案的通知》、广东省卫生健康委等七部门《关于印发〈广东省健康扶贫三年行动计划（2018—2020年）〉的通知》及省卫生健康委、省扶贫办制定的《广东省贫困地区健康促进三年攻坚行动实施方案》，开展健康促进健康扶贫行动。

1. 基本医保可中途参保

根据《广东省健康扶贫三年行动计划（2018—2020年）》，全额资助低保对象、特困供养人员、建档立卡的贫困人口以及低收入家庭的重度残疾人、重病患者、老年人和未成年人等重点人群参加城乡居民基本医疗保险。开通贫困人口中途参保缴费绿色通道，允许贫困人口中途参保，从参保缴费次月起享受基本医疗保险待遇。

具体报销比例为：参加城乡居民基本医疗保险个人缴费部分由政府全额资助。2018年各级政府财政对城乡居民医保的补助标准人均不低于490元。对建档立卡贫困参保人在医疗保险定点医疗机构住院，政策范围内合规费用基本医疗保险报销平均水平达到76%，大病保险报销平均水平达到70%；门诊常见病、多发病予以报销，平均报销水平达到50%以上。①

2. 可享大病保险等

贫困人口发生的高额医疗费用，经基本医疗保险报销后，个人负担的合规医疗费用由大病保险给予保障。对贫困人口采取降低大病保险起付标准、提高报销比例、不设最高支付限额等方式，提高其大病保险待遇。建档立卡的贫困人口、最低生活保障对象起付标准下降不低于70%，报销比例达到70%以上；特困供养人员起付标准下降不低于80%，报销比例达到80%以上。②

2018年底前，实现大病专项救治全覆盖。充分发挥基本医疗保险、大病保险、医疗救助、疾病应急救助等制度保障作用，加快实现建立异地就医医疗救助与医疗保险费用"一站式"信息交换和即时结算，有效减少贫困人口自付费用。

对建档立卡贫困参保人门诊包括恶性肿瘤、肾移植术等诊断明确、治疗周期长、病情稳定、须长期接受门诊治疗的特殊病、慢性病的费用，纳入门诊特定病种救助范围，实行免除救助起付线，经基本医疗保险、大病保险报销后自付合规费用由医疗救助报销80%以上。

3. 全省开展"二次救助"

对经救助后自付医疗总费用仍负担过重、影响基本生活的，按规定给予"二次救助"。全省各地级以上市于2018年底前制定出台开展"二次救助"的具体实施细则，全面开展"二次救助"，即：对经救助后医疗费用负担仍较

---

① 《我省发布健康扶贫三年行动计划 建档立卡贫困人员纳入门诊救助 自负合规费可报逾八成》，http：//www.gd.gov.cn/ywdt/bmdt/201806/t20180629_272439.htm。

② 《广东：特困人员大病保险报销比例可达80%以上》，http：//kb.southcn.com/content/2016-08/24/content_154499028.htm。

重、影响基本生活的特殊困难对象,按照其自付医疗费用总额(含政策内和政策外费用),在年度最高救助限额内按照分类分段梯度救助模式,给予一定比例救助,最大限度减轻贫困人员医疗费用负担。目前惠州、广州、中山、江门、佛山、潮州、肇庆等市已陆续出台了相关文件。

此外,完善残疾人基本医保和医疗救助政策,将符合条件的残疾人医疗康复项目按规定纳入基本医疗保险支付范围。全面落实困难残疾人生活补贴制度和重度残疾人护理补贴制度,指导有条件的地市为16岁以上有照顾护理需求的贫困重度残疾人提供照护和托养服务。

4. 家庭医生签约全覆盖

优化基层公共卫生服务方式,为贫困人口每年组织一次免费体检,建立健康档案。到2020年底,实现贫困人口家庭医生签约服务全覆盖。重点做好贫困人口慢病管理。其中属于补助对象的,免收家庭医生签约服务费个人自付部分,同时享受其签约家庭医生的特定人群普惠型服务包的服务。贫困人口中高血压、糖尿病患者,在签约基层医疗卫生机构使用指定药物,经基本医疗保险报销后,对其个人自付部分进行用药补助。

对于致贫健康危害因素,加强贫困人口的艾滋病、结核病等重大传染病防控,同时加强慢性非传染病防控,实现贫困人口高血压、糖尿病、严重精神障碍患者筛查登记、救治救助和服务管理全覆盖。加强出生缺陷综合防治,提升孕产妇和新生儿急危重症抢救能力建设,扩大农村妇女"两癌"免费检查实施范围。

5. "互联网+医疗健康"扶贫

推动全员人口系统居民健康档案数据库与"广东扶贫大数据平台"对接,建立贫困人口疾病信息数据库,对贫困人口健康状况实行信息化动态管理。远程医疗是实现优质医疗资源下沉的重要手段。广东省正加快推进全省远程医疗项目建设。广东还将优先将优质医疗资源下沉到贫困村,通过为贫困村配置远程医疗可穿戴健康监测设备包和远程医疗系统软件,实现2277条贫困村远程医疗全覆盖。

6. 精准实施健康管理计划

落实县级以下医疗卫生机构升级达标建设工程,提高基层人才队伍业务水平和收入水平,提高县级医院和乡镇卫生院诊疗水平。通过三级医院对口帮扶县医院、二级医院对口帮扶乡镇卫生院和组建医疗共同体等形式,推动优质医疗资源下沉。到2020年底前,全省县域内住院率达到90%左右,基本实现大病不出县。

2020年5月25日下午,广东省卫生健康委召开南雄市贫困患者病例远程会诊会议。广州的7名知名专家与韶关市、南雄市本地专家通过远程会诊平台,为省里挂牌督战脱贫攻坚筛查的南雄10名因病因残致贫且有康复预期的大病患者"把脉开方"。(图片来源:广东省卫健委官网)

精准实施2277个贫困村健康管理计划。专项制定贫困村健康管理计划,为贫困村群众免费提供孕产期保健、儿童保健、计划生育等基本公共卫生服务和孕前优生健康检查、增补叶酸预防神经管缺陷、预防艾滋病梅毒乙肝母婴传播、农村妇女"两癌"免费检查等重大公共卫生服务。

(二)扶贫经验

广东省精准健康扶贫具有注重形式与内容的有机统一、注重"输血"与"造血"的同步进行、注重"传统"与"现代"的有机结合、注重发挥政府与社会多重主体的作用等特点,保证精准健康扶贫持续有效发展。通过多年的实践,初步形成了综合型模式、保障型模式、救助型模式、能力培养型模式等典型模式。①

1. 综合型模式:以公益项目为代表

综合型模式主要以公益为纽带、以社会力量为主体、以品牌为驱动,向健康扶贫对象提供内容丰富的健康扶贫活动,从而有效缓解因病致贫、因病返贫问题。例如,"广东健康扶贫工程"就是这种模式的代表。"广东健康扶贫工程"是2012年由广东省扶贫开发协会组织实施的面向广大贫困群体的大型公

---

① 黎东生、王君、白雪珊:《广东精准健康扶贫典型模式及长效机制构建的思考》,《当代经济》2019年第3期,第150—152页。

益项目。据不完全统计，5年来广东省扶贫开发协会广泛动员社会力量，并依托全省30多家健康扶贫定点医疗单位对贫困群体实施各类优惠活动，共减免诊疗费、医药费等达5000多万元，向贫困户提供常用药包1000多个。

2. 保障型模式：以提供多重保障为代表

保障型模式通过基本医疗保障、大病保险、民政医疗救助、补充商业医疗保险的协同作用有效解决贫困人员医疗费用负担，让贫困人口看得起病。虽然各种保障制度提供的医疗保障内容各不相同，但它们之间具有很强的互补性，从而发挥着最大的健康扶贫效用。英德市英红镇的做法就是保障型模式的典型代表。2017年度财政出资帮助全镇1051名建档立卡贫困人口购买了城乡居民基本医疗保险和大病保险，做到基本医疗保险和大病保险全覆盖；在全镇实行贫困户医疗救助，2016年和2017年两年全镇居民医疗救助及大病救助2200人次、救助金额102万元，其中建档立卡贫困户350人次和医疗救助21万元；寻求补充商业医疗保险协同作用，2017年全镇积极推广商业意外、医疗保险的购买。

3. 救助型模式：以医疗救助为代表

救助型模式以特困人员、低保对象为重点救助对象，通过对救助对象参加基本医疗保险的个人缴费部分给予补贴，或者对救助对象经基本医疗保险、大病保险和其他补充医疗保险支付后，个人及其家庭难以承担的符合规定的基本医疗自付费用给予补助。广东省于2013年将医疗救助纳入底线民生保障范围，2014—2017年更是连续4年将提高医疗救助等底线民生保障水平列为十件民生实事之头等大事。地方政府根据实际情况制定医疗救助的具体政策。例如《梅州市农村贫困人口大病专项救治实施方案》规定，对农村贫困人口大病专项救治时产生的治疗费首先由基本医疗保险支付，剩余部分由大病保险支付。此外，农村贫困大病患者还可以享受民政部门的医疗救助和临时救济政策，这大大减轻了农村贫困大病患者实际自付的费用。

4. 能力培养型模式：以AI医生和"五个一"工程为代表

能力培养型模式主要是借助互联网手段和加强软硬件建设，提高贫困地区健康服务能力，从而达到提高精准健康扶贫的效果。例如，围绕群众看病的时间和费用、村医的诊断难题、健康管理等内容，为贫困村卫生站配置远程医疗可穿戴健康监测设备包，运用"互联网+"手段，通过AI医生实现快速、精准健康扶贫。2018年，广东为2277个贫困村卫生站配置远程医疗可穿戴健康监测设备包，实现贫困村远程医疗全覆盖。又如，为了保证精准健康扶贫的持续性和提高贫困地区健康扶贫的"造血"能力，广东省推出"五个一"工程，即留下一批用得上的医疗设备器械、留下一批必备常用的医疗药品、留下一笔急需救助的健康扶贫基金、留下一个稳定的和省市大医院对接的工作机制、留下一个开展健康扶贫公益活动的载体,以此帮助提升贫困地区村民群众的健康水平和村级卫生站室的服务能力,从而进一步探索防止因病致贫、返贫的有效途径,建立起扶贫济困的长效机制。

(三)典型案例

1. 广东健康扶贫走进贫困村①

广东健康扶贫走进贫困村是由广东省扶贫开发协会牵头主办的大型公益扶贫项目,主要任务是动员社会力量向贫困村输入医疗技术、设备(器械)、药品,建立对接机制,搭建活动平台。省内贫困地区村民群众的健康水平和村级卫生站室的服务能力得到提升,进一步探索防止因病致贫返贫的有效途径,建立扶贫济困的长效机制,达到巩固扶贫工作成果的目的。

2014年1月10日,广东省扶贫开发协会携手广州军区广州总医院、广东省公益事业促进会来到韶关乐昌市长来镇罗村携手开展"新春送健康献爱心"活动。活动派出中医科、儿科、妇科、骨科和心血管内科组成的强大专家团为村民诊断病情,免费发放药品,宣传健康知识,宣讲用药事项。

义诊现场,医师们忙得不可开交,仅一个上午,就接诊村民200多人次,带去的处方药品全部用完。人群中,不时传来问诊后村民们的感谢声。当天,长来镇罗村2家卫生站还被正式确认为广东健康扶贫村级卫生站示范点。省政府办公厅赵松峰巡视员和省扶贫开发协会钟韶彬秘书长共同为2家健康扶贫村级卫生站示范点揭牌。罗村村委会向广州军区广州总医院赠送"健康扶贫义诊,情系山区百姓"的锦旗。

2. 广东梅州探索"网"上健康扶贫路②

近年来,广东省梅州市借力互联网实施健康扶贫,使深处贫困地区的居民也能通过互联网享受大城市大医院的医疗服务。66岁的姚荐云就是受益者之一。

棉羊村位于平远县石正镇的东南部,距离梅州市40多千米。该村居民不足1000人,以种植水稻、养殖生猪为主。姚荐云过去也是这些种植户和养殖户其中的一员。近些年因劳动力下降、家境贫困,属于村里的五保户。几年前

---

① 马健:《广东健康扶贫走进贫困村留下"五个一"》,《农村工作通讯》2014年第4期,第61页。

② 《广东梅州探索"网"上健康扶贫路》,http://www.rmzxb.com.cn/c/2018-02-12/1960120.shtml。

被确诊为高血压后,这个无法治愈、需长期治疗的疾病带来的经济压力,对姚荐云及其家庭来说,可谓雪上加霜。

在梅州,贫困村有349个,与姚荐云一样的相对贫困人口有5.9万户,近16万人,约占全省人口的9.6%。对于以务农为主要经济来源的村民来说,患病意味着没有收入,意味着贫困随之降临整个家庭,不少像姚荐云这样的村民患慢病几年都没有经过正规诊治。

因病致贫、因病返贫,成为梅州市打赢脱贫攻坚战的拦路虎。对于医疗资源不足的梅州,首要解决的问题是如何立足本市、借力全省,促进优质医疗资源下沉到梅州。

2017年1月7日,广州市卫生和计划生育委员会、梅州市卫生和计划生育局与微医三方签订《关于"广梅携手,共同推进健康扶贫"合作框架协议》,在试点基层医疗机构部署互联网精准健康扶贫软硬件平台,开展运营、宣传、资源调配等一系列工作,推进广州—梅州健康扶贫点对点帮扶工作的落地。

在平远县石正镇卫生院、江南社区卫生服务中心建立互联网精准健康扶贫接诊点。通过接诊点的远程会诊系统,实现了医疗资源的上下联动,为接诊点周边15万的老百姓提供远程问诊、会诊、分级诊疗等服务,创造了便捷的就医环境。其中,石正镇卫生院接诊点借助微医广州互联网医院捐赠的19台健康一体机、一套远程心电遥感系统,为594名贫困人口建立了电子健康档案。

2017年7月24日,微医广州互联网医院与梅州市中医医院签约合作共建区域医联体,为基层接诊点提供本地二级医院的转诊场所,初步形成以中医为特色的"乡镇卫生院"到"市中医"到"省中医"的"基层首诊、双向转诊、上下联动、急慢分治"的分级诊疗服务体系和良好的就医格局。

覆盖"市—县—镇—村"四级分级诊疗服务体系的建成,让姚荐云不出远门就"看到"了广东省中医院治未病中心的专家黄鹂,并得到明确的诊治方案。每两周村医谢建云带着健康一体机到姚荐云家里进行家访,帮他测量常规身体指标,对饮食、用药、作息等各方面进行指导。

借助微医开发的远程诊疗系统、医联体平台,截至2017年底,两个接诊点8名医生共服务1080人次,向广东省中医院、南方医科大学南方医院发起4次远程会诊,使38位疑难杂症患者得到了远程专家的诊疗服务。微医广州互联网医院共建设20多家医联体,覆盖广东全省21个地市,通过互联网技术促进优质医疗资源下沉,提升基层医疗服务能力。

三、住房扶贫

《中国农村扶贫开发纲要（2011—2020年）》提出，到2020年我国扶贫开发针对扶贫对象的总体目标是"稳定实现扶贫对象不愁吃、不愁穿，保障其义务教育、基本医疗和住房"，简称"两不愁三保障"。"保障其住房"是扶贫工作中的重点和难点，成为实现全面小康的拦路虎和硬骨头。为此，广东省积极推进住房安全有保障，不断完善相关政策，落实危房改造，成为促进长期、全面、可持续脱贫的重要保障。

（一）主要做法

广东省积极贯彻落实上级要求，努力完成目标任务，结合本省实际，创新工作方法，扎实推进农村危房改造。

1. 分解改造任务，制订进度计划

各有关市将省下达的年度农村危房改造任务进行分解，逐级明确乡（镇、街）、村的改造户数，并落实到具体农户，同时指导和督促各有关县（市、区）做好农村危房改造对象公示工作。结合本地实际，制订农村危房改造进度计划，明确保障计划实施的有效措施。

2. 确定补助对象，落实补助资金

在补助对象上，全省农村危房改造补助对象是长期居住在唯一危房中的建档立卡贫困户、分散供养特困人员、低保户、贫困残疾人家庭。在资金管理上，农村危房改造对象补助标准按照有关规定实施，并加强农村危房改造补助资金的使用管理。

3. 合理选择方式，严格建设标准

在改造方式上，各市县因地制宜，探索符合当地实际的农村危房改造方式。局部危险（C级）农村危房采取修缮加固方式改造，属整体危险（D级）的原则上拆除重建，鼓励具备条件的整体危险（D级）农村危房采取修缮加固方式改造。在建设标准上，农村危房改造符合基本建设要求，改造后的农房须建筑面积适当，主要部件合格，房屋结构安全，基本功能齐全。

4. 注重建设规划，节约土地资源

加强村庄规划对农村危房改造的指导，逐步配套完善农村基础设施和公共服务设施。严格执行农村"一户一宅基地"政策，集约节约用地，优先利用闲置宅基地、村内空闲用地和拆旧宅腾出的宅基地进行农村危房改造建设。

5. 加强质量管理，推行"五个基本"

各地严格贯彻执行《住房城乡建设部关于切实加强农房建设质量安全管

理工作的通知》《住房城乡建设部关于加强农村危房改造质量安全管理工作的通知》要求，加大现场质量安全巡查与指导监督，确保改造后住房符合建设及安全标准。全面推进"五个基本"，即基本的质量标准、基本的结构设计、基本的建筑工匠管理、基本的质量检查、基本的管理能力，切实提高农村危房改造工作水平，全力实现危房改造户住房安全户户有保障。

6. 保护传统村落，实施风貌管理

传统村落范围内的农村危房改造符合所在村落保护发展规划要求，落实对传统村落的保护。开展农村危房改造的县（市、区）应制定符合当地实际的农房设计图集和风貌管理要求。加强宣传和指导，营造推进建筑风貌管理的良好氛围。

7. 规范农户档案，加强数据抽验

农村危房改造实行一户一档，按照《广东省农村危房改造纸质档案资料（范本）》要求制作农村危房改造农户纸质档案。在完善和规范农户纸质档案管理与保存的基础上，严格执行农户纸质档案表信息化录入制度。各有关县（市、区）组织开展对农户档案管理人员的培训，以及对档案数据信息的审核和抽验，提高档案数据信息的真实性和准确性。

8. 简化验收程序，调整资金拨付方式

各有关市住房城乡建设主管部门会同财政、扶贫部门在确保房屋质量安全的前提下，研究制定简便的竣工验收办法，简化工作流程，加快补助资金拨付进度。各有关县（市、区）住房城乡建设主管部门及时会同有关部门制定验收工作方案，成立农村危房改造验收小组，并组织开展验收工作。

9. 对接精准扶贫，实施特困户兜底政策

对于自筹资金和投工投料能力极弱的特困户，乡（镇、街）以及对口帮扶城市、单位和驻村工作组重点帮扶，用好精准扶贫各项政策，争取多渠道筹集资金，通过建设农村集体公租房、利用闲置农房和集体公房置换、提高补助资金额度和实施改造资金缺口兜底等方式，兜底解决特困户住房安全问题。

10. 完善相关管理制度，加大工作宣传力度

高度重视农村危房改造工程，不断完善农村危房改造的时序目标、标准要求、任务措施、资金保障、责任落实等相关制度，细化工作安排。建立健全监督检查制度，通过各种形式，着力加强农村危房改造工作的监督检查力度。

加大宣传力度，及时总结和推广农村危房改造工作中好的经验和做法，营造良好的舆论氛围和社会环境。基层组织积极动员，切实发挥村委会等基层群众组织的作用，调动广大农民的积极性和创造性，深入开展社会互助。利用新

闻媒体广泛宣传政策，结合"电影下乡"放映、网站宣传等多种形式，深入宣传农村危房改造工程的重大意义、基本政策、工作程序、农房安全、建房技术、建筑节能、各地好的经验做法等相关内容，动员全社会积极支持，营造积极推进工作的良好氛围。

（二）扶贫经验

精准扶贫持续推进，加快贫困地区住房保障，确保人民住有所居，不仅是扶贫兜底保障的底线，而且关系到亿万人民奔向小康。广东省通过实践探索，不断总结出以危房改造助推农村精准扶贫的经验。

一是坚持规划导向到位。将农村危房改造民生工作与当下的美丽乡村建设、农村环境"三大革命"等工作相结合，统筹规划，同步推进，放大民生工程惠民效应。

二是坚持宣传引导到位。除通过广播、横幅、宣传册等广泛宣传外，统一制作危房改造"明白卡"，印编危房改造实施导则发放到各家各户，让危改政策家喻户晓，让群众监督政策执行，确保政策落实不走样，努力营造上下关心、群众支持的良好氛围。

三是坚持重点导向到位。结合当下脱贫攻坚精准扶贫工作，以建档立卡贫困户、分散供养五保户、低保户、贫困残疾人四类重点对象危房为重点改造对象，组织专人逐户鉴定危房等级，制定项目实施计划，严格按照工作程序推进项目实施。

四是坚持资金发放到位。多渠道筹集农村危房改造资金，其中建档立卡贫困户、分散供养五保户、低保户、贫困残疾人家庭房屋改造补助资金经鉴定后，由财政部门按分类标准直接打卡到户，确保资金发放到位。

五是坚持质量监管到位。在实施危房改造过程中，工作人员记录好危房改造现场走访监管日志，并组织镇村干部在改造前、改造中、改造后进行现场监督工程质量，督促施工安全，并在竣工自验完成后报县级进行抽查验收，确保危房改造工程进度和施工质量。

六是档案管理到位。严格危房改造过程中农户申请、村民会议或村民代表会议民主评议、乡镇审核、县级审批等对象确认程序，完善各个环节的材料，建立信息台账，做到一户一档、资料齐全、管理规范，确保危房改造工作有迹可循、有据可查。

七是齐抓共建到位。充分尊重群众意愿，以群众自筹为主，通过政府适当补助，政策扶持和社会参与齐抓共建。由各级政府组织有资质单位的技术人员结合农村环境整治、聚居点建设，突出优势，功能互补，分批次实施，统筹推进。

（三）典型案例：精准帮扶，2627户贫困户搬进新家①

危房变新房，新房有客厅、厨房、卫生间、卧室，红砖砌成，粉刷后显得干净整洁，2018年从泥砖危房搬进结实砖房的高州农村贫困人口一共有2627户。

高州市地处山区，由于地理位置、经济发展、人口较多等因素，农村危房改造存量大，是全省改造任务最多的县级市之一。"以前住的泥砖房墙体基本开裂，瓦片也碎了很多，漏风漏雨，居住条件很差。"高州市住房和城乡建设局负责人说，遇到台风暴雨等天气，群众就要立刻转移。

高州市2018年的危改户基本是农村分散供养特困户、低保户、建档立卡贫困户等，部分农户改造意愿不强，如何让其知晓政策、转变思想，成为该市要解决的第一个难题。为了让政策到达每户，高州制定农村危房改造政策明白卡、农村危房知识普及手册等，再由对口帮扶干部一对一到户讲解。通过"包干到户、责任到人"的工作机制，实现政策精准告知。

如何转变危改户思想也是另一难题。有部分危改户要求选日子、选风水，认为当年不适合"大兴土木"，不愿意改造。让政策精准到户，在共建共治共享的治理理念推动下，危改户的观念悄然发生了变化。高州市石鼓镇规划建设办副主任郭新喜说，在实际开工时也会尊重当地风俗，选在合适的日子动工，从而卸下农户的思想包袱，最后说服了他们进行危房改造。

在实际建设中，改造首先面临资金问题。根据危改政策，贫困户有4万元/户、五保户有3.4万元/户的补助。但为确保资金切实用于危房改造，需等竣工验收后拨付，这意味着改造期间危改户需先垫付资金，但一些危改户积蓄不足，工程队也不愿垫付先建。"面对这个问题，政府想到办法统一找工程队建，有了政府作担保，工程队也就愿意垫钱先建。"石鼓镇镇长廖华剑表示。在石鼓镇沙坡村，村支书程永儒找到本村施工队，按统一合同、图纸建房。政府统一建，相比于危改户自己找建筑队，既能保障房子质量，也利于掌握施工进度。

用地困难也一度阻碍危改工作推进。部分贫困户原居住房属于亲属共有，亲属不同意拆建；此外不少贫困户也没有自己的地。如何解决这些问题？在南塘镇丰垌村，村民杨海新住在祖屋的中间一间，如果从中间拆建，对两边房屋

---

① 《茂名高州攻克危房改造难题，去年两千六百余户贫困户圆"新居梦"》，https://mp.weixin.qq.com/s/5qvURC2OO3XnqhM5gYWQ5g。

影响较大，亲属一直不同意动工，村委会不断给他亲属做工作，最终说服让出最旁边的一间，改建成砖房。石鼓镇黄坡村的五保户卢家德，此前一直租住在亲戚家，没有土地，于是村委会拿出一部分村集体土地，帮他建起30多平方米的砖房。

为了保障房屋质量，2018年以来，高州市住建部门举办多期危改技术质量培训班，成立危改工作指导组，印发具有粤西特色的房屋设计图集，出资10多万元委托2家监理公司组织技术人员，在房屋选址、建设过程安全技术指导、建房材料质量检查、竣工验收等环节进村入户检查指导。2018年12月15日，24户新房全部交付，危改户搬进新家。

四、兜底救助

2015年10月，习近平在减贫与发展高层论坛上首次提出"五个一批"的脱贫举措，其中"社会保障兜底一批"作为"五个一批"之一，是打通脱贫"最后一公里"、确保贫困人口一个不掉队的政策保障。随后，"五个一批"的脱贫措施被写入《中共中央　国务院关于打赢脱贫攻坚战的决定》，要求对贫困人口中完全或部分丧失劳动能力的人由社会保障来兜底，统筹协调农村扶贫标准和农村低保标准，加大其他形式的社会救助力度。

社会救助兜底保障是打赢脱贫攻坚战的最后一道防线，在贫困地区社会保障体系中的兜底扶贫作用最为突出、最为直接、最为明显，事关完全或部分丧失劳动能力的贫困人口能否如期脱贫。社会救助体系主要包括农村最低生活保障制度、特困人员救助供养制度、临时救助制度以及医疗救助、教育救助、住房救助等专项社会救助项目。

（一）主要做法

广东省始终围绕打赢脱贫攻坚战的总体目标，从自身实际出发，落实落细各项兜底措施。

1. 完善农村低保保障制度，充分发挥兜底功能

一是提高农村低保标准，与扶贫开发政策精准衔接。健全农村低保标准自然增长机制，推出《2020年全省城乡低保最低标准》，提高农村低保标准，对依靠产业扶持和就业帮助无法脱贫的低保对象，实行政策性保障兜底，做到应保尽保。二是健全经济核对手段，完善入户核查方法，确保精准认定。完善底线民生信息化核对管理系统，实现民政部门与公安、人力资源社会保障等部门和银行、证券等机构的数据共享，实现信息共享。三是依法救助，规范申请审核审批程序。困难群众既可以向户籍所在地的乡镇人民政府提出低保申请，也

可以委托村民委员会代为提交申请。乡镇人民政府在村民委员会协助下，入户调查并提出审核意见，县级民政部门全面审查乡镇上报的调查材料和审核意见，实施县、乡（镇）两级农村低保公示制度。

2. 提高医疗保障救助水平，解决因病致贫返贫问题

推进医疗救助与基本医疗保险、大病保险、疾病应急救助及各类补充医疗保险、商业保险等制度的有效衔接，形成制度合力。对建档立卡扶贫对象、农村低保家庭成员、特困供养人员以及农村低收入救助对象等参加城乡居民基本医疗保险的个人缴费部分，给予全额资助。将因病致贫家庭重病患者纳入医疗救助范围，对合规医疗费用中超过家庭负担能力的部分予以救助。全面建立重特大疾病医疗救助制度，完善疾病应急救助制度，确保发生急危重伤病、无力支付相应费用的患者及时获得应急医疗救助。加强与慈善事业有序衔接，实现政府救助与社会力量参与的高效联动和良性互动。

3. 做好城乡居民参加基本养老保险工作，确保贫困群众老有所养

切实加强组织领导，开展有针对性的宣传动员工作，确保完成贫困人员参保扩面工作。落实贫困人员参加城乡居民基本养老保险工作目标责任制，确保符合条件的贫困人口全员参保。贫困人员个人应缴纳的城乡居民基本养老保险费，由政府按规定标准代缴。落实国家和省关于提升底线民生保障水平的要求，加大对城乡居保的财政补助保障，提高城乡居民基础养老金标准。优化社保经办服务流程，提高经办效率。

4. 完善特困人员供养制度，确保供养人员全面共享小康成果

一是全面建立特困供养人员供养标准动态调整机制，确保农村特困供养对象生活水平达到当地平均生活水平。二是加强农村特困人员供养服务机构能力建设。完善服务机构基础设施，通过政府购买服务等方式，落实专职管理人员和护理人员，提质增效，对供养服务机构进行社会化改革，鼓励和支持社会工作者、志愿者等力量提供生活照料、医疗康复、精神慰藉服务。

5. 健全临时救助制度，完善受灾人员救助制度，有效防止因突发性困难致贫返贫

修订出台《广东省自然灾害救助实施办法》，完善临时救助制度体系，完善受灾人员生活救助制度，提高救助标准，有效保障因遭遇火灾、交通事故、突发重大疾病或其他特殊困难和其他社会救助制度实施后仍有严重困难家庭的基本生活，建立主动发现、快速响应和工作协调救急难的长效机制。

6. 建立困境儿童分类保障制度，全面改善困境儿童生活状况

2016年广东省建立健全事实无人抚养儿童基本生活保障制度，并列入了

当年省十件民生实事，在全国有重大影响。2018年9月，广东省民政厅、广东省财政厅联合印发《关于加强困境儿童基本生活保障的通知》，把困境儿童分为孤儿、自身困境儿童、家庭困境儿童、安全困境儿童和临时困境儿童五类，明确在全省范围内建立困境儿童基本生活分类保障制度，整合困境儿童和事实无人抚养儿童保障工作，更有效地保障事实无人抚养儿童的生活权益。

（二）扶贫经验

广东省兜底救助工作始终坚持"以民为本，为民解困，为民服务"的核心理念，努力解决人民群众最关心、最直接、最现实的问题，不断改善民生、保障民权、发展民利、维护民益，充分发挥社会"安全网""调节器""稳定器""减压阀"的作用，促进社会公平、和谐稳定，推动民政事业更好更快发展，使全省人民共享改革发展成果。

1. 实施"全面化"政策保障，织牢兜底"覆盖网"

随着经济社会不断发展、改革不断深入、城镇化进程不断推进，实现底线民生精准扶贫精准脱贫成为回应群众期盼、彰显政府责任的一项意义深远的民生工程。广东省社会救助水平不断提升，确保贫困人口应保尽保、应补尽补、应救尽救，全面共享小康成果。例如《广东省社会救助条例》出台后，城乡低保标准、农村特困人员供养标准、孤儿基本生活最低养育标准、困难残疾人生活补贴和重度残疾人护理补贴标准等不断提高。流浪乞讨救助管理进一步提升，2018年全年救助10.5万人次，帮助3414名滞留人员寻亲成功。开展孤弃儿童养育大排查，为2800多名散居孤儿发放圆梦红包，为全省近3万名孤儿购买大病商业保险，组织开展百家社会组织走近留守和困境儿童"牵手行动"，惠及6000多名儿童。

2. 抓好"多样化"制度建设，织密兜底"防护网"

广东省逐步编密织牢基本民生兜底保障网，解决建档立卡贫困户等困难群众最关心、最直接、最现实的利益问题，有效发挥了社会保障兜底作用。一是健全完善监测预警机制，包括检测贫困人口、做好信息共享、跟踪研判潜在对象和完善发现转介机制。二是强化最低生活保障兜底保障能力。落实经济状况核对和生活状况评估认定办法，落细"按户保"，落细"单人保"政策，强化扶贫与低保政策有效衔接等帮扶措施，通过多种途径加大帮扶力度。三是全面提升特困人员救助供养水平。细化无劳动能力、无生活来源、无法定赡养、抚养、扶养义务人或者其法定义务人均无履行义务能力等认定条件，优化审核审批程序，明确救助供养内容及标准。实施特困人员供养服务设施（敬老院）改造提升工程，重点照护能力。四是充分发挥临时救助制度作用。简化优化临时救助审核审批程序，落实乡镇（街道）救助备用金制度。加强临时救助与农村低保、特困人员救助供养政策衔接。五是加强特殊困难群体关爱帮扶。全面落实残疾人两项补贴政策，增强补贴发放的准确性、时效性。完善农村留守老年人关爱服务体系，健全完善农村留守儿童、困境儿童和留守妇女关爱服务体系，加强关爱服务能力建设。

3. 鼓励"社会化"参与模式，织好兜底"服务网"

广东省结合自身发展实际，不断探索引入社会力量参与社会救助，调动社会力量提供多元化、多层次服务供给，形成生活保障、人文关怀、精神慰藉相结合的救助帮扶模式。一是鼓励单位和个人通过设立、主办、承办、协办、冠名帮扶项目，或者捐赠、创办服务机构，提供志愿服务等方式，参与社会救助。二是社会力量参与社会救助，按照国家和省有关规定享受财政补贴、税收优惠、费用减免等政策。社会救助管理部门依据本级政府向社会力量购买服务指导目录，及时确定并公布本部门向社会力量购买服务具体项目目录。三是县级以上人民政府可以将社会救助中的具体服务事项通过委托、承包、采购等方式，向社会力量购买服务。四是社会救助管理部门及相关机构建立社会力量参与社会救助的机制和渠道，提供社会救助项目、需求信息，为社会力量参与社会救助创造条件、提供便利。社会救助管理部门、社会救助经办机构应当加强与工会、共青团、妇联、残联、红十字会等的沟通协作，互通信息。五是县级以上人民政府民政部门建立求助人员信息清单，并公布电话、电子邮箱等联系方式，为慈善组织和其他社会力量开展救助提供便利。

（三）典型案例

1. 湛江徐闻：兜底扶贫，贫困户老有所养、病有所医①

湛江市徐闻县南山镇海港村，欢声笑语不断从村里的敬老院传出，10多名五保老人正在敬老院门前的绿化树下围成一圈下棋、打牌。他们身后，是帮扶单位广州市越秀区环保局筹集26万元改造升级的敬老院。

在徐闻，除了每个乡镇建有敬老院外，像海港村这样的敬老院还有82所，分布在各地的村庄，让大部分的五保老人老有所养。这是广东社会保障事业不断发展进步的一个缩影。紧紧围绕"托底线、可持续"的要求，广东不断完善社会救助体系建设，编密织牢底线民生保障网。

（1）底线民生：村级敬老院就地供养五保老人。五保户、低保户、残疾人、孤儿等群体在贫困群众中所占比例不低，一直是扶贫工作的难中之难。湛

---

① 王伟正、陈晨：《兜底扶贫，贫困户老有所养病有所医》，《南方农村报》2016年2月20日。

江全市 250 个贫困村中,有 20.74 万名低保对象、4.42 万名五保对象、7209 名孤儿和 4.64 万名重度残疾人。海港村 149 户贫困户共计 719 人中,有 486 人无劳动能力,其中 32 户纳入低保,25 户五保户集中居住到村里的敬老院。

海港村的敬老院建于 2003 年,在帮扶单位改造之前,原为砖瓦结构,共有 13 间住房,房屋外墙及地板均有不同程度的损坏,院内更是杂草丛生。投入 26 万元改造后,敬老院房屋内外都修葺一新,崭新的门窗、硬底化院内空地、围墙、休闲小道和绿化美化等一应俱全。徐闻县 15 个镇街虽然都建有敬老院,但考虑到农村的五保户习惯住在家里,有兄弟或亲人可以照应,徐闻探索出"离家不离村"的经验,全县有 82 所村级敬老院分布在各地的农村,实现就地集中供养五保老人。

徐闻全县共有 3500 名农村五保老人,供养标准由 2013 年的 466 元/人/月提高到 2015 年的 577 元,每年为此需要安排 2400 多万元的财政资金。徐闻全县低保人数约 2.4 万人,每年县级财政需要安排 1290 万元保障低保人员的生活。

(2)医疗保障:帮扶单位为贫困户购买医保。在已经吹响号角的脱贫攻坚战中,中央要求,对于贫困人口中完全或部分丧失劳动能力的人,要加大其他形式的社会救助力度。要加强医疗保险和医疗救助,新型农村合作医疗和大病保险政策要向贫困人口倾斜。

海港村敬老院门口就有帮扶单位投资 25 万元升级改造的村卫生站,五保户有什么小病,随时可以到卫生站就医,费用由村委会支付,每年 2 万多元。越秀区环保局自帮扶海港村以来,共计投入 10 万余元为 149 户贫困户共计 719 人购买医保。在徐闻县和安镇佳平村,帮扶单位为全村 102 户贫困户共计 520 人购买医保。

(3)社会救助:贫困学子获得"一对一"资助。贫困户中因学、因病、因灾导致贫困的比例比较高。对于这些群体,医疗保障和社会救助是一个有效的兜底。

对于贫困户中全倒户的危房改造,政策补助每户 4 万元。但一些贫困户实在太穷,砸锅卖铁都不可能建房,帮扶单位为这些贫困户每户另外筹集 3 万元资金,进行危房改造。

在广东各地的扶贫工作中,因学致贫的贫困户尤被关注。2015 年,徐闻佳平村一名叫林梅英的孤儿考上岭南师范学院。暑假里,林梅英每天起早贪黑打零工,但依然没有凑够学费。在帮扶单位的帮助下,社会热心人士通过"一对一"的形式资助林梅英 5 万元,帮助她完成学业。在佳平村,共有 3 名贫困大学生成为"一对一"帮扶对象，收到的助学金超过10万元。

在徐闻海港村、佳平村等地，帮扶单位非常重视教育方面的帮扶。越秀区环保局筹集教育创强配套资金70万元，改造了当地小学的教学楼，对校园进行了美化绿化。同时还投入帮扶资金26万元，对小学的运动场进行全面升级改造，建设塑胶跑道，增设围墙和宣传栏等。

2. 阳江：全面抓好民政兜底保障，助力决战决胜脱贫攻坚①

阳江市民政局在决胜全面小康、决战脱贫攻坚中织密网、兜底线，强力推动各项兜底保障工作一贯到底、落地落实。

（1）主动作为，精心部署。坚持目标导向，定期研究部署社会救助兜底保障工作。实行局领导挂点联系县（市、区）包片督导机制，层层压紧主体责任，确保各项工作任务落实落地，加强挂点扶贫村帮扶力度。2019年市民政局挂点村东风村37户贫困户83人通过扶持种植养殖、政策兜底等方式，所有贫困户均达到脱贫标准，实现结对挂点贫困户全员脱贫。

（2）对接精准，狠抓落实做到位。精准衔接农村低保制度与扶贫开发政策，积极推进农村低保专项治理行动。将符合低保条件的贫困家庭，尤其是完全或部分丧失劳动能力且无法依靠产业、就业帮扶脱贫的农村贫困家庭纳入保障范围，及时清理纠正低保政策落实不到位、慢作为、不作为等问题，确保"应保尽保、应退尽退"。

对困境儿童生活保障做到"应养尽养"。截至2020年4月底，全市共有孤儿1075人、事实无人抚养儿童1255人、艾滋病儿童6人，均按时足额发放基本生活保障金；配备了儿童督导员49名、儿童主任843名，指导推进农村留守儿童关爱保护和困境儿童保障等工作；对残疾人两项补贴做到"应补尽补"，全市超过4.9万困难或重度残疾人享受相关政策关爱。加强对困难群众救助供养，做到"应救尽救、应养尽养"，到2020年4月底，全市累计发放供养资金5001.3万元。全面落实特困人员供养制度，通过集中或分散供养方式，保障全市14991名生活不能自理的特困人员有病得到及时治疗、没病得到照料护理。

建立临时救助与农村低保、特困人员救助供养政策衔接制度，对其他社会救助制度暂时无法覆盖的困难群众，做到有困必帮、有难必救。疫情期间，对申请低保、特困供养的建档立卡贫困人口、新增贫困人口以及受新冠肺炎疫情

---

① 《阳江：全面抓好民政兜底保障　助力决战决胜脱贫攻坚》，http://smzt.gd.gov.cn/mzzx/sx-dt/content/post_3012422.html。

影响造成生活困难的家庭及个人，由当地乡镇（街道）或县级民政部门先行给予临时救助。2020年4月底，全市累计发放临时救助金485万元，救助2170人次。会同发改、财政等部门，启动社会救助和保障标准与物价上涨挂钩联动机制，有效保障困难群众基本生活水平不因物价上涨而降低。

（3）多方凝聚合力，全面统筹推进。补齐短板，引导社会力量广泛参与完善养老服务体系，打"组合拳"，形成了较为完善的居家养老服务网络。2020年5月阳江市共有农村幸福院、社区星光老年之家、居家养老服务点（站）等700多个，全市90%以上的村（居）委会设有老人活动场所；已开业运营的养老机构78家、敬老院44家、综合性福利机构3家。阳西、阳春公办养老院已建成并着手开业。全市养老床位达到18219张，平均每千名老人拥有床位数37.7张。

充分发挥"三社联动"作用，推动社区、社会组织、社会工作三者之间协调发展、良性互动、功能互补。阳江市江城区建设社区、阳春市龙湾社区2个社区的创新经验入选广东省城乡社区治理提名项目，阳东区"智慧乡村+村务管理"作为城乡社区治理创新案例被评为全省先进案例。阳江市发挥社会组织专业优势，引导社会组织在社会救助、居家养老、留守儿童等领域开展服务；引导社会组织广泛参与"社会组织扶百村"、百家社会组织走近留守和困境儿童"牵手行动"等专项行动。阳江市依托"基层民政社会工作服务计划"、广东"双百"社工计划，不断夯实基层基础的社工专业力量，打通基层服务"最后一公里"，通过提供精神慰藉、资源链接、社会融入等专业服务，推动民政工作精细化、专业化。

五、交通扶贫

经济要振兴，交通必先行。党的十八大以来，交通运输部制定交通扶贫规划，把贫困地区、革命老区、民族地区、边疆地区共1177个县（区、市）全部纳入支持范围，坚持"扶贫项目优先安排、扶贫资金优先保障、扶贫工作优先对接、扶贫措施优先落实"，以超常规的举措和力度，推进贫困地区加快建设"外通内联、通村畅乡、客车到村、安全便捷"的交通运输网络，大力提升城乡客货运输服务水平，健全农村公路管养体制机制。

广东省把交通扶贫作为脱贫攻坚的关键之举，着力改变贫困地区落后面貌，有效发挥交通运输"先行官"作用，切实提高贫困地区基本公共服务水平，让广大群众出行和致富步伐变得更加快捷、便利，为夺取脱贫攻坚战的全面胜利铺就一条康庄大道。

（一）主要做法

省交通集团高度重视精准扶贫工作，在交通扶贫工作中紧紧抓住"五个关键点"，设立驻村工作队扎实开展精准扶贫工作。

1. 深入调研，了解村情民情是关键

驻村工作队及时与县、镇、村各级政府具体负责扶贫工作的人员进行工作对接、交流，还多次与有关部门和企业就揭阳市揭西县金和镇山湖村的脱贫与发展进行座谈。同时多次对自然村的交通、教育、文化、医疗、卫生、水利灌溉等基础设施，竹笋、苗木、罗汉果种植基地，以及村主干道、村边界实地走访、勘察和调研，初步掌握了村人口分布、基础设施、经济产业等基本情况，以及村致贫的原因分析，精准了解村情、民情，为下一步做好扶贫规划奠定坚实基础。

2. 加大宣传，统一思想是关键

扶贫工作的顺利开展，要得到村干部和广大村民的大力支持和配合，特别是要让贫困户了解中央、省新时期精准扶贫精准脱贫工作部署和精神。一是在村主干道、各村民小组设立标语牌、宣传栏，发放宣传单，广而告知扶贫政策。还以交流、座谈、宣讲等方式，动员广大村民积极参与、支持扶贫工作，帮助广大贫困人口提高认识，扶贫先扶志，摆脱"等靠要"思想，树立"自力更生、勤劳致富"理念。二是组织召开扶贫工作动员大会。传达上级有关文件、会议精神，宣传扶贫工作相关政策、任务和目标，统一村党员、干部的思想，强调村干部要切实发挥表率作用，积极带领困难群众脱贫奔康。

3. 精准识别，扶贫对象精准是关键

贫困户精准识别是三年脱贫攻坚战最重要的基础工作，是确保做到"真扶贫、扶真贫"和今后顺利开展帮扶工作的前提。驻村工作队在村"两委"干部的协助下，采取全村覆盖的方式，深入到农户家中进行入户调查，核清人口、家庭资产、收入支出等情况，重点看其住房、粮食、劳动力、供读子女情况，并详细记录，登记入册。重点是对初核贫困户的识别，对个别遗漏贫困户再细致入户调查，按省有关文件要求，严格把关。

4. 广泛沟通，三年精准规划是关键

驻村工作队在充分调研和沟通的基础上，结合贫困户、山湖村的意愿和实际情况，充分发挥省交通集团企业优势，在保证贫困户脱贫的前提下，同时整村推进，制定三年脱贫攻坚规划。一是通过实施产业扶贫，加大培训和转移就业力度。二是形成一定规模的村特色主导产业，保障贫困户及村集体经济长效增收。发动指导广大贫困户种植绿化苗木，成长后供应集团系统高速公路项目使用。三是完善基础设施建设，使村交通、教育、文化、水利等基础设施得到提升，建成文明乡村。大胆地提出进村大道的规划，为县、镇、村引入互联网+农旅结合乡村综合体项目提供便利。

5. 抓好党建，助力扶贫奔康是关键

村支部的战斗力和凝聚力不强，也是导致村整体落后的重要原因。工作队将党建扶贫作为抓手，从增强村党支部的向心力和凝聚力入手，切实增强党支部带领村民致富奔康的能力。正所谓：村看村，户看户，群众看干部，干部靠支部。工作队多措并举，推进基层组织建设。一是协助镇党委抓好村党支部班子建设，培养造就有素质、有能力、敢担当的农村基层骨干队伍；二是召开全村党员大会，动员部署"两学一做"活动；三是以"两学一做"等学习教育活动为载体，开展"四送"活动，送党课、送活动、送文化、送温暖。定期为村党员组织举办紧跟形势的党课讲座，组织外出参观、学习活动，组织开展群众性运动、联合举办文艺汇演、体育项目友谊赛，逢年过节慰问困难党员、老党员等。通过各种措施，党员观念变新、执行变强、作风变实，党支部战斗堡垒作用显现。

（二）扶贫经验

1. 抓摸底，掌握底数心中明

通过摸底，搞清了自然村（组）通硬化路现状，为下一步工作奠定良好基础。同时，各县（区）对各自辖区内的通客车情况也逐一摸排，找准行政村不通客车的主要原因所在，为因地制宜解决具备条件的行政村通客车问题提供了基本依据。

2. 抓规划，项目实施有遵循

在已出台的《集中连片特困地区交通建设扶贫规划纲要（2011—2020年）》《"十三五"交通扶贫规划》《交通强国建设纲要》等文件的基础上，让农村公路纳入广东政府基础设施建设"总盘子"。扶贫项目事关民生福祉，有关各市交通主管部门和公路管理机构采取切实措施，建立健全各项管理制度，规范工程管理。精心做好扶贫项目施工组织和质量管理工作，特别是施工期保通和安全保障工作。要加大对施工单位的设备能力、材料质量、工艺技能、施工规程等的监管，指导施工单位加强现场管理，提升施工技术和工程质量水平，确保高质量和高标准地完成扶贫项目。

3. 抓整合，凝聚力量破难题

广东省交通集团在调研的基础上，向市委、市政府建议，整合各类道路建设方面的扶贫资金，由交通部门牵头，统一规划实施，其他部门做好配合。通过大力实施通村入组的农村公路建设,全市的农村公路建设总里程迅速增加,路网结构中的"毛细血管"得到迅速扩张,部分偏远山区出行条件得到大力改善,老百姓"最后一公里"的出行问题基本得到解决。

4. 抓短板,因地制宜促提高

为缩短差距、补足短板,坚持"以城带乡、以干带支"的思路,通过对道路通行条件、村组人口分布、农民出行诉求、客流市场需求等情况开展调查,在此基础上因地制宜保障群众出行。优化农村客运线网,对已开通的通村客车实行规范化管理,提升服务水平,对达到报废年限或者达不到安全技术标准的通村客车进行报废更新;将现有部分农村客运线路向前延伸,向未通客车的村组延伸,让一班车、一条线串联更多村;在集市日、节假日、周末学生放学等客运需求量大的时机,加大车辆投入,开通"周末班""赶集班",保障群众出行需求。

5. 抓落实,夯实责任求作为

每年2月广东省交通集团对上年各市交通扶贫攻坚任务完成情况进行考核评估,实行"奖补结合""奖优罚劣"的政策措施,考核结果与下一年度中央车购税和省级交通专项资金安排相挂钩。对提前完成贫困村公路建设任务的市给以全省通报表扬,优先安排其他交通项目计划;对未完成年度任务的市给予全省通报批评,暂缓安排其他交通项目计划。如因地方虚报、漏报扶贫项目和进展情况,影响交通扶贫攻坚任务完成,按有关规定追究相关人员责任。把扶贫工作作为第一要务,坚持主要领导重点抓、分管领导亲自抓,细化任务分工,对人对表落实。

(三)典型案例:"乡村振兴号"开进连樟村[①]

"要想富,先修路"是所有扶贫人的共识,昔日泥泞路如今焕然一新,已改造为硬底化的柏油路。如何能安全、便捷地出村进城,成为群众最为关心的问题。在英德市人民政府、英德市交通运输局、连江口镇人民政府的积极推动下,在广东省交通集团的大力支持下,清远粤运急群众所急、想群众所想,既要发展经济,又要青山绿水,出资购买3辆环保的"乡村振兴号"新能源纯电动客车,为连樟村群众提供安全、舒心、便捷的出行服务。

为确保"乡村振兴号"客运专线车安全运营,经过多险湾山路的专门驾驶培训后,从中选出表现突出的党员驾驶员参与专线服务,做到"一个党

[①] 《扶贫攻坚交通先行 广东"乡村振兴号"开进连樟村》,https://baijiahao.baidu.com/s?id=1646071901215933768&wfr=spider&for=pc。

员,一面旗帜",也让广大出行的群众感受到粤运快车的新变化和创新。连樟村有17个自然村组,英德分公司做好前期的市场调查,以连樟村中心站和英德汽车客运站为起讫点,途经丘冲站、沙湾禾湾站等15个站点,运行里程约40千米,全程约1小时,每天16个班次,早晨7点发班,晚上6点半收班,视情况适时合理调度运行班次;票价将按里程分段收费,2元至13元不等,采取沿途定点上落客模式,站点设置根据当地群众实际出行需求进行优化调整。

"乡村振兴号"客车车厢舒适、宽敞,车头配备便民药箱,药箱内装有创可贴、风油精、晕车药、藿香正气水等常用药品,免费供乘客应急使用;在视线可及的前座椅背配备USB充电口。此外,每个座位均配有安全带,如乘客未系上安全带则会发出蜂鸣的警示声予以提醒,车厢内有5种不同处置方式的应急出口,方便乘客应急逃生。

六、水利扶贫

水利扶贫是指由水行政主管部门主导,主要运用水利资源和水利手段推进、帮助贫困地区发展、贫困人群脱贫的扶贫方式。从20世纪80年代中期开始,水利部和全国水利系统充分发挥行业优势,大力开展资金帮扶、项目帮扶、对口帮扶和科教帮扶工作,水利扶贫逐步形成水利定点扶贫、扶贫试点、行业扶贫、重点地区对口支援和片区联系"五位一体"的工作格局。新形势下,水利部围绕全国脱贫攻坚和水利工作战略部署,创新水利扶贫工作机制,推进精准、全面、综合与可持续的水利扶贫战略。

广东省深入贯彻落实中央和省委省政府关于精准扶贫精准脱贫的决策部署,始终围绕水利扶贫与改善民生相结合、与脱贫攻坚相结合、与生态保护相结合,扎实推进精准扶贫工作,不断夯实贫困地区水利发展基础,显著提高贫困地区水利管理和服务能力,为打赢脱贫攻坚战、全面建成小康社会提供坚实的水利支撑和保障。

(一)主要做法

突出重大水利工程对解决区域性整体脱贫的支撑保障作用和定向直接效应。广东省紧紧围绕重大水利工程,把群众最关心、最直接、最现实的水利问题放在优先位置,解决贫困地区的水利防灾水平低、减灾能力弱、饮水安全隐患突出、农田水利设施不足等切实问题。

1. 以安全为导向,着眼长远,提升水利的防灾减灾能力

工程措施和非工程措施相结合,中小河流及山洪沟治理专项规划优先安

排。对于中小河流,实施水土流失综合治理,纳入《全国重点中小河流治理实施方案》《广东省山区五市中小河流治理实施方案》等专项规划的中小河流,在资金和项目上优先支持,以打造一批河畅水清、岸绿景美的美丽乡村。对于山洪灾害防治,巩固山洪灾害防治建设成果,在非工程措施上查漏补缺,建立贫困地区工程措施与非工程措施相结合的体系,确保防洪安全。

2. 以保障生活为导向,关注饮水,完成村村通自来水工程

关注生命之源,关注饮用水卫生安全,以村村通自来水工程为重点,结合各县(市、区)村村通自来水工程建设规划,工作中把小型集中式供水和集中连片供水相结合,多渠道筹集项目建设资金,解决全省农村70.8万户176.5万相对贫困人口的饮水问题,建成基本覆盖全省贫困村的供水安全保障体系。

3. 以保生产为导向,促进增收,完善农田水利设施

以《广东省农田水利万宗工程建设方案》为蓝本,完善农田水利设施,搞好贫困地区抗旱水源、中小型灌区改造、农村中型及重点小型机电排灌以及"五小水利工程"建设,着重在项目和资金上给予适当倾斜,认真解决好灌溉水源、农田灌排骨干工程、田间工程"最后一公里"问题,实现稳产高产和旱涝保收。重点实施水电增效扩容改造,促进农民和村集体的增收,适当支持公益性水利基础设施的管理养护。

4. 以改革为中心,做实扶持政策,激发水利发展的活力

加大贫困地区水利投融资体制改革力度,积极鼓励、引导社会资本参与改革。改革国有水利工程管理体制,改革小型水利工程的产权制度,改革农业水价,加大对小型农田水利设施运行维护经费的支持力度。认真落实好水库移民和库区扶持政策,重点倾斜扶持纳入到精准扶贫的水库移民贫困村和贫困户,加快移民的脱贫步伐。

5. 以抓帮扶为中心,注重培养人才,着力提升水利发展能力

开展贫困地区水利职工的培训,提升学历教育,定向招生,解决水利人才和技术力量薄弱问题。派遣水利干部挂职帮扶,省级水利部门和珠三角地区市县级水利部门向贫困地区所在县(市、区)派遣水利干部挂职,实施扶贫地区与发达地区水利干部双向交流学习制度。帮助做好贫困地区的水利规划以及工程建设和技术的管理工作,夯实水利的科技支撑水平。

(二)扶贫经验

1. 完善倾斜政策,加大投入力度

充分利用中央及省对贫困地区水利建设支持的各项政策,向贫困地区实行倾斜。对于贫困地区纳入中央或省级水利专项规划且前期工作成熟的项目给予

优先安排和资金支持。对于没有纳入规划的"五小"水利工程,按照项目轻重缓急和项目效益,统筹现有省级水利资金,采用"一事一议"建设模式,按照"先建后补"或"以奖代补"的原则给予资金支持。同时,注重运用市场化办法,撬动信贷资金、社会资本投入水利建设。搞好涉农资金整合,充分发挥资金整体效益。

2. 强化监督检查,全程跟踪问效

把水利扶贫专项规划实施情况作为监督检查的重点,对任务不明确、责任不落实、工作不到位、措施不得力的地方水利部门及时问责。加大对水利精准扶贫项目建设和资金使用管理的督导、稽查和审计监督。贫困地区各级水利部门要全面落实党风廉政建设"两个责任",强化廉政风险防控,确保工程安全、资金安全、干部安全、生产安全。

3. 加强组织领导,明确责任主体

各级水利部门要建立健全本系统水利扶贫开发领导小组,发挥其组织领导和协调指导职能,及时研究解决水利精准扶贫工作中遇到的困难和问题。省级水利部门重点出台和落实向贫困地区倾斜的政策和措施,市县水利部门作为水利精准扶贫实施的责任主体,要切实担负起扶贫工作落实、工作保障和监督管理职责,统筹资源、强化实施。同时,各级水利部门要加强与扶贫、发展改革、财政、国土资源、环境保护、农业等部门的沟通协调,争取支持,形成工作合力。

(三)典型案例

1. 一条溪流治理引出的扶贫故事①

在英德市横石塘镇龙华村有一座石拱古桥——凤岗桥。该座桥建于明末清初,300余年一直屹立在村里的新桥水河下游。革命战争年代,它是原三隅乡(今横石塘、英红、云岭)游击队的交通要道,当年的游击队员们曾多次跨过凤岗桥,前出战斗、后撤隐蔽,带领三隅乡人民开展革命活动。如今凤岗桥已经不复往昔面貌,全是历史的厚重感,苍老桥面下新桥水依旧清澈见底、鱼虾成群、涓流不息。

在龙华人的记忆中,这条新桥水从未断流过。龙华人对它的感情是复杂的,既感念它的滋养,也承受着它的暴虐无常。每当夏季山洪暴发,它的"暴脾气"恣意显露,冲垮房屋、毁坏庄稼,从未对老区人民手下留情。最近一次是2014年的夏天,村里的数百亩庄稼被"一扫而光",当年游击队发祥

---

① 陈咏怀:《横石塘镇龙华村:一条溪流治理引出的扶贫故事》,《南方日报》2019年3月7日。

地的新肖村小组的房屋也被冲垮了好几间。

水患已成为制约龙华发展的瓶颈，已成为龙华人长期以来的一块心病。因为山洪，大片农田只能撂荒，村民只能靠天吃饭，没有稳定收成；因为洪灾，投资商一了解到洪涝的风险，都委婉地表示"以后再来"。世代龙华人做梦都想除掉这块心病，但谁能除得了？村民们只能无奈地摇头叹息。

2016年，党中央吹响了精准扶贫精准脱贫攻坚的号角，省委组织部派来了驻村扶贫工作队，为龙华村的新发展注入新动力，为村民带来新希望。

进驻之初，扶贫工作队与村"两委"干部逐个村小组走访，深入田间地头、村头巷尾与村民交流，征求大家的意见建议。经初步研究，工作队计划将水利治理作为重点民生项目予以推进，以此打开扶贫工作局面。在省委组织部领导大力支持下，工作队积极协调省市县三级水利部门，最终将解决农田水利问题列入省中小河流治理项目，并争取到1209万元中小河流治理资金和100万元农田水利建设补助资金。项目于2017年4月28日正式开工建设。

水利治理过程中，扶贫工作队与村"两委"干部注重发挥好村党总支部及所属党支部的战斗堡垒作用和共产党员的先锋模范作用，努力解决建设中遇到的矛盾困难。党员带好头，群众的积极性就被充分调动起来了，群众纷纷向党员干部看齐，不计个人利益得失，克服施工带来的不便，对治理工程给予最大限度的支持配合，最终实现"三不补"。

人心齐，泰山移。项目于2018年4月顺利完成主体工程，共疏浚河道13.9千米，修建护岸6千米、桥梁15座，新修水渠2.4千米，新建涵管、陂闸各10余座，整修一新的河道担负起保护一方水土的重任。

水利治理工程增强了村民脱贫致富的信心，曾经撂荒的土地上如今作物长势喜人，并有了越来越多的种植规划，曾经犹豫过的投资商也纷纷回来：华屋村小组整合100亩撂荒土地发展黑皮冬瓜种植，带动周边村小组连片形成200多亩冬瓜种植基地；上下角村小组的青年党员和村民自发成立合作社，整合流转100多亩土地发展玫瑰种植项目；梅子寨村小组正在整合50多亩土地，准备发展早脆梨种植项目；竹桥村小组招商引资，村民以土地入股，共同发展民宿项目……龙华村发展的乡村产业"引擎"已经全面启动。

水利治理工程同时形成了优美的风景带，进一步提升了龙华村的整体颜值，为社会主义新农村示范村建设增色添彩。龙华村正在发生前所未有的巨变。

2. 湛江：打造农村饮水安全3.0版本[①]

贫困与水资源禀赋条件高度相关。水既是贫困根源，也是脱贫致富希望。湛江市以水利系统对口扶贫和水利行业扶贫为抓手，向贫困地区水利项目倾斜，推动贫困农村供水建设和城乡供水一体化，实现贫困地区从"饮水难"到"饮水甜"。

（1）饮水安全1.0版本：从零到有，从"没水喝"到"喝好水"。湛江因为水文地质条件，饱受连片干旱困扰，由于常年投入不足，绝大部分农村用不上自来水，饮水的安全性没法得到保障。从2006年开始，湛江市积极实施农村饮水解困项目、饮水安全项目、村村通自来水项目和人居环境整治全域自然村集中供水项目，8910条自然村542.79万人的饮水安全及通自来水问题得到解决，供水由点到面、由分散到集中，实现了水量、水质、水压达标等方面的提升，供水安全保障体系基本实现了全市行政村全覆盖。

（2）饮水安全2.0版本：共治共建共享，抓好工程运行管护。抓实农村饮水设施运行管理机构、办法、经费，强化水利设施管理能力，建立长效机制。通过筹资筹劳、以工代赈等多种形式，依靠群众，发动群众，提升农民珍惜家乡水资源的意识，让这些设施有钱管、有人管、管得好，让农村居民从中增强获得感。

（3）饮水安全3.0版本：利用国有企业力量，推动城乡供水一体化。以实现城乡供水基础设施均等化为目标，通过省属国有企业粤海集团，充分利用其水务资源的整合能力以及投资运营的专业能力，采用"延、联、整、提"等方式，延伸城市供水管网，联结主干供水管线网，整合农村供水管网，提升提质农村供水工程等，统筹城乡一体化供水布局，完善运营管理体制，实现城乡供水质量相同、标准相同、服务相同、管理相同。

[①]《广东湛江：打造农村饮水安全3.0版本》，http://www.mwr.gov.cn/ztpd/2018ztbd/fpzt/jzcx/202007/t20200731_1430595.html。

第六章 广东扶贫之路的助推力量

在广东扶贫之路上,广东省充分发挥各类群团组织、社会组织、市场主体等社会力量的作用,多种形式推进,形成扶贫攻坚的强大合力。各类群团组织、社会组织、爱心企业与党中央同心同德、同向同行,发挥各自独特优势,真帮实扶,投入人、财、物等资源,通过发展优势产业、促进人员就业、销售助农产品等形式,助推扶贫工作再上新台阶。

第一节 工会、共青团、妇联参与脱贫攻坚

一、广东省总工会的脱贫攻坚

广东省阳春市春城街头堡村是广东省总工会的挂点帮扶村,驻村工作队从2016年4月对口帮扶头堡村。头堡村位于阳春市市区东面,距离市中心5千米,行政村下辖37条自然村,全村农村人口1619户7102人。作为省定贫困村,头堡村有贫困户117户382人,其中一般贫困户69户268人,低保贫困户36户102人,五保贫困户12户12人;有劳动能力贫困户87户331人,无劳动能力贫困户30户51人;残疾户49户60人;危房户50户。

省总工会精准帮扶成效显著,截至2020年6月底,按照稳定实现"两不愁三保障"标准,有劳动能力贫困户年人均可支配收入达到8266元,符合条件的无劳动能力贫困户全部纳入政策性保障兜底;按照贫困户退出的"八有"指标以及贫困村退出的"十有"标准,贫困户和贫困村如期实现"双退出"目标,脱贫率100%。驻村工作队认真巩固扶贫成果,继续采取行之有效的帮扶措施防止返贫:落实阳春锦绣国际商铺投资收益分红和光伏入股分红,为贫困户固定增加收入;通过头堡村"精准扶贫慈善基金"实施大病救济,防止因病返贫。

(一)精准帮扶工作做法

1. 扶贫责任落实到位

对口帮扶头堡以来，省总工会高度重视精准扶贫工作，专门成立省总工会扶贫工作领导小组，由常务副主席任组长、分管扶贫工作的副主席任副组长，下设领导小组办公室，及时制定《省总工会对口帮扶头堡村三年规划》和年度帮扶计划。根据春城街道党（工）委的工作安排，头堡村成立新时期精准扶贫精准脱贫工作领导小组，由春城街道党工委副书记任组长，日常扶贫工作由驻村工作队负责抓好落实。驻村工作队干部按照驻村工作队工作制度及驻村第一书记主要职责开展工作，第一书记在街道党（工）委的领导和派出单位党组织指导下，带领村"两委"干部开展党的建设、脱贫攻坚、乡村振兴工作，发挥指导、把关、督促、协调、服务的作用。

2. 扶贫措施落在实处

（1）落实助学金。贫困人口义务教育全覆盖，头堡村贫困户在校生子女79人（其中小学生50人、初中生17人、高中生3人、高职生2人、中职生2人、大专生2人、本科生3人），所有学生已经全部落实助学金。

（2）落实住房改造。头堡村有危房改造需求的贫困户共有50户，截至2019年底，已经完成全部危房改造任务，并全部领取财政补贴资金。由帮扶单位省总工会发放的每户1万元启动资金全部发放到位。针对贫困户赖炳来没有危房建设用地的问题，驻村工作队积极想办法协调村干部做工作，帮助该户购买一块土地，省总工会出资3.5万元，赖炳来家庭自筹2万元，确保危房改造任务的顺利完成。

（3）落实群众需求。2019年下半年头堡干旱严重，有的偏远山村饮用水供应困难。驻村工作队及时组织村干部排查问题，及时向省总工会报告头堡饮用水困难情况，省总工会自筹资金近9万元为78户贫困户解决安全用水问题，也为头堡800多户非贫困户接入市政自来水提供必要的支持。

（4）解决厕所问题。在推进农村厕所革命的过程中，经过入户核查，发现有的贫困户没有像样的厕所，驻村工作队及时排查报告，帮扶单位自筹资金近5万元，及时为15户贫困户解决厕所问题。

3. 扶贫资金用得其所

在财政专项扶贫资金使用及监管上，2017年以来，头堡村共下达财政专项资金524.897万元，截至2019年底，共使用524.8086万元。其中，2017年投资阳春市统筹光伏项目154.7万元，贫困户发展产业项目141.6116万元；2018年投资光伏项目213.5万元（其中阳春市统筹光伏项目29.6万元，南河光伏183.9万元）；2019年，贫困户发展产业项目14.997万元，剩余0.0884万元，剩余原因是每户剩余100元左右不等，资金零散偏少，难以集中组织。

在自筹资金投入及使用上，省总工会投入帮扶资金2541万元；按照2016—2019年三年规划，省总工会自筹帮扶资金总投入2118万元，主要用于修建村主干道、购买商铺、村道硬底化、修建文化广场、美化村容村貌、贫困学生助学、医疗救助、危房改造、饮用水改造、厕所改造、支持村集体经济以及慰问贫困户家庭等。① 为确保2020年度决战决胜脱贫攻坚任务，省总工会党组批复2020年度扶贫资金预算423.3万元，其中支持头堡党群服务中心建设、组织振兴、文化振兴以及支持村集体经济205万元，帮扶脱贫资金和产业振兴资金173.5万元，驻村工作经费44.8万元。省总工会自筹帮扶资金在使用管理上，严格按照农村财经管理"四议两公开一监督"制度要求进行管理，认真落实四方监管审批制度，即村委会、驻村工作队、街道党工委和省总工会逐级审批，确保帮扶资金使用管理安全。

（二）扶贫经验

1. 坚持党建引领，助力脱贫攻坚

省总工会党组高度重视党建扶贫工作，在2019年为头堡村党委拨付党建专项经费15万元的基础上，2020年继续投入15万元用于头堡村党委加强党组织建设以及开展党建扶贫活动。

（1）加强党建引领，完善公共服务。驻村工作队牢记职责要求，聚焦主责主业，准确掌握贫困群众最关心、最现实的利益诉求，千方百计为群众办实事解难题，尽量把扶贫工作做得有温度有实感，让"党建引领扶贫"观念深入人心；切实按照村"两委会"议事规则规范议事，强化职责意识和制度意识，不断强化村"两委"干部的章法意识。

为进一步改善头堡村"两委"干部办公条件，提高村干部为群众办实事的窗口服务水平，头堡村委会积极争取各方面力量支持，通过自筹资金等方式，新建一幢党群服务中心。作为帮扶单位，省总工会支持头堡建设新的党群服务中心并拨付专项资金120万元。②

（2）整治软弱涣散，党建考核达标。2018年4月，头堡党组织被定为软弱涣散党组织。驻村工作队正视问题、分析问题、解决问题，为实现摘帽、达标创优不懈努力。2019年底，经阳春市委组织部考核，报请阳江市委组织部核准，头堡村党组织"软弱涣散"的帽子被摘除，各项考核完成达标。驻

---

① 许接英：《陈伟东率队到湛江阳江调研脱贫攻坚工作时强调：落实挂牌督战要求 一鼓作气攻克"碉堡"》，《南方工报》2020年4月30日。

② 王艳：《修好扶贫路 打开致富门——省总工会精准扶贫阳春头堡村5年脱贫率100%》，《南方工报》2020年6月29日。

村工作队认真履职尽责，坚持党建引领与扶贫工作有机结合，坚持按规章制度办事，不断强化章法意识；村"两委"干部群策群力、团结协作，各项工作渐入佳境。

（3）重视建章立制，强化章法意识。2019年5月，第二批驻村工作队轮换对接工作以后，村"两委会"专题研究加强村党建工作，重点加强制度建设。通过组织学习《中国共产党农村基层组织工作条例》《中国共产党支部工作条例（试行）》《中国共产党党员教育管理工作条例》等内容，健全完善支部组织架构和"三会一课"制度；健全完善头堡村"两委会"议事规则，进一步规范开会议事，让村"两委"干部自觉养成依法依规办事的良好习惯；注重会风建设，注意日常养成，把民主集中制"十六字方针"和村"两委会"议事规则悬挂在会议室墙面上，时刻警示大家按规章制度办事。通过组织学习《中国共产党农村工作条例》《中国共产党问责条例》《阳江市农村集体"三资"管理办法》等法规性文件，督促落实《村级财务收支管理制度》《民主理财制度》《财务公开制度》等村级财务制度，不断规范加强农村财务管理。

（4）组织座谈研讨，广泛听取意见。驻村工作队先后两次组织召开扶贫工作座谈研讨会，积极引导村"两委"干部为头堡村精准脱贫及乡村振兴谏言献策；组织各自然村村长、村民代表35人参与座谈交流，探讨头堡村发展新思路，大家畅所欲言、各抒己见；为集思广益、凝聚共识，驻村工作队还采取问卷调查方式广泛征求合理化建议，认真听取村民代表对于新一轮精准扶贫工作的意见建议。

（5）回应民生关切，及时解决困难。驻村以来，坚持问题导向，以实际行动践行"不忘初心、牢记使命"主题教育的基本要求，着力解决村民关切的"操心事、烦心事、揪心事"；村"两委"干部不断改进工作作风，不断提升服务群众的能力水平，建立头堡村委会群众反映困难问题登记本。

2020年新年伊始，新冠肺炎疫情席卷全国；驻村工作队一手抓疫情防控，一手抓教育扶贫，在疫情防控期间，为落实好上级有关部门要求的停课不停学要求，解决部分贫困户家庭小孩无法接受线上教育的实际困难，经过驻村工作队积极协调，省总工会自筹扶贫经费近4万元，给头堡村贫困户23个家庭32个中小学生每人购买一部智能手机，给他们开通号码及网络，满足他们在防疫期间的线上教育要求。

2. 围绕产业扶贫，助推乡村振兴

作为贫困村，头堡产业发展一直相对薄弱。驻村工作队本着"扬长避短、取长补短"的工作思路，采取"请进来、走出去"的开放式方式，深入阳春市周边其他乡镇调研精准扶贫工作。驻村干部先后走访阳春市河西街道崆峒村委会、阳春市春湾镇大垌村委会，对于这两个贫困村的挂点帮扶工作进行调研学习，取长补短；前往阳春市八甲镇湾肚村委会，调研学习该村广湾种养专业合作社的经营管理模式；前往阳春市潭水镇凤凰村，调研学习该村同联水蛭养殖专业合作社的成功运作模式；前往茂名电白众丰园种养专业合作社，调研"创业+产业+就业"三位一体的产业链；前往阳春市三甲镇三坪村委会，调研学习"乡村旅游+农家乐+民宿+贫困户"的产业扶贫模式。①

结合头堡自然环境、资源优势等特点，精准选择产业项目，积极推动产业振兴。头堡干部群众在挖掘乡村旅游资源、发展特色观光农业、壮大头堡特色种植业、推动成立农民专业合作社等方面凝聚了共识。通过积极探索构建"乡村旅游+农家乐+民宿+贫困户""公司+基地+贫困户""合作社+基地+贫困户"有机融合发展的产业扶贫模式，让贫困户劳力依托产业发展实现就业并稳定脱贫，这也是解决头堡相对贫困问题的长效机制。

3. 重视就业扶贫，支持消费扶贫

头堡村蓝莓园每年可以提供16人常年务工，目前有3户贫困户在蓝莓园务工，其中冲口村贫困户左光来在该园常年务工，另有冲口村贫困户黄培旭、北寨村贫困户谢彦良在农忙季节按天计算务工工资。②

作为帮扶单位，驻村工作队组织举办一系列职业技能培训班，为贫困户家庭的劳动力就业创造条件。纳入经费预算的培训项目有美容化妆、美发护理、厨师培训等，由于疫情影响，培训计划推迟；在消费扶贫方面，帮扶单位与头堡村贫困户达成农产品采购初步意向，就贫困户农产品采购达成初步共识，如土鸡、番薯、水果等农产品的采购等。

4. 重视金融扶贫，扶持电商扶贫

2019年6月，中国农业银行阳春市支行通过小额信贷金融扶贫支持贫困户，惠及67户贫困户，每户平均最高贷款5万元，最低贷款3万元，累计发放3年免息贷款227.5万元，在驻村工作队以及村委会的协调下，贫困户利用无息贷款发展产业，增加收入来源，主要项目有养鸡、种植荔枝和花生等，有的养鸡400—600只，有的种植荔枝，如贫困户洪成琼、李开尧种植荔枝果园4亩。

---

① 王艳：《修好扶贫路　打开致富门——省总工会精准扶贫阳春头堡村5年脱贫率100%》，《南方工报》2020年6月29日。

② 王艳：《修好扶贫路　打开致富门——省总工会精准扶贫阳春头堡村5年脱贫率100%》，《南方工报》2020年6月29日。

在电商扶贫方面，头堡有两个微商平台，一个是世外莓源（微信公众号），另一个是同程生活千鲜汇（微信小程序），为农产品的网络销售提供很多方便。

5. 培养淳朴民风，改善人居环境

头堡村委会积极引导村民移风易俗，党员干部带头，为改变大操大办的不良风气，减轻群众负担，通过推选老党员、老干部及有威望的村民代表担任红白理事会成员，制定红白理事会相关规章制度，协助村民操办红白喜事，鼓励村民办事从简，防止铺张浪费。村民树立了婚事新办、丧事简办、小事不办的新风。如今村上办酒的事少了，要"帮忙"的事也少了，重节俭、讲整洁的文明新风正在成为头堡新农村的新时尚。

按照广东省《关于2277个省定贫困村创建社会主义新农村示范村的实施方案》，以20户以上自然村为基本单元，头堡村"两委"干部组织发动群众整治环境，全面开展"三清理三拆除三整治"工作，即清理村巷道生产工具、建筑材料乱堆乱放，清理房前屋后和村巷道杂草杂物、积存垃圾，清理沟渠池塘溪河淤泥、漂浮物和障碍物等；拆除危旧房、废弃猪牛栏及露天厕所茅房，拆除乱搭乱建、违章建筑，拆除非法违规商业广告等，建设村庄栅栏圈围；整治生活垃圾、生活污水、水体污染。应春城街道请求，省总工会同意拨付专项资金20万元用于支持头堡"三清理三拆除三整治"工作。截至2019年底，头堡村37条自然村基本清除村庄黑臭水体，基本完成村庄绿化美化，建立了稳定的保洁队伍和长效管护机制。

6. 改善公共服务，对接乡村振兴

头堡现有37条自然村，除三垌、新建两条不足20户的自然村外，其余35条自然村均参与新农村建设；头堡大田山村及稔垌村建成省级标准美丽宜居新农村建设示范点。为确保2020年度决战决胜脱贫攻坚任务，省总工会批复2020年度专项扶贫资金预算378.5万元，具体建设项目如下：（1）支持党建扶贫，支持头堡村委会新建党群服务中心；（2）支持乡村旅游，头堡村主干道人行道绿化美化升级工程；（3）支持乡村旅游，推进大田山、稔垌村乡村旅游建设；（4）支持观光农业，冲口村村道到蓝莓园450米路段硬底化工程；（5）支持文化振兴，广东狮子会规划推进狮子文化广场建设项目；（6）支持文化振兴，大垌村建设综合性文化楼（自筹资金）；（7）解决民生问题，干湖村至河北小学旁桥头村道修补工程；（8）解决民生问题，荔枝塘村危桥改造工程；（9）解决民生问题，新合村大水坑危桥改建工程；（10）支持产业扶贫，在头堡推动成立种植专业合作社。

二、广东省共青团的脱贫攻坚

广东省共青团积极行动、主动作为,坚决贯彻落实中央、省委关于打赢脱贫攻坚战的工作部署,把握坚持社会化发动与系统内主导相结合、普遍服务与精准脱贫相结合、整体推进与定点帮扶相结合、做实现有品牌与工作载体创新相结合、自主攻坚与对口援建相结合的"五个结合"原则,带领广大团员青年积极投身脱贫攻坚战,为决战决胜脱贫攻坚贡献青春力量。

(一)加强组织领导

共青团广东省委始终坚持高位推动,统筹协调全省共青团组织投身脱贫攻坚,高质量完成挂牌督战与驻点扶贫工作。成立广东共青团投身乡村振兴暨脱贫攻坚工作领导小组,并配强4名专职工作人员组建工作专班。团省委领导班子分工明确、靠前指挥,多次亲赴帮扶地市调研;珠三角地市团委用"真心实意+真金白银"帮扶对口的粤东西北地市团委开展工作,推动脱贫攻坚工作项目在基层落地。抽调各级10余名干部常驻湛江市坡头区开展督战工作,完成7个镇(街)5个省级贫困村实地摸排遍访,梳理7大类27个问题清单,跟踪指导整改情况,做好交叉检查工作。2016年以来累计整合投入资金超过1300万元推进乐昌市廊田村实现稳定脱贫,全村贫困户50户139人"两不愁三保障"全面落实,贫困村如期出列。团省委直属的广东青年职业学院投入自筹资金110万元用于产业就业扶贫、危房改造、美化亮化、基础设施建设等扶贫项目,59户贫困户217人实现100%脱贫,于2019年底全面退出。

(二)聚焦学业帮助

减少贫困问题对青少年发展的负面影响,是共青团参与打赢脱贫攻坚战中不可回避的重要议题之一。团省委聚焦青少年的学业帮助,助力实现高质量控辍保学。新时代广东乡村青少年健康成长"两帮两促"行动是由团省委联合广东省农村农业厅、广东省扶贫开发办公室、广东省教育厅、广东省卫生健康委员会等7家单位,围绕相对贫困青少年的学业帮助、就业帮助、体质健康促进、心理健康促进四个方面进行帮助的行动。其中,"青年云支教"是针对全省相对贫困户摸查中发现其子女存在学业、心理等方面问题而开展的项目。首批组织了10所高校近5000名优秀大学生志愿者对接3083名相对贫困青少年学生、5家社会教育机构定向培优263名毕业班阶段的相对贫困青少年学生,为其提供"一对一""多对一"学业辅导,在B站"广东共青团"上线600多堂精品课程打造"云课堂"。① 2018、2019 两年度，广东青基会累计资助大、中、小学贫困青少年款项超 1.15 亿元。团省委整合"广东福彩育苗计划""希望乡村教师计划""一校一社工"专项志愿活动、大学生"三下乡"社会实践活动等系列工作投入"两帮两促"行动，并建立"青年云支教"专项，通过"广东红领巾基金"安排不少于 500 万元，用于资助摸查出的相对贫困户的 3563 名义务教育阶段子女，通过动员青年志愿者结对贫困学子的方式，给予其一对一的学业辅导帮助和心理陪伴。广东有关高校团委围绕"两帮两促"行动，建立高校地市合作机制，广泛发动大学生积极参与，配合做好项目活动实施中的动态跟踪监管等各项服务。②

（三）深化就业创业帮扶

通过设立创业就业扶持基金、开展涉农创业竞赛和评选、实施"领头雁"培育计划、开展乡村青年就业促进计划的工作模式，整合社会资源，优化资源配置，培育新农项目，帮扶乡村贫困青年提升职业技能及就业质量。已完成挖掘创业项目 1779 个，其中 11 个项目获得国级赛事奖项。整合 320 万元资助 39 个重点精准扶贫立项项目，累计结对帮扶建档立卡贫困户 2920 户。开展线上线下"领头雁"农村青年人才培训覆盖 3900 人次。开展就业技能培训、公务员考试、教师系列考试培训等省级就业培训 92 场、线下专场招聘会 3 场，服务覆盖青年学生 22076 人次，其中注册志愿者 10141 人次（西部计划、山区计划志愿者 309 人次），家庭经济困难学生 5151 人次，农村"两后生"1259 人次。选拔 177 名全日制在校"青马学员"前往省定贫困村进行社会实践。

2020 年，受疫情影响，就业形势严峻，稳就业成为"六稳"工作之首。团省委响应中央号召，积极行动，多渠道多方式为青年提供就业信息对接和培训服务。一是多平台协调联动，形成稳就业工作合力。团省委推出"展翅计划"促就业专项行动，联动易展翅、南方人才网、兼职猫、智联招聘、国聘行动等多个求职平台，统一品牌和行动，每周开展至少 4 场空中双选会，同时积极发挥线上服务功能，通过解读稳就业政策信息，开展就业观引导、求职能力提升等服务，助力高校毕业生提升就业能力。全省各类团属新媒体平台累计发布就业服务信息共 240 个系列。二是大数据精准分析，着力提升就业的人岗匹配。团省委充分利用青年大数据信息，综合分析，精准服务，分类开设不同

---

① 黎慧莹：《"两帮两促"助力广东乡村青少年健康成长》，《广州日报》2020 年 8 月 25 日。
② 《广东"两帮两促"助力脱贫攻坚 促乡村青少年成长》，http：//www.chinanews.com/sh/2020/06 - 01/9199988.shtml。

2019年9月,由共青团广东省委主办、华南农业大学承办的2019年广东省"领头雁"精准扶贫重点项目立项评审暨青年人才培训班在华南农业大学举办。39个青年创业精准扶贫重点项目立项,分获农村青年创业就业扶持基金320万元资助。本次"领头雁"精准扶贫重点项目培育计划是领头雁工程的"升级版"。(图片来源:2019年9月27日中国青年报客户端)

专场,提升岗位匹配的精度和效率。如针对各地求职和岗位需求,举办揭阳、梅州、肇庆、韶关、惠州、东莞、深圳市福田区等地区就业专场,帮助当地高校毕业生找到家门口的"好工作"。根据青年特点和喜好,还开设兼职专场、直播专场、网红企业专场等招聘会,吸引青年学生关注。三是改变就业观念,引领青年到祖国和人民需要的地方。团省委扩大各类团属项目招募规模,2020年广东大学生志愿服务西部(山区)计划扩招至1600人,组织高校毕业生赴新疆、西藏等西部省份和广东省粤东西北等地开展支教、支农等志愿服务,助力西部大开发、脱贫攻坚和乡村振兴战略。团省委还联合智联招聘开展西部(山区)计划志愿者招募及就业招聘专场直播活动,邀请碧桂园、平安人寿、百胜餐饮、万孚生物、卓越、新东方等企业共同参与西部(山区)计划志愿者就业服务专项,面向志愿者推出定向招聘专属就业岗位及复试直通卡等就业优惠。①

(四)实施志愿扶贫

团省委推动公益志愿团队与贫困村、贫困户建立结对服务全覆盖,让志愿

---

① 《广东共青团多措并举助力青年学生稳就业》,http://news.southcn.com/gd/content/2020-07/10/content_191146966.htm。

服务成为扶贫攻坚路上最亮丽的风景线。开展"健康直通车"活动,定期进村开展卫生志愿服务,3年内覆盖全省所有相对贫困村和贫困户。通过公益活动募集善款,救助因视力障碍、先天性心脏病、脊柱侧弯等可通过治疗恢复正常生产生活能力的青少年群体。加强"希望家园"建设,组织团干部及志愿者为留守儿童提供志愿服务。加大贫困乡村小学"幸福厨房"援建工作力度,改善贫困少年儿童在校午餐情况。①

2018—2020年,广东大学生志愿服务山区计划共派遣志愿者2212人(2018年381人,2019年795人,2020年1036人),主要派往粤东西北11个地市偏远薄弱山区223所农村学校开展支教服务,惠及近30万名山区学生,助力义务教育均衡发展。2019年起增设"一校一社工"专项,招募选派100名专项志愿者,按照"全团抓学校"的要求,围绕未成年人身心健康、青少年潜能发展、预防青少年违法犯罪等领域创新开展学校社会工作。构建全省助残志愿服务一张网,归集各类助残志愿组织9514个,具有助残记录的志愿者超过74万人,累计服务时长达4633万小时。截至2020年8月,结合"健康直通车"志愿服务活动,已建立健康档案1798人。

(五) 深耕精神扶贫

团省委深耕精神扶贫,提升乡村贫困家庭青少年心理健康水平。广东省12355青少年综合服务平台接听青少年心理来电,解答青少年网络心理咨询;委托第三方机构对相对贫困青少年学生进行专业心理健康筛查,针对筛查结果组织省市"12355"心理咨询师一对一结对。联合相关单位推出专题节目《复学后的心理调适与复位》、原创微纪录片《心理咨询师》,在B站投放《心理健康——复学后心理压力疏导》节目,吸引超5000名青少年观看。组织专业心理咨询师心理健康宣教团队,深入乡村学校开展41场心理防护宣讲。启动"手拉手"关爱活动,组织142所省红领巾示范校与107所被帮扶地市的相对贫困村小学或基础条件较差的乡村小学组成一对一结对。开展乡村学子成长陪伴行动"蓝信封"项目,在清远、梅州等6个地市筛选出50所贫困户子女较集中的乡镇中小学开展心理健康服务项目。②

(六) 创新平台扶贫

广东省共青团利用各级共青团微博、微信、网站等新媒体平台,向社会发

---

① 《广东共青团启动精准脱贫三年攻坚计划》,http://news.cnr.cn/native/city/20160121/t20160121_521194449.shtml。

② 《如何减少贫困问题对青少年发展的影响?广东这么做》,http://edu.southcn.com/e/2020-08/27/content_191371963.htm。

布贫困群体需求，汇聚社会爱心力量。注重挖掘共青团参与精准脱贫行动中涌现出的先进典型和感人事例，引导社会各界关注贫困问题、关爱贫困人口、关心脱贫工作。通过青基会、希望工程、红领巾基金等公益平台募集社会资金，将社会爱心资源与贫困群体需求相对接，为贫困群体提供必要的物质支持和服务保障。

团省委相关职能部门主动对接，整合好社会资源，将共青团的志愿服务、扶贫攻坚等工作和社会力量的技术优势、社会责任充分结合起来。2016年，举办广东共青团"三农"专项资金竞标会，21个地市团委参与竞标400万元专项扶贫资金。联合京东集团开设全国首家"青"字号"中国特色馆·广东青年扶贫馆"，打造系列主题购物节。推动第七届广东现代农业博览会开设"青春扶贫·振兴三农"专区，组织27个贫困村的农特产品展示销售。深入实施"团银合作"，联合省银监局选派115名金融机构优秀青年干部赴县级团委挂职，全省建立371个农村青年创业金融服务站，服务1万多人次。"圆梦计划"吸引4万名新生代产业工人报名，获省政府批复同意以每年2000万元的额度资助到2020年，并纳入各级政府民生工程。"希望工程"援建"希望家园"73间，建设"幸福厨房"104间。深入开展志愿助残"阳光行动"，联系凝聚3019个助残组织、24万助残志愿者，服务残疾青少年23万人，结对率突破87%。"青春情暖"共筹集善款和物资近120万元，慰问万余名环卫工人、保安人员、流浪乞讨人员和留校大学生等。①

三、广东省妇联的脱贫攻坚

妇女在打赢脱贫攻坚战中具有半边天作用，妇联组织具有独特作用，广东省妇联团结引导各级妇联组织和广大妇女，引导贫困妇女发扬"四自"精神，激发贫困妇女求富裕求发展的内生动力；坚持以有扶贫开发任务的县区为主要区域，以建档立卡的贫困妇女为重点对象，以持续增加贫困妇女收入为着力点，切实提高农村妇女创业创新能力，特别注重建立健全妇女儿童服务的长效机制，搭建大型服务平台，着力打造"南粤家政""南粤巾帼大宣讲""广东妇女维权与信息服务站项目"等省级扶贫品牌，鼓励各地妇联结合当地情况开展形式多样的特色妇女服务，创建本土服务品牌。

（一）主要做法

1. 强化组织领导，做好精准脱贫的顶层设计

---

① 《池志雄同志在共青团广东省第十三届委员会第六次全体（扩大）会议上的工作报告》，https：//www.gdcyl.org/Article/ShowArticle.asp？ArticleID=221062。

省妇联充分意识到组织自身在妇女减贫脱贫工作中的关键作用,把精准扶贫精准脱贫放在重要位置,强化组织领导,召开多次会议推进南粤巾帼精准脱贫工作。妇联领导干部亲自挂帅,为脱贫攻坚开展深调研工作,到基层群众中去,了解贫困妇女儿童的生存与发展情况,摸清基层情况,与省扶贫办积极沟通,研讨南粤巾帼精准脱贫的顶层设计方案,制定《广东省妇女联合会关于我省妇女精准扶贫精准脱贫三年攻坚的实施方案》《"姐妹携手互帮互助"巾帼精准扶贫主题活动》。加强部门合作,与省卫计委、省财政厅联合推出农村贫困妇女"两癌"免费检查项目,根据妇女自身优势推出"南粤家政"工程、"广东最美乡村女能手"等省级妇联统筹工程项目。借助互联网平台,打造全省一体化的"南粤女声"综合服务平台,打造一网、两微、一平台、多号的新媒体集群,联通全省21个地方妇联新媒体平台形成矩阵,大力宣传妇联工作和妇女政策,引导妇女积极向上。

2. 开展多维、实效扶贫工作,助推妇女精准脱贫

(1)精神扶贫助推脱贫志向。习近平在《摆脱贫困》中提到"物质文明建设和精神文明建设是贫困地区脱贫致富的两个方面,两者相互关联,相互协调,相互促进"①,指出精神扶贫是困难群众脱贫致富的重要因素,扶贫必扶志、扶贫必扶智。省妇联以"南粤女声"微信公众号为载体,搭载"微网站+大数据库"。省妇联还在广东广播电视台广播新闻频率FM91.4开通《妇联好声音》广播节目,传递妇联声音和妇女正能量,引导妇女立志脱贫、发挥优势、服务社会。

省妇联选树"南粤巾帼创新十杰""十大南粤女工匠""广东最美乡村女能手""广东十大最美家庭"等先进典型,用先进妇女的榜样力量激励妇女;出版书籍《说说我家这些年——改革开放40年广东家庭故事》,刻录《十大最美乡村女能手》光盘,出版《广东十大最美家庭》杂志专刊,送到妇女儿童之家等场所,多形式扩大榜样影响力,形成"培育一个、带动一批、影响一片"的辐射裂变效应,激发和增强妇女参与脱贫攻坚的主体性和能动性,改变贫困妇女的"等要靠"思想,变"要我发展"为"我要发展",引导贫困妇女发扬有理想、有道德、有文化、有纪律"四有"精神,依靠双手脱贫致富,积极发展。

(2)就业扶贫筑脱贫根基。省妇联积极打造就业服务平台,创新就业扶贫方案,大力开展就业技能培训,打通贫困妇女精准就业渠道,多途径多层次

---

① 习近平:《摆脱贫困》,福州:福建人民出版社1992年版,第112页。

织密多领域的创业就业网。

一是建设妇女创业创新孵化平台。省妇联积极推进"创业创新巾帼行动",推动出台支持妇女创业政策20多项,通过建立粤港澳大湾区(广东)妇女创新创业基地和举办粤港澳大湾区妇女创新创业大赛,为优秀女性人才创新创业搭建平台,吸引更多女性人才利用创新创业优惠政策在粤投资创业。截至2019年底,已有两批共9个省妇联命名的粤港澳大湾区(广东)妇女创业创新基地,各基地孵化出多个创新创业项目,为妇女参与社会经济发展提供更多就业机会。省妇联还创办巾帼产品网络服务平台,开展电商培训,增强电子商务意识和技能,提高妇女网络创业发展能力,培育10万巾帼电商创客,促进产品线下生产加工、线上展示交易,带动妇女实现"互联网+"创业就业,适应"互联网+"时代大潮流。

为积极响应省妇联的号召,从2017年起,广州市妇联致力打造集融资、融智、融商于一体的"女性双创"服务体系——红棉睿丽广州女性创业发展计划项目(2017—2022年),与广州南粤基金集团有限公司合作设立全国首支规模达10亿元的女性发展基金,扶持打造100个红棉睿丽广州女性创业创新基地,挖掘1万名女性创业者,支持1000家新创立企业,带动10万名女性就业,打造红棉睿丽创业集市品牌,构建起支持和鼓励女性创业的优良生态圈,力求为更多创业女性提供集智慧、资源、空间于一体的综合平台,培育对社会发展有贡献的女性创业人才和优秀企业。①

二是消费扶贫。省妇联积极贯彻落实《国务院办公厅关于开展消费扶贫助力打赢脱贫攻坚战指导意见》和全国扶贫开发工作会议精神,搭建消费扶贫推动妇女创业就业的平台,引导、促进社会各界通过消费扶贫产品和服务,帮助贫困人口脱贫增收。

2020年6月,省妇联、省农业农村厅、省扶贫办联合开展"把爱带回家——广东省助力消费扶贫推动妇女创业就业公益行动"。为推动此项公益行动顺利实施,省妇联发挥牵头作用,统筹各地妇联开展工作推进会,做好责任分工,认真部署当地的宣传和相关工作,推动活动落实,助力广大妇女积极创业就业,投身决胜脱贫攻坚、全面建成小康社会的关键时期。

省妇联在广东东西部扶贫协作产品交易市场建立广东省妇女助农创业就业基地,并设置广东省妇女助农创业就业展示专区,鼓励各地妇联推荐企业入驻

---

① 《构建女性双创服务体系,广州市女企业家发展促进会成立》,https://news.dayoo.com/guangzhou/201709/27/152263_51824959.htm。

基地。在交易网、58播客线上商城开设"粤姐姐助农专区",由各地妇联联合农业农村部门推荐、上架经过质量认证、价格优惠的农副产品或有特色的小商品。广东各妇联组织通过报纸、电视、新媒体等多样渠道,大力开展消费扶贫宣传,加强扶贫产品推广,提高产品认知度,打通扶贫产品供给端和消费端的通道,推动各界关心支持消费扶贫工作。

在资源支持方面,省妇联联合电商平台提供电商、直播平台创业就业线上线下免费培训,及为入驻广东东西部扶贫协作产品交易市场或其线上商城交易网的广东女性企业或个人提供金融支持。全省21个地市妇联和广东省女企业家协会开展22场公益行动直播带货活动,牵手香江集团、中意集团,发放首期400万元消费代金券,通过产品介绍、半点秒杀、整点抽奖等方式向网友推荐"粤姐姐助农专区"特色产品,鼓励消费者消费,通过拉动消费,推动消费扶贫、就业扶贫,提高妇女脱贫致富的几率,增强妇女工作的信心。

广东省女企业家协会首期提供不少于2000个就近工作岗位,为有就业需求的群众提供发展机会。58播客启动助力妇女创业就业计划,设立2000万元妇女创业就业鼓励金,对由妇联推荐且成功在58播客平台创业、个人年度销售额10万元以上的广东女性和团队进行资金奖励,对参与公益行动的广东省21个地市及东西部扶贫协作商品免收商城入驻费,为广东1万名妇女免费提供直播带货专业技能培训,提供1万个实行员工制管理的灵活就业岗位。

三是家政扶贫。家政服务就业门槛低、容量大,是贫困群众特别是贫困妇女通过市场机制实现就业的有效方式。

2019年10月,《广东省实施"南粤家政"工程促进就业工作方案》正式出台。此方案突出技能提升、就业创业、品牌创建、权益保障,提出到2021年实现"十百千万"的目标任务,即建设扶持50家省级家政服务示范基地;建设扶持100家家政服务龙头企业;动员引导1000个以上有资质有能力的培训机构参与培训;每年开展培训20万人次以上,带动就业创业40万人次以上。在妇联等相关部门推动下,"南粤家政"被纳入广东省委省政府2019年民生工程。

广东各级妇联融合推进"南粤巾帼精准脱贫行动"和"百城万村家政扶贫工作",实施"南粤家政"工程、"粤嫂家政"工程。2019年1月,省妇联指导成立广东省巾帼家政服务联盟,发展32家巾帼家政企业为成员单位,鼓励巾帼家政企业齐聚力量,共同参与家政行业发展,倡导利用互联网技术整合家政服务员、家政企业、雇主信息,进行大数据分析,形成真实有效的家政服务动态就业数据;制定省巾帼家政服务联盟公约,引导建设诚信自律的企业文化，推动规范化发展，争当行业领跑者。①

四是手工扶贫。省妇联注重引导妇女突出文化特点和民族特质，宜绣则绣、宜剪则剪、宜编则编，促进手工业增收。2019年，省妇联以全国妇联和湖北省人民政府共同主办的"建行杯"中国妇女手工创业创新大赛为契机，努力拓宽妇女创业就业渠道，加快推动广东妇女手工业发展。在手工扶贫方面推出四大措施：第一，加强调研摸底。指导各地妇联对全省妇女手工项目进行摸底，发掘一批既能代表和弘扬岭南文化，又能吸纳妇女就业、助力精准扶贫的优秀手工项目。第二，大力宣传发动。全省各级妇联通过官网、微信公众号向社会广泛宣传大赛，共发动48个妇女手工项目参赛，努力营造妇女以行动建功新时代、以奋斗创造美好生活的氛围。第三，全程跟进服务。省妇联认真组织项目人员培训，邀请专家对项目进行指导和评审，从南部赛区选拔赛，到晋级全国半决赛，再到进入全国32强，全程跟进服务，提高项目质量，使广东成为进入全国总决赛项目数量最多的省份之一。第四，搭建对接平台。用好广东省手工项目与全国妇女手工项目的交流平台，主动帮助项目争取政府支持、对接社会资源，特别是帮助妇女开阔视野、提高素质，带动自身项目企业迎来发展机遇。例如广州钉金绣裙褂项目通过大赛接到总金额达3万元的商品订单和4个合作意向。

2018年5月，由中国妇女基金会支持成立的广东首家"妈妈制造广东韶关守艺红豆编织合作社"在韶关成立。合作社成立以来，一方面为当地引入红豆设计、生产管理、市场推广和资金，解决困扰当地农村妇女创业发展的瓶颈；另一方面通过为农村妇女提供红豆编织的知识培训、技艺规范和商品流通渠道，扶持和带动她们不出家门就地创业就业脱贫。截至2019年7月，该合作社已在韶关开展40多场妇女赋能讲座及手工编织现场教学，培训2000多人，帮助3000名妇女脱贫致富。②

五是能人助力扶贫。省妇联与省农业农村厅命名80个巾帼创业基地，培育和发挥150个扶贫"1（妇联）+N（政府部门、企业、高校）"项目的作用，特别是发挥巾帼致富带头人、巾帼创业示范基地和合作社作用，为建档立卡贫困妇女送资金、送种苗、送生产资料、送技术、送信息，带动6000名贫困妇女就业。通过种植养殖、乡村旅游、农家乐等非扶贫项目示范带动8万多名贫困妇女发展增收。

---

① 林志文：《广东妇女儿童事业与经济社会同步协调发展》，《中国妇女报》2019年10月11日。
② 华展：《实施乡村振兴战略　南粤巾帼在行动》，《南方日报》2019年7月10日。

全国巾帼现代农业科技示范基地——肇庆市封开县广远家禽育种有限公司负责人陈燕英充分发挥基地示范带动作用,积极致力于帮扶贫困母亲"1+10"行动,以"公司+农户+贫困妇女"模式,为建档立卡、有发展生产能力的贫困妇女送鸡苗和饲料,提供技术指导、实地指导和产品包销等一条龙服务,带动当地发展"杏花鸡"品牌产业,切切实实改善贫困妇女的生产生活。①

(3) 金融扶贫强造血。省妇联把妇女小额担保贷款与妇女创业创新、增收致富工作紧密结合起来。2009年底,省妇联开始推动出台妇女创业小额贷款贴息政策,联合省财政厅印发《广东省扶持妇女创业小额担保财政贴息贷款专项资金管理办法》,并在2015年和2017年进行两次修订,推动项目资金规范化管理和提高资金使用效益。2011年开始实施的"省妇女创业小额担保贷款贴息项目"重点向贫困地区和有能力、有项目、信用好的贫困妇女倾斜,并扶持通过"女能人+龙头企业+合作社+贫困妇女"等模式帮助贫困妇女增收的基地和合作社,坚持"扶小、扶弱、扶初次"原则,借力各地扶贫贷款担保风险补偿本金、农村产权抵押担保贷款、贫困村发展资金互助合作等政府力推的金融创新业务和机制,降低妇女小额贷款准入门槛和扩大受益面,帮助妇女自主创业,有效满足妇女贷款参与发展的需求。2016年,省妇联会同省金融办等8部门联合出台《广东省普惠金融"村村通"实施方案》,把妇女小额担保贷款列为普惠金融工作重要推广业务。

为进一步巩固项目成果,扩大项目的综合效应,省妇联在2011—2019年实施项目的基础上,加大金融扶贫力度,联合省财政厅、中国人民银行广州分行制定并实施"广东省妇女创业小额担保贷款贴息项目(2020—2022年)",每年为妇女和巾帼致富带头人提供创业担保贷款贴息资金扶持,进一步缓解妇女创业和扩大生产过程中的资金短缺问题,直接让2000名妇女受惠,间接带动2万名妇女创业就业,实现增收脱贫的目标,为广东实现"四个走在全国前列"、当好"两个重要窗口"贡献巾帼力量。

省妇联还与中国建设银行广东省分行签订《好家庭信用贷合作协议》,开展好家庭信用贷合作项目,满足广东省范围的各级"最美家庭""五好家庭""文明家庭""绿色家庭""书香家庭"等荣誉的先进家庭和获得广东各级"三八红旗手""巾帼建功标兵""最美乡村女能手""好母亲""好媳妇""好婆婆"等荣誉妇女先进妇女生产经营或者消费的融资需求,建立好家庭和先

---

① 华展:《精准脱贫攻坚 南粤巾帼在行动》,《中国妇女报》2016年12月27日。

进妇女典型的激励机制,推动形成赶学比超的良好社会风尚。

(4)健康扶贫暖身心。省妇联实施"家家幸福安康工程",做实巾帼健康服务,缓解妇女因病致贫和心理层面的困扰。从2009年开始,省妇联、财政部门、卫生部门联合实施农村妇女"两癌"(乳腺癌、宫颈癌)免费检查项目,近年逐步扩大妇女"两癌"免费检查覆盖范围,将妇女"两癌"免费检查工作与精准脱贫攻坚工作结合起来,动员组织适龄农村妇女早查早诊早治,减少因病致贫现象发生。十几个地市先后将其列入财政预算或民生实事,并积极做好检出患"两癌"困难妇女的救助工作,妇女防病意识逐步提高,"两癌"免费检查已惠及570万农村妇女,妇女"两癌"死亡率分别下降至4.92/10万和10.33/10万,妇女平均预期寿命延长至80.13岁,妇女健康水平稳步提升。① 省妇联抓住省实施人居环境改善扶贫工程的契机,推动贫困单亲母亲建房优先纳入当地农村危房改造计划安排,与各地妇联积极争取政府的资金,保障贫困单亲母亲的居家安全。

省妇联联合多元社会力量为妇女儿童的健康保驾护航。省妇联和省妇女儿童基金会开展援助孤贫儿童项目、救治儿童先天性心脏病项目、救治妇女风湿性心脏病项目和救治妇女白内障光明行动项目。其中贫困儿童先天性心脏病救助采取"新农合报销一点,定点手术医院减免一点,社会资助一点,个人自付一点"的模式,资助广东省经济欠发达地区的患有先天性心脏病的贫困儿童;救治妇女白内障光明行动项目主要以贫困妇女患者为主,同时也积极关注退伍军人、军烈属、荣残军人及特困家庭在这方面的需求。

(5)爱心扶贫送温暖。2007年,省妇联以"和谐广东、关爱儿童"为工作切入点,联合省直工委、省妇儿工委共同开展"爱心父母牵手困境儿童志愿行动",联合"爱心父母"温暖困境儿童。2010年,建立爱心父母牵手困境儿童大联盟,搭建"爱心父母大联盟"网络服务平台,弘扬关爱儿童理念和志愿服务精神,推进困境儿童的帮扶。省妇联、省妇女儿童基金会近年来持续开展关爱儿童项目,在中意基金会100万元支持下,开展"爱心家庭+留守儿童"扶志、扶智公益项目。截至2020年3月,公益项目陆续在揭阳、韶关、肇庆、茂名、河源等地启动,已有超过2000名留守儿童受惠。中意基金会捐资100万元用于援助孤贫儿童项目,已从生活、学业方面援助527名孤贫儿童。省妇联与云香基金会共同发起"科普直通车进校园"活动,已为约2500

---

① 林志文:《广东妇女儿童事业与经济社会同步协调发展》,《中国妇女报》2019年10月11日。

名留守儿童传授科普课程。①

2020年初，针对特殊妇女儿童群体，省妇联开展三项行动。一是开展妇联执委护家行动。落实执委普遍联系妇女群众制度，动员全省五级妇联32.8万名执委积极行动起来，对辖区内居家休养的孕产妇、残障妇女儿童、留守妇女儿童等重点群体登记造册，帮助解决实际困难和问题。二是开展巾帼志愿者助力行动。动员全省40多万名巾帼志愿者弘扬中华民族传统美德，倡导邻里守望、姐妹相助，悉心关照孕产妇、困境儿童、被隔离人员的未成年子女等特殊群体，以有温度的志愿服务助力社区疫情防控。三是开展心理服务援助行动。发挥妇女维权与信息服务站、12338妇女热线、舒心驿站的作用，为有需要的孕产妇、困境儿童提供心理支持，解决心理困扰。

（6）权益扶贫强保护。省妇联于2008年争取省政府1000万元资金支持，启动"广东妇女维权与信息服务站项目"。项目突破妇联传统信访工作模式，吸纳社会工作"助人自助""案主自决"基本理念，建立和完善集矛盾排查、投诉受理、纠纷调解、法律帮助、心理疏导、关爱帮扶于一体的综合维权服务载体，满足妇女群众多元维权服务需求。其中"12338妇女热线"成为广东妇联维权工作的品牌，省妇联在全省开展以"倾听妇女心声，关护妇女权益"为主题的省、市、县三级妇联主席接听12338妇女热线活动，各妇联主席在"三八"国际妇女节当天同步接听热线，并结合妇联主席接听热线活动，建立健全妇联领导接访制度，进一步畅通妇女诉求反映渠道。项目开展十多年来，各级政府共投入资金超过1.38亿元，先后建立30个省级服务站，带动各地妇联建立分站127个，覆盖全省20个地市，并充分发挥法律援助志愿者的作用，共计为800多万妇女群众提供综合维权服务，为受助妇女争取经济利益近亿元。②

2015年以来，省妇联积极打造"建设法治广东·巾帼在行动"品牌活动，依托遍布城乡社区的"妇女之家"，开展普法讲座、现场咨询、模拟法庭等线上线下特色普法宣传。截至2019年底，全省各级妇联开展普法活动25万多场次，妇女群众参与人数5000多万人次，通过线上线下平台提高妇女的法律意

---

① 《广东开展关爱贫困地区儿童助力决战决胜脱贫攻坚公益行动》，http://www.pwccw.gd.gov.cn/xw/2020/content/post_256312.html。

② 《喜迎广东妇女十三大·砥砺前行的五年丨维权服务有力有效》，http://static.nfapp.southcn.com/content/201912/18/c2907275.html?colID=11832。

识,强化妇女运用法律知识和法律工具维护自己的权益。①

在农村妇女土地有关权益维护方面,加强对农村妇女土地承包经营、集体经济分配、土地征收征用款分配、宅基地分配等权益的保障。在配合做好农村土地承包经营权确权登记颁证工作中,有效维护农村妇女土地权益,确保广大农村妇女"证上有名、名下有权"。尤其在农村"出嫁女"权益,省妇联联合省委农办、省信访局对农村"出嫁女"权益情况进行调研,积极向省委省政府反映情况,并得到重视和支持。佛山市、惠州市出台多个政策和措施,保障农村"出嫁女"的权益。

在女童人身权益维护方面,省妇联建立家庭关爱服务机制和多部门联防联动机制。联合省民政厅等7个部门印发《关于做好智力残疾和精神残疾女童救助帮扶和关爱服务工作的通知》,在粤东西北地区的韶关等13个地市及山区县实施"爱心家庭+困境儿童"儿童安全(防性侵)教育公益项目,对全省智力残疾和精神残疾女童进行全面摸底排查,开展救助帮扶和关爱服务。

(7)教育扶贫促发展。《中共中央国务院关于打赢脱贫攻坚战三年行动的指导意见》把"发展教育脱贫一批"作为脱贫攻坚"五个一批"的重要组成部分,指出要以保障义务教育为核心,全面落实教育扶贫政策,保障贫困家庭孩子受教育的权利,让贫困家庭的孩子有学上、上好学。截至2019年底,广东学前三年毛入园率提高到112.46%,高等学校在校女生比例高达54.64%,接受技能培训的女职工占女职工总数的98.79%。② 广东妇女儿童受教育程度明显增强,这得益于国家对教育领域的投入,也得益于广东妇联和社会各界对贫困学子的帮扶。

在教育扶贫路上,省妇联不仅关注义务教育阶段的贫困学子,还注重在职业教育、家庭教育扶贫等方面的投入。在职业教育方面,广东省结合就业扶贫举办种植养殖、乡村旅游、家政服务、手工编织、农村电商等适合贫困妇女特点的培训项目,增强妇女脱贫致富本领和自我发展能力,让贫困妇女能依靠自身职业技能就业,发展自我。在家庭教育方面,借助儿童之家平台,着力推动家庭教育和社区教育扶贫。省妇联主要采取三种不同的做法:一是注重规范管理,编制《儿童之家实务手册》,加强指导和管理;二是加强队伍建设,采取"妇工+社工+义工"工作模式,推动基层妇联、社工机构、志愿者等热心人

---

① 《喜迎广东妇女十三大·砥砺前行的五年 | 维权服务有力有效》,http://static.nfapp.southcn.com/content/201912/18/c2907275.html? colID=11832。

② 张光军:《奋力推动广东妇女儿童事业走在全国前列》,《中国妇女报》2019年10月11日。

士合力参与儿童之家的建设与服务；三是开展特色活动，立足指导和推进家庭教育职能，每年三八妇女节、六一儿童节、寒暑假期间，全省妇联系统集中开展家庭教育指导服务活动，全省每年举办万场"家庭教育大讲堂进村居（社区）"活动，此品牌活动已惠及百万家庭。

（8）定点扶贫见实效。从 2016 年起，省妇联按照省委省政府提出的"领导挂点、单位包村、干部包户"帮扶责任制要求，选派干部到挂钩帮扶村——韶关南雄市乌迳镇孔塘村任第一书记，并整合妇联力量定点帮扶孔塘村。省妇联多次与南雄市领导，南雄市扶贫办、市妇联、乌迳镇政府、孔塘村委会各级相关干部和村民沟通交流，对孔塘村的实际情况进行调研后，为该村脱贫把脉开方，制定贫困户"一户一档"实施方案，实行精准化帮扶，确保脱贫措施精准到户、到人，与多方力量共同实施精准扶贫精准脱贫工作，尤其调动贫困村民自身的优势。精准扶贫精准脱贫工作主要在基础设施建设、发展合适产业、协助落实政策性保障等方面下功夫。尤其是政策性保障兜底工作方面，低保、医保和教育保障都做到应保尽保。

省妇联积极投入资金，支持孔塘村改建村公共服务中心，安装路灯 165 盏、乡村公路硬底化 2.6 千米①，推动村委运用承建方垫资承建等办法，用活扶贫补助资金，并适当利用省妇联自筹资金，确保贫困户住房改造项目的实施。省妇联结合妇联工作的特色，推动孔塘村利用旧建筑建设老人活动中心，建设妇女之家、儿童之家，打造妇女儿童的温暖之家，进一步改善村民生活环境。

孔塘村的产业扶贫项目猕猴桃种植基地是广东丰香果园有限公司在孔塘村建设的产业基地。省妇联先后投入帮扶资金 132 万元，辐射带动农户增收致富，每年为村集体增收 8.8 万元。②省妇联在巩固好原有扶贫产业的基础上，联动多方力量科学谋划更多符合本地实际、具有发展潜力的产业项目和就业模式，如光伏发电项目、扶持贫困户种植黄烟和饲养家禽，并为提高贫困户的农业技能、务工技能开展多次就业培训。

省妇联与驻村扶贫工作队严格按照精准扶贫专项资金使用管理规定和村民自治条例要求，全程阳光规范使用扶贫资金，对民生工程项目的招投标规范操作，重大决议经过村民代表大会通过并公示后才能实施。

---

① 省妇联驻村工作队：《省妇联主席冯玲赴孔塘村对扶贫工作把脉开方》，http：//www.gdfp.gov.cn/fpyw/fpdt/201810/t20181026_974313.htm。

② 省妇联驻村工作队：《省妇联领导赴对口帮扶村调研指导精准扶贫工作》，http：//www.gd-women.org.cn/yw/202006/t20200609_1034544.htm。

在2020年的新冠肺炎疫情期间，省妇联和驻村扶贫工作队为孔塘村多方筹集和购买口罩酒精、消毒洗手液、帐篷等防疫物资，联合当地村委和工作人员，通过张贴宣传标语、入户发放宣传单张、依托党群微信群发出温馨提示等举措广泛宣传疫情防护知识。加强对元宵节等特殊节点的村民走亲访友风险管控，深入基层一线带领孔塘村"两委"干部严守防疫关口，开展防疫工作，并及时总结和研判防控工作薄弱环节，严肃防疫工作纪律，杜绝防疫工作疏漏和隐患。密切关注因疫情影响造成的贫困户返贫致贫问题，及时采取精准的帮扶措施解决他们的实际困难。

2016年特别是2018年以来，在各级党委政府的有力领导、省妇联的精心帮扶和孔塘村全体干部群众的共同努力下，孔塘村精准脱贫精准扶贫工作有效、有力推进，村容村貌发生显著变化，村集体经济明显提升，村集体经济收入由2016年的0.4万元提升到2019年的6.22万元①，贫困户得到更多实惠，贫困人口生活更加美好，孔塘村退出贫困村行列，全部贫困人口实现退出，村民过上了更好的生活。

除省妇联定点扶贫外，各级妇联组织也根据省安排开展对口扶贫工作，如深圳市妇联对口扶贫河源和平县贝墩镇贫困村共荣村、佛山市三水区妇联对口帮扶湛江市遂溪县城月镇虎头坡村、中山市妇联对口帮扶肇庆市封开县大玉口镇民强村、广州市妇联对口帮扶梅州市丰顺县龙岗镇松梅村等，广州市妇联还与黔南州、毕节市妇联分别签署"锦绣计划·东西部扶贫协作"框架协议，聚焦妇女自身优势，搭建合作互助平台，助推贵州脱贫攻坚。

3. 各级妇联组织彰显独特作用，不断创新

在省妇联大力支持下，21个地方妇联围绕省妇联的总体部署，结合当地实际情况，充分发挥组织优势、工作优势，整合巾帼志愿者、女性社会组织等社会资源，探索新的工作方式，调动贫困妇女的发展动力，精准助力贫困妇女和家庭尽快脱贫致富，为坚决打赢脱贫攻坚战助力，推动妇女儿童的发展。

广州市妇联积极探索构建"妇女＋社会工作"体系，链接社会资源，开展"玫瑰公益"系列活动，创新妇联参与社会公益的新途径，有效对接社会资源与妇女需求，营造起政府、企业、社会组织、热心人士合力关注女性、关爱女性的公益氛围，推动妇女儿童公益事业社会化、专业化和精准化发展。至2019年10月，广州市妇联共举办了四届玫瑰公益创投活动，投入资金1177万

---

① 省妇联驻村工作队：《省妇联主席冯玲赴孔塘村对扶贫工作把脉开方》，http://www.gdfp.gov.cn/fpyw/fpdt/201810/t20181026_974313.htm。

元,开展69个公益项目,涉及妇女家庭深度服务、妇女成长、反家庭暴力和困境妇女就业服务等,精准对接妇女儿童及其家庭需求,直接服务近8万人,间接服务逾百万人;实施"广州妈妈爱心计划"和"来穗妈妈爱心计划",搭建女性关爱互助平台,汇聚互助资金1.4亿元,吸引213万女性自愿参加,帮助了5200多名身患乳腺癌、宫颈癌等重大疾病的妇女;发动女企业家等女性群体及个人捐款540万元,支持广东扶贫济困工作。①

惠州市妇联充分利用各种平台(尤其是互联网平台)进行思想扶贫和就业扶贫,在电台、电视《午间新闻》栏目、报纸进行专题工作报道,形成妇联官网+"惠州女性"官微+空中电台"三网一体"+基层妇联组织网络的宣传阵地。"惠州女性"在全国地市级妇联微信公众号传播指数排行榜排名第四,妇联的引导力和影响力不断提升。利用"学习强国""'惠州女性'微信精品微课堂"等学习平台,成立巾帼百姓宣讲队,惠州市妇联把利于妇女成长和发展的信息传递到妇女眼中、家中、心中。

(二)扶贫经验

1. 纵向深化妇联组织,增强服务力量

省妇联全面贯彻落实新时代党的建设总要求和全国妇联《关于深化妇联组织建设改革实施"破难行动"的意见》精神,开展"深调研",推进各级妇联围绕全国妇联和省委省政府的工作要求和部署,进一步提高政治站位,发挥基层执委的作用,上下联动,夯实党执政的妇女群众基础,并坚持立足实际情况,扩大组织服务覆盖面,着重将"妇女之家"打造成党和妇联组织联系群众的重要阵地,向广大妇女传递党的声音,整合巾帼党员的力量,结合当地妇女儿童需求,开展创新创业巾帼行动、乡村振兴巾帼行动、南粤巾帼脱贫行动等重要工作。加强基层干部的教育培训是提高组织发挥作用的保障。省妇联开展"送教下基层"活动,并要求各级妇联开展不同类型的教育培训,提高妇女干部管理水平和增强妇女服务和基层服务能力,如佛山市禅城区培育"巾帼先锋营",开展政治理论、组织能力指导、联系群众工作等方面培训,强化基层妇联干部的身份意识和履职能力,着力提升村居妇联服务能力。

2. 建立长效机制,保障服务提供

消除贫困一直是我国发展的重要难点,也是未来发展的核心内容。2020年全面建成小康社会之际,我国将进入后现代贫困时期,即相对贫困的社会状

---

① 《探索女性公益的广州模式,"她力量·玫瑰公益论坛"在穗举办》,http://news.cnr.cn/native/city/20191013/t20191013_524813538.shtml。

态,对此建立长效的扶贫机制是十分重要的。省妇联着眼广东省当下贫困情形和未来发展态势,不断探索、建立和完善解决贫困问题的长效机制,与不同政府部门联防联动,推出多项政策制度,搭建妇女儿童关爱和发展机制,切实推动精准脱贫和乡村振兴。

在政策文件层面,省妇联推动广东出台一系列保障妇女民生、促进妇女发展的政策,如《关于贯彻落实全国妇联〈关于创业创新巾帼行动的意见〉的通知》《广东省妇联关于推进"乡村振兴巾帼行动"的实施意见》《关于加强基层妇联经费保障的意见》《关于加强家庭教育工作的意见》《广东省指导推进家庭教育的五年规划(2016—2020年)》《关于促进女性平等就业工作的意见》,联合制订《广东省实施〈反家庭暴力法〉办法(草案)》,建立"预防性侵未成年人维护女童人身权益"工作机制。在妇女服务平台建设方面,省妇联要求各"妇女之家"示范点按照"有管理、有计划、有制度、有阵地、有活动、有档案、有经费""七有"要求建设,建立健全规范化管理制度、执委轮值制度、妇女代表联系群众制度、接访服务制度、志愿服务制度,为妇女社会参与提供长久有效的平台。

3. 搭建多元平台,拓宽服务渠道

宣传是服务工作的重要部分。省妇联借助互联网平台,打造全省一体化的"南粤女声"综合服务平台,打造一网、两微、一平台、多号的新媒体集群,联通全省21个地方妇联新媒体平台形成矩阵,通过平台载体宣传政策、宣传服务,让广大妇女知晓国家大事、妇女服务政策,获取与自身发展契合的多种资源,扩大妇联的服务力和影响力,树立妇联的正面形象,进而更好地发挥妇联优势和作用。

在不同的服务领域,省妇联积极创造平台,畅通妇女儿童享受服务的渠道。如在妇女创新创业方面,命名粤港澳大湾区(广东)妇女创新创业基地、巾帼创业基地,推动优秀巾帼借平台发展自我,并鼓励其发挥榜样作用,携手贫困妇女共同参与社会经济发展;打造广东省巾帼家政服务联盟,齐聚家政行业力量推动"南粤家政"的发展。在权益维护方面,建立广东妇女维权与信息服务站,开通12338热线,搭建妇女线上线下的维权网络,为妇女群众提供精细化、个性化的维权服务。

4. 广泛动员,社会齐力扶贫

省妇联高度重视扶贫济困的工作,坚持社会扶贫,大力动员各级妇联、女性社会组织和广大妇女群众参加脱贫攻坚战,多形式部署动员方案,如"爱心捐赠"行动、"姐妹情深10元捐"行动,动员党团员带头捐资、定点捐、网络捐赠等，争取社会热心人士的支持。尤其是在每年的"广东扶贫济困日"前，发出广东扶贫济困日捐款活动倡议书，社团负责人、女企业家、爱心人士等积极响应省委省政府和省妇联的号召，履行社会责任，参与扶贫济困活动。多年来省妇联凝聚社会各界爱心，筹集社会善款，发挥巾帼志愿者的力量，扎实办好妇女儿童十件民生实事，为促进广东省经济发展和社会和谐稳定发挥妇联组织优势。

5. 选树榜样，发挥榜样作用

选榜样，立标杆，发挥先进典范的引领作用，鼓舞广大妇女学习优秀，激活妇女发展的动力和活力，使妇女学有目标，学有信心。省妇联积极选树"三八红旗手""最美家政员""巾帼建功标兵""南粤巾帼创新十杰""十大南粤女工匠""广东最美乡村女能手""广东十大最美家庭""巾帼致富带头人"等先进榜样，大力宣传榜样事迹，推动先进榜样帮扶贫困妇女儿童，在广大妇女群众中营造崇尚先进、学习先进的精神氛围，以弘扬社会正气，倡导良好风尚。

6. 打造品牌，服务出新出彩

省妇联发挥广大妇女群众"半边天"的作用，不断创新，打造出多个领域的品牌活动，推动广东精准扶贫精准脱贫服务的出新出彩。如省妇联联合省人力资源和社会保障厅等相关部门组织实施"南粤家政服务工程"，大力培育贫困妇女参与家政行业，扩大家政服务供给端，增强妇女的就业能力，推动贫困妇女通过就业改善生活困境，同时不断满足人民日益增长的美好生活的需求。依托遍布城乡社区的"妇女之家"，积极打造"建设法治广东·巾帼在行动"品牌，开展普法讲座、现场咨询、模拟法庭等线上线下特色普法宣传，切实提升妇女法治观念。

第二节 工商联、科协、残联参与脱贫攻坚

一、广东省工商联的脱贫攻坚

工商联是中国共产党领导的中国工商界组成的人民团体和民间商会，是党和政府联系非公有制经济人士的桥梁和纽带，是政府管理非公有制经济的助手，也是对外开放、民间外交的一条重要渠道，具有统战性、经济性、民间性三大特征。

根据《全国工商联 国务院扶贫办 中国光彩会关于推进"万企帮万村"

精准扶贫行动的实施意见》和《中共广东省委 广东省人民政府关于新时期精准扶贫精准脱贫三年攻坚的实施意见》的精神，扎实推进"千企帮千村"精准扶贫行动，实现思想上和行动上的步调统一，于2016年出台《关于"千企帮千村"精准扶贫精准脱贫三年攻坚的实施方案》，高度重视引导和动员下辖21个地级市、65个市辖区的工商联一同参与，以民营企业为帮扶方，以全省3284条贫困村（其中相对贫困村2277条、非贫困村1007条）为帮扶对象，以签约结对、村企共建为主要形式，因地制宜、分类指导，动员1000家以上民营企业和商（协）会参与精准扶贫精准脱贫三年攻坚战，帮助相对贫困村加快脱贫进程。

（一）扶贫实践

1. 响应时代号召，发出扶贫倡议

2016年1月25日，省工商联和省直商会、企业家代表共100余人在广东省分会场收看全国工商联、国务院扶贫办、中国光彩会召开推进的"万企帮万村"精准扶贫行动全国电视电话会议。省工商联学习贯彻会议精神，坚持问题、实践、基层导向，坚持尽心、尽情、尽力服务，按时展开"万企帮万村"精准扶贫行动，实实在在抓好商会作用的发挥，抓好在帮扶上突出优势，推动发展一批特色产业，解决一批贫困户劳动力就业，落实一批公益捐赠项目，确保服务支持精准到位。

"广东扶贫济困日"是经由国务院批准同意认定的全国首个也是唯一一个以扶贫济困为主题的省级专项活动日。自2010年以来，每年的"6·30"活动，均得到广大民营企业和民营经济人士的积极响应和鼎力支持。特别是2019年的"6·30"活动，民营企业和民营经济人士参与统计的积极性空前高涨，认捐金额达25.86亿元，为推动全省脱贫攻坚和乡村振兴作出重要贡献。

表1 "广东扶贫济困日"历年主题

年份	主题
2010年	"扶贫济困，共建和谐"
2011年	"人人献爱心，共建幸福家园"
2012年	"扶贫济困，奉献爱心"
2013年	"扶贫济困，奉献爱心"
2014年	"扶贫济困，雪中送炭"
2015年	"扶贫济困，共同参与"
2016年	"聚焦贫困人口，助力攻坚脱贫"

续表

年份	主题
2017年	"关爱贫困人口，助力攻坚脱贫"
2018年	"关爱贫困人口，助力脱贫攻坚"
2019年	"决战脱贫攻坚，助力乡村振兴"
2020年	"决胜脱贫攻坚，助力乡村振兴"

省工商联每年都积极响应"广东扶贫济困日"活动，向广大民营企业和民营经济人士通过发文件、倡议书，举办学习班，召开会议等形式进行广泛动员，支持和引导粤商参与到扶贫济困活动中来，众多大型民营企业名列其中，共同弘扬粤商乐善好施、利人利己的慈善精神，用引资帮扶为困难和弱势群体决胜脱贫攻坚，实现多种形式的扶老、助残、救孤、济困、助医、助学等扶贫济困活动，让建设美丽广东的大潮带动困难群众走向小康之路。

2. 因势利导助推，因地制宜扶贫

广州市工商联（非公经济）贯彻落实党中央及省委、市委实施乡村振兴战略的决策部署要求，牢牢把握住乡村大有可为的实战领域，积极探索创新实现脱贫攻坚和乡村振兴战略的方法和路径：一是落实广州市"千企帮千村"行动的实施方案，搭建精准对接平台，组织动员广大民营企业参与到行动中来；二是注重帮扶实效，加快推动村企结对签约帮扶项目的建设，尽快形成产业效益和社会效益；三是做好自身企业与村户结对帮扶的跟进服务工作，帮助企业协调解决帮扶中遇到的困难和问题，以实现助力乡村振兴与推动企业发展互利共赢，努力走出一条具有广州特色的超大城市乡村振兴之路。[①]

深圳市工商联紧扣"准、精、实"的扶贫工作思路，立足工商联职能，发挥深圳市民营经济高度发展、智慧及市场机制完善的优势，引导产业扶贫同扶志、扶智相结合。一是充分发挥市场机制作用，以产业合作促进扶贫协作，如开展"深商经贸交流计划"系列活动，组织民营企业家亲自到河池、百色、汕尾、河源、喀什、林芝等对口地区进行考察，与当地政府召开投资洽谈会，助推企业项目落地，2017年推动深圳企业与对口地区签约合作项目80多个，总投资超过300亿元。二是多措并举推进精准扶贫，如积极引导企业参与捐赠助学等社会公益活动，香江集团旗下香江爱心图书室在18个省份逾1500所乡

---

① 《广州市非公经济助推乡村振兴工作现场会在从化举行》，https://mp.weixin.qq.com/s/smZoUUJ0L11bnSzlHhGQEw。

村学校设立课外阅读图书室；与对口地区工商联、商会、企业建立良好的沟通机制，搭建深圳企业家和对口地区企业家交流平台，促进企业家交流对接；举办对口帮扶地区扶贫骨干培训班，邀请专家为对口帮扶地区基层扶贫干部、各乡镇行政村致富带头人等围绕扶贫政策、乡村振兴、产业合作进行专题讲授，组织实地参访深圳市知名民营企业、扶贫骨干经验交流会等，帮助基层扶贫骨干开阔视野，交流经验。共同助力在大扶贫格局中打赢脱贫攻坚战，实现全面建成小康社会。①

东莞市工商联紧紧围绕"万企帮万村"精准扶贫行动的目标和要求，以国家挂牌督战村帮扶为工作重点，深入推进"万企帮万村"行动。2016—2020年间，东莞市累计投入到镇雄的财政帮扶资金达2.93亿元，动员社会各界向镇雄捐物捐款6360万元。2020年6月19日，东莞市工商联协同所属19家商（协）会、企业与云南省昭通市镇雄县35个国家挂牌督战村签订结对帮扶协议，现场捐赠200万元进行精准帮扶，这不仅进一步补齐当地各村脱贫出列短板，也有助于镇雄县实现高质量脱贫攻坚。②

佛山市工商联主动作为，引导商会力量与结对村进行对接，积极推动对口凉山州脱贫攻坚项目有序开展。一是与企业家们深入脱贫攻坚一线，与村干部、村民、包村扶贫干部等进行实地交流，深入了解当地脱贫攻坚情况和结对帮扶问题需求，先后与美姑县柳洪乡尔且村、子威乡沙马马拖村、子威村、子威沙洛村、特洛村、依子觉村进行扶贫对接。佛山市总商会向子威乡捐赠产业发展帮扶资金10万元，市梅州商会、市吴川商贸促进会、市江西商会、市化州商会、市民营企业（温州）商会等分别与对接挂牌督战村进行签约，各自捐赠产业帮扶资金5万元用于发展村集体经济，并在以购代捐、就业帮扶等方面达成协议。二是各商会还为当地捐赠价值达30万元的校服，实实在在地助力教育帮扶，为凉山打赢脱贫攻坚战贡献一份力量。③

揭阳市工商联深入系统地开展扶贫济困活动暨"万企帮万村"行动，充分发挥工商联和行业商协会的平台优势和组织优势，积极组织动员全市工商联系统、广大非公经济人士参与扶贫工作，民营企业与农村或涉农社区（乡贤）广泛自愿结对帮扶，增强村庄自我"造血"能力，促进村集体和农民持续增

---

① 傅春荣：《深圳市工商联"准、精、实"做好对口扶贫工作》，《中华工商时报》2018年4月17日。
② 傅春荣：《东莞助推昭通高质量打赢脱贫攻坚战》，《中华工商时报》2020年6月23日。
③ 《佛山市工商联召开助力脱贫攻坚暨乡村振兴工作推进会》，https://mp.weixin.qq.com/s/cLoeSlMNRChybC2qCa7BBQ。

收,实现在2019年底动员60家民营企业参加帮扶行动,2020年底动员150家民营企业参加帮扶行动,至2020年底动员300家民营企业参与帮扶行动,为助力乡村振兴作出积极贡献。①

梅州市工商联引导鼓励各类企业积极参与"万企帮万村"行动,凝聚各方力量助力脱贫攻坚。2018年,梅州便以开展国家、省级电子商务进农村综合示范项目为契机,开始探索具有梅州特色的"互联网+消费扶贫"的农村电商发展新模式。广东村之翼科技有限公司是梅州市首家"消费扶贫示范企业",借以"互联网+"建立线上线下县、镇、村三级服务网络,不断扩展消费扶贫的吸引力、作用力和影响力,在梅州各镇村设立350多家服务网点,项目覆盖率超70%;与梅县区内的32个贫困村和18个镇签署协议,带动消费扶贫产品销售额达1500万元以上。截至2020年5月,梅州市工商联累计动员市内外1212家企业结对帮扶918个行政村。2020年6月11日,梅州市工商联举行全市工商联"万企帮万村"工作推进会,围绕"深化结对帮扶、推进消费扶贫、助力脱贫攻坚"工作主题,促进"万企帮万村"行动提质增效,举行消费扶贫的启动仪式,借以发动社会各方力量,通过"以购代捐""以买代帮"等方式促进扶贫产品销售,大力推动"万企帮万村"消费扶贫。②

茂名市工商联贯彻实践东西部扶贫协作机制,努力把"两广一家亲"的深厚感情转化为"携手共发展"的合作关系,严格落实茂名市人民政府和南宁市人民政府签订的扶贫协作框架协议精神,切实推进茂名市民营企业帮扶南宁市马山、上林、隆安三县脱贫攻坚工作。一是指导茂名市电白区、高州市、化州市工商联与南宁市马山县、上林县、隆安县工商联结对帮扶;二是两市工商联每年协助茂名帮扶地区举办一次招商引资活动,共同促进茂名帮扶地区的经济发展;三是两市工商联领导每年互访调研1次以上,研究、协调、解决扶贫协作工作中存在的问题,推动各项工作有效开展;四是组织两市商会、两地企业家不定期互访,努力为两地商会、企业家的合作创造条件;五是做好就业服务工作,为帮扶地区外出务工人员提供就业指导和就业岗位;六是茂名市工商联将"百企帮百村"活动与扶贫协作结合起来,并充分发挥茂名市工商联所属商协会的优势和作用,为两地经济合作、旅游合作、就业服务等工作做好服务。这不仅贯彻落实了全国、省、市工商联关于推进"万企帮万村"精准

---

① 《市工商联召开2019年"广东扶贫济困日"暨"万企帮万村"工作推进会 推进"万企帮万村"助力乡村振兴》,http://www.jywenming.cn/news_detail.asp?id=4364。

② 汪思婷:《万企帮万村 村村焕新颜》,《南方日报》2020年6月17日。

扶贫行动的要求，将工作责任落实到位，也结合了自身的工作实际去落实处、广动员、稳执行，让民营企业有更多机会参与到精准扶贫行动中来，助力脱贫攻坚与乡村振兴。

清远市工商联围绕打赢脱贫攻坚战，扎实推进"百企帮百村"行动，将政策机遇转化为发展动力，高质量地推进广清一体化，加快入珠融湾步伐，积极参与打造全省乡村振兴示范区和全国城乡融合发展试验区。一是组织民营企业家们深入田间地头，实地参观清远市两个"百企帮百村"典型示范项目（粤西北清远连山县吉田镇石溪村和连南县涡水镇大竹湾村）的帮扶成效，实地了解清远潮汕商会和清远恒福地产公司的产业帮扶的项目经验和企业精神；二是在充分展示优秀帮扶成果和民营企业家风采的同时，鼓励企业家们贯彻落实自身在"百企帮百村"行动中所肩负的帮扶工作，推动企业经济效益和帮扶社会效益双赢的实现，助力国家乡村振兴大计。

3. 扶贫活动多样，丰富多彩

一是大型项目扶贫活动。在"万企帮万村"精准扶贫行动中，制定广东省乡村振兴"万企帮万村"行动规划，搭建行动对接信息平台，为村企进行精准对接、供需精准匹配，扎实推进"万企帮万村"行动。在"广东扶贫济困日"中，省工商联结合国家扶贫日等关键时间节点，引导民营企业发扬中华民族扶危济困的传统美德，弘扬社会主义核心价值观，先富帮后富，踊跃捐款捐物；引导民营企业支持原中央苏区、革命老区、民族地区建设，以援建农村路桥、饮水工程、卫生设施、文化场所等方式，帮助相对贫困村改变面貌。在粤桂扶贫协作工作中，省工商联深度聚焦贫困地区，解决"两不愁三保障"问题，助力广西脱贫攻坚，促进粤桂两地经济社会发展，做好脱贫攻坚与乡村振兴的有机衔接。

二是扶贫考察调研活动。由省领导同志亲自带队，组织发动国有企业、民营企业及港澳台、海外华人华侨等爱心企业、爱心人士等深入实地开展扶贫考察调研，召开座谈会，听取镇村干部工作开展的情况汇报，走访贫困村贫困户，实地察看扶贫产业发展和农村人居环境整治，引导社会各界力量自愿参与到脱贫攻坚中来，进行定点定向资助、认建帮扶活动、开展共建项目等。省委省政府要求省工商联负责挂牌督战汕头市潮阳区脱贫攻坚工作，由省工商联党组书记作为挂牌督战的第一责任人，补齐脱贫工作的弱项和短板，多措并举来巩固脱贫成果，实现真"督"实"战"力"助"，充分发挥工商联的职能和资源优势，鼓励引导民营企业精准帮扶潮阳区的贫困村贫困户，全力攻坚克难，制定落实"一户一策"的帮扶措施，做到真扶贫扶真贫，真脱贫脱真贫，防止数字脱贫、虚假脱贫,确保按时高质量地完成督战任务。2016年10月—2018年间,省工商联、扶贫办、扶贫基金会联合组织开展"广东省贫困劳动力转移就业情况摸底调查"。一方面调查贫困户家庭劳动力已转移到民营企业的就业情况,含就业地、就业单位、工资社保等,适时对其开展后续的就业帮扶服务;另一方面会从全省3284条贫困村中每村选聘1名贫困家庭大学生,利用假期回乡开展摸底调查活动,旨在调查贫困户劳动力未转移就业情况,按其意愿推荐到民营企业就业,输出一人脱贫一户。结合考察调研情况,对过去的"万企帮万村"精准扶贫行动的方案和计划进行再修订、再调整和再优化,以确保方案的可行性、可操作性和可持续性。

三是产业消费扶贫活动。省工商联建立协作平台,关注产业兴旺这一乡村振兴战略最为基本的内容,鼓励被帮扶村户主动上传发展需求和发展优势,推动广大民营企业结合自身在资金、技术、市场和管理等方面的独特优势,有选择地为相应贫困村贫困户提供技术指导、产业扶助、农产品加工增值等方面的帮助,通过采购、代销、订单农业、农企直通车等形式,帮助结对村对接外部贸易市场,同时也把防止返贫摆在重要位置,切实加强贫困村贫困户的自我发展、自我建设和自我管理等能力。如省工商联落实全国工商联系统援藏援疆工作电视电话会议精神及随后下达的《援藏项目任务清单》,对推进新疆馕产业扶贫试点工作进行考察调研工作,粤疆两省区工商联和试点地市工商联保持紧密沟通、密切协作,强化各自的职责分工,一同解决试点工作中面临的具体问题。东莞示范店是广东省新疆馕产业扶贫试点城市中开办的第一家店,希冀结合东莞实际,探索有地方特色、可借鉴的办好产业扶贫示范店的方法路子,为推动其他9个城市(广州、深圳、珠海、汕头、佛山、惠州、中山、江门和茂名)的试点工作提供可复制、可推广的先行经验,开设12家烤馕店,每个店安置3名新疆困难群众,共计帮扶36人。又如恒大集团旨在一举改善贫困"基因",重塑"造血"机制,从2015年12月开始与贵州省毕节市大方县结对帮扶,3年间无偿投入30亿元,先后派出2108名扶贫队员,驻地执行全方位的综合治理方案,通过产业扶贫、搬迁扶贫、教育扶贫、创业扶贫等综合性措施发挥作用,以确保实现大方县18万贫困人口全部稳定脱贫。为抓住精准扶贫的"牛鼻子",自2017年5月3日起,恒大集团再度无偿投入80亿元,实现由整县帮扶扩展至毕节全市10个县区帮扶,初步到位60亿元扶贫资金,帮扶30.67万人初步脱贫。①

---

① 张晓漫:《恒大在毕节:政企共同书写扶贫新篇章》,《深圳晚报》2018年12月7日。

四是教育扶智扶贫活动。省工商联为脱贫攻坚骨干干部，组织开展生产技能、实用技术、经营管理等相关主题培训，引导农村人才从单纯的受助者转变为积极的参与者，提高贫困村户参与市场经济和自我建设的能力。积极关注对非义务教育阶段贫困学生的学业帮扶，组织部分贫困家庭大学生到民营企业见习实习，接受就业创业指导，增长知识才干，提前做好职业准备，实现毕业就业无缝对接，助力家庭早日脱贫。为深入贯彻习近平在统筹推进新冠肺炎疫情防控和经济社会发展工作部署会议上的重要讲话及系列批示精神，抓好重点行业、高校毕业生重点人群的就业工作，特别是家庭经济困难群体毕业生的就业帮扶工作，省教育厅、省人力资源和社会保障厅、省扶贫办、省工商联4个部门联合在2020年5月15日至6月15日举办广东省2020届普通高校毕业生"助力圆梦"扶贫济困大型公益网络招聘月活动。省工商联明确部门工作责任，建立配套工作联动机制，积极动员各地工商联发动民营企业登录活动平台并注册加入活动专题，为高校家庭经济困难的毕业生提供更多优质的就业岗位。①

五是回报家乡"春晖行动"。省工商联鼓励号召国内外乡贤人士与爱心人士抒发乡情，主动以多种形式回报家乡，为家乡捐资兴办扶贫济困等公益慈善项目。如广州市江西泰和商会主动为家乡灾后重建捐款25万余元，分别向禾市镇芦源村捐赠修路架桥款10万元；向遇难者家属苏溪镇高溪村8组欧阳满娥、马市镇西洲村1组钟光英每人捐赠39000元；向苏溪镇10户受灾贫困户和马市镇5户受灾贫困户每人捐赠3520元；向马市镇三平村捐赠修桥款2万元。②

六是表扬表彰先进活动。省工商联及各地工商联会开展相关认定活动，定期对扶贫帮扶活动工作、积极参与扶贫"双到"工作中表现突出、有重要贡献的企业单位进行表扬表彰，如定期启动年度扶贫济困红棉杯评选活动，广泛利用电视、报刊、网络等媒体加大对精准扶贫行动的宣传力度，加强舆论引导，积极宣传脱贫致富、结对帮扶等的先进典型，强化示范引领作用，希冀以先进典型来鼓励和激发更多企业真心实意地投入到乡村振兴工作中来，营造自立自强、奋发进取、积极向上的社会氛围。

---

① 《广东省2020届普通高校毕业生"助力圆梦"扶贫济困大型公益活动举办》，http://www.gd.gov.cn/zwgk/zdlyxxgkzl/jycy/content/post_2998670.html。

② 《广州市江西泰和商会向家乡捐赠25万余元》，http://www.acfic.org.cn/gdgsl_362/jx/df_wqb-wc/201807/t20180710_53981.html。

（二）创新经验

脱贫攻坚与乡村振兴工作既是时代考验，也是时代机遇；既是政治任务，也是政治责任；既是民生工程，也是民心工程。做好脱贫攻坚与乡村振兴工作，是工商联系统义不容辞的责任。

1. 典型引路，示范带动

为扩大"万企帮万村"行动的影响力和号召力，省工商联主动上门对接碧桂园、恒大、星河湾、奥园等知名企业，鼓励引导它们支持和参与帮扶村村庄规划和产业发展规划的制定，通过基础设施建设、公共服务设施建设、环境整治等方面的帮扶，建设"望得见山、看得见水、记得住乡愁"的美丽乡村，探索精准扶贫和新农村示范村建设的特色之路。碧桂园投入5亿元整县帮扶英德市新农村建设，并先后促进汕头市潮阳区、韶关市浈江区翁源县等6市7县（市、区）181个村脱贫发展；恒大集团投入9亿元帮扶惠州市惠东县、博罗县、河源市和平县、连平县新农村建设；星河湾投入1亿元在汕尾城区石洲村建设新农村；奥园集团在珠海香洲区10个村进行整体改造；深圳佳兆业集团捐赠2亿元，用于帮扶惠州龙门县所属贫困村，实施71个基础设施和公共服务设施改造项目；深圳广胜达集团在吴川投资1.5亿元建设南埔村委杨赤里村幸福家园，对整村重新规划重新建设。

2. 授人以鱼，授人以渔

省工商联始终坚持"鱼渔双授"，以授人以鱼为引，根据不同地区的贫困特点，按需、按点、按则地动员、引导和配对非公有制企业参与到精准扶贫与乡村振兴行动中来，不断地提高贫困地区和帮扶对象的自我建设与发展的能力；坚持以授人以渔为根，在开展就业扶贫、消费扶贫、产业扶贫等扶贫的同时，发挥民营企业的作用优势，不忘开发式扶贫、造血式扶贫，分析透彻贫困地区经济落后的原因，充分激发贫困地区或帮扶对象的积极性、主动性和发展性意识，借助农村相关组织把多种元素凝聚起来、将资源整合利用起来，培育贫困地区的经济增长点和内生发展动力，进而促进整个贫困地区的经济发展、人民增收和生活质量，最终实现脱贫致富、乡村振兴。

根据省委统战部《广东省各民主党派、省工商联助力粤东粤西粤北地区乡村振兴活动的实施方案》要求，省工商联于2019年12月24—27日与汕头、湛江、茂名、潮州等市开展助力粤东粤西粤北地区乡村振兴活动，分别召开专场乡村振兴活动座谈会，签订《助力粤东粤西粤北地区乡村振兴活动合作框架协议书》，举行支持助力乡村振兴活动帮扶资金交接仪式等。省工商联发挥工商联的桥梁纽带作用，主动担起自身在助力打赢脱贫攻坚战、乡村振兴战略以及区域协调发展的总体部署中的责任和使命。省工商联与汕头等4个对口帮扶市保持密切合作，认真落实和执行合作框架协议的内容，将500万元的乡村振兴活动帮扶资金作为种子资金，通过开展同心调研、反映社情民意、助推富民兴村产业、增进民生福祉、派遣干部挂职等多种方式，发动和引导会员民营企业积极参与到"万企帮万村"行动和乡村振兴战略工作中来，助力壮大广东省欠发达地区特色农村产业，加快推进对口帮扶市的脱贫攻坚工作进度，推动粤东粤西粤北走在乡村振兴战略工作的发展前列。[1]

3. 尊重意愿，解决实际困难

在开展"万企帮万村"行动中，各地工商联注重调研，深入倾听非公企业的帮扶意愿和帮扶对象需求，突出帮扶的精准性和可操作性，及时研究解决问题，以取得结对帮扶的最大效果；同时鼓励引导企业发挥能动性和创造性，采取"一企多村""一企一村""一村多企"等多种灵活的形式参与；在帮扶内容方面围绕企业增效、农户增收的双赢目标，着力促进农民持续增收和壮大集体经济。

广州市工商联对口帮扶清远市清新区禾云镇罗东村。在驻村干部走村入户期间，村民普遍反映，村里没有路灯和文化广场，夜间出行不便，缺少文体休闲的场所，驻村干部向帮扶单位反映后得到帮扶单位的支持，在村主干道实施太阳能路灯建设，共建了131盏路灯，覆盖村内6千米的主要干道，27个自然村全部惠及，不落下一个村小组。在村中心建设村内第一个文体休闲广场，带动群众文体休闲生活不断改善。

2016年，针对罗东村困难突出的20多户贫困户，通过了解诉求，真正做到一户一策。帮助协调17户贫困户新纳入危房改造，帮助3户符合条件的贫困家庭新加入低保户，帮助1户到60岁的贫困户低保转五保，帮助1户家庭解决孩子上幼儿园学费问题，帮助1个贫困户劳动力在附近务工，月增加收入2400元，并学习火龙果种植技术。帮助1户承包村里路灯建设部分施工，约增加收入5000元。牵线搭桥，协助1名贫困户青年开展电商创业，销售村里的农副产品。帮助贫困户128人购买2017年医疗保险，实现贫困户医疗保险100%覆盖，帮助符合条件的没有户口或缺少残疾证的贫困户成员办理相关证件。

---

[1] 《广东省工商联开展助力粤东粤西粤北地区乡村振兴活动》，http://www.zytzb.gov.cn/fgjjcy/322698.jhtml。

二、广东省科协的脱贫攻坚

近年来,省科协按照中央和省委打好精准扶贫攻坚战决策部署,以及中国科协关于科技助力精准扶贫工作部署,认真动员组织基层科协和广大科技专家参与脱贫攻坚,助力贫困地区产业发展,带动贫困户增收脱贫,取得阶段性的显著成效。据不完全统计,近年来,动员组织全省数百名科技专家面向相对贫困村,开展科技培训近6000场次,培训农民100多万人次,建立科普惠农服务站近300个,辐射带动农户10多万户发展专业生产,为广东精准脱贫攻坚战作出积极贡献。①

(一)顶层谋划、高位推动,助力脱贫攻坚打开新局面

省科协坚持把科技助力精准扶贫作为重要政治任务,动员组织基层科协、各级科技社团和广大科技工作者尤其是科技专家投身科技助力精准扶贫的主战场。近年来,党组一把手以上率下,带头下沉基层一线,深入粤东西北各级科协、省级学会、高校和科研院所,广泛倾听民意摸清实情,形成事业发展新思路,研究制定《广东省科协助力"四个走在全国前列"行动方案》《广东省科技工作者"上山下乡"助力乡村振兴行动计划》,精心谋划实施科技工作者服务工程、学术引领科技创新工程、公民素质提升工程、智库体系建设工程和科技工作者"上山下乡"行动(简称"四大工程一个行动"),充分发挥科协联系的学会学科齐全、覆盖面广、交叉融合的人才优势,着力从高层面、大范围、深层次动员组织农技协、学会、高校、科研院所的科技专家,深度参与打赢全省脱贫攻坚战。省科协秉承开放合作理念,主动出击,寻求合作,聚力发展,先后与省科技厅签订推进实施创新驱动发展战略合作备忘录,与省农业厅签订支持现代农业产业园建设合作协议,进一步加强科技和人才支撑服务对"三农"发展的支持,不断提高广东现代农业建设水平,增加农民收入,助力精准脱贫攻坚战。

(二)上下联动、聚力帮扶,助力脱贫攻坚取得新成效

省科协坚持以省农技协为龙头,动员组织全省广大农业科技工作者积极参与扶贫攻坚和乡村振兴工作。各级农村专业技术协会团结农村能工巧匠,带领群众发展生产,不断创新农业生产模式,促进农村经济多元发展和农民共同富裕。近年来,通过大联合、大协作形式,省农技协突出加强与农业高等院校、

---

① 何真:《实施乡村振兴科普行动 为提升农民科学素质建设社会主义新农村作出新贡献——在全省科协农村科普工作会议上的报告》,http://gdsta.cn/item/23884.aspx。

市县基层科协、镇村组织的联系合作，深入扶贫村、山区村寨一线开展农技帮扶服务，送科技下乡，为基层农业产业发展提供人才技术支撑，助力山区农业发展和农民脱贫奔康，取得良好成效。据不完全统计，省农技协牵头以协会农技专家和乡土人才为基础，组织种植、养殖、水产、养蜂、保鲜加工等技术服务团队，深入扶贫村、山区村寨开展农技下乡，取得丰硕成果。其中，省农技协协会副理事长黄樟翰研究员在韶关市乳源县推广稻渔综合种养技术，辐射带动禾花鱼规模养殖5万多亩，并成功申报广东省目前唯一的国家级稻渔综合种养示范区，带动一方农民脱贫奔康；省农技协协助谢先德院士推荐的"高负荷地下渗滤污水处理技术"在广宁县、阳山县等山区推广，助力生态环保的美丽新农村建设；由邹记兴教授领衔的省农技协水产技术助力扶贫团队，联合国家大宗淡水鱼产业技术体系广州综合实验站等省市县镇数家科研企业单位，在清远市连山县开展稻田养鱼技术培训，并形成科技助力精准扶贫常态机制。省科协动员省市县各级学会积极发挥所长所专，聚力助力精准扶贫工作。澄海区科协和汕头国际眼科中心科技服务团队，聚集数十名科技专家，坚持开展"全民'亮眼'行动"，为包括贫困村在内广大群众（学生）普及眼健康知识、建立健康档案、免费检查眼疾，为家庭困难的白内障患者实施扶贫手术，已为380名白内障贫困患者实施扶贫"亮眼"手术，减免费用约304万元；省荔枝产业协会主动联合工商联等社会组织，发起推进"帮扶贫困户，解决卖荔难"精准帮扶贫困户活动，精准对接贫困村帮果农卖荔枝，动员爱心企业收购荔枝逾3000吨。韶关市医学会联合中国中西医结合协会脑心同治专业委员会、韶关学院医学院、韶关爱尔眼科开展"精准扶贫送医送药送温暖"义诊活动、大型集市活动，一次性送出20多万元的药品，扶弱济危。

推动流动科技馆、科普大篷车下乡村，助力脱贫攻坚。以"体验科学、探索科学"为主题，在新会、阳春、江海、九江4个站点举办"中国流动科技馆"巡展活动，累计接待参观群众16万人次，基本辐射贫困乡村学生和广大群众。充分发挥科普大篷车机动灵活的特点，把科普展教工作深入到粤东西北及偏远山区的学校、社区、农村等，扎实开展科普宣传，为提高公民科学素质服务。其中广东科学馆科普大篷车先后深入韶关、揭阳、河源、肇庆、清远、中山、东莞等地，开展丰富多彩的科普大篷车"进校园、进社区和进农村"活动33场次，参观人数达8万人次。在全国科普日粤港澳大湾区分会场活动中，统筹调度全省科普大篷车集中助阵，产生广泛的社会影响力。

省科协坚持以科普惠农兴村、千会服务千村等为重要抓手，动员组织各级科协组织和科技工作者，分赴包括相对贫困村在内的粤东西北乡村助力精准扶贫精准脱贫。其中，茂名、阳江、河源、中山等市大力推动农产品电子商务平台建设，开展电子商务技术培训，引进合作企业，通过线上、线下资源加强特色产品配送、销售，促进农民增收致富。科普惠农兴村计划结出丰硕成果，被广大农民亲切地称为"惠民工程""幸福工程"。省科协通过采取"一会一村""一会多村""多会一村"的方式，大力培育和发展农村专业技术服务组织，动员和组织科协所属专业学会为农村经济和农业发展提供人才、智力和技术支持，开创一条科普引领、专业学会支持、公司基地示范、农民受益的农村科普新路子。肇庆、阳江两市与中国邮政储蓄银行联合开展"银会合作"行动，为农技协、科普示范户、农业企业、家庭农场累计发放贷款超过1.1亿元，有效缓解农村融资难的问题。湛江市采取"包村联户"的方式，形成"专家组＋农技员＋科技示范户＋辐射带动户"的技术服务新模式，创建种植、畜牧、渔业试验示范基地20多个、联系科技示范户5000多户。雷州市扶持发展13家村级协会，其中雷州市青枣技术协会会员带动1600户农户，年销售青枣5000万千克以上，产值2亿元。阳春市养鱼协会会员养鱼6000亩，年产鲜鱼近7000多吨，年产鱼苗3000多亿尾，占全省鱼苗生产总量的42%，会员人均纯收入达14112元，带动全市养鱼大户600多户，养鱼产值达1.5亿元。龙门县养蜂协会联系会员养蜂户2500户，养殖蜂群8.5万群，年产蜂蜜2000吨，产值1.1亿元，养蜂户年均收入达4.8万元。①

（三）定点结对、滴灌帮扶，助力脱贫攻坚取得新突破

根据省委精准脱贫攻坚部署要求，省科协和地市科协都进行定点帮扶，并实行省市县镇村"五级联动"，助力脱贫攻坚。省市县各级科协组织均委派1—2名优秀年轻干部驻村扶贫，充分发挥科技人才荟萃的优势，积极动员组织各级学会和广大科技专家"上山下乡"，重点通过送科技、送培训、送种养图书资料等，致力科技助力，努力促使贫困村、贫困户、贫困人口生成"造血功能"，突出加强发展生产、脱贫致富的内生动力。据不完全统计，地级以上市科协组织科技专家对定点帮扶村开展技术培训均达100多场次，培训农民近万人次，基本做到至少"一村一重点产业"。

各级科协组织秉持产业帮扶先行理念，推进干部驻点帮扶、科技滴灌帮扶。其中，省科协定点帮扶湛江市遂溪县岭北镇西塘村，持续开展农村实用技术培训，指导成立富硒农产品合作社，帮扶绿化苗木种植示范基地建设、光伏

---

① 何真：《实施乡村振兴科普行动　为提升农民科学素质建设社会主义新农村作出新贡献——在全省科协农村科普工作会议上的报告》，http：//gdsta.cn/item/23884.aspx。

发电科普基地建设，其中170kW光伏发电应用科普教育基地目前并网发电20多万度，每年可产生20万元左右的经济效益。广州市科协因地制宜，引入广州立达尔生物科技股份有限公司技术，助力魔鬼辣椒、百香果等特色种植。珠海市科协采取培育"会下蛋"的母鸡形式，投资创意产业园商铺、入股当地专业养鸡场，使贫困村民获得长期稳定分红。清远市科协动员指导农学会联合申报科技扶贫项目，充分整合利用市畜牧兽医局、市农业科技推广服务中心的技术力量，打造省农科院、市农学会实验基地——清远本地黄牛原种场，有效带动有劳动能力贫困户脱贫致富。汕尾市科协借力全国和省级科普达人，撬动各方资源助力番薯、水稻等特色种植，促进贫困户增产增收。韶关市科协牵头联合学会力量，采取"扶贫+扶智""扶贫+扶志""扶贫+助学""扶贫+助医"模式，精准助力定点帮扶村脱贫致富。

（四）充分发挥农业科研人员的作用

会同农业科技人员积极参与科技支撑脱贫攻坚工作，在实用科技成果开发、农业科学技术推广、专业农技人员培训等方面，集中力量做好一批有影响、有带动作用的示范项目。

邹记兴教授是国家大宗淡水鱼产业技术体系广州综合试验站站长、华南农业大学海洋学院水产养殖系教授、省农村专业技术协会常务理事，也是省农村科技特派员。长期以来，邹记兴教授面向农村一线，积极开展科技扶贫工作，在扶贫实际工作中，他有效地将国家体系技术推广与省农村科技特派员及省农村专业技术协会的科技助力精准扶贫工作有机结合起来，起到事半功倍的效果。

邹记兴教授利用不定期培训、发放资料、手机微信、QQ及邮件等形式，在清远北部山区10多个国家级或省级贫困村开展形式多样的精准扶贫活动，据不完全统计，深入贫困山区69天，帮助24人脱贫。帮扶内容包括主办或协办各类水产技术培训、技术咨询、现场示范答疑等，主讲内容涉及乌龟养殖、水产健康养殖、大宗淡水鱼新品种推介、杂交生鱼养殖技术、鱼病防控、水产饲料作物辣木黑麦草象草栽培技术、稻田综合种养技术、水产品质量安全等，还现场免费派发相关技术资料1000多套（册），共培训贫困地区农民1000多人次。[①] 部分培训内容在广东电视台农业频道、清远电视台播放，为提高基层渔业干部管理水平和普及渔民水产知识、科技助力精准扶贫工作作出贡献。

---

① 冯海波：《渔业专家不远千里深入基层，"授人以渔"助贫困户脱贫致富》，《广东科技报》2018年7月1日。

(五)打造"贫困户+合作社+基地+农业公司"的产业扶贫新模式

朱庆炎是广东亿博云互动农业有限公司科普示范基地负责人,科普示范基地位于汕头市澄海区隆都镇下北村,占地面积28亩,是定点精准扶贫产业项目。基地以下北村66户有劳动能力的贫困户为股东,以扶贫资金为股金注册成立农民专业合作社,由亿博云公司负责基地的运营和管理,致力打造"贫困户+合作社+基地+农业公司"的产业扶贫新模式。项目依托下北村自有的资源条件和亿博云公司在农业规模化经营和农产品电商等方面的技术和资源优势,借助"互联网+"科技,围绕现代农业发展模式,发扬澄海农业"种田如绣花"传统,引进发展绿色优稀农产品和珍稀印度辣木,形成集立体种养、休闲农业观光、乡村农事体验于一体的田园综合体。

近年来,该项目累计投入近400万元,开展精准扶贫,全村66户有劳动能力的贫困户参加种养专业合作社,打造精准扶贫农业基地,有效解决贫困户的就业问题,去年有57户115人实现脱贫。

三、广东省残联的脱贫攻坚

根据《中共广东省委广东省人民政府关于新时期精准扶贫精准脱贫三年攻坚的实施意见》要求,2016年开始,省残联定点帮扶陆丰市甲东镇洋美村。省残联党组、理事会根据汕尾市委市政府提出2019年提前实现两个100%(贫困村100%摘帽,贫困户100%脱贫)的要求,洋美村脱贫攻坚工作取得显著成绩。

2016年度,脱贫人数为24户49人;2017年度,脱贫人数为190户1096人;2018年度,脱贫人数为28户191人;2019年度,计划脱贫人数48户281人。截至2019年10月31日,全村贫困户数290户,贫困人口1617人,贫困率14.27%。其中一般贫困户265户1573人,低保贫困户11户22人,五保户14户22人。

(一)压实责任

1. 制定帮扶规划和年度计划

驻村工作队入村以后,及时与村两委干部多次召开会议,并深入贫困户家中发放《2016年贫困户精准脱贫项目调查表》问卷,在充分听取村民、村干部的意见和建议基础上,按照"扶贫对象精准、项目安排精准、资金使用精准、措施到户精准、因村派人精准、脱贫成效精准"的要求,研究制定全村和扶贫户的三年总体规划和年度工作计划。据此,省残联印发《广东省残联对口帮扶陆丰市甲东镇洋美村工作方案(2016—2018年)》和《广东省残联对口帮扶陆丰市甲东镇洋美村脱贫攻坚三年规划工作方案（2018—2020年）》，落实六项精准脱贫措施，内容涵盖"两不愁三保障""八个有""一相当"，包括固本强基、安全饮水、排污改造、垃圾处理、村道硬化、路灯照明、改造村容村貌、"一户一策"帮扶、主导产业和种养项目、危房改造、医疗救助、教育、文化健康等多方面。为确保工作成效，驻村工作队认真制定年度工作计划，确保每一项工作任务落实、落地。

2. 领导深调研

省残联党组、理事会认真落实扶贫工作责任，切实加强定点扶贫工作的组织领导。一是成立领导小组。成立以党组书记、理事长为组长，副理事长为副组长的领导小组，机关各部室、直属单位负责人为小组成员。二是迅速进驻对接开展工作。2016年4月25日，为确保帮扶工作开局良好，严格按照省委省政府工作要求和省扶贫办的时间要求，两名驻村干部及时、主动与当地政府有关部门和村两委现场对接，就今后的扶贫工作部署和工作支持等方面进行了深入沟通，工作队吃、住、办公都在村委会，方便迅速开展工作。三是主要领导坚持现场调研促进工作。2016年5月至2019年10月底，副厅（地市）级以上领导干部共有20批（人）次到洋美村检查、指导、调研，其中省残联副厅级以上领导干部15人次，有效促进扶贫工作的开展。四是加强扶贫工作日常监督检查。按照省残联部署要求，机关党办、财务、纪检、业务部室、直属单位等有关单位、部门负责人及工作人员到村检查帮助工作37批148人次，不断加强对洋美村在精准识别、精准帮扶、资金管理使用等方面的督促检查，确保帮扶措施落实好。

3. 专题研究扶贫工作

据统计，自2016年4月至2019年10月，省残联党组先后13次、理事会先后8次召开专题会议，研究决策扶贫工作重要事项11项，涉及驻村工作队选派、驻村工作队提拔、三年帮扶规划制定、年度帮扶工作推进、帮扶资金落实、帮扶项目实施方案等重要工作。驻村工作队共编发65期扶贫工作简报。

4. 帮扶资金投入

省残联加大帮扶投入力度，改善村容村貌，改造民生设施，为洋美村的发展奠定基础。截至2019年10月底，省残联共投入帮扶资金290.92万元，主要用于洋美小学新校区建设、农田水利灌溉建设、三个自然村村道硬底化、党群服务中心修缮、村民活动广场建设等民生工程以及助学、助残、大病救助等民生项目。发动和组织广东狮子会等社会组织参与扶贫工作，捐赠现金及物品累计价值152.4万元。

5. 选强驻村工作队

2016年4月,根据省委组织部、省扶贫办规定的人选条件、选派程序等要求,省残联党组慎重研究,综合考虑报名人员的工作经历和能力特点,选派有扶贫工作经验的干部担任驻村工作队长兼第一书记,选派业务骨干为工作队员,全脱产驻村开展帮扶工作。第二轮轮换,又选派政治过硬、工作务实的同志参加驻村扶贫。几年来,省残联不断加强对驻村工作队的管理,认真组织开展政治理论、廉洁自律和扶贫工作业务学习,组织财务、纪检、项目建设管理等职能部门为驻村工作提供专业支持,督促其严格按照上级部署要求和法规制度落实扶贫工作。

(二)全面贯彻落实政策

1. 做好精准识别

2016年5—6月,驻村干部严格按照贫困户申报核查具体流程,逐户入户核查,入户率达91.3%;先后召开6次村两委全体干部会议,按照"五优先、六进、七不进"的标准衡量,对初期申报的339户贫困户逐户进行审核,对不符合条件的贫困户进行剔除,对符合条件漏报的贫困户进行增补。召开村民代表大会对贫困户候选名单进行民主评议,应到村民代表91人,实际参会代表83名,到会率91.2%。6月10日,根据评议结果确定的扶贫户候选名单分别在三个自然村和农贸市场进行为期7天的公示。公示结束后,对公示期间群众反映的不符合条件的候选贫困户进行剔除。11月,对四类不符合条件的19户贫困户再次进行剔除,最终确定296户相对贫困户。2017、2018、2019年先后组织三次"回头看",对6户不符合条件、自愿退出的贫困户终止帮扶。截至2019年10月,累计剔除、终止帮扶不符合条件的贫困户49户。

2. 落实"三保障"政策

一是落实贫困户子女就读学校的生活费补助。全村贫困户子女就读小学、初中、高中、中职(含技校)、大专的总人数为356人,全村贫困户子女九年义务教育阶段入学率达到96%以上。其中落实贫困户子女就读小学、初中、高中、中职(含技校)、大专的生活费补助人数为356人,落实贫困户子女教育生活补助人数比例100%,杜绝"因贫辍学"现象。二是落实医疗保障及重特大疾病报销。全村290户贫困户100%参加城乡居民基本医疗保险,全村患重特大疾病贫困户给予救助的人数为48人,纳入救助范围占比为100%;2019年全村贫困户共计219人享受城乡居民养老保险待遇,落实养老金58.49万元。三是落实危房改造。2016、2017年落实贫困户危房改造补贴11户,2018年落实5户,2019年落实危房改造10户,合计76多万元。联系广东狮子会捐助20万元资助贫困户危房改造。四是落实最低生活保障。符合政策的全部或部分丧失劳动能力的贫困人口纳入社会保障,其中低保11户22人、五保14户22人,100%纳入政府兜底。

3. 加强资金管理

为确保扶贫资金的管理,驻村工作队与村委会制定《广东省残联帮扶洋美村扶贫资金使用管理办法》《广东省残联帮扶洋美村驻村工作队工作经费使用管理办法》,明确资金的申请、审核、审批、报销等程序和要求,明确驻村工作队、村委会、财务的职责。驻村干部严格执行扶贫资金使用管理办法,执行扶贫项目招标制度和政府采购制度,建设项目全部通过陆丰市农村资产资源招标平台公开招投标,确保资金使用符合政策规定。截至2019年10月底,累计已投入扶贫资金2691.87万元,其中扶贫开发资金2376.95万元(未包含"三保障"资金和行业资金),省残联292.92万元,未发生任何违规使用扶贫资金的情况。

(三)落实工作

1. 协助推进产业扶贫和就业扶贫

(1)建设长效资产收益项目。一是参股资产收益项目。全村有劳动力贫困户参与长效稳定的资产收益项目为3个,参股陆丰市邻里中心建设项目384万元,参股陆丰市甲子自来水厂建设项目781.3万元,参股陆丰农业产业园区项目140万元,合计投入扶贫专项资金1305.3万元,每年将获得6%—10%的分红,270多户有劳动力贫困户每户每年分红3000多元。二是落实"一村一品"产业项目。结合洋美村的自然环境和产业结构,启动实施"洋美村光伏发电扶贫项目"。

(2)贫困户自主发展产业和贫困户劳动力转移就业。为290户贫困户落实帮扶项目5466个,平均每户已经落实帮扶项目18.85个。其中,2017年为272户贫困户申请扶贫资金247.24万元,用于开展165个自主发展产业项目和294个劳动力转移就业扶贫项目。2018年为266户贫困户申请扶贫资金330万元,用于开展199个自主发展产业项目和519个劳动力转移就业扶贫项目。2019年为266户贫困户申请扶贫资金146万元,用于开展158个自主发展产业项目和532个劳动力转移就业扶贫项目。通过以奖代补的形式,帮助有劳动能力的贫困户发展种植、养殖业,提高农户种植、养殖的积极性,促使农户稳定增收。

(3)推动金融扶持。2018年为18户有意愿贷款的贫困户提交申请资料,现有4户贫困户获得小额贷款项目,用于发展种植业。2019年扶贫工作队主动联系陆丰市农业银行黄水展经理，请银行信贷同志两次上门服务，为33户贫困户申请两年期免息小额贷款，共申请资金195万元，支持贫困户发展生产，解决农户生产资金短缺的困难。

2. 协助推进贫困村创建新农村示范村

按照"要以实施乡村振兴战略为总抓手，加快推进新农村建设步伐"的要求，全面推进洋美村创建社会主义新农村示范村建设，在安全饮水、村内道路、绿化美化、住房庭院、致富产业等方面实现全面提档升级；在主要民生项目上取得明显进展，逐步改善农民生产生活条件，努力把洋美村打造成为产业生态、环境优美、设施完善、生活富裕、乡风文明的美丽乡村。

一是做好新农村建设规划。坚持规划先行，邀请专家进村调研勘察，编制整治创建规划，修订《广东省残联对口帮扶陆丰市甲东镇洋美村工作方案（2016—2018年）》，制定《洋美村创建社会主义新农村示范村工作方案》《洋美村创建精神文明示范村工作方案》，把精准扶贫工作与农村改革、美丽乡村建设、产业帮扶、公共服务平台建设等合为一体，在公共设施建设、基础设施建设方面制定整村规划和具体项目专项规划。

二是开展村容村貌专项整治行动。开展"三清理、三拆除、三整治、一美化"专项整治行动，共投入100多万元，清理整治污水沟235条，清理垃圾、杂草、建筑材料22800吨，清理拆除旧房危房茅房170间、违章违搭34间。

三是推进全村公共服务和基础设施建设。本着"轻重缓急、民生优先"的原则，全村制定和实施新农村建设项目库19个（包括帮扶单位帮扶项目），预计投入资金1200多万元。推进村道硬底化建设，省残联2016年安排25万元用于洋美小学新校区3000多平方运动场硬底化建设，2017年安排75.6万元用于三个自然村村道硬底化建设，实现村村通水泥路，2018年5月投入新农村建设资金63万元扩建、改造洋美村委至学校路段。推进生活垃圾及生活污水处理全覆盖，投入600多万元全面整治村庄生活污水，完成铺设雨污分流、污水处理管道项目1万多米；三个自然村建立3个标准化公厕、10个标准垃圾收集点，设立10个保洁员；通过采取升级改造、管网延伸等方式，完成3个自然村污水排放管道收集或暗渠化；基本实现村庄生活污水、畜禽养殖有效处理或资源化利用全覆盖。全村已经实施农村电网改造升级工程，光纤网络覆盖自然村，快递下乡建设点已经到村。村内公共服务中心正在完善，党群服务中心修缮工程已经完工，老人活动中心已经建成，村道照明工程项目投入83万元安装180盏路灯，建成三个自然村群众综合性文化活动广场。

四是注重发挥村民主体作用，乡风文明水平有明显提升。按照基本达到文明村创建标准，稳步推进洋美村创建文明村工作。坚持以社会主义核心价值观为引领，深入开展群众性精神文明创建工作，加大宣传力度，推进移风易俗，塑造乡风文明新风貌。驻村工作队协助做好风险防范，全程指导村两委在工程推进过程中依法依规；在项目推进过程中引导村两委严格执行"四议两公开"制度，确保所有项目在群众监督下进行。

3. 加强基层党建工作

驻村工作队以深入开展"不忘初心、牢记使命"主题教育为契机，注重实施强基振兴，抓好党建促进扶贫。落实好加强基层党组织建设三年行动计划，把党组织锻造得更加坚强有力，提升村两委班子战斗力。一是抓支部班子建设。村两委换届以后，依靠和协助镇党委、政府，选好配强村党支部及村民委员会领导班子，实施基层党组织"头雁工程""党员人才回乡计划"，配合纪委对原党支部 4 名政治上不合格、经济上不廉洁、能力上不胜任、工作上不尽职的村党支部书记、支部委员坚决撤换调整，从强化农村基层组织和自身发展能力入手，从转变思想作风、改善班子结构、提高党员素质、完善工作制度、搞好便民服务等方面加以完善，增强洋美村党支部和村民委员会的凝聚力、向心力和号召力，把村党支部建设成为坚强的战斗堡垒。二是抓党员队伍建设。三年来，不断加强党员队伍的教育和管理，发挥党员先锋模范作用，两批次发展 9 名优秀青年成为预备党员。省残联领导及第一书记先后为全体党员、村两委干部上党课 18 次，省残联副厅级以上领导 11 次，省残联机关党委组织开展"十九大精神进农村进农户"活动，省残联领导先后到洋美村和贫困户家中，宣讲党的十九大精神。还为洋美村全体党员做学习贯彻习近平重要讲话精神的专题辅导。三是创新农村组织生活模式。省残联机关党委先后 7 次组织机关党支部、直属单位党组织的党员干部赴洋美村，与村党支部、村民委员会全体班子成员、党员代表一起过组织生活，创新农村党员教育模式，农村党员受到很好的教育。四是抓党务村务规范。协助村两委完善各项规章制度，定期公开重大事项，制订和落实党务、村务公开制度，并统一上墙。成立村务监督委员会，通过落实村务公开和群众监督制度，把好"四议两公开"的决策程序，促进村级事务公平、公开、公正。帮助村干部提高依法办事能力，指导完善村规民约，弘扬文明新风，促进农村和谐稳定大局。配合村两委、汕尾陆丰民政局禁毒工作组，落实禁毒整治、社会治安排查整治和群防群治措施。五是抓党风廉政建设。驻村干部严格执行扶贫项目资金申报、审批、管理和使用程序，严格遵守扶贫资金使用公告、公示制、报账制、绩效评价制和责任追究制，确保资金使用符合政策规定。① 利用村两委干部到广州拜访省残联的时机，组织村两委干部参观广东省防腐倡廉教育基地，接受深刻的廉政教育。

4. 调动社会力量参与脱贫攻坚

几年来，先后组织18批次社会热心人士到洋美村，捐赠现金及物品累计价值132.4万元，开展扶贫助学活动，推动教育扶贫，开展文化下乡活动，推动文化扶贫。一是开展扶贫助学活动，推动教育扶贫。2016年5月25日，汕尾市民政局协助社会热心人士为村小学学生捐赠860个新书包。同年8月26日，广东狮子会爱心服务队、龙珠服务队以及广东省聋人协会等30多位热心公益人士来到洋美村小学，开展以"扶贫助学，大爱洋美"为主题的慈善活动，捐赠920个文具盒、900多张书桌、2个篮球架、5张乒乓球桌以及其他健身器材等，总计价值13.3万元。2017年10月，广东狮子会又捐出将近20万元，为615名学生和25名教师每人捐赠2套校服共计1255套，价值9.8万元；捐赠5台电脑给洋美学校、1台电脑给村委会；为12名今年考上高等院校的学生发放1000—1200元不等的奖学金；为35名患有重大疾病的困难村民每人发放1200元救助金。12月，广东省教育基金会为洋美学校捐赠四套价值9万元的壁挂式一体化多媒体教学系统设备并投入使用，大大提升了学校的教育质量。2019年为洋美小学建设护栏和学校厕所，改善学校教学环境。二是开展文化下乡活动，推动文化扶贫。由广东省立中山图书馆、广东省捐赠换书中心、广东电视台共同发起的"书香暖山区"活动，为洋美学校的孩子们捐赠6000册图书和15个书柜，捐建一个"爱心阅览室"；也向洋美村委农家书屋捐赠3000册图书、5个书柜。2018年底，广东狮子会捐赠8.4万元为洋美村党群服务中心购置一批办公设备。三是开展慰问活动。2018年春节，洋美村开展"迎新春、送温暖、促扶贫"系列扶贫济困活动，累计安排35.9万元的慰问金和慰问物品，全部发放给全村360多户（次）的建档立卡的贫困户、贫困老党员、残疾人、特困人员、留守儿童及优抚对象。② 2019年春节，广东狮子会捐赠4万元购置200份大米、食用油慰问贫困户和困难群众。四是建立助学基金和大病救助基金。三年来累计当年考上高等院校的贫困大学生给予适当补助，共安排11.3万元支助109名学生；安排9.5万元对患有重大疾病的75名贫困人口发放适当的医疗救助。

---

① 《省纪委驻省民政厅纪检组邱东强组长到洋美村调研》，http：//www.gddpf.org.cn/gzdt/201709/t20170901_886559.htm。

② 《5.9万元慰问品送到困难户手中——省残联帮扶点洋美村开展"迎新春、送温暖、促扶贫"系列扶贫济困活动受到群众好评》，http：//www.gddpf.org.cn/gzdt/201802/t20180214_926653.htm。

2020年5月17日是第三十次全国助残日,主题是"助残脱贫,决胜小康"。由广东省残疾人联合会、碧桂园集团国强公益基金会、广东省残疾人公益基金会、江门市残疾人联合会共同发起,广东省残疾人就业服务中心组织策划的广东省"互联网政企联动"促进残疾人实训、就业一体化项目培训班开班仪式暨"新起点就业康复工场"揭牌仪式在江门市康怡社区康复服务中心举行,携手助力推进精神、智力和重度残疾人辅助性就业工作。(照片来源:南方plus客户端)

5. 落实残疾人权益

省残联认真落实习近平提出的"全面建成小康社会,残疾人一个不能少"的要求,注重立足行业扶贫,推进洋美村残疾人事业发展。按照《广东省人民政府关于加快推进残疾人小康进程的实施意见》,从促进残疾人就业增收、提升残疾人社会保障水平、保障残疾人受教育医疗住房权利、残疾人康复服务、推进无障碍环境建设、残疾预防康复、保障残疾人权益等方面,加大帮扶力度,既要把国家扶贫惠农的普惠政策落实好,又要把针对农村残疾人的特惠政策落实好,确保2018年每一户残疾人脱贫致富奔小康。

为解决贫困村残疾人办证难的问题,省残联安排1.5万元分别在2016年9月和2019年10月,先后两次联合组织该市评残专家小组进村入户,免费为全村156多名疑似残疾人开展残疾等级评定和办理残疾证,共为全村符合条件的

142 名残疾人进行残疾等级评定。①

2016 年 9 月，组织广东三九脑科医院的 15 名专家到甲子医院开展义诊活动，为三甲地区 150 多名贫困群众送医送药。10 月 9 日，组织海丰县老区人民医院的医务人员在甲东镇开展"白内障筛查下乡宣教活动"，为贫困地区 100 多名疑似白内障的贫困患者进行筛查登记。11 月，省残疾人康复中心派出专家免费为洋美村民进行听力检查，为符合条件的 9 名听力障碍贫困村民安装每台价值 1.2 万元的助听器。2017 年初，省残疾人新闻促进会开展"微梦想"助残扶残活动，捐赠价值 1.8 万元的 100 床被子给洋美村残疾人。先后为全村 30 多名残疾人、老年人捐赠价值 2.4 万元的轮椅。2019 年 10 月 17 日广东狮子会捐资 20 万元为贫困户改造危房。

2017 年，省残联党组、理事会研究决定将领导干部"三联系"活动点全部安排在定点帮扶陆丰县甲东镇洋美村。安排 4 万多元经费专门用于慰问洋美村 103 名持证残疾人。2019 年 6 月 26 日在广东省扶贫济困日前夕，省残联安排 10 万元专项资金扶持 142 名残疾人发展生产，7 月 25 日宣文部来洋美元村开展三联系工作，安排 2.86 万元慰问 142 名残疾人，为 121 名重度残疾人和精神、智力三四级残疾人落实发放二项补贴。

第三节 社会组织和企业参与脱贫攻坚

一、广东社会组织的脱贫攻坚

广东高度重视引导和动员社会组织参与脱贫攻坚，国务院扶贫开发领导小组《关于广泛引导和动员社会组织参与脱贫攻坚的通知》下发后，省民政厅统一部署，各级民政部门将广泛引导和动员社会组织参与脱贫攻坚工作列入重要议事日程，明确责任，精心组织，统筹安排，并与四川、云南、新疆、西藏省（区）民政厅及对口帮扶县区民政部门加强联系，推进落实脱贫攻坚帮扶任务。各社会组织充分发挥专长和优势，按照各自宗旨理念和业务范围，各尽所能地开展脱贫攻坚工作。近两年来，省级社会组织助力扶贫济困活动，在广东扶贫济困日活动的捐款超 3 亿元。据不完全统计，省级社会组织积极开展助力"三区三州"及其他贫困县脱贫攻坚项目 200 多个，受益贫困人口 300 多

---

① 李济超：《省残联驻陆丰洋美村扶贫工作队为 49 名残疾人进行残疾等级评定》，《汕尾日报》2016 年 9 月 20 日。

万。各地市社会组织开展扶贫项目2000多个,受益贫困人口约45万。①

(一)社会组织参与脱贫攻坚的主要实践

1. 联合社会组织开展扶贫项目,品牌效应逐步扩大

一是开展百家社会组织走近困境和留守儿童"牵手行动"。2018年,150家社会组织分为15个小组,分赴15个经济欠发达地区开展"牵手行动"②,共开展44场关爱帮扶活动,直接惠及6122名留守和困境儿童。二是开展"珠水映天山·粤新一家亲·共筑中国梦"公益慈善援疆活动。自活动开展以来,有8家省级基金会先后分三批赴疆,共捐献3500件羽绒服、200台电视机,资助158万元用于喀什市莎车县艾力西湖镇24村的厕所改造、房屋修缮、供水站建设、公共浴室设备加装,资助22万元贫困学子助学金、10万元书籍衣物,承诺资助100万元免费救治20名先天心脏病儿童。三是开展"社会组织扶百村"项目。引导和动员各级社会组织对口帮扶粤东西北地区及惠州、肇庆等14个地市脱贫攻坚。根据省内各市对口帮扶结对关系对接,帮扶市相应负责组织本市社会组织对口支援帮扶,各被帮扶市也要动员本市社会组织积极参与本市脱贫攻坚工作。四是开展"广东社会组织支援'三区三州'建设"项目。为贯彻落实民政部召开的社会组织东西部扶贫协作对口支援推进会会议精神,省民政厅专门制订项目实施方案,组织全省性社会组织及有关地市社会组织对口支援"三区三州"建设,已与新疆、西藏、四川、云南民政厅建立社会组织与"三区三州"等深度贫困地区扶贫信息对接机制,共收集由对方提供的扶贫项目90个。下一步,将动员全省社会组织积极申报,对接实施,努力完成支援"三区三州"的建设任务。

2. 大型慈善组织突显优势,引领作用不断加强

截至2019年6月,全省共有慈善组织1028个,其中有116个慈善组织获得公开募捐资格。2016、2017年全省慈善组织和基金会年度工作报告统计显示:慈善组织和基金会的资产总计分别为148.89亿元和214.93亿元,资产过亿的分别为31家和38家;全年收入合计分别为71.16亿元和118.69亿元,捐款收入分别为62.25亿元和107.54亿元;慈善活动(公益事业)支出分别为45.79亿元和82.09亿元。慈善组织将公益慈善事业与脱贫攻坚工作相结合,主动承担社会责任,有力推动脱贫攻坚工作的开展。

---

① 《省民政厅召开全省性社会组织参与脱贫攻坚工作座谈会》,http://smzt.gd.gov.cn/shzz/djw/shzzdzzdj/content/post_2713653.html。

② 广东省社会组织管理局综合处:《广东省力促社会组织参与脱贫攻坚》,《中国社会组织》2018年18期,第30页。

省扶贫开发协会致力于增强贫困地区的持续发展能力，注重发挥协会组织的优势，通过实施广东银发温暖工程、健康扶贫工程、青年创业扶贫工作、扶贫农产品推广工作、山乡亮灯扶贫工程和梦想知识包工程等重点扶贫项目，积极开展产业扶贫、消费扶贫、健康扶贫和智力扶贫等，将协会打造成为社会力量参与扶贫事业的重要平台，为扶贫事业作出积极贡献。到 2019 年 12 月底，协会成功引进扶贫企业 500 家，落地扶贫项目 1000 个，引导社会资本投入近 50 亿元；培育产业扶贫示范基地 100 家，直接或间接带动贫困村 1000 个，关联农户 20 万户（其中贫困户 7 万户），户年均增收超过 2 万元。① 对接驻村扶贫工作队 500 个，开展扶贫专项活动 500 多场次，间接受益人数 5000 万人次。② 主动发力，积极动员会员单位参与全国扶贫日和广东扶贫济困日活动，通过各地慈善机构实施的扶贫济困款物捐赠（包括 2016—2018 年通过协会实施的捐赠）累计超过 20 亿元，协会自办项目累计救助困难群众 1 亿人次，直接受益金额达 10 亿多元。③

省扶贫基金会累计接收爱心企业、爱心人士、机关团体捐款近 70 亿元。④ 先后参与或组织实施"百村万户安居工程""为贫困白内障患者免费手术治疗工程""医疗医药进村工程""金融扶贫工程""助学兴教工程""就业技能培训工程""抗洪救灾重建工程""乡村园丁关爱工程""贫困单亲母亲关爱工程""中央苏区农村老党员关爱工程"等，有效地帮助贫困地区困难群众解决住房难、读书难、就业难、看病难、行路难等问题。基金会创新扶贫模式，联合保险行业开展"保险扶贫"项目。先后筹集捐款 661 万余元，为全省建档立卡贫困户家庭 6—18 周岁未成年人共 321275 人购买 2 年期"未成年人综合意外险"，为全省贫困人口分别赠送"自然灾害救助责任险""政府扶贫救助保险"总保额达 1800 多亿元，覆盖贫困人口 194.4 万人次。

省慈善总会秉承"以人为本慈善为怀"精神，积极为困难群众办实事，办好事；积极开展扶贫济困、兴教助医、安老恤孤、助残济困等公益慈善活动；积极弘扬慈善精神，推进慈善工作。截至 2018 年底，省慈善总会共募集善款善物折合人民币 75 亿元，扶贫济困活动募集善款 36.9 亿元，有力地支持

---

① 黄进：《十年扶贫济困 广东特色彰显》，《南方日报》2019 年 6 月 30 日。
② 《这项扶贫创新行动，可持续、易复制！》，https://mp.weixin.qq.com/s/gryCs-TQA7WVeqNIdbYlww。
③ 《民政部社会组织管理局：广东省扶贫开发协会"12345 扶贫创新行动"创新扶贫社会参与机制》，http://www.gdfupin.org.cn/new8.asp?id=569。
④ 黄进：《十年扶贫济困 广东特色彰显》，《南方日报》2019 年 6 月 30 日。

和推动全省慈善事业的发展和脱贫攻坚工作。连续10年开展"大爱救心"项目，救治低保贫困家庭先天性心脏病患者，从2000年开始施行"微笑列车"项目，在唇腭裂患者救助方面一直走在全国前列。近年来，联合各地民政部门、慈善机构发起"慈善情暖万家"活动，共筹集到善款325万多元，给全省近万名五保、低保、优抚、孤残等困难群众送去温暖。①

广东省国强公益基金会兴学助教，扶贫济困，授人以渔，奉献爱心，回报和造福社会，奉行"希望社会因我们的存在而变得更加美好"的企业使命，致力于资助教育、科学、文化、卫生、体育事业的发展；资助贫困地区、贫困村改善民生、发展生产；资助紧急灾害救助以及灾后恢复与重建；资助贫困地区与经济发达地区的交流与合作等领域。国强基金会旗下的慈善公益项目分别有3.5亿元兴建的广东碧桂园职业学院，每年投入1亿元办学；2.6亿元创办的国华纪念中学，每年投入4000万元办学。此外，基金会还设立仲明大学生助学金，资助广东19所高校的贫困大学生，创办国良职业培训学校等。② 基金会还在广东清远树山村开展绿色产业扶贫项目，在清远实施送技术技能下乡培训项目，在广东多地建设社会主义新农村等项目，取得突出的扶贫成就。国强基金会以教育扶贫和精准扶贫相结合，致力打造中国教育扶贫的第一品牌。

腾讯公益慈善基金会2019年投入1500万元（首期）启动资金开展技术扶贫，并启动"消化道早癌筛查健康扶贫项目"。项目对广东地区及相关对口国家扶贫开发重点区域，面向建档立卡贫困户、贫困家庭，开展早期癌症筛查与治疗救助公益项目，将互联网技术与公益力量结合，改善贫困户大病就医困难，降低因病致贫、因病返贫的发生率。③

珠海市慈善总会坚持"法治慈善、阳光慈善、大众慈善"发展方针，创新探索，在云南、四川、阳江、茂名等省内外贫困地区，开展光伏电站、危房改造、水电路等基础设施建设超过120项，为扶贫工作添砖加瓦。2018年，联合中华慈善总会、仕高玛慈善基金开展"扶贫筑梦教育先行"精准助学扶智活动，为甘孜州3所贫困学校筹集提供电教设备128台、交互式一体机5套，共计价值60万元；发动援助怒江筹款行动，合计募集148.34万元怒江扶

---

① 《温暖与爱同行——广东省慈善总会2019年度"慈善情暖万家"活动在各地举行》，http://www.banyuetan.org/gyhd/detail/20190125/1000200033138291548378752582326432_1.html。
② 《广东省国强公益基金会荣获"年度十大非公募基金会"称号》，http://m.xinhuanet.com/2017-04/27/c_1120884995.htm。
③ 《腾讯基金会投入1500万启动资金 开展技术扶贫》，https://gongyi.qq.com/a/20190616/001474.htm。

贫专项资金，并列支 56.95 万元开展"江海情青春梦"怒江珠海班冬令营等相关扶贫活动。

3. 各类社会组织积极参与，扶贫方式不断创新

各类社会组织结合自身实际，各尽所能，积极参与脱贫攻坚工作。大批社会组织主动对接"三区三州"开展脱贫攻坚项目，大批异地商会在原籍地开展家乡扶贫，社会组织参与扶贫方式不断创新。

广东省不动产登记与估价专业人员协会连续 6 年组织会员赴清远贫困山区开展助学公益行动，先后捐献 3 万余册图书，建成 3 座图书屋，精准资助 150 多名学生；每年发动会员参与赈灾扶贫公益活动，仅 2018 年在协会备案的会员扶贫捐款就超过 110 万元；组织会员广泛服务于贫困地区的国有农用地基准地价、农村地籍调查、美丽乡村建设，促进专业技术扶贫常态化。

广东省江西德兴商会发动会员单位百果园建立百果园新疆喀什扶贫基地，直接带动喀什帕哈太克里乡 118 户 500 余人实现脱贫升级；发动会员单位华龙园艺在德兴设立两个花卉苗木合作社；发动宗盛旅游通过旅游带动村民脱贫。

广州市荔湾区萤火虫社会工作服务中心在广州增城派潭镇建立幸福小屋、慈善农园，用于帮扶当地留守的农村妇女和儿童；建立留守儿童教育基地幸福小屋，让他们有活动空间；通过打造慈善农园项目，寻求一种可持续、循环发展的良性公益项目，提供工作岗位，吸引年轻人回归故里，让每一个孩子都能再次得到父母的陪伴和呵护。

珠海市工贸技工学校发挥技工学校优势，围绕云南怒江青少年设立职业技能培训和素质提升项目，为愿意来珠海接受技能教育的怒江青年免费提供课程培训，根据年龄层次有针对性地报读短期技能培训班或全日制中技班，培训结束后安排推荐就业，争取做到"培训一个技工、脱贫一个家庭"，逐步实现由"输血式"扶贫向"造血式"扶贫转变，提高贫困地区劳动力就业的稳定性和质量。

（二）引导动员社会组织参与脱贫攻坚的主要经验做法

1. 广泛动员，共同倡议社会组织参与脱贫攻坚

2018 年以来，各级民政部门通过发出倡议书、召开动员大会、举办主题活动等形式，广泛动员本级社会组织积极参与脱贫攻坚。各枢纽型社会组织和部分社会组织带头吹响打赢脱贫攻坚战的号角，积极动员其会员单位、会员个人履行社会责任，参与脱贫攻坚，层层推动，组织形成扶贫济困的强大社会力量。

2. 打造亮点，树立"广东特色"的扶贫品牌

一是设立"广东扶贫济困日"。广东从 2010 年 6 月 30 日设立"广东扶贫济困日"以来，每年都开展"广东扶贫济困日"活动，紧紧围绕党中央、国务院和省委省政府扶贫开发决策部署，每年确定一个主题，鼓励对口帮扶部门及社会各界深入贫困地区献爱心，做帮扶，为促进贫困户增收脱贫、贫困村生产生活条件改善作出独特贡献，"广东扶贫济困日"活动已成为广东省参与面最广、惠及面最大、社会效果良好的公益慈善活动和社会化扶贫品牌。2017、2018 年省级认捐 41.28 亿元，两年合计认捐 5000 万元以上的单位 11 家，其中有 2 家社会组织：广东省和的慈善基金会（2 亿元）和深圳腾讯公益慈善基金会（6000 万元）。2019 年，深圳腾讯公益慈善基金会认捐 3000 万元、广东省和的慈善基金会认捐 1400 万元。

二是实施广东社工"双百计划"。2017 年至今，广东省民政厅以实施广东社工"双百计划"为抓手，在全省 19 个地市 109 个县（市、区）建立 407 个乡镇（街道）社工站，开发 1737 个社会工作岗位，依托社工站成立 200 个乡镇社会工作与志愿服务协会，社工扎根村居，以"社工＋志愿者"的方式为贫困地区群众提供社会融入、能力提升、心理慰藉、精神疏导、资源链接、宣传倡导等各类社会服务。①

三是办好中国公益慈善项目交流展示会。深圳从 2012 年开始，承办由民政部、国务院国资委、全国工商联、广东省政府、深圳市政府等联合创设的中国公益慈善项目交流展示会（以下简称"慈展会"），广泛动员和引导社会力量参与扶贫事业，特别是第四、第五、第六届慈展会分别围绕"扶贫济困、大爱中国""以法兴善、助力脱贫""聚焦精准扶贫、共创美好生活"的展会主题，先后对接扶贫项目 513 个，对接资金逾 189.6 亿元。慈展会已经成为我国社会力量助力脱贫攻坚的动员参与平台、社会扶贫项目和慈善资源的撮合对接平台，在助力打赢脱贫攻坚战和全面建成小康社会中发挥积极作用。

四是举办广州市社会组织公益创投活动。已举办六届活动，累计从福彩公益金中立项 9330 万元作为种子资金，对 697 个公益项目进行资助，撬动社会配套资金超 6500 万元。其中，290 个项目涉及脱贫攻坚工作，累计投入资金 3762.5 万元。从第三届公益创投开始，携手中国扶贫基金会、腾讯公益搭建公益创投联合劝募平台，使公益创投好项目获得更多的公众回响，有效激发社

---

① 符畅、莫冠婷：《应保尽保兜底线"不落一人"稳定帮扶 脱贫后"再送一程"》，《羊城晚报》2020 年 6 月 19 日。

会组织活力。

3. 出台文件,多方推进脱贫攻坚工作

省民政厅制订《关于进一步引导和动员社会组织参与脱贫攻坚的实施方案》,在全省范围内继续引导和动员社会组织开展"广东社会组织支援'三区三州'建设"、"社会组织扶百村"、百家社会组织走近留守和困境儿童"牵手行动"等专项行动。各级民政部门也制订脱贫攻坚的实施方案,持续推进工作落实。省民政厅、中国银行保险监督管理委员会广东监管局联合印发《广东省慈善信托管理实施细则》,鼓励社会组织通过设立"慈善信托"方式参与脱贫攻坚。2016年至今,广东共备案慈善信托20宗,备案金额达6.34亿元,其中慈善组织作为委托人的1宗(广东省扶贫开发协会粤财扶贫慈善信托),慈善组织担任受托人的6宗(陕国投·实地集团扶贫济困慈善信托、中信·何享健慈善基金会2017顺德社区慈善信托、大鹏半岛生态文明建设慈善信托、兴辰慈善信托、深圳壹基金公益基金会—林氏家族慈善信托、中信信托·农银2018玉爱慈善信托),上述慈善组织作为委托人或担任受托人设立的7宗慈善信托中,有4宗以扶贫济困为主要目的,备案金额共5110万元。

各有关业务主管单位也出台相关文件支持社会组织参与脱贫攻坚,省教育厅等六部门印发《广东省贯彻落实〈教育脱贫攻坚"十三五"规划〉实施方案》,省卫生健康委印发《广东省健康扶贫三年行动计划(2018—2020年)》等。

4. 设立奖项,推动公益慈善事业蓬勃发展

广东各地通过设立慈善奖项,激励表彰先进,推动公益慈善事业蓬勃发展。2011年,广东省设立"广东扶贫济困红棉奖",奖励对象是通过广东扶贫济困日这一活动平台,在扶贫济困等公益慈善领域作出突出贡献的单位和个人(包括社会组织)。2011年至今,全省共2221个单位、团体、个人荣获广东扶贫济困红棉杯,金杯323个、银杯152个、铜杯1746个。其中198个社会组织荣获红棉奖,金杯31个、银杯9个、铜杯158个。2018年,广东广播电视台、南方财经全媒体集团共同举办"首届南粤慈善盛典"活动。广州市从2016年开始发布"广州慈善榜",助力广州创建全国"慈善之城",深圳市从2016年"第三届鹏城慈善奖"开始发布"深圳慈善捐赠榜",惠州市开展"惠州慈善奖"认定活动,普宁市设立"铁兰花奖"等。

5. 落实政策,为公益慈善事业提供有效保障

一是认真做好慈善组织认定和公开募捐资格审核。截至2019年6月底,全省各级民政部门认定的慈善组织有1028家,具体公开募捐资格的社会组织有116家,支持慈善组织在章程规定的业务范围内积极开展慈善活动,参与社会公益事业。二是按照国家和省有关规定落实优惠政策。目前,获得省级公益性捐赠税前扣除资格的社会组织有423家,获得省级非营利免税资格的社会组织有2947家。三是加强社会组织信息公开制度建设。积极引导社会组织建立和完善自律机制,推行公开承诺守信制度。制定《广东省民政厅关于社会组织信息公开的办法(试行)》,鼓励社会组织不断丰富信息公开内容,扩大信息公开范围,包括向社会公开公益慈善项目的资金使用、项目运作情况,接受社会监督,提升社会公信力,更好地发挥社会组织在公益慈善事业中的重要作用。[①]

二、广东企业的脱贫攻坚

作为改革开放的重要参与者和见证者,广东企业积极响应政府脱贫攻坚的号召,主动承担企业社会责任,实施扶贫公益战略,主动对接精准扶贫、精准脱贫,发挥重要作用,取得显著成绩,成为精准扶贫的重要生力军。其中,碧桂园集团和奥园集团无疑是两颗闪亮的明星。

(一)碧桂园集团的精准扶贫

碧桂园集团积极投身扶贫公益事业。从1997年第一笔大额捐款算起,碧桂园集团为全社会捐款累计超过67亿元,涉及党建扶贫、教育扶贫、产业扶贫、就业扶贫等方面。

1. 碧桂园的扶贫历程

伴随着企业的发展壮大,碧桂园集团的扶贫事业不断深入发展。从早期捐资助学扶贫开始,发展到当前全国9省14县整体帮扶,总体上经历四个阶段。

一是单个项目帮扶阶段。1997年起,集团及创始人通过捐资助学、开办慈善学校等方式,持续开展教育扶贫,惠及数万名贫困学子。2007年捐资2.1亿元帮扶四川马边、甘洛,用于修建职业高中、乡镇卫生院、通村公路等基础设施。

二是试点驻村扶贫阶段。2010年,捐资2亿元驻村帮扶广东清远英德树山村,因地制宜发展绿色苗木产业,打造环境优美、生态宜居的美丽乡村,带动村民脱贫致富,仅苗木产业为村民累计增收1200余万元,户均增收达7万元,开启"造血式"产业扶贫之路。

---

① 广东省社会组织管理局综合处:《广东省力促社会组织参与脱贫攻坚》,《中国社会组织》2018年第18期,第30页。

三是大规模驻村扶贫阶段。2017年起,将树山村的成功经验逐步推广到广东韶关翁源黄塘村、潮州饶平黄正村、广西百色田阳央律村等7个定点帮扶项目,并捐资近5亿元整县帮扶英德鱼咀村、连樟村等78个贫困村,覆盖粤桂川三省份多个贫困地区。

四是全国9省14县全面推进阶段。2018年起,把扶贫上升到主业高度,将广东英德整县帮扶模式推广到甘肃东乡县、江西兴国县、河北平山县等8省13县,惠及3747个村33.7万建档立卡贫困人口。

2. 碧桂园扶贫的主要做法和成效

碧桂园集团明确"做党和政府扶贫工作的有益补充"的定位,在各级党委政府的指导下,发挥集团自身优势,立足贫困地区实际,坚持精准方略,因人因地施策、因贫困原因施策、因贫困类型施策,探索推进"4+X"扶贫模

2019年4月,由国务院扶贫办、人民日报社指导,人民网、《中国扶贫》杂志社联合主办的"第二届中国优秀扶贫案例报告会"在人民日报社新媒体大厦举行。碧桂园集团的《"一村一品,一县一业"的产业实践》入选产业扶贫优秀案例。(图片来源:乐居官网)

式，"4"是指党建扶贫、产业扶贫、教育扶贫、就业扶贫，这是集团统一部署的规定动作，"X"是指结合帮扶地区实际拓展的自选动作，切实做到精准扶贫。

（1）党建扶贫。碧桂园集团坚持"像建好房子一样做好企业党建工作"，高度重视党建在扶贫工作中的引领作用，坚持将支部建在扶贫项目上，扶贫推进到哪里，支部就建到哪里，以党建助力贫困人口脱真贫、真脱贫。

一是开展村支书研学，增强脱贫引导力。通过抓好"关键少数"，引领"绝大多数"的方式，开展村支书研学班。邀请14县党委政府党员干部、贫困村支书、驻村第一书记等到碧桂园集团，通过组织参观、座谈交流、安排授课、实地调研、沟通分享等方式进行调研交流，让贫困村干部将所学所思所想带回去，以点带面带动转变建档立卡户观念，激发贫困户的内生动力。截至2020年5月，"党建引领"村支书研学班已培养贫困县村干部超1000人次，间接覆盖贫困人口近11万人次。

二是选聘"老村长"，增强脱贫推力。在9省14县共选聘140名德高望重的"老村长"作为碧桂园集团扶贫"公益岗"，打造一支"不走的扶贫工作队"，破解部分贫困群众目标不清、志气不足问题，将"党建+扶贫"落到实处。各县"老村长"紧紧围绕"做当地政府扶贫工作有益补充"，协助扶贫项目部党支部，以扶思想、扶观念、扶思路为目标帮助贫困群众树立起摆脱贫困的斗志和勇气。截至2020年5月，各县"老村长"持续开展工作，覆盖贫困人口5.4万人次。

三是村企共建，增强脱贫动力。围绕脱贫攻坚，充分发挥党支部的战斗堡垒作用，通过"村企党支部结对"共建，共同培育文明乡风，大力推动村民立志立德，树立劳动致富正确观念。在9省14帮扶县成立一线党支部并与当地党支部结对共建，已与77个贫困村实现结对共建。各个扶贫项目党支部与当地党支部联合持续开展"党建+扶贫"活动，包括签署脱贫"军令状"、上特色型党课、发展一批优秀扶贫干部"火线"入党等，在贫困村形成脱贫攻坚的良好氛围。发动集团43个基层党支部与英德78个结对支部持续开展村企党建共建活动。

四是开展寻找深度贫困户活动。聚焦最关键的少数，整合集团资源、集中优势兵力，真抓实干、集中攻坚，花大力气，出重拳打通脱贫攻坚政策落实的"最后一公里"，啃下深度贫困人口这块"硬骨头"。通过精准识别，在每县建档立卡贫困户中寻找除政府兜底的余下的最贫困的100户；精准施策，对帮扶的深度贫困户，每户都针对性地制定帮扶方案，调查精准的结合贫困原因，从根本解决贫困户贫困现状，并提供可落地的可造血、可持续的帮扶策略。

五是开办"碧乡·乡村振兴学习实践中心"。碧桂园坚持把开办"碧乡·乡村振兴学习实践中心"作为助力脱贫攻坚、推动乡村振兴的重要抓手，制定《关于在集团党组织全国结对帮扶县开办"碧乡·乡村振兴学习实践中心"的工作方案》，聘请政府领导、高校教授、集团相关领域专家作为名誉讲师，为政府党员干部、集团各党组织党员以及9省14结对贫困县贫困村村委干部、驻村第一书记以及"老村长"、返乡扎根创业青年、扶贫干部等授课，编制《碧桂园党员干部手册》《碧乡·乡村振兴学习手册》，作为学习实践中心必备手册。已在英德市连樟村、鱼咀村、河头村，韶关市黄塘村，顺德区东海村5地建设"碧乡·乡村振兴学习实践中心"试点。

（2）产业扶贫。碧桂园集团立足贫困地区资源禀赋，依托集团优势产业力量，为贫困地区发展特色产业提供资金、技术、市场、渠道等资源，把乡村自然生态资源、文化资源、农产品资源等稀缺宝贵资源转化为商品，推向市场，从而把资源优势有效转化为发展优势，带动贫困户脱贫致富。

一是筑牢特色产业根基。坚持以市场为导向，以效益为中心，通过深入调研挖掘当地农特产品，充分发挥帮扶县资源禀赋，推动"一村一品""一县一业"。例如，在江西兴国县扶持灰鹅项目，在隆坪乡龙下村建设标准化养殖基地，扶持贫困户开展灰鹅养殖。在陕西耀州，集团下属文化公司与当地专业合作社签订手工艺品采购协议，带动深度贫困地区手工艺产业发展。在甘肃东乡县拱北湾村建设厂房实用面积为2000多平方米的扶贫车间，项目进驻后可吸纳200—500名建档立卡户就业。

二是建立利益捆绑与共享机制。与村集体、农户民主协商，通过利益共享、风险共担，建立长期稳定合作。比如，在帮扶县推广苗木种植产业，按照"借本你种，卖了还本，赚了归你，再借再还，勤劳致富"的资金运转模式，采用"公司+合作社+贫困户"的合作模式，发展集约化、规模化的苗木农场或发动农民分散式、房前屋后等不同形式种植苗木，有效辐射带动当地群众增收致富。截至2019年11月，碧桂园在12个县推广苗木种植近2000亩，通过租用土地、解决就业、财政资金入股分红等方式帮扶超1万名贫困人口。兴国、田东、平江、蓝田、新河、英德、虞城、东乡、滦平、舒城10个农场已陆续出货，产值6000多万元。

三是建立长期稳定的产销机制。利用集团全国分布的区位优势、多业态经营优势，推动各市场主体与贫困村建立长期稳定的产销关系，将需求转换为订单。如与陕西宁陕县的"疯婆娘"合作社、宁陕县政府共同投资"中蜂产业链"，借助集团旗下零售品牌凤凰优选将产品销往全国各地。对缺乏品牌的优质农产品通过集团自有品牌"碧乡"进行推广，提升产品附加值。碧乡已转化30县产品208款，通过打造碧乡、碧家、凤怡三家社会企业，致力于扶贫产品开发，打通酒店、食堂、社区等市场，销售扶贫产品近1.2万元，惠及贫困人口10万余人。

四是落地集团自身产业项目。发挥集团庞大的产业优势，结合集团发展战略，优先在贫困县落地自身产业项目。除传统苗木产业外，博翰居新型建材产业基地落地新河县，将建设全自动墙板生产线，并安置帮扶县人员就业。下属现代农业公司，在贫困地区规划建设现代农业产业园区，引导和扶持贫困村创办合作社，在广东英德、江西兴国、陕西耀州和蓝田落地无土蔬菜栽培、富硒水稻、贝贝南瓜等项目。

五是开展星火计划扶贫系列旅游。挖掘9省14县红色、绿色、古色、特色资源，在当地县委县政府的指导和帮助下，联合凤怡假期国际旅行社完成路线行程设计，通过"走扶贫专线、听特色党课、谈扶贫经验、看特色村庄、购农特产品、尝特色农菜、住乡村民宿"，辐射帮扶县建档立卡户，助力当地经济发展。完成江西兴国县、广西田东县、广东英德市、陕西耀州区、甘肃东乡县、河北崇礼县、河北平山县、湖南平江县8地扶贫旅游线路的开发，超5000人次参加扶贫旅游活动，让贫困户吃上了"旅游饭"。

六是培养一批返乡扎根创业带头人。在结对帮扶县选择"懂农业、爱农村、爱农民"的返乡扎根创业带头人，由集团提供"设基金、建工厂、造品牌、送技术、拓市场"等全方位的服务，提高创富带贫能力，链接更多贫困户脱贫奔小康，打造一支"不走的扶贫工作队"。碧桂园通过实地走访、乡镇政府推荐等方式，在9省14县通过建工厂、产销对接、品牌打造等方式支持近4000名返乡扎根创业青年创办、领办家庭农场、农村合作社、农业社会化服务组织、手工作坊、乡村车间、小微企业等市场主体，发展设施农业、规模种养业、农产品加工业、民俗民族工艺产业、休闲农业与乡村旅游、农产品流通与电子商务等产业，间接带动近4万名贫困人口增收。努力做到重点帮扶一人，广泛带动一群。

（3）教育扶贫。碧桂园集团重视教育扶贫扶智在促进扶贫、防止返贫方面的根本性作用，十余年来通过创办免费学校、设立教育助学基金、乡村教师培训等举措，春风化雨，改变了无数寒门学子及其家庭的命运。

一是开办面向贫困群体的免费学校。开办临夏国强职业技术学校，学校由国强公益基金会捐资3亿元建设，建成后能容纳2500多名学生就读，学校坚持公益属性,将对贫困家庭学生免除一切费用,以帮助其掌握就业技能,实现"一人成才,全家脱贫"。开办国华纪念中学,总投入超过6亿元,每年为全国200名品学兼优的贫困家庭初中毕业生提供全免费高中教育,并一直资助其完成大学学业,目前共接收3096名处于辍学边缘的学生。开办广东碧桂园职业学院,总投入已超过7亿元,向贫困家庭高中毕业生提供全免费职业教育,累计招收高中毕业生2427人,其中贫困家庭学子2043人,毕业生就业率达100%。

二是改善办学条件,扩大教育规模。主动改善帮扶县学校的办学条件,如在甘肃东乡县捐赠建设龙泉学校,扩大招生规模,并解决316名学生的住宿问题,将其打造成县级"教育示范基地"。在河北对11所学校开展"3+3"教育扶贫行动,即为学校配备操场、厕所、水井"三大件"和冰箱、微波炉、净水设备"三小件",改善学生的学习生活环境,完善配套附属设施。

三是设立爱心助学基金、开展结对帮扶。设立爱心助学专项基金,2018年,国强公益基金会收到碧桂园集团员工28002人的捐款1150万余元,用于结对资助6724名贫困学生。鼓励员工与贫困学生结对,资助其完成学业,并给予升学、职业规划等方面的指导。2019年,中国光华科技基金会、碧桂园集团、国强公益基金会合作正式上线"碧桂园·光华助学金"网络众筹活动,通过"心愿100"教育扶贫助学捐款行动、公益徒步等多种方式,向集团员工、全社会爱心人士发起助学捐款活动,共有176个单位、爱心团体参与,累计捐款人次142204人,筹集到善款1060.25万元,集团另捐赠289.62万元,用于资助9省14县7500名贫困学子完成学业及微心愿。

四是用好名师资源,提升教学质量。依托国华纪念中学的教育资源,采取委培生、教研座谈等形式,结对提高帮扶县高中教育水平。发挥下属教育集团博实乐的名师资源,结对英德市开展为期三年的"乡村教师培训计划"。2019年,为帮助碧桂园结对帮扶县区中小学校长及碧桂园博实乐学校校长更新办学理念,提升管理能力,促进教育水平提升,举办碧桂园教育扶贫校长管理能力提升研修班。在清华大学,来自碧桂园结对帮扶的全国9省14县及联络县校长参加学习。通过参观考察、专题研讨,促进薄弱学校与先进学校的交流学习。2020年,为满足疫情期间各地"停课不停学"的实际需求,响应教育部发布"三个课堂"(专递课堂、名师课堂、名校网络课堂)应用的指导意见,服务和保障各地教师在线教学,促进贫困地区学校通过信息化手段有效利用优质教育资源,提升教师专业水平和教学质量,开办"清华大学碧桂园乡村教师信息素养与在线教学能力提升专题研修班",来自碧桂园帮扶的甘肃东乡、河北新河、江西兴国等11省17县优秀骨干乡村教师以及博实乐集团的近500名老师通过线上学习参加专题研修班。

五是给予贫困生物质及精神帮扶。联合集团志愿者协会，号召全集团各单位、社区开展暖冬行动，帮扶9省14县及集团其他结对帮扶县、社区中或社会上需要帮扶的城乡贫困人员、留守儿童、孤寡老人等关注全社会弱势群体，2018年，共收到碧桂园全集团捐助衣物2万件，帮助6724名贫困学子和1400深度贫困户、留存儿童温暖过冬。2019年，为100户深度贫困赠送1500个暖冬礼包，帮助2583名贫困户、留守儿童温暖过冬。各单位开展筹募过冬衣物、探望慰问、举办团年饭、慰问演出、送慰问品、大扫除等活动。其中，集团总部为新疆伽师县捐赠暖冬物资81箱，共计2502件，帮助伽师县贫困户2000余人温暖过冬。截至2020年5月，全集团共开展78场暖冬行动。2020年，省妇联、省扶贫办联合碧桂园集团、国强公益基金会联合开展"童·奔康"——广东省关爱贫困地区儿童助力决战决胜脱贫攻坚公益行动，通过为全省尚未脱贫14周岁以下建档立卡贫困人口儿童4648人购买保险的形式，为每位贫困儿童量身定做"守护成长保险"保障，标准为2000元/人/两年，总保障为3.38亿元。旨在激励适龄儿童努力完成学业，用知识改变命运，同时为贫困儿童的健康提供保障。

教育扶贫不仅仅是资金上的资助，更需要对贫困县受助学生心理上的扶助、情感的关怀及见识和志气的培养。组织9省14县受助学生代表、员工子女来集团总部参加"阳光少年成长夏令营"活动。通过参观国华纪念中学、IB学校授课，参观广州塔，参加爱心义卖等活动，关注贫困地区青少年全面发展。

（4）就业扶贫。碧桂园集团以农村需要、市场需求及实现就业为导向，结合当地群众意愿，为贫困户提供免费技能培训与就业岗位，实现培训、就业一站式服务，帮助其掌握致富门路和技术。

一是开展职业技能培训。针对有劳动力缺技术的贫困人口，采取集中培训或送教下乡等方式，培训合格发放职业资格证书。相继开展电工焊工、家政月嫂、养老护理、刺绣、客房服务员、残疾人"云客服"等实操性强的技能培训，输送优秀技能人员至物业公司、酒店管理公司、凤凰优选、筑美家居等子公司及外部人才需求企业。2019年，为积极响应党委政府及有关部门关于"粤菜师傅"工程和"南粤家政"工程的号召，相继推动"碧桂园—粤菜师傅""星级保姆"扶贫培训项目，面向有志于从事相关行业的贫困农村劳动力，免费培训，使其掌握专业、扎实的上岗技能。截至目前，粤菜师傅培训

1503 名学员，实现就业 1105 人；星级保姆培训 527 人，实现就业 342 人，其中从事家政行业 293 人。

二是开展农业技能培训。针对不愿外出或只能就近就业的贫困劳动力人口，结合当地农业生产的重要环节开展新技术推广和生产技能培训，提升农民生产技术，提高生产效率实现增收。采取理论教学和田间实地教学相结合的培训模式，推动特色农业实用技术培训。如在广东英德开展种桑养蚕、采茶制茶技术培训，在河南虞城开展滴灌技术培训，在河北崇礼开展大棚种植技术培训等。结合各扶贫县苗木产业扶贫基地的发展需要，面向务工村民贫困户培训苗木种植技术，鼓励农户学技术搞创业。

三是搭建招聘平台，完善就业跟踪体系。整合政企资源，在扶贫点举办大型与专场就业招聘会，为广大村民贫困户搭建就业平台，打造培训—就业一站式服务；联动碧桂园内部子公司及外部合作单位等相关产业链整理超过 1 万条岗位需求信息，为就业招聘提供稳定的后端资源支持；对参与就业培训的贫困劳动力进行全面的跟踪管理，通过树立优秀就业典型，发掘就业带头人，以就业宣讲会的形式吸引更多的贫困劳动力参与培训实现就业。

（5）"X"自选动作。贫困地区的经济、社会、地理、生态、人文等实际情况各有不同，在集团统一部署的规定动作外，结合当地实际，因地制宜推进健康扶贫、美丽乡村建设等自选动作。

一是开展健康扶贫。捐赠 1 亿元支持国家"光明扶贫行动·白内障复明"项目，在帮扶县免费为患白内障的贫困户提供治疗；与 1100 余家贫困地区定点医院签约，截至 2020 年 1 月底，完成 20 省 1350 多家定点医院集中签约工作，向 8.8 万名建档立卡白内障患者拨付救治补助资金。在河北崇礼推进贫困儿童大病医保项目，在江西兴国、陕西宁陕开展"顶梁柱"计划等健康保险。在湖南平江等地送医疗下乡，为当地村民和贫困户进行义诊。在广东英德开展基层医护人员培训。

二是乡村振兴综合体建设。衔接脱贫攻坚与乡村振兴，因地制宜推进乡村振兴综合体建设。在广东英德市连樟村、雷州市那毛村、梅州市大埔县樟北村等 25 个县 47 个行政村开展新农村建设，通过"三清三拆三整治"项目、"厕所革命"项目、污水处理项目及其他公共设施和基础建设项目等，改变农村"脏乱差"的现象，给村民一个干净整洁的生活环境。截至 2020 年 5 月，共惠及574个自然村组,惠及25023户114619人,建档立卡户2779户9559人。①

3. 碧桂园扶贫经验

民营企业是精准扶贫的重要力量。长期以来,民营企业扶贫多以捐款捐物的间接参与为主,主要原因是缺乏直接参与扶贫的好机制。碧桂园多年来的扶贫实践,说明要在探索可造血、可复制、可持续的长效机制上下功夫,并为社会力量特别是民营企业直接参与扶贫提供具体样本。

一是要创新可造血的扶贫方式。要想彻底改变贫困落后的面貌,仅靠"输血"扶贫,而不触及贫困根源,只能治标不能治本。碧桂园把扶贫着力点放在"造血"上,紧紧围绕"人"这个关键因素,开展"3个3"工作,即三个寻找计划(一批返乡扎根创业青年、老村长、深度贫困户),聚焦三类人群(村支书、返乡扎根创业青年、乡贤),实现三个一万目标(帮助1万名贫困大中专学生找工作、扶持1万名返乡青年扎根农村创业、资助1万名贫困学生完成学业),通过扶志扶智扶技扶富,激发造血活力,孕育涵养新时代乡村人才大军,为精准扶贫和乡村振兴注入强大动力。

二是要探索可复制的扶贫模式。作为世界500强企业,碧桂园不仅要干好扶贫,更要推广扶贫,打造可复制的扶贫模式。碧桂园把公司化的规范管理引入扶贫工作,打造制度化的扶贫工作模式;用好扶贫"四库"(建档立卡贫困户数据库、产业项目资源库、就业岗位资源库、专家智库),为脱贫攻坚提供科学依据;通过实施"五个一"规范将"4+X"扶贫模式标准化,为广大有志于扶贫事业的企业、社会组织提供一套可操作的现成方案,带动更多社会力量参与到精准扶贫的伟大事业中来。

三是要构建可持续的扶贫机制。按照国家乡村振兴战略规划要求,当前的主要任务是打赢脱贫攻坚战,全面建成小康社会,远景目标是实现乡村全面振兴。碧桂园不但要做好当前的精准扶贫工作,更要深度参与乡村振兴战略。为此,必须在实践中探索可持续的扶贫机制,科学谋划、整合资源、精细管理,努力实现贫困户、政府、社会和企业的多方共赢。碧桂园集团、国强公益基金会联合各界社会力量共同发起"社会扶贫共同体",汇聚70多家企事业单位、媒体、公益组织和个人代表的社会资源,有效对接贫困村、贫困户的"脱贫需求",共同参与精准扶贫,助力打赢脱贫攻坚战。②

---

① 《碧桂园集团探索推进"4+X"扶贫模式》,http://f.china.com.cn/2020-07/08/content_76248719.htm。

② 《碧桂园罗劲荣:探索可造血、可复制、可持续的精准扶贫长效机制》,http://finance.ifeng.com/c/7lE0CbSMnz6。

（二）奥园集团的精准扶贫

中国奥园集团始终热心党建工作，积极践行企业社会责任。2011年成立奥园集团党委，是广州市番禺区第一家非公企业党委。奥园集团党委下设4个党总支和23个党支部，创新性地"将支部建在工地上、楼宇里、商场中"，将党建贯彻落实到企业生产经营各个环节，并与北京大学经济学院、暨南大学、广东省人民检察院、广州税局、中国农业银行广州分行等党建共建，以党建引领企业健康快速高质量发展。奥园集团党建工作先后获得中央深改办、中组部等中央有关部门和省、市各级领导高度肯定，多次被评为广东省和广州市"先进基层党组织""广州市'双强'共同体示范单位"等。①

1. 推行"奥园精准扶贫模式"助力脱贫攻坚

奥园集团党委、奥园慈善基金会贯彻党中央精准扶贫精神，积极响应党中央"万企帮万村"号召，在贵州威宁、广东五华、蕉岭、大埔、广西浦北，江西宁都、大余等30多个贫困县和贫困村大力推行"奥园精准扶贫模式"：实施"双十双百"精准扶贫工程、支教助学、"山海对话"等慈善公益活动，通过开发奥园县域综合体、"公司＋农户＋商场＋电商"、产城融合等举措，强化扶贫产业支撑，带动贫困区域发展和农民脱贫致富。②

（1）开展深度贫困，助力贫困县打赢脱贫攻坚战。"全国扶贫看贵州，贵州扶贫看毕节，毕节扶贫看威宁。"毕节是经国务院批准建立的"开发扶贫、生态建设"试验区，习近平强调"要努力把毕节试验区建设成为贯彻新发展理念的示范区"。③奥园县域集团深入开展深度扶贫，重点助力贵州省毕节市、威宁县、梅州市五华县等贫困县打赢脱贫攻坚战。

2019年5月，奥园集团党委到毕节参加广州市荔湾区—毕节市七星关区扶贫协作党政联席会议，会上代表奥园慈善基金会向七星关区妇幼保健院新生儿科和八寨镇大兴社区捐资，分别用于基本设备采购和种植业发展与贫困户就业脱贫。还到七星关区青场镇深度贫困村初都河村，考察参观青场镇初都河村茶叶加工厂。

威宁是国家级特困县，是贵州省面积最大的民族自治县，也是毕节市人口最多的县，贫困程度深、贫困人口多。奥园集团党委怀着帮助威宁县打赢脱贫攻坚战的责任和情怀，按照番禺区委、区政府对口帮扶威宁县的方案部署，在

---

① 《奥园：致敬祖国七十华诞，党建引领高质量发展》，http://static.nfapp.southcn.com/content/201910/02/c2678644.html?group_id=1。
② 喻孟：《慰问加义诊 情暖长者心》，《南方日报》2019年12月5日。
③ 《毕节：奋力建设贯彻新发展理念示范区》，《贵州日报》2019年10月1日。

威宁投资 18 亿元开发建设当地首个商业综合体——威宁奥园广场，项目总占地 200 亩，总建筑面积 42 万平方米。奥园集团联合项目公司、施工单位、监理公司成立威宁奥园广场工地临时联合党支部。积极发挥党员的先锋模范作用，成立"威宁奥园广场党员扶贫先锋队"，结对帮扶盐仓镇可界村和施家营小学，深入贫困户家庭走访慰问，捐资帮助可界村种植辣椒等发展种植业，捐助施家营小学路灯、打印机等教学设备设施，并组织毕节地区师生到广州，与京师奥园南奥实验学校结对交流。

（2）开展产业扶贫发展奥园县域商业综合体。奥园集团成立以来做了不少扶贫工作，也接触了比较多的县域，一直在思考如何将回馈社会与振兴县域经济结合起来。奥园集团积极响应党中央精准扶贫精神，将县域商业综合体作为公司重要的发展战略，未来将继续每年发展 30—50 个奥园广场县域商业综合体。通过县域商业综合体，带动贫困地区发展，助力打赢脱贫攻坚战。

2015 年，广州市番禺区政府组织奥园集团党委到番禺区对口帮扶的梅州五华县考察。五华县地处广东省东北部，属于典型的山区县，是广东省重点扶贫的特困县，也是人口大县。奥园集团通过调查发现，县域普遍缺乏大型的商业综合体，当地人民购物休闲不方便，城市配套亟待改善。在当地政府高度重视和大力支持下，五华奥园广场项目很快落地建设。奥园集团与众多国际国内知名品牌商家组成"奥商会"战略联盟，2017 年 1 月开业时很多品牌都是首次进入县域，开业当天五华奥园广场购物中心客流量更是突破 10 万人次。2020 年 1 月 10—12 日，五华奥园广场举行三周年庆典活动，3 天累计客流达 24.2 万人次，累计销售额达 578.5 万元。

奥园广场的进驻，改善了五华的商业格局，提供了更多的就业岗位，对于贫困村民来说，在家门口就能找到一份不错的工作，大大增加家庭收入，为脱贫致富提供更多机会。奥园广场的进驻也改善了周边基础设施建设，对老河道进行改造升级，修建公园，岸边建造双向四车道大马路，"路通财通"，村民的一些种植物能够及时大量地输送到市场以实现经济价值。①

（3）实施精准扶贫，开展"双十双百"助力乡村振兴。奥园集团很早就开始精准扶贫的探索，实施"双十双百"精准扶贫工程，每年精准扶贫 10 个贫困村、10 所贫困学校、100 户困难家庭、100 名贫困学生。奥园集团已对口帮扶贵州毕节、威宁、遵义，广东雷州、廉江、化州、英德、梅州，云南、江

---

① 《持续发力！中国奥园集团助力梅州脱贫攻坚》，http://static.nfapp.southcn.com/content/202003/15/c3259715.html。

西等地区多个贫困村。

一是与贫困村党建共建对口帮扶。通过与贫困村党建共建和对口帮扶的方式，与毕节市七星关区八寨镇大兴社区、威宁县可界村等全国30多个贫困村进行精准帮扶，通过捐资建设村卫生站、幼儿园等公共设施、农田水利设施、文化娱乐设施、捐助农民发展种植业、捐资慰问贫困户、帮助农民就业脱贫等多种方式，帮助贫困村发展和贫困人口脱贫。

2020年6月，奥园集团与英德龙新村、龙建村开展结对帮扶，捐赠慰问金以及生活物资等；与龙新小学、龙建小学开展教育帮扶，资助贫困学生，捐赠教学设备、文体用品等，向他们送去奥园的温暖。

二是捐建奥园中医馆开展精准医疗帮扶。6月17日，毕节市金沙县·广州市荔湾区东西部扶贫协作党政联席会议在贵州省毕节市召开，奥园慈善基金会向贵州省毕节市金沙县金民社区捐资建设奥园中医馆，助力贵州省毕节市金沙县脱贫致富奔小康。

金民社区是金沙县易地扶贫搬迁安置点，奥园慈善基金会捐资用于金民社区建设约200平方米的中医馆，并配备半导体激光、电疗机等医疗设备，打造一个具有中医药文化及服务特色的中医馆，为周边脱贫致富的居民提供质优价廉的中医药诊疗服务。

三是开展"云招聘"助力就业扶贫。新冠肺炎疫情给就业环境带来较大影响，特别是对农民工群体和高校毕业生。为了贯彻党中央、国务院"稳就业"的部署，奥园集团根据发展需要招聘人才，联合团委、奥园慈善基金会于2020年5月开展就业扶贫云招聘。截至2020年6月，云招聘活动已连续开展4周，逐渐进入尾声，本次活动线上信息浏览量累计31863次，共收到有效简历1008份。[①] 为了加大对录用困难群众的帮扶力度，部分项目为员工采买生活用品并减免员工宿舍费用。

四是"公司+农户+商场+电商"，助力农民脱贫致富。2020年是决胜脱贫攻坚的收官之年，也是全面建成小康社会的关键一年。为强化扶贫产业支撑，奥园集团结合县域当地资源特色，大力推行"公司+农户+社区+商场+电商"产业扶贫模式，助力农民增产增收奔小康：成立广东蕉岭金奥公司建立种植基地，通过"奥买家"跨境电商平台销售农产品，奥园物业在全国奥园社区开展消费扶贫攻坚专项行动，奥园广场与华润万家联合搭建扶贫助农

---

① 《中国奥园积极践行企业社会责任 荣获"抗疫爱心捐助企业奖"》，https://3g.163.com/dy/article/FEH8T9GC053880UE.html。

专区实现产地直销……奥园集团以多种渠道，打通扶贫助农增收新途径，决胜全面建成小康社会。

第一，电商助农：打造精准助农新模式。"奥买家"是一家专注跨境领域创新生态圈的电商公司，通过建立"中国馆"，销售来自广东蕉岭、广西、海南等贫困地区的红米、花生、梅干菜、芒果、柚子扶贫农产品，让县域农产品走出县域，走向世界，带动当地农民共同致富。从2018年至今，"奥买家"跨境电商平台销售扶贫农产品近360万元。

第二，广东蕉岭金奥公司："公司+农户+基地"模式种植农产品。奥园集团通过"公司+农户+基地"模式种植农产品，成立广东蕉岭金奥长寿食品有限公司。依托蕉岭优美生态、客家人文气息浓厚等资源优势，大力发展养生农特产、富硒粮、山泉水等长寿系列产品。目前拥有3个签约稻谷种植基地，总种植面积1100亩。公司负责人亲自到农场选品，从科学采收到包装宣传，为农民提供一条龙指导服务。蕉岭县长潭镇神岗村农民张志旗从2016年开始与金奥公司合作，深耕细作，开展有机种植，2019年收益超15万元。

第三，奥园社区：党建引领微公益，消费扶贫创造大能量。奥园社区以党建引领，联合物业发动社区业户参与消费扶贫，助力脱贫攻坚。番禺奥园社区联合社区超市"公司+农户+社区+电商"扶贫助农专区，开展"社区的力量"消费扶贫攻坚战专项行动，借助社区业主力量，通过"以买代捐"的方式帮扶贫困县域农户打开销售渠道，实现增收脱贫。疫情期间，奥园物业在全国各个奥园社区开展"菜你所想，蔬送爱心"行动，出资购买贫困农户滞销产品并上门免费派送到业主家中，建立起农户与社区的"绿色爱心桥梁"，解决贫困农户的燃眉之急。

第四，奥园广场：产地直销"扶贫专区"助农产品热销。奥园集团成功在全国打造40多座奥园广场，其中已经开业的有20余家。通过在奥园广场超市、商铺等设立爱心助农精准扶贫专区，助力农产品销售。例如番禺奥园广场与华润万家联合搭建的"公司+农户+商场+电商"扶贫助农专区于2020年4月20日在番禺奥园广场华润万家超市正式开业。首批农产品来自于贵州毕节市。"精准扶贫专区"的开设，打通了毕节市农产品"出山进城"的道路，让毕节的白萝卜、青甘蓝、南瓜、鲜鸡蛋等新鲜农产品顺利进入城区的千家万户。开业仅半天，扶贫专区的货品就已售出过半，并获得消费者的广泛好评。

第五，产城融合：实现根本性脱贫。奥园集团在精准扶贫过程中，注重因地制宜，通过整合产业资源，帮助贫困区域产业升级发展。比如在云南剑川、广东英德等地发展文旅产业，在江西高安落户奥园高安巧克力王国旅游度假区，通过文旅产业带动乡村振兴和乡村旅游发展。

五是实施教育扶贫，开展爱心支教助学。精准扶贫，教育是根本。奥园集团通过对口帮扶贫困学校、捐资助学、爱心支教、开展"山海对话"等实施教育扶贫。

奥园集团自2017年以来捐资帮助贵州100名大学生完成大学4年学业（部分学生5年），并与贵州省遵义娄山关红军小学、威宁施家营小学等结对帮扶，捐赠学校教学设备，慰问贫困学生，奖励全县文理科状元及所在年级班主任。

2015年，奥园集团与红军小学全国理事会广州办事处共同发起成立广州市山海对话公益促进会，积极开展全国红军小学结对帮扶、教育培训和交流，每年组织师生前往广州举行教学培训班和开展"山海对话"交流学习等。参与教育交流培训的红军小学有200多所，助力革命老区教育事业发展。

位于广东省雷州市的禄马村小学，一个学校6个年级仅有7个年纪较大的乡村教师，由于他们普遍学历不高，对电脑等信息技术操作不熟。为此，奥园集团发起"爱心支教"活动，自2017年起，派出140余名党员、团员志愿者前往雷州、化州、廉江等乡村贫困学校开展"爱心支教"活动。爱心支教大使们开设趣味课堂；利用晚上时间，为当地老师培训电脑技能等。经过支教帮扶，禄马村小学老师们开始学会用电脑多媒体授课，并首次举行歌唱、朗诵比赛，第一次在期末考试中获得全镇第一；廉江镇泰小学首次举行六一文艺汇演；化州新丰小学师生开始正式用普通话沟通交流……奥园集团用行动守护每个孩子的梦想。①

2. 扶贫亮点成效

（1）带动税收及创业就业，促进县域经济发展和改善人民生活品质。奥园集团精准扶贫打造县域综合体，带动税收及创业就业，促进县域经济发展，改善民生。奥园集团已在贵州威宁，广东五华、蕉岭、大埔，江西宁都，广西浦北等30多个贫困县、人口大县开发大型县域商业综合体，其中威宁奥园广场被列为东西部扶贫协作项目。2017年1月五华奥园广场建成开业，当天的营业额超过150万元，现在项目一年的销售额有2亿—3亿元，引入不少商家，政府每年都有几千万元的税收。在就业方面，五华奥园广场同样发挥了突出的带动作用。提供2000多个就业机会，项目倾向于招聘当地的人员，先解

---

① 《扶贫支教　奥园集团以责任传递爱和梦想》，https://life.dayoo.com/house/201903/04/154825_52498978.htm。

决周边村民的就业需求,特别是贫困户。带动当地产业的调整升级,改善当地的投资环境,让众多企业回到五华县投资,形成以五华奥园广场为中心的商业圈,推动当地产城协调发展。浦北奥园广场被国土资源部列为保障用地力推县域经济发展典型。①

(2)"点对点"帮扶贫困村和贫困学校惠及千人。奥园集团已助力贵州威宁、广东雷州、廉江、化州、英德、五华、江西宁都、大余、广西明德、浦北等30多个贫困村和贫困学校,资助村民超1000余人,资助贫困家庭超300户,派出140多名爱心支教大使支教助学。2020年新冠肺炎疫情发生后,奥园集团帮助贫困地区解决防疫物资紧缺等难题,与贫困地区村民携手同心齐抗疫,脱贫攻坚奔小康。在奥园集团、奥园慈善基金会的部署指导下,奥园集团县域党支部分别向贵州省威宁县、广东省五华县、平远县、大埔县,湖南省衡南县、祁东县,江西省大余县,广西壮族自治区藤县等县域地区捐赠抗疫物资和爱心抗疫基金,抗"疫"攻坚足迹遍四方,凝聚强大正能量。②

奥园集团大力推行"奥园精准扶贫模式",助力贫困县、贫困村脱贫攻坚,先后荣获"中国房地产扶贫标杆企业",人民日报社、人民网颁发的"人民企业社会责任年度扶贫奖",广东省"万企帮万村"突出贡献企业,"广州最具影响力慈善企业"等殊荣。

---

① 《中国奥园助力黔粤赣桂多个贫困县贫困村走上脱贫之路》,https://www.aoyuan.com.cn/news/newShow.aspx? id = 100000824081824。
② 《中国奥园助力黔粤赣桂多个贫困县贫困村走上脱贫之路》,https://www.aoyuan.com.cn/news/newShow.aspx? id = 100000824081824。

第七章　广东扶贫走出一条引领全国的新路子

消除贫困、改善民生、实现共同富裕，是中国特色社会主义的本质要求，也是广东实现率先全面建成小康社会和落实"四个走在全国前列"的重要前提。习近平扶贫论述中的新思想新观点、新决策新部署，高屋建瓴、系统全面、思想深邃、博大精深，是新时代推进脱贫攻坚的纲领性文件，为打赢脱贫攻坚战指明了前进方向，提供了根本遵循。

广东省深入贯彻习近平扶贫论述，充分借鉴国内外反贫困的成功经验和做法，利用自身优势，不仅实现了从解决绝对贫困向解决相对贫困的重大历史转变，还率先探索建立起动态贫困标准；不仅解决了单纯物质缺乏的收入贫困，而且解决了温饱之外的能力贫困，继而解决包括教育、文化、能力、权利、机会等精神生活的全面贫困，丰富了我国反贫困的理论和实践。广东举全省之力，聚社会之财，集全民之智，构建起领导重视程度最高、扶持政策最实、资金投入最多、社会参与最广的大扶贫格局，彰显了"先富帮后富，实现共同富裕"的发展理念，走出了一条引领全国的新路子，为全国树立了榜样，对于探索中国扶贫开发道路有重要意义。

第一节　"双到"扶贫开发模式：精准扶贫的先行探索

广东的扶贫工作从20世纪80年代开始发展，取得了巨大成就，贫困人口迅速减少，人民生活水平迅速提升。但相应的，却出现了两个广东的尴尬。到2007年底，珠三角9市以不到广东省14%的国土面积，贡献了全省GDP的八成，而幅员辽阔的粤东西北欠发达地区仅占两成，散布着大量的农村贫困群体。粤东西北的落后贫穷与广东经济大省的地位格格不入，越来越成为构建和谐社会、建设幸福广东和促进经济转型发展的一道不可逾越的障碍。

广东"双到"扶贫开发模式，开启了精准扶贫的先行探索，是具有广东特色的首创。2009年6月22日，省委省政府印发《广东省扶贫开发"规划到户、责任到人"实施意见》，正式打响扶贫"双到"（即规划到户，责任到人）的重大战役。2009年至2015年期间，广东开展了两轮扶贫"双到"工作，90.6万人如期实现脱贫，贫困村集体经济实力明显增强，贫困户的生活明显改善，民生保障水平有效提高，扶贫开发成效显著。广东特色的扶贫开发"双到"模式，推动扶贫开发工作从大水漫灌向精准滴灌转变，从救济式扶贫向开发式扶贫与保障性扶贫并重转变，从政府独奏向政府主导、部门联动、社会参与的大合唱转变，从外来"输血式"扶贫向内生"造血式"扶贫转变，为我国精准扶贫提供了经验借鉴，贡献了广东智慧。

一、基本思路

面对新时期新阶段贫困人口的新情况、新特点，扶贫开发"双到"模式力求通过采取"一村一策、一户一法"的"靶向疗法"等综合扶贫措施，努力提高贫困人口的自我发展能力和应对贫困风险的能力，从源头上消除贫困，确保被帮扶的贫困户基本实现稳定脱贫。

（一）定点帮扶，动态管理

1. 实施定点帮扶

把全省3409个贫困村和村内贫困户的帮扶任务、目标、要求，分配落实到省直和中直驻粤单位、珠江三角洲7个经济发达市、贫困村和贫困户所在市、县（市、区）的国家机关、事业单位和全省国有企业、社会团体等相关单位，进行定点、定人、定责帮扶。动员有能力有意愿的民营企业参加定点帮扶工作。贫困村外的贫困户，由所在市、县（市、区）负责落实定点帮扶单位，明确责任人。

2. 建立动态档案

对贫困村、贫困户的真实情况逐村逐户登记造册，利用电脑进行数据库管理，做到户有卡、村有册，建立实时联网动态监测系统。同时建立帮扶台账，全省统一制发帮扶贫困村贫困户的《帮扶记录卡》，由县（市、区）负责发放、管理。有关部门及时将记录卡内容录入电脑、存档、更新，建立帮扶动态档案。

（二）明确任务，责任到人

贫困村、贫困户所在的市、县，要把定点帮扶的贫困村和贫困户的任务具体分解到所属的单位和部门，落实挂村挂户责任人，细化扶村扶户发展措施，明确工作目标和工作标准，监督抓好工作落实，做到定单位、定人、定点、定责包干扶持,保证每一户贫困户都有责任人挂钩联系,保证每一贫困村每一贫困户都有具体的发展规划和脱贫措施。责任人可以是个人,也可以是单位的工作小组,主要职责是帮助制订发展规划,协调、跟踪有关部门落实相关扶持措施,向上级有关部门反映需要解决的问题以及联系社会力量参与扶贫开发工作等。此外,扶贫"双到"还强调加大投入、严格管理,动员社会各界广泛参与等具体办法。

可见,"双到"是一个更广泛意义上的扶贫战略,是由政府主导,在动员社会各界力量广泛参与扶贫工作的基础上,建立一种瞄准机制,瞄准扶贫对象,采取具体的措施,解决扶贫对象的脱贫问题,其实质是"先富帮后富"、实现共同富裕的制度安排。[①]

二、主要做法

与以往的扶贫方式相比,"双到"模式最大的特点是把扶贫开发重心下移到村到户,建立瞄准机制,把扶贫任务落实到各级各帮扶单位,把帮扶责任明确到人,解决了"谁去扶贫"的问题;实施"靶向疗法",没有具体扶贫项目的不给资金,通过对贫困村的全面摸查,建档立卡,实行电脑管理,解决了"扶谁的贫"的问题;创新扶贫模式,实施以产业扶贫、金融扶贫、智力扶贫等为主的扶贫方式,解决了"如何扶贫"的问题。[②] 2009—2015年,通过两轮扶贫"双到",全省贫困地区、贫困村和人口的生产生活条件和面貌发生了可喜的巨大变化。主要做法有:

(一)注重组织领导,落实帮扶责任

广东省各级党委、政府切实认清扶贫开发工作的艰巨性,高度重视扶贫开发"双到"工作,切实把扶贫开发"双到"工作摆上重要议事日程,成立扶贫开发"双到"工作领导机构,把扶贫开发"双到"工作作为"惠民生、解民忧、暖民心"的大事、作为"一把手"工程来抓。各级党委、政府,各帮扶单位明确任务,落实层级责任制,抽调精兵强将专职负责;各级领导亲自挂点到村到户,全力推进扶贫开发"双到"工作。各级指挥长在实践中着力培养战略思维、系统思维、问题思维、效果思维和底线思维,切实提升扶贫组织领导力。

---

① 史金善:《扶贫农业龙头企业在扶贫"双到"工作中的作用机制分析》,《南方农村》2011年第5期,第68—71页。

② 李鲁云、田晓霞:《广东扶贫"双到"创出建设幸福农村新路子》,《广东经济》2012年4期,第4—10页。

（二）注重宣传发动，营造浓厚氛围

采取形式多样、丰富多彩的宣传形式，加大扶贫开发"双到"工作的宣传力度，积极营造扶贫开发"双到"工作的良好氛围。采取召开工作会议、培训会议、编印简报、挂横额、喷写固定标语、发放帮扶联系卡等方式和利用广播、电视、网络等媒体，通过建立扶贫信息网，在电视台开设《打好扶贫攻坚战》专栏，以及在贫困村制作公示栏、宣传栏（成果展示栏）、广告牌式标语等方法，大力营造扶贫开发"双到"工作的浓厚氛围。利用"广东扶贫济困日"开展宣传活动，广泛开展募捐活动，弘扬慈善精神，凝聚民众力量，增强社会责任意识，争取社会各界对扶贫工作的支持和参与。

（三）注重建档立卡，规范资料管理

按照"一村一策，一户一法"的要求，把做好建档立卡、规范纸质材料及扶贫开发信息系统等资料的管理作为实施扶贫开发"双到"工作的主要基础性工作来抓，对贫困村、贫困户进行逐村逐户登记造册，建立帮扶台账，做到户有卡、村有册、镇（街道）有簿、市有库，并及时把数据资料录入电脑。通过建立档案，及时掌握和了解贫困村、贫困户的生产生活情况，并有针对性地采取帮扶措施，使帮扶工作有目标、有规划、有步骤、有措施。

（四）注重因地制宜，探索实践经验

在扶贫开发"双到"实践中，广东探索出十大成功经验：一是以建基地、签合约为主的区域经济协作帮扶；二是以发展地方特色优势产业为主的农业产业化帮扶；三是以发展休闲农业生态旅游为主的特色旅游帮扶；四是以入股分红增收为主的入股经济项目帮扶；五是以担保和小额贷款为主的金融信贷帮扶；六是以技能培训和助学为主的智力帮扶；七是以购买农机为主的生产资料帮扶；八是以建立健全社会保障为主的基本生活保障帮扶，九是以修建各类基础设施为主的公共基础设施帮扶；十是以建移民新村和整体搬迁为主的移民搬迁帮扶。

（五）注重强化培训，提高人员素质

为提高扶贫开发"双到"工作的管理服务水平，抓好电脑动态管理和实时联网监测，对各级资料信息员进行建档立卡、录入电脑和动态管理知识的培训。通过举办贫困村党支部书记、文书、各镇（街道）扶贫办主任参加的"双到"工作村级培训，举办帮扶单位"双到"工作组组长以及各镇（街道）党（工）委书记、"双到"工作主管领导参加的业务专题培训班，进一步夯实贫困村实现脱贫的思想组织基础。通过各种培训，提高各级领导和工作人员的思想素质和业务水平，促进"双到"工作的顺利开展。

（六）注重资金筹措，用好用活资金

扶贫开发"双到"工作要取得实效，钱是关键，关键是钱。为确保扶贫开发资金投入的到位，要千方百计，多方筹措资金。一是各级财政加大财政扶贫资金投入力度支持扶贫开发，想尽办法挤出资金用于扶贫开发；二是各帮扶单位想方设法，通过减少办公经费，节约资金投入扶贫开发；三是动员和组织企业、农民、社会其他力量义捐，加大扶贫开发"双到"工作投入；四是通过开展"扶贫济困日"活动，广泛动员发动广大干部职工和爱心人士捐款扶贫。五是严格扶贫资金管理，完善扶贫资金运行和项目管理机制，严格扶贫资金投向和使用范围，实行扶贫资金专账管理，确保资金专款专用。加强对扶贫资金管理使用的监督和审计，推行扶贫资金管理使用公示和项目绩效评价制度，接受群众监督。

三、主要创新

广东扶贫开发"双到"是对扶贫开发工作的一种探索与创新，主要从四个维度进行创新：优势的利用、意义的提升、体制的优化、机制的活化。①

（一）充分利用自身优势

广东省充分利用改革开放优势、市场经济优势和社会资源优势，并将先行优势转化为先行责任，推动扶贫开发"双到"工作这项系统性工程稳步前进。

1. 改革开放优势

作为改革开放的先行地，广东省创造性地把中央关于改革开放的战略设想变为鲜活生动的发展成果，在改革开放上发挥了重要的窗口作用、试验作用、排头兵作用。广东省充分利用改革开放的优势，践行改革开放的精神，解放思想、实事求是、与时俱进、大胆探索，成功开辟一条特色减贫道路，推进扶贫开发这项系统性工程稳步前进。

广东特色扶贫事业作为中国特色社会主义事业的重要组成部分，其发展进程始终与改革开放以来经济社会发展整体战略布局的变迁步调一致，彰显了与时俱进的特征。改革开放以后，农村改革主要通过推行家庭联产承包责任制，将土地的经营权承包给农民，进而调动了农民积极性。随着改革发力带来社会活力的持续释放，农村经济快速发展，农村减贫效应迅速释放。扶贫"双到"模式依靠改革开放的优势，发挥区位优势、资源优势和体制优势的作用，有力促进全省地方财力变强，城乡面貌全面跃升，人民生活持续改善。

---

① 谢石生：《"双到"对扶贫开发工作的四维创新》，《南方论刊》2011年第6期，第17—19页。

2. 市场经济优势

作为市场经济的发源地，广东省充分利用市场经济的优势，贯彻市场经济的基本原则，遵循扶贫工程运转的规律性，促进资源高效配置，将全省扶贫工作推上一个新台阶。

一是扶贫观念上的变化。市场在资源配置中起决定性作用，扶贫"双到"模式在观念上意识到扶贫工程的运转必须适应市场经济规律的要求，坚定不移地将贫困地区的经济发展纳入市场经济轨道，依靠市场经济的动力获得彻底的解放，社会扶贫应侧重为贫困地区创造进入市场的各种条件与机会。

二是扶贫行为社会化。随着社会主义市场经济体制的建立，扶贫"双到"模式也已从单纯的政府行为转变为广泛的社会行为。广东的非政府组织十分活跃，他们在扶贫活动中有着自身的优势。强烈的社会责任感使得各种社会组织自发地行动起来，将扶贫视为义不容辞的责任，他们在扶贫工作中表现出的巨大热情，使扶贫工程获得了一笔巨大的精神财富。各种非政府组织通过各种渠道与贫困地区直接联系，由于减少了中间环节，提出的扶贫方案和措施比较接近实际，成本也比较低。

三是扶贫方式多样化。传统的扶贫方式忽略了贫困地区的"造血"机能，形成贫困地区扶而不能脱贫的局面。扶贫"双到"模式构建了大帮扶格局，各种扶贫主体在总结过往扶贫工作经验教训的基础上，积极探索适合自身的扶贫方式，帮助贫困地区培育造血机能，以求治本兼治标。在产业扶贫中，企业侧重于贫困地区的资源开发，运用商业形式将自身的利益与贫困地区的利益结合在一起。扶贫机制的商业性为贫困地区增加了许多发展契机，有利于打破贫困地区人民落后保守的传统观念，增强他们的竞争意识和风险意识。

四是脱贫途径多元化。扶贫工程的有效运转不仅取决于扶贫主体的积极性，更取决于扶贫客体的能动性。市场经济给贫困地区带来的不仅仅是机遇，还有巨大的压力，这股压力迫使贫困地区千方百计地寻找各自脱贫的突破口。在扶贫"双到"模式下，贫困户能够切实从科技扶贫、产业扶贫、教育扶贫等项目中获益，稳定脱贫能力增强。

3. 社会资源优势

广东扶贫开发"双到"坚持"举全省之力，聚社会之财，集全民之智"，调动各方面积极性，及时化解消极因素，充分整合社会资源，发挥集中力量办大事的显著优势，推动资源跨域性流动、政策针对性倾斜，加大深度贫困地区扶贫力度，落实对特殊贫困人口的保障措施。

积极将资源优势转化为经济优势。广东拥有着多样性的地理气候条件，平地、山地、海洋生物资源丰富，自然生态和资源多种多样，且历史悠久，文化灿烂，孕育众多特色鲜明、品质优良的地理性独特资源。尤其是地理标志作为产品的产地、质量、信誉标志，负载的产品蕴含着巨大的市场潜力和财富价值。各帮扶单位将集人文、生态、环境等于一体的要素资源整合起来，从事标准化种植、养殖、加工业、旅游业等，彰显区域独特文化，树立区域良好形象，提升农村区域经济竞争力和区域软实力，实现农村剩余劳动力大转移，引发农村经济发展的深刻变革。

发挥人才资源融合优势，实现治理人才高效配置。扶贫"双到"模式的有序推进，不仅需要先进的理念、科学的战略、有利的政策，而且需要治理型人才和专业型人才的合理配置和科学使用，注重得力的人才、坚决的执行。广东省充分运用好对口帮扶、定点扶贫的机制和优势，省直机关、企事业单位、科研院所、大专院校、珠江三角洲7个经济发达市以及粤东西北14个市的有关单位全体动员，派出工作组和扶贫干部进村驻点，保证每个贫困村都有驻村工作组，每户贫困户都有帮扶责任人，入村到户、不留死角，构成了大扶贫格局的主体。各帮扶单位发挥自身优势，有钱出钱、有物出物、有力出力，因地制宜、分类指导，通过帮助建设基础设施、发展经济项目、开展技术培训等，改善贫困村、贫困户生产生活条件，增加收入，加快脱贫致富步伐。通过扶贫干部和扶贫专家的高效化配置，形成人才领军辐射力量，不断增强贫困地区的贫困治理能力，加快脱贫进程。

（二）充分提升扶贫意义

扶贫开发是建设中国特色社会主义事业的一项历史任务，也是构建社会主义和谐社会的一项重要内容。"双到"使扶贫开发工作的重大意义得到提升。

一是扶贫开发"双到"工作更彰显人本特色。扶贫开发工作，必然以人为本，是落实科学发展观的重要内容。扶贫开发"双到"工作强调规划到户，要求采取"一村一策、一户一法"的靶向疗法直击目标，为每一贫困户建档立卡，要求帮扶单位与个人定点、定人、定责进行帮扶，将扶贫开发工作的落脚点和归宿点确实放在每一个贫困户之上，更加彰显扶贫的人本特色。

二是扶贫开发"双到"工作更强调和谐稳定。历经改革、经济快速发展的广东城乡差距尤其明显，扶贫开发"双到"工作使促进社会和谐稳定的意义提升。"责任到人"为所有帮扶对象享受帮扶的权利提供坚实的保障，"规划到户"让所有帮扶对象都享受到同等的帮扶机会，享受到一样的发展生产、脱离贫困的政策扶持。扶贫开发"双到"工作要求动员全社会积极参与扶贫开发，这使得扶贫济困、团结互助蔚然成风，形成良好的社会风尚。

（三）充分优化扶贫体制

扶贫开发工作是一项长期的系统工程，需要配套的稳定的体制。扶贫开发"双到"工作将扶贫开发工作的体制进行了优化。

一是扶贫开发"双到"工作的领导体制更加高效。"双到"要求按照"政府主导、社会参与、自力更生、开发扶贫"的方针，坚持"省负总责、县抓落实、工作到村、扶贫到户"的工作格局，充分发挥党政的主导作用，各级党委、政府是本地本部门落实"规划到户、责任到人"的责任主体，党政主要领导为第一责任人。明确领导责任、单位责任和个人责任，做到认识到位、领导到位、机构人员到位。自省至乡镇形成一个领导体系，确保扶贫开发"双到"工作的组织领导。

二是扶贫开发"双到"工作的投入体制更加到位。扶贫开发工作需要人力、物力、财力的支持。"规划到户"确保帮扶单位与个人必须到位，帮扶资源必须跟进；"责任到人"的问责制督促帮扶单位与个人的积极作为。

三是扶贫开发"双到"工作的保障体制更加有力。"双到"是一种工作责任制，要求扶贫工作有坚实的保障。责任明确、划分细致、保障有力是扶贫开发"双到"工作保障体制的特点。

（四）充分活化扶贫机制

扶贫开发工作需要有一套正常畅通、运行良好的机制。扶贫开发"双到"工作将扶贫开发工作的机制进行了活化。

一是扶贫开发"双到"工作的运行机制更为流畅。在扶贫资源配置上，"规划到户、责任到人"建立了一种瞄准机制，实行"靶向疗法"，更直接、更精确地配置机关、企事业单位扶贫资源，减少资源消耗，实现定点清除贫困。在扶贫规划上，"规划到户"通过建立机制，主要针对贫困户（点）做到工作重心下移，对贫困户的基本情况进行摸查，登记造册、建档立卡，做到心里有数，分类指导，制订帮扶措施，搞好脱贫规划。

二是扶贫开发"双到"工作的考评激励机制更为有效。扶贫开发"双到"工作要求加大检查督促力度，并由省委组织部和省扶贫办共同制定考评办法，将"规划到户、责任到人"进展情况列入所在地区深入贯彻落实科学发展观和党政领导干部政绩的考核内容，每年组织检查考核，公布考核结果，作为干部考核任用的重要依据，确保如期实现扶贫开发目标。同时要求建立激励机制，根据各地完成的情况，奖优罚劣，赏先激后。

第二节 "双转移"战略：增强"造血"功能的创举

"双转移"是广东提出的"产业转移"和"劳动力转移"两大战略的统称，是指珠三角劳动密集型产业向东西两翼、粤北山区转移，腾出资源以引进发展先进制造业、高科技和高附加值产业；东西两翼、粤北山区的劳动力，一部分向当地二、三产业转移，另一部分较高素质的劳动力向发达的珠三角地区转移。"双转移"作为一项破解发展难题、促进区域协调发展的重大举措，是广东省处于转型升级的发展新阶段，紧紧把握产业转移的客观规律的创举，增强欠发达地区贫困村及贫困户的"造血"功能，缩小城乡差距，促进区域协调发展，为全面建设小康社会作出积极贡献。

一、主要做法

"双转移"战略是广东省对破解经济增长中的很多战略性难题进行的有效探索，从实践上给出宝贵答案，其主要做法和经验值得在全国大力推广。

2008年8月25日和9月3日，在深圳市劳动保障局的牵头下，省劳动保障厅、南方日报社和深圳报业集团举办"广东省'双转移'深圳接收粤东西北农村劳动力洽谈会"和"深圳——湛江劳务合作招聘会"。（2009年5月26日《南方日报》，鲁力摄）

（一）支持东西两翼和粤北山区建设产业转移园

加快珠三角产业向东西北地区转移，夯实欠发达地区的产业发展基础。欠发达地区承接珠三角产业转移，对产业扶贫起到重要的辐射带动作用。建立省级产业转移工业园区，形成一批有较大影响力的特色主导产业，夯实粤东西北地区的产业基础，为欠发达地区培植税源、增加财政收入提供载体，也有力促进贫困村集体、贫困户的产业发展。产业转移的辐射带动作用使扶贫"双到"的贫困村、贫困户发展特色产业项目越来越多、规模越来越大、成效越来越明显。

（二）大力提高农村劳动力素质

"双转移"战略提出，每年对100万在岗农民工进行培训，对广东省45岁以下、有劳动能力的中青年农民进行一次免费的技能培训，确保每一个农村家庭都有一名以上的有就业能力的劳动力接受职业技能培训。政府加大培训经费的投入，并且通过牵线搭桥，解决了企业招不到工，而农村的劳动力又找不到工作的问题，有力促进农村剩余劳动力的转移。

（三）农村贫困家庭子女上职业技术学校、技工学校由政府全额付费并补助生活费

广东省在全国率先实施智力扶贫，资助贫困农户子女入读技工学校，开展贫困农民职业技能培训，帮助贫困农民转移就业。摸清贫困家庭的子女没有能力去读书、没有钱去读书的数量，把他们招进来读技校、读中专、读职业技术学校。2009年以来，把推动劳动力转移与扶贫"双到"结合起来，将全省农民纳入职业技能培训范围并形成制度安排，实现"就业一人，脱贫一户"。帮助贫困户培训就业、提智增收是标本兼治的扶贫，实现从单纯给钱给物的"输血"型扶贫向增强贫困农户自我发展能力的"造血"型扶贫转变。

（四）建立优秀农民工激励机制

省劳动保障厅按照有技能、贡献大、有发明创造、本省紧缺等条件，开展优秀农民工认定工作，对其中特别优秀的农民工由各级党委、政府表彰和奖励。制定优秀农民工落户城镇的优惠政策。各地向优秀农民工提供一定比例的廉租房和经济适用房，鼓励支持农民工留在城镇，确保产业升级有人才保障，促进实现产业升级，增强社会的和谐度和凝聚力。

二、扶贫开发"双到"与"双转移"战略的关系

"双转移"与扶贫开发"双到"是互相推动、互相支持的关系。"双转移"并不是单纯针对贫困地区的帮扶措施，但在扶贫开发"双到"的语境中却自

觉不自觉地引进"双转移"的做法。扶贫开发注重将扶贫与新形势下推动农村建立主导产业和特色产业、实现产业转型升级、转变经济发展方式结合起来，这与"双转移"的客观效果不谋而合。由此，"双转移"赋予"双到"机制鲜明的时代特色。①

一方面，扶贫开发"双到"需要"双转移"。劳动密集型产业的转移，使粤东西北地区的工业基础得到加强，就业岗位得到扩展，老百姓的收入和政府税收得到提高，工业的带动作用得到体现，工业与农业相互推动、相互促进的良性循环由此形成。企业转移到粤东西北地区后，就业地点就在贫困户家门口，就业成本、生活成本大为降低。企业的进驻需要大量的上下游配套设施及原材料，这为村民和村集体加入产业链、参与企业配套建设和转变经济发展方式提供了机遇，为农村产业结构、产品结构调整提供有利环境，为贫困村建立自身主导产业、特色产业奠定基础。扶贫开发不可能仅仅局限于农村内部的调整，贫困村的发展也不可能脱离其所在的外部空间，转移而来的企业有着更成熟的经营理念，连接着更广阔的市场，在为落后地区带来的新鲜血液的同时，为扶贫开发提供了有效的着力点，把整盘棋给带活。

另一方面，"双转移"也需要扶贫开发"双到"的支持。首先，扶贫开发"双到"工作所培训的农民工，为企业提供大量人力资源，解决了"招工难"问题。其次，扶贫开发"双到"大力发展农村经济，提高贫困户的收入，客观上为企业开辟、培育了更新、更大、更近的市场。扶贫开发过程中大量的基础设施建设也为企业的发展带来便利，甚至有企业将基地直接转移到贫困村。而"双到"工作中所扶持的农村特色产业，也往往就近成为转移而来的企业生产、销售等环节中重要的组成部分。总之，"双到"为"双转移"提供了低成本、高收益的发展环境。

在"双转移"与扶贫开发"双到"二者的"联姻"上，广大的驻村干部和其派出单位作为中间人，起着不可或缺的作用。正是有了他们的穿针引线，"双转移"得以与"双到"更为紧密地结合在一起，成为粤东西北落后地区发展的"双引擎"。

从不自觉到自觉，实施扶贫开发"双到"工作的决策者们注意到"双转移"与扶贫开发"双到"结合所产生的"多赢"效果，并在实践中进行贯彻

---

① 郑晓俊：《广东"规划到户、责任到人"：一种基于现实考量的科学扶贫开发模式》，廖纪坤、葛孚桥主编：《点亮幸福之光：广东扶贫"双到"理论与实践》，广州：世界图书出版广东有限公司2012年版，第238—240页。

落实。如佛山市农业局在帮扶英德市新岭村工作中,发挥部门优势,将佛山市农业龙头企业——顺德区北滘农民创业园引进到贫困地区,规划建设英德扶贫基地,建成集生产示范、产品展示、技术培训、科普教育、观光旅游等功能于一体的现代农民创业园。通过项目的实施,企业本身跳出珠三角,获得更大的发展空间,而当地农民除获得稳定的土地租金收入,还可以作为园区的农业工人获得工资收入;农户还可利用进园工作的机会,学习先进的农业生产技术和管理经验,创业致富。

第三节 "瞄准机制、靶向疗法"的扶贫机制：科学配置资源的创新

我国扶贫开发总体上是以财政投入支持、项目扶持和工作组帮助的形式开展的,各省各地也因地制宜创出了不少好经验。广东扶贫开发"双到"通过"一对一"帮扶,建立"瞄准机制",实行"靶向疗法",能够更直接、更精确、更科学地配置机关、企事业单位扶贫资源,实现定点清除贫困,极大地提高了扶贫成效,是我国扶贫开发方式的重大创举和突破。

一、主要做法

改革创新为扶贫开发加油助力,使扶贫脱贫思路越来越清晰,路子越走越宽。自扶贫开发"双到"实施以来,"创新广东"闯出一条中国特色扶贫开发之路——"瞄准机制、靶向疗法"的扶贫机制。广东率先探索建立起动态贫困标准,确保扶贫与时俱进;建立瞄准机制,确保扶贫有的放矢;实施"靶向疗法",确保扶贫快见效、见实效。

(一)率先探索建立起动态贫困标准,确保扶贫与时俱进

广东省认识到完全照搬国际、国家贫困标准,已不适应广东经济社会快速发展和人民生活水平提高的实际,必须与时俱进制定科学动态的贫困标准。扶贫"双到"率先探索建立起动态贫困标准。广东省第一轮"双到"扶贫提出的识别贫困村、贫困人口的标准,是一种绝对意义上的静态贫困标准;第二轮"双到"扶贫提出的识别贫困村、贫困人口的标准,则是一种相对意义上的动态贫困标准。

2009—2012年的扶贫"双到"中,广东实际上已将扶贫标准由1500元大幅提高到2500元,早于并高于全国2011年提出的2300元的国家贫困标准。2012年广东出台的《广东省农村扶贫开发实施意见》中,广东省更为明确地

提出建立动态贫困标准,将当年全省农民人均纯收入的33%作为2013—2015年新的扶贫标准,约为3478元,比全国2011年扶贫标准约高出1178元。2016—2020年,广东以2015年为基期,根据当年经济社会发展状况和相对贫困人口规模,确定贫困标准。动态贫困标准的建立,明确了"扶谁的贫"的重大问题,确保扶贫工作始终瞄准并全面覆盖处于标准以下的贫困人口。有劳动力的相对贫困户年人均可支配收入达到当年全省农村居民人均可支配收入的45%,相对贫困村年人均可支配收入达到当年全省农村居民人均支配收入的60%。

广东在全面消除绝对贫困基础上,探索建立动态贫困标准,不断提高贫困线水平,目的不仅仅是解决贫困人口的基本生活需求,而是要从同等享受国民待遇和均等化基本公共服务的角度,给予贫困人口改善生活条件、取得自我发展的机会,体现了包容发展的理念。这既是对我国扶贫理论实践的创新,也是对国际反贫困理论实践的贡献。

(二)建立瞄准机制,确保扶贫有的放矢

扶贫任务的准确瞄准是落实"六个精准"中的扶持对象精准的关键。针对新时期新阶段贫困人口分布较散、地处特殊贫困地区和返贫现象严重、返贫原因多样化等特点,为了摸清真实情况,广东省探索创新瞄准机制,在全省范围内全面摸查,精准识别帮扶村、贫困户,全面建档立卡,录入电脑,通过大数据,进行动态管理,为精准扶贫夯实基础。

1. 瞄准扶贫对象

根据扶贫"双到"制定的贫困标准,确定具体的贫困村、贫困户,并出榜公示,保证确定的扶贫对象公开、公平、公正。各帮扶单位深入到贫困村、贫困户摸底,逐村逐户调查核实基本情况,保证贫困村、贫困户的情况准确真实。按照"户有卡、村有册、镇有簿、县有案"的工作要求,对贫困村、贫困户登记造册,录入电脑,建立动态档案和帮扶台账,实现全省联网,使每一个贫困村、贫困户的基本情况和挂扶单位的帮扶情况一目了然。

2. 瞄准贫困成因

按照扶贫"双到"工作要求,各帮扶单位深入贫困村、贫困户调研,了解贫困村集体经济发展情况,贫困户生活生产情况,找出贫困原因,为制定扶贫规划和措施提供可靠的依据。同时,按照"规划到户、责任到人"的工作部署,全省把3407个贫困村和36.7万户贫困户的帮扶任务具体分配落实到省直机关、企事业单位、科研院所、大专院校、珠江三角洲7个经济发达市和贫困村、贫困户所在市、县(市、区)的有关单位等,进行定点、定人、定责

帮扶。瞄准机制明确了"谁去扶贫"和"扶谁的贫",为实施"靶向疗法"打下坚实基础。

(三) 实施"靶向疗法",确保扶贫快见效、见实效

确定了谁是真贫,摸清了致贫原因,下一步就要落实精准脱贫。广东省实行"靶向疗法",针对不同贫困村、贫困户的贫困原因,采取"一村一策、一户一法"等综合扶贫措施,明确具体的帮扶目标、重点、路径和举措,开展定单位、定人、定点、定责帮扶,最终实现一村一村解困、一户一户脱贫。整合各类资源,组织先富起来的珠三角地区带资金、带技术、带人员、带信息到落后地区进行帮扶,科学配置资源,形成扶贫合力,确保扶贫快见效、见实效,发挥最大的经济社会效益。

1. 实施考核机制

广东省率先实施扶贫考核制和问责制,省相关部门出台考评办法,公开考评结果,并将扶贫"双到"成效纳入各级领导干部政绩考核范围;实施《扶贫开发"规划到户责任到人"工作问责制》,对扶贫"双到"工作实行全程、全员、全方位跟踪监督,严肃问责,奖优罚劣,确保按时高质完成任务。各帮扶单位按照所在市、县(市、区)制定的扶贫"双到"规划和年度实施计划,根据每一个村、每一户贫困户的不同情况,实行分类指导,采取"一村一策、一户一法",制定每个村、每户农户的具体的帮扶计划和帮扶措施,使帮扶工作有目标、有规划、有步骤、有措施。

严格问责考核机制,"双到"工作落到实处。由于扶贫开发"双到"工作量大面广、时间紧、任务重,制度配套非常重要。一是严格考评,增强帮扶责任心。省纪委、省委组织部、省扶贫办等部门出台《广东省扶贫开发"规划到户责任到人"工作考评办法》《关于进一步做好扶贫开发"规划到户责任到人"驻村干部选派和管理工作的意见》和《广东省扶贫开发工作问责暂行办法》,对"双到"工作实行全程、全员、全方位跟踪监督,严格考评,严肃问责。省、市、县(市、区)分别组织几百个单位上千名干部对"双到"工作进行交叉大检查、量化考评等,促进"双到"工作扎扎实实推进。二是奖优惩劣,调动干部积极性。为保证"双到"措施落到实处,对驻村干部,经考核合格,符合有关任职资格条件的,按干部管理权限提拔一级职务;对长期不驻村、工作不落实的驻村干部,已提拔任职的免去提拔职务,未提拔任职的不予提拔。

2. 探索实践模式

扶贫开发"双到"工作的操作模式遍地开花。实施扶贫开发"双到"工

作以来，广东省各地从实际出发，围绕产业化扶贫的主导方式，探索出一批扶贫开发的成功模式。梅州有"拾荷模式""红山模式""富农模式"等，江门有"千企扶千村"，清远在推进贫困村互助金试点工作中，创造了互助资金分别与专业合作社、专业大户、全员股份和整村推进相结合的模式，还有教育系统实施"双零"智力扶贫方式等。①

"靶向疗法"是新时期扶贫开发工作的一项创新之举。一方面，强化了扶贫的针对性，一把钥匙开一把锁，才能手到病除。另一方面，增强了帮扶单位和人员的责任感。让帮扶单位和人员与贫困村、贫困户、贫困农民直接挂钩，实施"一户一法"，增加他们的责任感和压力感，不投入精力拿出真招，农户脱不了贫，便无法交出合格答卷。此外，有利于收到立竿见影的效果。由于实行扶贫责任制，增强的扶贫的针对性，容易在较短时间内取得扶贫效果。"靶向疗法"有效解决了"用什么扶贫"和"如何扶贫"的问题，把扶贫资源用在刀刃上，保证扶贫措施落到实处，增强扶贫实效，提高扶贫效率。

二、扶贫经验

广东扶贫"双到"开展以来，围绕"瞄准机制、靶向疗法"，各帮扶单位因地制宜，进行产业扶贫、智力扶贫、金融扶贫、移民扶贫、社会扶贫等方面的探索，出现不少有创造性的举措，既有针对性，也有生命力，并逐渐形成鲜明的"双到"特点。

（一）**产业扶贫**

"脱贫是第一步，关键是要致富。"② 在扶贫"双到"中，各帮扶单位坚持从实际出发，根据帮扶对象特点，分门别类制定到村到户的帮扶措施，选准和落实产业扶贫项目，制定帮扶规划，并把产业帮扶项目落到实处，包括农业开发项目、工业开发项目、商贸旅游项目、招商引资项目等，全力推进扶贫开发各项工作，为贫困户打通幸福之路。

汕尾市陆河县上护镇的苏坑村、护径村，东坑镇的共光村、福新村都是省级贫困村，共有423户贫困户2130名贫困人口，家庭年人均收入不足1500元。村集体经济收入为零，还背负着沉重的债务。

负责帮扶这四个村的中山东凤镇、中山文广新局、中山供销社组成联合工

---

① 《汪洋同志在全省扶贫开发"规划到户责任到人"工作电视电话会议上的讲话》，http://fupin.shunde.gov.cn/data/main.php?id=2302-7150005。

② 《汪洋强调：扶贫开发要督促后进全面推进》，《乐昌市扶贫开发"规划到户、责任到人"简报》2010年第36期。

作组,大力推进"一村一基地"产业扶贫模式,投资 30 万元为每村入股水电站、建设青梅加工厂,确保了每村集体年收入达到 3 万元以上。并分别建立护径村扶贫开发农业产业园、苏坑村贡柑基地、共光村青梅基地、福新村油茶——松树套种基地等七大各具特色的农业产业基地,每个项目为各村集体增加收入超 5 万元以上,既实现村集体长效脱贫,也为贫困户稳定脱贫打下坚实基础。

(二) 智力扶贫

惠东县宝口镇大围村的山坡地上,一片片翠绿欲滴的菜田在初夏的阳光下格外引人注目,这便是贫困户张木生一家的甜金针种植地。2011 年,张木生家的人均纯收入达到 3148 元,而 2010 年只有 2000 元左右。

大围村位于惠东县边远山区,全村 468 户 2328 人,自然条件差,经济基础相当薄弱,2009 年村集体经济收入为零。在省、市扶贫开发"规划到户、责任到人"工作开展后,2010 年初,惠州市物价局对口帮扶大围村,使 2010 年大围村贫困户年人均收入全面提升,脱贫率达 88%,村民们对脱贫致富充满信心。

惠州市物价局在帮扶中,注重给贫困户授之以"渔",组织各种实用技术和就业技能培训,提高贫困户劳动致富的意识和能力。他们围绕马铃薯和甜金针项目在贫困村、贫困户的种植推广,分别开展 4 次种植技术培训。惠州市物价局还不定期组织干部职工到村里开展送文化下乡活动,并购买一批农业种养技能书籍和 5 台电脑,用于帮扶充实村农家书屋。还组织发动党员、团员捐款设立教学奖助金,用于奖励学习成绩优秀的贫困户学生。智力扶贫,有效地增强了贫困户自主脱贫的能力。

(三) 金融扶贫

农民发展经济无资金,农村发展无人才,这是开展扶贫"双到"前,广东各地贫困村普遍存在的实际问题,如何为"三农"的长远发展夯实基础?各帮扶单位在机制创新上进行有效的探索。

乳源县立足当前,着眼长远,想方设法筹集资金,每年拨出专款 500 多万元,用于开展"农民小额贷款贴息工程""政府助学工程""学生营养工程""少数民族学生补助工程""边远山区教师特殊岗位津贴工程"5 个"百万工程"。实施以来,已有 380 户贫困户享受政府贴息的 1 万—5 万元的小额贷款,80% 的贫困户实现当年创业脱贫致富;1.1 万多名学生享受困难补助和营养补给;800 多名边远山区教师享受到人均 1000 多元的特殊岗位津贴。实施农村困难老党员"关爱工程",已有 183 名农村困难老党员享受每月 100—200 元的困难补助。

肇庆城投集团在所帮扶的怀集新平村初步设立"贫困村帮扶互助基金",互助基金首期由公司投入30万元,后续资金在村集体项目收益中提取30%滚动注入,基金将长期用于村集体和贫困户的扶贫济困项目。帮扶互助基金的设立在新平村发挥了重要作用,有效地帮助贫困户解决生产经营过程中资金的问题,鼓励更多的贫困户敢想、敢做,大大提高了贫困户脱贫致富的信心和勇气。

(四)移民扶贫

在广东,和乳源一样的偏远的山区老区,"移民下山"已经成为"双到"工作中的一项重要内容。

据了解,广东的贫困地区大部分处于粤东西北的山区,乳源便是其中的一个典型。乳源地处南岭山脉南麓,集少数民族地区、石灰岩山区、高寒山区、革命老区、生态发展区于一体,是广东省3个少数民族自治县和16个扶贫开发重点县之一。地理环境恶劣,不具备生产生活条件的村庄就有80个,涉及群众1168户5223人。在扶贫开发"双到"工作中,县委县政府从统筹城乡协调发展的战略出发,借助帮扶单位的力量,加大贫困人口的迁移力度,在条件较好的乡镇和县城周边,兴建了185个迁移点,拆旧建新改造农房建新村200多个村庄,至2011年底,已有2700户困难户住上新居。为了让他们搬得下稳得住能致富,帮扶单位在不断改善贫困户的生产生活条件的同时,维修村委设施35宗,新建乡村公路112千米,新建垃圾池102个,解决农田灌溉17056亩,解决饮水2620户。

(五)社会扶贫

"扶贫济困、共建和谐""志愿扶贫、快乐扶贫"……广东扶贫开发"双到"新模式自实践以来,全民参与的扶贫理念已深入人心。

20世纪70年代,清远英德市西牛镇树山村因修建水库进行整体移民,分散居住在窄小的山沟里,居住和生活状况非常差。因扶贫"双到"工作,树山村发生翻天覆地的变化。村头建起漂亮的凉亭,结实的地砖铺满村中,小溪河岸边种满绿化树,一幢幢漂亮的小洋楼整齐地散布山间,村民家中有了自来水,电视网络也一应俱全……这一切变化,缘自碧桂园集团的爱心捐助。碧桂园集团也因此成为全国社会扶贫的先进典范。

2010年广东开全国之先河,将每年6月30日定为"广东扶贫济困日"。社会各界通过各种形式广泛开展爱心捐赠、访贫慰问等活动,掀起"人人参与扶贫、个个奉献爱心"的热潮。越来越多的民营企业、慈善家等社会力量加入到扶贫开发的队伍中。①

第四节 一手抓扶贫、一手抓党建：
夯实农村基层组织的创造

在中国革命、建设和改革开放的长途跋涉中，党的领导犹如火车头，始终领引着前进的方向。党的领导是中国特色社会主义最本质的特征，是中国特色社会主义制度的最大优势。在广东省反贫困的长期奋战中，中国共产党及其领导人展现出的卓越组织领导力，也为中国政治和制度优势添光加彩。

广东省先行先试，科学发展，不断创新扶贫方式，提高扶贫开发效果，其中一大亮点就是在体制机制上的创新。广东省围绕扶贫抓党建、抓好党建促扶贫，坚持一手抓扶贫、一手抓党建，把扶贫工作与加强农村基层党组织建设有机结合起来，固本强基，争先创优，不仅让贫困村走上脱贫致富的道路，也为强化农村基层党建、构建党建新格局提供契机，大大提高了被帮扶村党支部的凝聚力和战斗力。

一、党建扶贫探索历程

党建引领是扶贫工作最重要的底色。贫困村党支部是党在贫困村工作的基础，是落实党的农村工作任务的战斗堡垒，是党联系农民群众的桥梁和纽带，是贫困村基层组织中的领导核心。以党支部为核心的贫困村基层组织的状况如何，直接关系到扶贫开发的进程和效果。广东省党建扶贫的探索历程是一个从党建与扶贫单向发展到两者良性互动的过程，主要经历三个发展阶段：

（一）干部联系帮扶

进入 21 世纪，广东农村扶贫工作的重点由绝对贫困向相对贫困转变，重点区域由以县为单位的集中贫困转移到老少边区、石灰岩地区、水库移民地区和沿海渔业区的行政村或自然村，扶贫工作进村到户，整村推进成为扶贫工作的重要形式。

2002 年 6 月 5 日，省委办公厅转发《省委组织部关于帮扶集体经济年纯收入 3 万元以下的村发展集体经济的意见》，贯彻落实《广东省"十五"扶贫开发纲要》，把发展村级集体经济作为增强农村基层组织凝聚力、战斗力和创造力的一项基础工程，制定扶持和鼓励措施，从政策、资金、技术、人才等方

---

① 盛海辉：《"靶向疗法"创出扶贫开发新路子》，《源流》2012 年第 7 期，第 12—15 页。

面为发展村级集体经济创造有利的条件,帮助村级集体经济走上健康和可持续发展的道路。

各级党委和政府将帮扶贫困村发展集体经济工作提上重点议事日程,纳入扶贫工作总规划。制订方案,认真部署,做到帮扶一批,巩固一批,发展一批。建立省、市、县党政领导干部挂点责任制,领导和部门分工负责制,镇、村领导班子及成员任其目标责任制和定期汇报制度。

2004年11月18日,省委下发《关于组织"十百千万"干部下基层驻农村深入推进固本强基工程的意见》,决定组织"十百千万"干部下基层驻农村,深入推进固本强基工程。即从2005年起,全省每年组织10名以上省级干部、100名以上市厅级干部、1000名以上县处级干部、3万名以上科级以下干部下基层驻农村,实行省领导挂钩地级以上市并挂钩联系一所高校,市厅级领导挂钩县(市、区),县处级领导挂钩乡镇(街道),科级以下干部驻村,每个村一般派驻1名干部。对集体经济年纯收入3万元以下的贫困村派驻工作组,建立重点帮扶制。一抓3年,抓出成效。

"十百千万"干部下基层驻农村的基本任务:一是帮助建好班子;二是帮助加强队伍建设;三是帮助发展经济;四是帮助加强农村精神文明和民主法制建设;五是帮助建章立制。工作措施有:一是落实领导干部挂钩联系点。省委常委、党员副省长分别挂钩联系地级以上市,地级以上市市委常委、党员副市长和省直机关部门"一把手"分别挂钩联系县(市、区),县(市、区)委常委、党员副县(市、区)长和市直机关部门"一把手"分别挂钩联系乡镇(街道)。二是选派机关干部驻村。每年选派一批,实行一年一轮换。每批都从省、市、县(市、区)、乡镇(街道)机关部门选派3万名以上优秀年轻干部驻村,挂任村党组织副书记或村委会主任助理,抓好固本强基工作。其中,省直机关部门选派干部380名,重点进驻粤东、粤西和粤北农村;市直机关部门选派干部3000多名;县(市、区)直机关部门选派干部8000多名,其余驻村干部从乡镇(街道)选派。三是上下联动。省、市、县(市、区)、乡镇(街道)机关部门和驻村干部,要增强工作责任感和主动性,紧紧依靠当地党组织开展工作,注意调动基层干部和群众的积极性,遇事多与他们商量,多听取他们的意见。

(二)党建、扶贫互促机制

广东省通过开展扶贫开发"双到"工作,坚持一手抓扶贫、一手抓党建,扶贫工作与党建工作两手抓、两促进取得了显著成效。

在政策层面,《广东省扶贫开发"规划到户、责任到人"实施意见》强调

"提高认识，加强领导"：党委、政府是本地扶贫开发的责任主体，党政主要负责同志为第一责任人，要把实施扶贫开发作为全面建设小康社会的一项硬任务，全面落实各项政策措施，确保如期实现脱贫目标。切实加强贫困村领导班子建设，开展党支部的一对一帮扶活动，大力开展村干部培训教育，不断提高村干部"带头致富、带领致富"的能力，增强农村基层党组织的凝聚力、战斗力。

在实践层面，一方面通过帮扶单位和工作组的传、帮、带，引导和支持村党支部创新组织活动方式，健全完善各类规章制度，抓好各项制度落实，着力抓好基层党建工作。另一方面通过帮扶单位的支助，加强村委会的各项建设，改善办公条件，使村级集体组织活动能够正常开展。通过扶贫开发"双到"工作的开展，有力推动帮扶地区基层党组织和党员干部队伍建设，促进当地经济建设和社会发展。

（三）扶贫与基层党建相结合

习近平强调：要把扶贫开发同基层组织建设有机结合起来，真正把基层党组织建设成带领群众脱贫致富的坚强战斗堡垒。基层党建工作是农村各项事业发展的基础，精准扶贫是党中央实现全面建成小康社会战略目标的重要举措。推进基层党建工作和精准扶贫工作的深度融合是全面建成小康社会、实现中华民族伟大复兴的中国梦的重要保障。

广东省积极推进扶贫与基层党建相结合。省委省政府《关于打赢脱贫攻坚战三年行动方案（2018—2020年）》强调党建扶贫，建强贫困村党组织。深入推进抓党建促脱贫工作，全面强化贫困地区农村基层党组织领导核心地位，提升贫困党组织的组织力、战斗力。坚持党建引领，把"抓党建促脱贫攻坚工作"纳入《广东省加强党的基层组织建设三年行动计划（2018—2020年）》，要求市县镇党委书记带头挂点整顿，着力打造一支"不走的"工作队。

在精准扶贫精准脱贫工作中，广东省创新推进党建扶贫促攻坚工作，全面推广"三个在先"党建扶贫工作机制，即党组织优化设置在先、党组织领导决策在先、党员作用发挥在先。实施"头雁"工程，建设基层党组织书记后备队伍，始终把党的力量挺在脱贫攻坚的前沿，哪里有贫困，党建工作就要跟进到哪里，党员的作用就要发挥在哪里。这些措施进一步强化基层党组织的领导核心作用，提升农村基层党组织对脱贫攻坚的引领能力，增强党员在脱贫攻坚中的带动作用，把贫困村党组织建设成为带领乡亲脱贫奔康的坚强战斗堡垒。

二、成功经验

广东省扶贫开发工作把加强基层党组织建设纳入工作组任务，坚持党建和扶贫"两手抓、两融和、两促进"，取得了成功经验。

（一）加强基层组织建设，提高基层党组织战斗力和凝聚力

帮扶单位党组织与村党组织结对联系，单位党员与村党员结对联系；帮扶单位帮助结对联系村，进一步建立健全党组织，帮助培训老党员、发展新党员，为结对联系村送党课、送技术、送项目、送文化。按照有党支部牌子、有党员活动场所、有党员电化教育设备、有党建工作宣传栏、有党建工作制度"五个有"标准，帮扶单位党组加强对定点帮扶党组织活动场所的建设，使活动场所成为农村组织办公议事、党员活动、教育培训、便民活动、文体娱乐等的综合阵地。通过结对联系帮扶，结对联系村转变了农村党员的工作作风，密切了党群关系，优化了基层党组织结构，进一步巩固了农村基层政权。

（二）培养能人带强班子，打造一支"永远不撤走的工作队"

精心选派优秀干部担任驻点党组织第一书记、副书记，全力配合当地党委、政府选好配强村领导班子，将组织架构延伸到农业生产一线，为开展精准扶贫工作提供了"主心骨""定盘星""压舱石"。不仅增强了基层干部的贫困识别、精准帮扶能力，而且夯实了党的社会基础和群众基础，增强了精准脱贫内生动力。大力加强基层干部队伍培训，提高基层干部整体素质。

加强干部队伍的思想教育，牢固树立扎根基层、服务群众的观念，提高政治站位，增强责任感、紧迫感和使命感，发挥党员先锋模范作用。越是在脱贫攻坚的关键时期，越要高度重视，丝毫不能松懈，进一步主动、精准地开展各项扶贫工作，不折不扣地把中央重大决策部署和省委省政府的要求落到实处。对贫困村"两委"干部进行轮训，重视引导贫困村"两委"班子团结协作，不断提高创造力、凝聚力和战斗力。重视把能人培养成党员，把党员培养成能人，把能人、党员培养成村干部，把村干部培养成带领全村致富的领路人、引路人和人民群众嘘寒问暖的贴心人，打造作风正、能力强的"两委"班子，为贫困村留下一支"永不撤走的工作队"。

实践表明，一手抓扶贫，一手抓党建，党在农村的执政基础得到夯实，贫困村"两委"班子带头致富和带领群众奔康致富的信心和能力得到了明显增强。扶贫干部通过驻村入户，解决了贫困户最直接最现实问题，不仅得到基层群众的衷心拥护，也受到上下各方的充分肯定和良好评价。

第五节　坚持扶贫与扶志、扶智相结合：激发内生动力的突破

改革开放以来，广东省一直致力于解决贫困问题。特别是党的十八大以来，广东省扶贫事业达到前所未有的高度。但就剩下的贫困人口而言，贫困程度更深、自我发展能力更弱、脱贫难度更大，其贫困特点可概括为绝对化、深度化、连片化，该贫困群体不仅表现为物质贫困并且伴随较严重的文化贫困。贫困群体的贫困新特征，限制了既有扶贫措施的力度与效度，这就要求创新扶贫思路和举措。习近平对新时期扶贫工作的新论断是"扶贫先扶志""扶贫先扶智"，进一步提高对扶智、扶志工作重要性的认识，强化扶贫与扶智、扶志相结合的大扶贫模式，加大重视程度和工作力度，补齐扶智、扶志短板，全面做好整体脱贫攻坚工作。

广东贯彻落实习近平关于"扶贫与扶志、扶智相结合"相结合的重要论述，深入推进扶贫与扶志、扶智相结合的行动，着力激发贫困户内生发展动力。正确处理外部帮扶和贫困群众自身努力的关系，强化脱贫光荣导向，注重培养贫困群众依靠自力更生实现脱贫致富的意识，提高贫困地区和贫困人口自我发展能力。

一、"三扶"相结合的内在逻辑

"三扶"是扶贫、扶志、扶智的简称，三者缺一不可。"扶贫"主要是保障收入来源，让贫困者远离贫困。因为没有收入保障，扶贫就会成为"无本之木"。扶贫必须扶志，只有志气涨起来，才能激发扶贫对象的内生脱贫动力。"扶志"就是扶思想、扶观念、扶信心，帮助贫困户从思想上变"要我脱贫"为"我要脱贫"，要把贫困农民自己主动脱贫之志气"扶"起来，增强他们脱贫增收的主观能动性。扶贫更需扶智，只有授人以渔，才能更长久地保障农民脱贫不返贫。"扶智"就是要培育和提升贫困农民在市场经济中的生存能力、发展能力，就是要把贫困农民依靠科技和知识自主脱贫发展的智慧扶起来，主要是通过技术能力培训和发展教育提高贫困户摆脱贫困的智慧和能力，阻止贫困代际传递。

在精准扶贫中，做到扶贫同时与扶志扶智相结合，脱贫的内生动力才会奔涌而出。"三扶"中扶贫既是方式也是目标，主要是外部帮助，扶志和扶智是扶贫的一种方式、一种手段，从思想和智力能力上进行帮助，是内在帮助。扶

志是搭建扶贫内生动力的基石，扶志有利于促进被扶贫困人口自强；扶智是培育扶贫内生动力的路径，扶智有利于促进被扶贫困人口自立。因此"三扶"相结合就是要坚持"输血"与"造血"相结合，一方面要进一步搞好产业扶贫、开发扶贫、最低保障扶贫，另一方面也要通过文化传播和培训教育提升他们的精神文化，加快补齐他们的"精神短板"，让贫困农民想干、敢干、能干、会干。[1]

二、主要做法

广东省深入贯彻落实《关于开展扶贫扶志行动的意见》的精神和要求，坚持目标标准，保持脱贫攻坚正确方向，更加注重培育贫困群众主体意识，更加注重提高贫困群众脱贫能力，更加注重改进帮扶方式，更加注重营造健康文明新风，激发贫困群众立足自身实现脱贫的信心决心，形成有劳才有得、多劳多得的正向激励，树立勤劳致富、脱贫光荣的价值取向和政策导向，凝聚打赢脱贫攻坚战强大精神力量，切实增强贫困群众自我发展能力，确保实现贫困群众持续稳定脱贫。

（一）采取有效措施，增强立足自身实现脱贫的决心与信心

1. 开展扶志教育

组织贫困群众认真学习习近平扶贫论述，加强思想、文化、道德、法律、感恩教育，大力弘扬"脱贫攻坚是干出来的""幸福是奋斗出来的""滴水穿石""弱鸟先飞""自力更生"等精神，帮助贫困群众摆脱思想贫困、树立主体意识。大力宣传脱贫攻坚目标、现行扶贫标准和政策举措，让贫困群众知晓政策、更好地参与政策落实并获得帮扶。建好用好新时代文明实践中心，运用好农村"大喇叭"、村内宣传栏、微信群、移动客户端和农村远程教育等平台，发挥乡村干部和第一书记、驻村工作队贴近基层、贴近群众的优势，组织党员干部、技术人员、致富带头人、脱贫模范等开展讲习，提高扶志教育针对性、及时性、便捷性和有效性。在贫困地区中小学校开展好习惯、好行为养成教育，带动学生家长共同转变观念习惯。

2. 加强技能培训

围绕贫困群众发展产业和就业需要，组织贫困家庭劳动力开展实用技术和劳动技能培训，确保每一个有培训意愿的贫困人口都能得到有针对性的培训，

---

[1] 阳盛益、黄淑贞：《精准扶贫背景下"扶贫扶志扶智"的实践与启示》，《开发研究》2019年第1期，第29—35页。

增强脱贫致富本领。采取案例教学、田间地头教学等实战培训，强化信息技术支持指导，实现贫困群众科学生产、增产增收。组织贫困家庭劳动力参加劳动预备制培训、岗前培训、订单培训和岗位技能提升培训，支持边培训边上岗，突出培训针对性和实用性，将贫困群众培育成为有本领、懂技术、肯实干的劳动者。

自2016年4月以来，华南农业大学定点帮扶龙川县丰稔镇礼堂村，充分凝聚农业科技、人才合力，调动大量资源，构建脱贫攻坚长效机制，先后组织学校30余位不同农业学科专家和10多位博士进村指导，对全体村干部、100多位种养能手和贫困户进行现代种养技术培训，走出一条"农业科技助力脱贫攻坚"道路。（照片来源：华南农业大学公众号）

3. 强化典型示范

选树一批立足自身实现脱贫的奋进典型和带动他人共同脱贫的奉献典型，用榜样力量激发贫困群众脱贫信心和斗志，营造比学赶超的浓厚氛围。开展脱贫攻坚奖评选，组织先进事迹报告会，支持各地开展脱贫攻坚奖评选表彰活动，加大对贫困群众脱贫典型的表彰力度。制作扶贫公益广告，宣传榜样力量。宣传脱贫致富先进典型，总结推广脱贫致富成功经验，鼓励各地开展脱贫家庭星级评定，发布脱贫光荣榜，用身边人身边事教育引导身边人，让贫困群众学有榜样、干有方向，形成自力更生、脱贫光荣的鲜明导向。

（二）改进帮扶方式，提高贫困群众脱贫能力

1. 引导贫困群众发展产业和就业

支持贫困群众发展特色产业，大力开展转移就业，开发扶贫岗位，在有条件的地方建设扶贫车间，确保有劳动力的贫困户至少有一项稳定脱贫项目。加强贫困村致富带头人培育培养，增强新型经营主体带动作用，提高贫困群众发展生产的组织化、规模化、品牌化程度。完善产业扶贫奖补措施，鼓励和支持贫困群众发展产业增收脱贫。采取劳务补助、劳动增收奖励等方式，提倡多劳多得、多劳多奖。

2. 加大以工代赈实施力度

大力推广自建、自管、自营等以工代赈方式，通过投工投劳建设美好家园。强化工作指导，督促地方切实组织和动员当地贫困群众参与工程建设，改善贫困乡村生产生活条件。提高劳务报酬发放比例，推动以工代赈回归政策初衷。

3. 发挥贫困群众主体作用

尊重贫困群众的首创精神和主体地位，鼓励贫困群众向村"两委"签订脱贫承诺书，明确贫困群众脱贫责任。落实贫困群众知情权、选择权、管理权、监督权，引导贫困群众自己选择项目、实施项目、管理项目、验收项目，参与脱贫攻坚项目全过程。推广以表现换积分、以积分换物品的扶贫超市等自助式帮扶做法。鼓励贫困户之间或贫困户与非贫困户之间开展生产生活互助。

（三）推进移风易俗，引导贫困群众健康文明新风尚

1. 提升乡风文明水平

持之以恒推进农村精神文明建设，着力培育文明乡风、良好家风、淳朴民风。在贫困地区开展文明村镇、文明家庭、星级文明户等创建活动，推选"好婆婆""好媳妇""好夫妻""好儿女"，推广设立扶贫孝善基金。对积极参与村内公益事业、保持良好生活和卫生习惯、营造优良文明家风等行为给予奖励。动员文明单位履行社会责任结对帮扶贫困村。持续开展贫困村改水、改厕、改厨、改圈等人居环境整治。发挥基层党员干部在讲文明、树新风等方面的示范作用。开展民族团结进步创建活动，引导建立各民族相互嵌入式的社会结构和社区环境，促进各民族交往交流交融。

2. 加大贫困地区文化供给

组织文艺院团、文艺工作者等创作一批反映贫困地区本地文化、展现贫困群众自力更生精神风貌的文艺影视作品。培育挖掘贫困地区本土文化人才，支持组建本土文化队伍，讲好富有地方特色、反映群众自主脱贫的故事。推动贫

困地区村综合文化服务中心和体育设施建设，推进数字广播电视户户通。组织文化下乡活动，加快优秀文艺作品向贫困地区基层一线传播。

3. 发挥村民治理机制和组织作用

指导修订完善村规民约，传承艰苦奋斗、勤俭节约、勤劳致富、自尊自强、孝亲敬老、遵纪守法等优良传统，引导贫困群众自觉遵守、自我约束。鼓励成立村民议事会、道德评议会、红白理事会、禁毒禁赌会等自治组织，规劝制止陈规陋习，倡导科学文明生活方式。

（四）强化基层党组织政治功能，加强对贫困群众的教育引导

发挥好村级党组织组织群众、宣传群众、凝聚群众、服务群众的作用。着力选准贫困村发展路子，制定好脱贫计划，组织贫困群众参与脱贫项目并实现增收。推动基层党组织加强对村民议事会、村民理事会等各种组织的领导，把农村精神文明建设抓在手上。加强贫困村脱贫致富带头人培育培养，组织和支持党员带头脱贫致富，吸引各类人才到贫困村创新创业。加强对贫困人口、留守儿童和妇女、老年人、残疾人、"五保户"等人群的关爱服务。落实"四议两公开"制度，探索基层民主决策新方式，提高群众的集体意识、参与意识和奉献意识。

三、扶贫经验

广东狠抓"扶贫先扶志""扶贫必扶智"工作落实，积聚力量，畅通路径，强化措施，开展"三扶"活动，激发贫困人口内生动力，振奋贫困户自力更生、艰苦奋斗的精神面貌，实现物质脱贫和精神脱贫"双同步"，主要经验如下：

（一）加强宣传引导，激发内在动力

针对部分贫困群众中存有"等靠要"思想，要加强宣传教育力度，从正反两方面引导树立自力更生、不养懒汉的舆论氛围。整合利用广播电视、标语条幅、微信短信等各种手段，充分借助基层党校、讲习所、流动宣讲车等阵地，将精准识别的全过程和已经实施的帮扶措施讲清楚，将脱贫不脱钩的政策讲明白，努力消除部分贫困群众的认识误区和依赖心理。积极挖掘贫困群众中依靠勤劳双手和顽强意志实现脱贫致富的先进典型，大力宣传本地致富带头人和返乡创业模范的先进事迹，营造安贫可耻、致富光荣的鲜明导向，激发脱贫致富奔小康的干劲决心。

（二）改进帮扶方式，建立利益纽带

部分地方开展帮扶工作中多采取送钱送物送温暖等输血式做法，导致脱贫

攻坚群众参与不足，地方长远发展自我造血功能不强，政府兜底压力越来越大。对此，要改进帮扶方式，稳步建立贫困群众参与脱贫攻坚的利益纽带。更多采用生产奖补、劳务补助、以工代赈等机制，在村庄基础设施建设和环境卫生整治过程中开发各种岗位，吸纳贫困群众通过自己的劳动就业实现脱贫。转变投入方式，积极鼓励和支持各类市场主体和贫困户以土地租赁、产品回收、股份合作、产业捆绑等形式，建立"农业龙头企业＋基地＋贫困户"的利益联结纽带，形成风险共担、互利互赢的紧密联结关系，最大限度激发贫困户潜能。稳步扩大村级集体经济试点工作，拓展农村集体经营性建设用地入市试点范围，探索村社一体、合股联营的发展思路，通过集体带动、抱团发展，提升贫困群众的参与度和获得感。

（三）**开展技能培训，提高自我发展能力**

一些贫困群众因劳动能力低下无法获得就业机会，还有一些贫困群众不知道自己该做什么、能做什么。对此，要加强对贫困群众知识、能力的针对性培训，努力提高他们的综合素质和整体发展能力。因地因人制宜，对于那些生存能力极度低下的贫困群众，依靠政府的扶贫政策进行"兜底"，帮助他们解决眼前的生计问题；对于缺乏一技之长而又有脱贫致富愿望的贫困群众，通过加强职业教育和技能培训，提升他们的就业创业能力，确保有劳动能力的贫困家庭至少有一人实现稳定就业。整合科技、信息、资金、管理等生产要素，深入农村基层一线，开展科技创业政策和农技推广服务，向困难群众传授农业新技术，实现小农户和现代农业发展有机衔接。围绕产业需求培育新型职业农民，把真正从事农业生产、迫切需要提升素质和生产技能、愿意成为新型职业农民的人选出来，进行认定管理和政策扶持，增强培育的针对性、规范性和有效性。

（四）**注重教育扶贫，阻断贫困代际传递**

大多数贫困群众文化素质偏低，一些贫困家庭因为子女教育支出负担较重而"因学致贫"。对此，要加大教育扶贫力度，努力阻断贫困代际传递。加大资金支持力度，将义务教育均衡发展工作与脱贫攻坚工作同步规划、实施、考核。加大统筹力度，推动城乡义务教育一体化发展，将教育资源重点向薄弱地区和薄弱学校倾斜，确保贫困家庭子女都能享有公平而有质量的基础教育，获得发展自身、奉献社会、造福人民的能力。补齐学前教育短板，推进学前教育向贫困村延伸。充分体现特殊关爱，着力保障留守儿童健康成长，决不让任何一个智力正常的孩子因为贫困辍学。以中等职业教育为重点，强化职业教育培训工作。千方百计改善贫困地区义务教育办学条件，加强农村寄宿制学校建设,加大贫困家庭子女受教育帮扶力度,尽快普及十二年制义务教育。

(五)培育文明乡风,助力脱贫攻坚

当前,一些地方婚丧嫁娶讲排场、搞攀比,因为天价彩礼和红白事铺张浪费,一些贫困家庭人情负担较重甚至致贫、返贫。对此,要加强文明乡风建设,遏制农村不良风气蔓延。健全自治、法治、德治相结合的乡村治理体系,发挥农民群众的主体作用。推进村规民约、红白理事会、道德评议会、村民议事会、禁毒禁赌协会等"一约四会"建设,强化其在民间事务中的调解、监督与服务功能,用民间舆论、群众评价的力量褒扬社会新风,批评不良现象,引导农民自我管理、自我约束、自我提高、自我服务。坚持党员示范、干部带头,深入开展移风易俗活动。引导广大村民提高科学文化素养,传播积极健康的生活方式。加强农村公共文化服务体系建设,健全县、乡、村三级公共文化设施网络,创新农村公共文化供给途径和方式,提升公共文化服务的质量和水平,满足不同群众的多元文化需求。深入开展"文明村镇、文明家庭、美丽庭院、星级文明户"等群众性精神文明创建活动。①

第六节 脱贫攻坚与乡村振兴有机衔接:幸福美好家园的新举措

当前,我国正处于脱贫攻坚与乡村振兴统筹衔接的历史交汇期。一方面,脱贫攻坚已经取得决定性进展,集中进入以销户摘帽为主的决战决胜阶段;另一方面,乡村振兴战略开局起步良好,各类资源要素逐步激活,农村综合改革的体制机制基本建立,开始进入纵深推进阶段。在此背景下,科学研究并统筹谋划两大战略衔接问题,既有利于更好地巩固脱贫攻坚成果,培育长效脱贫机制,又有利于更有效地促进农业农村优先发展,推动乡村全面振兴;既有利于在乡村振兴的战略指引下对脱贫攻坚进行再定义,对 2020 年后的减贫思路进行提前谋划,又有利于在脱贫攻坚过程中对乡村振兴进行再认识,借鉴脱贫攻坚积累的宝贵经验,扎实推进乡村高质量振兴。

近年来广东省通过抓好产业就业扶贫,加快农村危房改造进度,落实教育扶贫、健康扶贫、低保兜底等措施,有力地提高全省贫困地区居民的安全感、幸福感、获得感。2018 年,出台《中共广东省委 广东省人民政府关于推进乡村振兴战略的实施意见》,明确"要推进乡村振兴与脱贫攻坚有机融合,确

---

① 刘刚:《扶贫与扶志扶智结合增强脱贫内生动力》,《河南日报》2018 年 8 月 17 日。

保到 2020 年我省相对贫困人口全部稳定脱贫""扎实推进 2277 条贫困村创建社会主义新农村示范村工作"。2018—2020 年,两大战役同期开展:精准脱贫即将收官,处于三年攻坚期;乡村振兴关键开局,要实现"三年取得重大进展"。精准脱贫和乡村振兴有机融合,是破解广东发展不平衡不充分的有力抓手之一,把 2277 条贫困村作为乡村振兴的示范村,后队变前队,实现脱贫与振兴双轮驱动。广东在确保如期打赢脱贫攻坚战的基础上,接续推进脱贫攻坚与乡村振兴有机衔接,建设幸福美好家园,让脱贫群众过上更加美好的生活。

一、脱贫攻坚与乡村振兴的逻辑关系

(一)脱贫攻坚是乡村振兴的基础

脱贫攻坚是乡村振兴的前提和首要任务,具有紧迫性、突击性、局部性和特殊性等特点,围绕 2020 年实现现行标准下农村贫困人口脱贫目标和任务,集中精力打好精准脱贫攻坚战,要放在乡村振兴的大背景下去谋划、去推进,使之成为实施乡村振兴战略的支持重点,将产业兴旺、生态宜居、乡风文明、治理有效、生活富裕的乡村振兴战略总要求融入具体的脱贫攻坚行动,针对贫困地区的实际,对贫困地区脱贫后继续在教育、卫生、基础设施建设等方面给予特殊政策,确保贫困地区与全国农村同步实现振兴。

(二)乡村振兴是脱贫攻坚的动力

乡村振兴战略的实施为巩固提升脱贫成果提供新要求、新动力和新保障。实施乡村振兴战略,总目标是农业农村现代化,总方针是坚持农业农村优先发展,总要求是产业兴旺、生态宜居、乡风文明、治理有效、生活富裕,制度保障是建立健全城乡融合发展体制机制和政策体系。脱贫攻坚主要解决发展中的不平衡问题,乡村振兴主要通过解决不充分来解决不平衡问题。对于贫困地区而言,乡村振兴和脱贫攻坚是有机衔接在一起的。具体工作中,脱贫攻坚要为乡村振兴提供有力支撑,乡村振兴要从更全面更系统的角度引导脱贫攻坚,并巩固脱贫成果。

贫困问题应该包括收入贫困、健康贫困、环境贫困、信息贫困、知识贫困。脱贫攻坚应以能力脱贫为抓手。精准扶贫的关键,是要解决好"扶持谁""谁来扶""怎么扶"的问题。这要求各级各部门从实际出发,根据扶贫对象的致贫原因进行分类指导、分类帮扶,针对不同区域资源优势和发展特色,采取不同的扶贫措施。乡村振兴战略对脱贫攻坚提出更高的要求,也为脱贫成果的可持续提供保障。①

二、搭建脱贫攻坚与乡村振兴有机衔接机制

随着脱贫攻坚的推进，广大贫困地区原本深度贫困的经济社会面貌发生了根本性变化，扶贫事业进入了以综合化、精细化、协同化、持续化为特征的"后扶贫时期"，农业农村重点工作也开始转向乡村振兴。广东积极探索搭建脱贫攻坚与乡村振兴有机衔接机制，推动实现政策推动的"外生性"扶贫转变为农户自发的"内生性"脱贫，巩固脱贫攻坚成果，为城乡深度融合发展、推动贫困人口脱贫奔康、真正实现农业农村优先发展提供有力支撑。

（一）乡村产业扶贫与产业振兴有机衔接

在脱贫攻坚实践中，70%的扶贫资金用于产业扶贫，且带动的脱贫人数也最多。脱贫攻坚中的产业发展是乡村振兴的良好基础，将产业与扶贫融合起来，借助产业带动贫困户，促进乡村产业振兴。

具体而言，一是重视产业规划。制定县、乡、村农业产业发展规划、乡村振兴规划、土地利用规划、城乡发展规划等，注重规划之间的衔接，规划制定后要确保实施。二是立足于贫困地区的独特资源禀赋，发展"一村一品"等特色产业扶贫。依靠当地特色资源，发展旅游产业及周边产业，增强差异化和不可复制属性，提升市场竞争力。三是开展以规模化和组织化经营主体带动的产业扶贫，通过合作社、龙头企业、社会化服务组织、村集体与贫困农户，建立联动发展的利益联结机制，实现脱贫。四是立足于贫困农户自身生计资源和贫困地区生态资源，发展多样化的小农扶贫，实现小农产品与消费市场的固定对接。政府组织开展贫困地区农产品定向直供直销学校、医院、机关食堂，以缓解产业扶贫面临的市场风险。进一步延长农业产业链，增强农产品加工和销售的水平和渠道，尝试"互联网+"等新模式。

（二）乡村人才储备与人才振兴有机衔接

乡村振兴战略和脱贫攻坚的最大活力就是"人才"。在脱贫攻坚实践中，广东省将"脱贫攻坚"视为锻炼干部的"炼钢炉"和识别人才的"筛选器"，始终坚守"脱贫攻坚与锻炼干部、人才培养有机结合"。锻炼干部层面，脱贫期间保持党政干部职位稳定，实现扶贫绩效考核与职位升迁相挂钩；创新基层干部选用制度，贫困地区优秀村干部通过选拔可以招录为乡镇公务员。人才培

---

① 张露、刘媛：《江苏脱贫攻坚与乡村振兴有机衔接机制与路径研究》，《江苏农村经济》2020年第2期，第24—26页。

养层面，建立乡土人才塑造与外部人才吸纳双重机制。深度贫困县实施"一村一幼""一村一医""一乡一全科""一村一农技员""一户一能手"等培训机制，培育乡村人才。将扶贫绩效优秀的大学生村官、"三支一扶"人员吸收为公务员，实现人才引进。这些措施不仅为脱贫攻坚提供了巨大智力支持，而且为乡村振兴提供了"人才库"。

乡村振兴可以充分借鉴脱贫攻坚的经验。贫困地区与高等院校、科研机构合作，联合开展实用技术培训，为精准扶贫和乡村振兴储备急需的技术人才；构建领导干部与乡村振兴绩效考核联结机制，调动其积极性；依托新型经营主体培育工程和乡土人才培训进行人力资本开发，实现内部人才重塑；采取优惠政策，创造宽松环境，千方百计吸引各地人才到乡村创业发展；调动各方面的人才资源和教育资源，聚合乡村发展的智力和资源，为乡村发展提供绵绵不绝的内生动力。

（三）乡村文化扶贫与文化振兴有机衔接

脱贫攻坚坚持以人民为中心的发展理念，坚持农民主体地位，坚持扶贫同扶志扶智相结合，激发贫困户的内在动力，贫困户由此实现"要我脱贫"到"我要脱贫"的思想转变。一是典型引领，通过突出自强不息、自力更生脱贫致富的先进事迹，示范带动贫困群众；二是扶志教育，通过创办"农民讲习所"等，弘扬自尊、自爱、自强精神，抵制"等靠要"不良风气；三是创新机制，通过加大以工代赈实施力度，推广"以表现换物品"的爱心超市自助模式。通过落实上述措施，不仅激发了贫困户的内生动力，而且实现了乡村文化的改善。

乡村振兴要发挥文化引领功能。坚持物质文明和精神文明一起抓，繁荣农村文化，培育文明乡风、良好家风、淳朴民风，改善农民精神风貌，不断提高乡村社会文明程度，焕发乡村文明新气象。具体而言，一是通过宣传乡村自组织实现振兴样本点，进行引导示范；二是通过创办乡村振兴"农民讲习所"，弘扬积极进取的传统优秀文化，提高农民的主体意识；三是通过对乡村振兴项目和资源输入机制进行创新，将自上而下的项目资源与自下而上的农民主动性相结合，激发村庄自组织和农民的参与意识和主创精神，进而实现从"要我振兴"到"我要振兴"的思想转变，提升农民作为乡村振兴的主体地位和责任意识；四是对乡村非物质文化遗产进行保护，挖掘贫困地区特有的民俗文化，凸显乡村特色文化品牌，活化特色文化资源，推动特色文化产业发展和乡村特色文化旅游，把乡村特色文化资源转化为乡村振兴的资本。

(四)乡村生态脱贫与生态振兴有机衔接

由于连片特困区与生态脆弱区存在地理空间的高度重叠,以实现生态保护与扶贫开发双重目标的生态扶贫便构成了脱贫攻坚战中的重要内容。广东省将生态保护与扶贫开发融合在一起,推动生态资源向资产与资金有序转化,形成生态建设项目扶贫、生态资源市场化扶贫、生态服务消费扶贫和生态补偿扶贫等多层次生态扶贫体系。根据不同贫困区的资源禀赋和生态差异,采取了差异化的生态扶贫手段。对于资源富足型贫困地区,侧重市场化的生态扶贫手段,如资源市场化和资源服务消费扶贫;对于资源匮乏型贫困地区,侧重项目扶贫和生态补偿等政策性扶贫手段。在此种机制作用下,生态扶贫打破"资源诅咒",实现脱贫与生态修复的统一,也为生态振兴打下坚实基础。

在乡村振兴的实践中,生态振兴更加需要以"两山"思想为指导,将生态振兴与产业振兴融合起来,实现双赢。实践经验借鉴层面,一是因地制宜采取多样化的生态振兴手段。对于农业绿色发展和耕地休耕、轮作,更多采取政策补偿性的生态振兴手段,对于生态资源富集地区,采取生态旅游、碳汇交易等市场化手段。二是抓好山水田林路建设,做到路、田、渠、电配套,推动机械化、规模化、标准化联动。加快完善农村水利、电路、通信等基础设施建设。加强养殖设施标准化改造,推进畜禽标准化示范场和水产健康养殖示范场建设。

(五)乡村脱贫攻坚组织动员力与组织振兴有机衔接

脱贫攻坚具备强大的组织动员能力,其中党建发挥了关键性功能。一手抓党建、一手抓扶贫成为解锁全省扶贫开发取得重大进展的一把钥匙。脱贫攻坚战略实施以来,"以党建促脱贫"凸显了党在反贫困斗争中的政治定力,农村基层党组织与脱贫攻坚有机结合成为脱贫攻坚的核心引擎。以党建促脱贫攻坚,主要表征为三个层面:一是五级书记一起抓,通过纵向党组织联结横向的行政系统和事业单位,形成强大的贫困治理动员能力。二是通过构建驻村扶贫工作队和"第一书记"制度,实现对贫困村外部组织和资源的注入,以反贫困正义逻辑实现村庄治理的重塑。三是通过党建扶贫的"溢出效应",实现对社会和市场的联结,从而建构起政府、社会与市场的大扶贫格局。因此,"以党建促脱贫"不仅在治理贫困层面取得了较大成效,而且实现了社会治理与乡村治理的重塑,成为组织振兴的"平行经验"。

"以党建促脱贫"转变成为"以党建促振兴"。具体而言,一是强化农村基层党组织的战斗堡垒作用,压实基层党建工作责任,实现农村党建与乡村振兴深度融合,真正把农村党组织的政治优势、组织优势以及党员密切联系服务群众的作风优势转化为推动乡村振兴的发展优势,为实现乡村振兴提供坚强的组织保证。二是选优配强农村基层党组织领导班子,把年富力强、有威望、有能力、讲公德、无私心的农民吸收进来、培养起来,打造出一支真正懂农业、懂农村、爱农民的基层党组织队伍。三是将扶贫驻村工作队和扶贫第一书记逐步转变为乡村振兴驻村工作队和第一书记,创新驻村工作机制与帮扶制度,探索组建由政府部门、企事业单位和社会组织参与的乡村振兴驻村工作队,优化配合机制,精准助推乡村振兴。同时根据村庄村情与政府部门性质,依据"党群机关扶弱村、经济部门扶穷村、执法部门包乱村、专业部门包专业村"的原则进行分类帮扶。同时,加强县级涉农项目的整合,将项目实施与村庄自组织能力提升融合起来,提升村庄治理能力。

三、广东创新

没有农业农村的现代化,就没有广东的现代化;没有农村的和谐稳定,就没有广东的和谐稳定。广东省立足省情,顺势而为,正在走出一条从脱贫攻坚到乡村振兴的衔接之路,回答了衔接什么、谁来衔接、怎么衔接的问题。

(一)衔接什么

1. 思想认识衔接

精准脱贫是全面建成小康社会具有决定性意义的攻坚战,乡村振兴是新时代做好"三农"工作的总抓手,是全面建设社会主义现代化国家的重大战略,两者协调推进、有机衔接,对于实现"两个一百年"奋斗目标意义重大。

2. 目标任务衔接

脱贫攻坚的目标是2020年我国现行标准下农村贫困人口实现脱贫,贫困县全部摘帽,解决区域性整体贫困。乡村振兴战略的目标任务是到2020年,乡村振兴取得重要进展,制度框架和政策体系基本形成;到2035年,乡村振兴取得决定性进展,农业农村现代化基本实现;到2050年,乡村全面振兴,农业强、农村美、农民富全面实现。现在,脱贫攻坚战胜利在望,脱贫之后就是要在总结脱贫经验基础上,作出阶段性谋划,形成长效机制,为乡村全面振兴奠定基础。

3. 政策举措衔接

保证脱贫攻坚政策措施的稳定,严格落实摘帽不摘责任、摘帽不摘政策、摘帽不摘帮扶、摘帽不摘监管是推进脱贫攻坚与乡村振兴有机衔接的关键。要按照"五个一批"总体要求,做好在产业、就业、住房、生态、健康、医疗、综合保障等各个领域系列政策措施的衔接;做好从全面脱贫到以产业兴旺、生态宜居、乡风文明、治理有效、生活富裕为总要求，以推动产业振兴、人才振兴、文化振兴、生态振兴和组织振兴为路径的乡村发展战略的衔接等，保证脱贫政策的稳定性、持续性、系统性。

（二）谁来衔接

1. 坚持党的领导

坚持党的领导是乡村振兴的根本政治保证。农村是党执政的根基所在，是党工作的重要阵地，坚持五级书记抓乡村振兴，引导群众坚定不移感党恩、听党话、跟党走，确保基层党组织真正成为群众脱贫致富"主心骨"。没有中国共产党的正确领导，脱贫攻坚和乡村振兴就无从谈起。

2. 紧紧依靠群众

发挥群众的主体作用，组织群众、依靠群众，推进乡村振兴。依托驻村工作队等力量，始终把群众的利益放在第一位，服务群众、引领群众，充分调动群众的积极性、主动性、创造性，推动党中央乡村振兴战略的决策部署在广东落实落细落出成效。

3. 发挥社会力量

实施乡村振兴战略是全社会的共同责任，需社会各方参与，共同实施。立足广东实际，因地制宜，乘势而上，主动作为，运用市场思维，依靠市场力量，整合社会资源，最广泛动员社会力量参与接续推进脱贫攻坚与乡村振兴有机衔接。

（三）怎么衔接

农业强不强、农村美不美、农民富不富，决定着脱贫攻坚的质量和全面小康社会的成色。脱贫攻坚任务完成后，要按照产业兴旺、生态宜居、乡风文明、治理有效、生活富裕的总要求，借鉴脱贫攻坚经验，建立健全支持乡村振兴的政策体系，落实自治区实施乡村振兴战略各项举措，推动脱贫摘帽地区走向全面振兴、共同富裕。

1. 深化改革、努力创新，让农业强起来

坚持城乡规划顶层设计，加快形成城乡统筹推进的城乡融合发展空间格局。牢固树立可持续发展思想，推动特色小城镇建设；坚持农村农业优先发展，补齐乡村基础设施和乡村民生问题短板；建立城乡融合的要素有序流动机制，深化农村土地集体产权及土地承包经营权制度改革，优化配置农村土地和劳动资源；引进商业资本扶持农业，增强乡村振兴的人才支撑，建立创新创业激励机制，推动实现人才、资本、技术、土地等要素城乡之间深度融合。

2. 推动美丽乡村建设,让农村美起来

坚持绿色发展理念推动乡村振兴战略实施,实现产业与生态的双赢。推进农村人居环境整治,因地制宜,推动庭院改造,科学划定畜禽养殖禁养区,防治畜禽养殖污染;加快小型农田水利基本建设,夯实农业发展基础,为农民增收创造条件;规范土地流转和农田棚舍整治,让农村环境一天比一天美。同时,乡村的美丽还体现在农民的精神面貌上。大力培育文明乡风、良好家风、淳朴民风,推进农村移风易俗,维护意识形态领域安全,倡导各族群众自觉维护民族团结,铸牢中华民族共同体意识,提振农民精气神,增强群众凝聚力,孕育社会好风尚,焕发乡村文明新气象。

3. 加快产业融合发展,让农民富起来

"产业兴旺,是解决农村一切问题的前提。"① 应当发挥资源禀赋,坚持以市场需求为导向,推动农业产业优化升级,产业带就业,让农民钱袋子鼓起来。深入推进"互联网+"现代农业,大力发展休闲农业和农村电商,推进农业与旅游、文化、教育、康养等产业深度融合,发展数字农业、智慧农业,大力推进第一、二、三产业融合发展;接续脱贫攻坚中形成的成熟经验,比如"一县一特""一乡一业""一村一品",建立特色产业集群,延伸农业产业链,构建产业品牌体系,提高农产品附加值;大力发展乡村旅游业,让更多农民乘上旅游致富的快车。②

---

① 《习近平谈治国理政》第三卷,北京:外文出版社2020年版,第258页。
② 王磊:《推进脱贫攻坚与乡村振兴有机衔接》,《新疆日报》2020年6月24日。

第八章　广东脱贫攻坚之路的精神内核

广东扶贫走出了一条引领全国的新路子，也形成了广东扶贫精神。这种扶贫精神是民族精神和时代精神的统一，属于中国精神的一部分。

广东扶贫精神的内涵是博大精深的。可以概括为从一而终、聚精会神、时不我待、攻坚克难的担当精神，不忘初心、迎难而上、履职尽责、勇于牺牲的奉献精神；一诺千金、说到做到、想方设法、群策群力的诚信精神，踏石留印、抓铁有痕、锲而不舍、驰而不息的钉钉子精神；摸清底数、实事求是、因地制宜、精准为本的求实精神，坚定信心、自立自强、自力更生、苦干实干的奋斗精神；坚守望相助、各方参与、合力发展、众志成城的协作精神，坚韧不拔、顽强拼搏、攻坚拔寨、尽锐出战的冲刺精神。

广东扶贫精神的基本内核是求真、务实、创新。广东扶贫精神的内核既彰显了民族精神，也体现了时代要求和时代精神，是中国精神的不断丰富和发展。

第一节　求真：用习近平扶贫论述武装头脑

习近平扶贫论述是对传统扶贫开发方式的重大变革，是新时代中华民族摆脱贫困的基本方略。2013年11月3日，习近平来到湖南省湘西土家族苗族自治州花垣县十八洞村考察时首次提出"精准扶贫"，后来又在多种场合进一步阐述并丰富这一思想内涵，形成了系统的扶贫论述。习近平扶贫论述，是总结我们党扶贫开发经验在脱贫攻坚关键时刻提出的重要论述，是习近平新时代中国特色社会主义思想的重要内容，开创了马克思主义反贫困理论中国化新境界，为丰富和发展新时代中国特色扶贫开发理论作出了新贡献，为全球减贫事业贡献了中国方案和中国智慧，是打赢打好脱贫攻坚战的根本遵循和行动指南。

一、用先进的理论改造主观世界

求真既是马克思主义形成和发展的重要品质和特征，又是马克思主义中国化理论创新实践的客观要求。马克思主义中国化的过程，本质上就是在坚持马克思主义基本原理的基础上，根据中国的具体国情和实际情况，解放思想、实事求是，大胆探索真理、追求真理、把握真理的理论创新实践过程。

主观世界的改造，是我们党的优良传统。毛泽东在《实践论》中指出，改造世界的任务，既包括改造客观世界，也包括改造主观世界，"改造自己的认识能力，改造主观世界同客观世界的关系"①。广东扶贫始终高度重视对扶贫干部主观世界的改造。

一个政党要担负执政兴国的历史重任，一刻也离不开科学理论指导。用科学的理论治国理政本身就是求真的重要表现。习近平新时代中国特色社会主义思想以全新的视野深化了对共产党执政规律、社会主义建设规律、人类社会发展规律的认识，为发展马克思主义作出了中国的原创性贡献，为实现中华民族伟大复兴提供了行动指南，为构建人类命运共同体、建设更加美好的世界贡献了中国智慧和中国方案，在马克思主义发展史、中华民族复兴史、世界社会主义运动史、人类文明进步史上都具有重要而深远的影响。习近平新时代中国特色社会主义思想深入回答时代之问，不断引领时代前进，是新时代精神的精华，如何扶贫就是其中突出的时代之问。习近平关于扶贫工作重要论述，是马克思主义中国化的理论成果，也是中国共产党追求真理的成果。

（一）掌握真思想：深入学习习近平扶贫论述，坚定理想信念

习近平扶贫论述重在精准，闪耀着马克思主义真理的光辉，为我们在新的历史起点上实现新的奋斗目标提供了基本遵循和科学指导。广东把习近平新时代中国特色社会主义思想，特别是习近平关于扶贫工作的论述，和深入学习习近平视察广东的重要讲话和对广东的重要指示要求结合起来，这种党员干部用先进的扶贫理论武装自己的头脑，是理论补"钙"，是用先进理论指导自己的工作实践，自觉认识和践行习近平扶贫论述，切实增强广东脱贫攻坚的责任感、使命感，坚定信心，明确方向。

发挥各类学习教育载体的作用，开展学习习近平扶贫论述。充分运用现场体验、典型宣讲、互联网、新媒体等途径，满足基层党员群众学习教育的需求；充分发挥习近平新时代中国特色社会主义思想研究机构、高校马克思主义学院、企业思想政治工作研究会、乡镇（街道）党校、城乡新时代讲习所、党群服务中心（站）、田间课堂以及红色资源的作用，推动学习进企业、进农村、进机关、进校园、进社区、进网站。

---

① 《毛泽东选集》第一卷，北京：人民出版社1991年版，第296页。

对精准扶贫理论不懂偏要装懂，是不求真的表现。不求真就会出现理论不彻底，不彻底的理论的说服力、战斗力和影响力是不够的。因此，党员领导干部只有认真学习、切实掌握习近平扶贫理论体系，坚定理想信念，才能说服群众、教育群众、赢得群众，增强道路自信，实现共同富裕。

（二）**掌握真方法**：深入学习脱贫攻坚的方针政策，真正掌握工作方法，做到真懂真用

1. 真正弄懂弄通中央和地方扶贫方针政策

全面学习领会党的十八大以来党中央关于脱贫攻坚的方针政策和党的十九大关于脱贫攻坚、实施乡村振兴战略等新部署新要求，深入学习领会省委省政府关于脱贫攻坚、实施乡村振兴战略的决策部署，准确把握广东省脱贫攻坚面临的新形势新任务，准确把握脱贫攻坚取得的重大进展和贫困分布、贫困结构、攻坚重点等发生的重要变化，准确把握脱贫攻坚目标标准、基本原则、政策举措、重点工作等，准确把握产业扶贫、就业扶贫、金融扶贫、健康扶贫、社保扶贫等政策措施，准确把握东西部扶贫协作的部署要求，确保党中央和省委省政府的各项部署要求落到实处。

2. 真正掌握精准扶贫脱贫工作模式

重点围绕扶持谁、谁来扶、怎么扶、如何退"四个问题"，实现扶持对象、项目安排、资金使用、措施到户、因村派人（第一书记）、脱贫成效"六个精准"，实施发展生产脱贫一批、易地搬迁脱贫一批、生态补偿脱贫一批、发展教育脱贫一批、社会保障兜底一批"五个一批"，组织开展专题培训，帮助干部掌握精准扶贫精准脱贫方法，掌握扶贫工作新知识新技能，掌握开展群众工作的具体方法，学习交流各地区各部门在脱贫攻坚中形成的好做法好经验，补齐脱贫攻坚能力短板。

二、强化扶贫工作中的作风、责任和廉洁意识

作风、责任和廉洁意识，决定了扶贫的战斗力和凝聚力，决定了广大党员干部的党性强不强、服务到不到位、工作硬不硬。与决战脱贫攻坚各项任务要求结合起来，通过增强党性、强化担当、保持廉洁，以忠实履责的具体行动凝聚人心、团结力量、攻坚克难，才能确保完成各项扶贫目标和任务。

（一）强化扶贫工作中的作风意识

党的作风是党的形象，关系人心向背，关系党的生死存亡。狠抓作风建设，重塑党的形象，成为十八大以来习近平长抓不懈的重要工作。习近平指出，要把全面从严治党要求贯穿脱贫攻坚全过程，强化作风建设。2017年6

陈开枝对百色所作的贡献为我国的扶贫事业树起了一座"扶贫的丰碑",百色人民将他称为"广州亲人"。从1996年担任广州市常务副市长至2020年4月,他已111次从广州到百色扶贫济困,其中50多次发生在退休后。图为1997年夏天陈开枝到广西百色考察时,晕倒在陡峭的山路上。(图片来源:广西壮族自治区扶贫开发领导小组办公室、广东省扶贫开发领导小组办公室:《情满壮乡——广东广西扶贫协作纪实》,第169页)

月23日,习近平在深度贫困地区脱贫攻坚座谈会上指出脱贫攻坚工作要"切实防止形式主义,不能搞花拳绣腿,不能搞繁文缛节,不能做表面文章"[①]。

1. 加强扶贫领域优良作风教育

强化党的宗旨和优良作风教育,引导干部坚持以人民为中心的发展理念,牢固树立正确政绩观,弘扬艰苦奋斗精神,大兴求真务实之风,扶真贫、真扶贫,让贫困群众在脱贫中有实实在在的获得感。强化反对形式主义、官僚主义、享乐主义和奢靡之风"四风"问题,引导干部坚决克服和自觉抵制扶贫领域存在的作风问题。

2. 加强纪律教育

加强法律法规学习培训,开展扶贫领域正反面典型教育,引导干部见贤思

---

① 中共中央党史和文献研究院编:《习近平扶贫论述摘编》,北京:中央文献出版社2018年版,第122页。

齐、筑牢思想防线。突出强化政治纪律和组织纪律，带动廉洁纪律、群众纪律、工作纪律、生活纪律严起来。强化纪律执行，让党员、干部知敬畏、存戒惧、守底线，习惯在受监督和约束的环境中工作生活。

（二）增强扶贫工作中的责任意识

1. 扶贫是实现党的历史使命、巩固党长期执政基础、推进民族复兴的必然要求

扶贫工作在党和国家事业发展中的具有突出战略地位，做好扶贫工作是党的重要使命。让人民过上好日子，是中国共产党一切工作的出发点和落脚点，体现了中国共产党人一以贯之的初心和使命，就是为中国人民谋幸福，为中华民族谋复兴。

做好扶贫工作是社会主义的本质要求。消除贫困、改善民生、逐步实现共同富裕，是社会主义的本质要求，体现了社会主义制度的优越性。

2. 通过考核强化责任意识

2018年3月22日，在中央政治局常委会会议审议《关于二〇一七年省级党委和政府扶贫开发工作成效考核等情况的汇报》时，习近平强调，要"运用好考核成果，说起来考核搞得挺好挺细，问题抓得挺准挺全面，但最后不是一堆纸摆在这就完事了，要逐一落实整改，发挥考核的指挥棒作用，对考核结果好的，要给予表扬和奖励；对问题突出的要约谈，指出问题，督促整改；对不作为的要问责；对问题严重的、违法违纪的一定要严肃处理。总的还是压担子给省一级，省负总责、市县抓落实、乡村扑下身子。今年这个结果就是要采取问责。到明年更要较真，倒逼真抓实干"①。

（三）强化扶贫攻坚中的廉洁意识

1. 防微杜渐，警钟长鸣

党的十八大以来，习近平在围绕扶贫开发和脱贫攻坚发表的讲话中，多次强调要对扶贫领域腐败开展专项治理。对于扶贫攻坚工作领域的腐败现象，习近平深恶痛绝。他指出："有的地方扶贫、涉农、医保、低保资金都敢贪敢挪，而且拿这些钱来行贿买官，群众的'保命钱'成了干部的'买官钱'，发达地区通过工程项目搞权钱交易，贫困地区贪扶贫救济的钱，恶行令人发指。"② 也指出："社保基金、扶贫资金、惠民资金等关系千家万户切身利益，

---

① 中共中央党史和文献研究院编：《习近平扶贫论述摘编》，北京：中央文献出版社2018年版，第126页。

② 《习近平总书记关于加强扶贫领域考核督查问责重要论述摘录》，《中国纪检监察》2016年第17期，第4—5页。

历来贪污挪用这种钱要罪加一等。"① 2017 年 10 月，习近平作出重要批示，要求纪检监察机关将扶贫领域作为监督执纪重点，对这一领域存在的腐败和作风问题开展专项整治。习近平的嘱托，既饱含对人民群众的真挚情感，又提出严肃明确的工作要求，为做好扶贫领域监督执纪问责工作指明了方向、提供了遵循。

2. 重视制度和机制建设

广东对于扶贫工作中出现的违法乱纪、贪污腐败行为，一经发现要严厉惩处。省纪委建立健全扶贫领域监督执纪问责制度和机制。制定下发《关于加强扶贫领域监督执纪问责工作的意见》《反映扶贫领域涉嫌违纪问题信访举报督办工作方案》等制度文件。省纪委主要领导还带队到有关市、县调研督导，部署省、市、县三级督办直查工作，牵头建立扶贫领域监督执纪问责协作机制，由省委农办（省扶贫办）、省检察院、省公安厅、省审计厅、省信访局等单位参加。

3. 加强对资金使用的管理和监督

广东省各级纪检监察机关按照问题线索处置方式，以村居为单位制定线索总表，以月为单位开展由镇到省的逐级比对和滚动摸排，全面起底扶贫领域违纪违法问题线索，通过直查督办、分片协作、包案查处等方式，坚决查办违纪违法典型案件，保持高压态势。为摸到真实情况，压实排查责任，省纪委还指导开展入户核查和异地交叉复核。

各级纪检监察机关充分发挥信访主渠道作用，将扶贫领域违纪违法问题线索纳入全省农村基层党员、干部违纪违法线索排查的七大领域之一，进行全面摸排；高度重视巡视、审计、专项检查以及有关职能部门日常工作中发现的问题线索，积极关注媒体反映曝光的问题，善于利用互联网、手机客户端、微信等现代科学信息技术，广泛收集扶贫领域违纪违法问题线索。省纪委专门开通作风举报网、作风暗访网等公开监督举报平台，收集社会各界及广大群众举报问题线索，将扶贫领域腐败问题线索单独登记、专项受理、集中处置。

全省各级纪检监察机关坚持暗访、查处、追责、曝光"四管齐下"，围绕脱贫攻坚"五个一批"工程，突出发展生产、易地搬迁、生态补偿、发展教育、社会保障兜底扶贫等重大领域，扶贫资金分配、项目申报等重要环节，以及贪污侵占、虚报冒领、截留私分、克扣挪用、优亲厚友、挥霍浪费等重点问

---

① 《习近平总书记关于加强扶贫领域考核督查问责重要论述摘录》，《中国纪检监察》2016 年第 17 期，第 4—5 页。

题，问题线索第一时间处置，案件安排最精干力量及时查处。

第二节 务实：用解决脱贫攻坚中的真问题引导实践

"求真务实"是对马克思主义哲学，特别是对其认识论的精神实质的精辟概括。它体现了马克思主义所要求的理论和实践、知和行的具体的历史的统一。务实是与求真联系在一起的。所谓"求真"，就是"求是"，也就是依据解放思想、实事求是、与时俱进的思想路线，去不断地认识事物的本质，把握事物的规律。所谓"务实"，则是要在这种规律性认识的指导下，去做、去实践。求真与务实的统一，是马克思主义认识论的必然要求和本质体现。

一、坚持问题导向，善于发现扶贫实际问题

问题一般是指尚未解决的课题或矛盾。问题导向就是对尚未解决的课题或矛盾的承认以及积极解决问题的自觉，是对生活实践中的问题或矛盾的自我反省、批判和超越。问题导向的实质是问题意识的外在形式。扶贫问题意识是人们对扶贫存在问题的能动性、探索性和前瞻性的反映，是面对扶贫现实的思考，集中体现在发现问题、解析问题和解决问题的能力和方法上。

（一）承认矛盾，积极面对扶贫过程中出现的问题

问题是事物矛盾的表现形式，强调增强问题意识，坚持问题导向，就是承认矛盾的普遍性、客观性。对待扶贫中的矛盾的正确态度，应该是直面矛盾，要有承认问题的勇气，并运用矛盾相辅相成的特性，在解决矛盾的过程中推动事物发展。

（二）发现问题，推动扶贫取得新进展的契机

扶贫思想和实践进步，其起点就在于问题的提出，因为发现和提出问题，具有开拓扶贫新知的价值，往往预示着扶贫创新的契机。只有先提出新的问题，才能启示新的思路，最终才会有新的发现和收获。所以，能不能发现问题是问题导向的关键。随着精准扶贫精准脱贫工作的不断深入，总会不断出现新的问题，这些问题在全省各地都不同程度地存在，是阶段性问题。坚持问题导向，就是要有发现问题的自觉，要有解决问题的担当，推动扶贫取得新进展。

（三）要善于在调查研究中发现问题，找到病根

广东区域发展不平衡、贫富差距较大，做好广东的扶贫工作具有十分特别的意义，可以为全国的扶贫工作树立一个类型示范样板，起到破解发展不均

衡、走出迷局的参照作用。"全国最富在广东,最穷也在广东",这是广东对自身的认知,也是一种客观现实,更是广东改革开放以来快速发展最大的"心病"。2009年以来,广东在全国率先推出"规划到户、责任到人"的扶贫"双到"政策。与以往最大的不同,一是没有具体扶贫项目的不给资金,二是帮扶的对象要"到户、到人"。发现问题,找病根就要到扶贫一线去,到贫困群众家中去,专项巡察、入户访查。通过深入农户了解情况,以及与村领导进行沟通,看贫困户是否存在因病致贫、因灾致贫、因劳动能力弱致贫等现象,还是因农业效益比较低,导致增收难,找出贫困户致贫原因。

扶贫"双到"工作的成绩证明,深入实际、深入基层和深入群众的做法是对的,广东扶贫条例的制订、广东扶贫济困日的设立,就是吸取了驻村干部的调研成果,成为全省决策,在全国首开先河,为扶贫工作建立了法制保障和社会捐助渠道。

二、解决扶贫中的问题,提高帮扶实效

脱贫攻坚需要针对找到的导致深度贫困的原因,采取有针对性的脱贫攻坚举措,强化支撑体系,加大政策倾斜。

(一)发挥新闻媒体舆论和社会监督作用,助力解决问题

广东扶贫重视新闻媒体肩负着的舆论领航员和社会哨兵的使命作用。既要发挥先进典型示范引领作用,又发挥反面典型警示震慑作用。通过对扶贫存在的违纪违法行为、对侵害群众利益行为的曝光,直面社会丑恶现象,揭露批评不道德行为和不良风气,激浊扬清、针砭时弊。扶贫将落脚点放在解决矛盾、改进工作上,发挥新闻媒体的监督作用,注重成果运用,从中找出规律性的东西,举一反三、惩前毖后,提出改进工作、完善制度的建议,推动腐败问题多发领域和环节的改革,最大限度减少体制障碍和制度漏洞,切实取得舆论监督的实效。

2016年9月27日晚,广东电视台报道"五华县岐岭镇某些村扶贫资金涉农补贴优亲厚友,监管缺失至村干部恣意妄为",引起了社会各界的高度关注。五华县委县政府连夜召开研判会,成立由县纪委、住建、民政、林业、财政、宣传等部门组成的联合调查组,对报道的问题进行全面调查。还成立专项调查组,迅速开展危房改造、生态公益林补贴资金和低保专项清理清查工作,对发现的危房改造、生态公益林和低保资金管理发放不到位、截留、提留、克扣、挪用等违规行为,严肃追究责任,对涉嫌违法问题,依法移交司法机关进行处理。加大政策宣传和信息公开力度,建立常态化检查监督和典型案例通

报、追责制度，建立健全"事前有预防、事中有监控、事后有处置"的长效监管机制，实现阳光政策、阳光补偿、阳光发放、阳光监管。五华借助三资监管平台，率先在全市向群众公开公布惠农、涉农资金发放情况，主动接受群众和社会监督，以此突破基层治理工作中碰到的深层次问题。针对新华社广东分社《贫困户脱贫有信心，具体措施需落实——广东省河源市龙川县黎咀镇扶贫观察》内参反映的问题，也进行迅速处理。

（二）针对暴露的贫困对象识别不深不细，勇于再识别再核查

扶贫中出现的问题属于阶段性问题，广东各地精准识别方面不同程度地存在"虚、假、错、漏"现象，主要表现在镇村基层精准识别把关不严，驻村干部核查不严，动态管理不实。针对这一问题，开展贫困对象再识别、再核查工作。各县（市、区）要切实落实主体责任，组织公安、住建、财政、农业、工商和国土等部门，开展扶贫对象精准识别的再核查、比对，细化标准，全村核实，逐户过关，公开公示，做到不漏一户、不漏一人，进一步完善建档立卡信息。住建、林业、民政等部门要抓紧建成全覆盖的危房改造、生态公益林和低保信息管理系统，保障群众的知情权和监督权。建立贫困对象动态管理机制，已脱贫对象及时退出，返贫对象要及时纳入。一是围绕建档立卡，抓紧完善和实施切实可行的帮扶规划。帮扶规划既要精确到户，一户一策、一户多策，分类推进"三保障"政策落地，又要树立扶贫开发"一盘棋"的思想，从全县、全镇的角度谋划整体发展，进一步完善脱贫攻坚的总体规划、年度计划、帮扶措施，选准选好产业、项目，不断增强贫困地区自我发展能力，让贫困农户创办、参与、分享发展项目利益。

（三）针对资金使用不严格不规范，严格落实资金监管机制，严查处违法违纪行为

扶贫资金系统来源复杂，涉及本地区财政专项扶贫资金、贫困县涉农整合资金、行业专项扶贫资金、金融扶贫资金、社会扶贫资金等扶贫领域所有资金的基本情况、拨付程序、使用方向等，是腐败的高发领域。扶贫领域资金使用不规范问题大多发生在基层。腐败问题涉及各项资金，违纪手段复杂多样，涉及金额从大到小，形式隐蔽，涉及面广，查处难度大。

2016年8月，省财政厅、省扶贫办联合颁布《广东省精准扶贫开发资金筹集使用监管办法》，制定实施办法、操作细则，明确使用范围和禁止使用领域，审计部门会同财政部门，对资金使用情况进行全程监管。

各地各部门对脱贫攻坚中各类违法违纪行为，开展严肃认真排查，发现一宗处理一宗、解决一宗。纪委、检察部门要抓紧立案侦查、严肃处理，涉及违

法犯罪的，及时移送司法机关，有关责任单位必须严肃问责。对认识不到位、排查问题不力、整改不力，出现引起群众不满、引发媒体和社会各界热议、造成较坏影响的问题，严厉对有关责任单位和责任领导进行问责。

（四）针对"等靠要"思想，激发乡村内生动力

针对一些基层干部和贫困群众存在"等靠要"思想，"靠着墙根晒太阳，等着别人送小康"，甚至认为脱贫是政府的事情，将帮扶干部当做是上级派给的"保姆"，简单地把村的发展和贫困户的脱贫推给帮扶单位，广东着力构建激发贫困群众的内生动力机制。一要抓好思想脱贫，加强典型引导，增强贫困户脱贫致富的信心；二要注意方式方法，探索实施竞争性扶贫机制，减少无偿发放，多采取鼓励式、竞争性的方式；三要抓好群众参与，保障贫困群众的知情权、表达权和监督权，提高群众对脱贫政策的知晓度，参与监督政策、资金的落实和执行情况；四要帮助贫困群众增长技能、提高就业创业能力。

严格落实对扶贫干部的考核、督查机制，防范不准不实问题。省扶贫办出台《广东省新时期脱贫攻坚督查巡查工作办法》《广东省地级以上市党委和政府扶贫开发工作成效考核办法》《广东省2016年度扶贫开发工作成效考核实施方案》，对责任和政策落实不到位、重点工作推进不力的，及时通报。

三、聚焦宗旨意识，为人民谋利益

聚焦宗旨意识，就要对标为人民服务的基本要求，以身作则，全面落实共产党人全心全意为人民服务的宗旨。聚焦宗旨意识，为人民谋利益，就是在扶贫中为广大人民群众办实事、做好事、解难事，最大限度地为贫困群众谋取利益。作为改革的先锋，广东在脱贫攻坚中也是一直走在全国的前列。广东省在脱贫攻坚决战决胜之际，聚焦宗旨意识，践行为人民谋利益，积极在脱贫攻坚中服务群众，为人民谋利益。

（一）不负人民期待，新担当新作为坚决完成脱贫收官任务

民心是最大的政治，检验我们一切工作的成效，最终都要看人民是否真正得到实惠，人民生活是否真正得到改善，人民权益是否真正得到保障。

2018年，省委办公厅、省政府办公厅印发《关于打赢脱贫攻坚战三年行动方案（2018—2020年）》。该方案提出，到2020年，稳定实现农村相对贫困人口不愁吃、不愁穿，义务教育、基本医疗和住房安全有保障，贫困地区基本公共服务主要领域指标相当于全省平均水平。

为确保如期高质量打赢脱贫攻坚收官战，广东聚焦重点地区、重点人群、重点工作，特别是聚焦老区、苏区、民族地区，抓好脱贫攻坚各项工作的落实，不折不扣完成剩余脱贫攻坚任务。对未脱贫人口较多、困难较大的6个市、41个县（市、区）、93个乡镇、133个行政村，全程实行"挂牌督战"，逐一"对账销号"。全面排查整改突出问题。聚焦"两不愁三保障一相当"总攻目标，全面排查义务教育、基本医疗、住房和饮水安全"三保障"，精准识别、精准帮扶、精准退出"三精准"等方面存在的突出问题，采取针对性措施切实解决好。全面落实对特殊贫困人口的兜底保障。对符合条件的建档立卡贫困人口，及时纳入低保、特困供养、临时救助范围。对受疫情影响致贫的其他人员和返贫的建档立卡贫困人口，及时落实社会救助政策，确保基本生活不受影响，把底线民生牢牢守住。

（二）始终心系人民，着力巩固脱贫成效

在山西考察时，习近平指出："乡亲们脱贫后，我最关心的是如何巩固脱贫、防止返贫，确保乡亲们持续增收致富。"① 巩固脱贫攻坚成效是高质量打赢脱贫攻坚战的内在要求。

广东严格落实"摘帽不摘责任、摘帽不摘政策、摘帽不摘帮扶、摘帽不摘监管"要求，稳定现行帮扶政策、力量和资源，把贫困人口扶上马，送一程。通过推动特色扶贫产业培育与"一县一园、一镇一业、一村一品"有效衔接，结合"千村示范、万村整治"和"万企帮万村"行动，建立县、镇、村、户联动的产业发展格局，巩固产业扶贫成果。完善贫困户与产业项目和新型经营主体利益联结机制，提高贫困户在光伏扶贫等资产性扶贫项目中的收益分配比例。尊重扶贫产业项目发展规律，对一些刚刚走上正轨的项目，继续支持，保持政策的延续性，着力巩固脱贫成效。

（三）坚持人民至上，有效衔接乡村振兴

脱贫摘帽不是终点，而是新生活、新奋斗的起点。坚持人民至上理念，要求实现农村稳定脱贫可持续发展，这迫切需要推进全面脱贫与乡村振兴有效衔接，建立长短结合、标本兼治的体制机制。

2020年以后，在全面完成脱贫攻坚任务的基础上，广东将抓紧研究接续推进减贫工作的总体思路，围绕"扶持谁""谁来扶""怎么扶""如何退"等问题，推动扶贫工作从主要解决收入贫困向统筹解决支出型贫困、能力贫困转变，从单独依靠"三农"资源向统筹城乡资源共同推进扶贫开发转变，从主要依靠政府推动向构建政府、社会、自身相结合的新型减贫治理格局转变，建立健全解决相对贫困的长效机制，为全国解决相对贫困贡献广东力量和

---

① 《产业是发展的根基 习近平总书记这样说》，《中国纪检监察报》2020年5月19日。

智慧。

乡村振兴工作进入常态化后,将更加注重引入市场、企业和农民及社会力量全面投入到乡村振兴的长期工作中。广东产业振兴态势向好,有了前面打下的基础,深入推进"一村一品"工程,建设优势产业区,深化农业供给侧结构性改革,促进农村第一、二、三产业融合发展,能够更好地做实消费扶贫、就业扶贫,提升开发式扶贫水平。

(四)坚持以人为本,实现好、维护好、发展好贫困群众的根本利益

扶贫的出发点和终点都是为了维护最广大人民的根本利益,是为了让全体人民共享改革发展成果,是以人民为中心的发展思想的集中体现和深刻阐释。

脱贫攻坚以来,广东各级党委、政府始终坚持以人为本,把改善贫困地区的民生作为一切工作的落脚点,从解决贫困群众最关心、最直接、最现实的利益问题入手,勤谋富民之策、多办利民之事、常兴安民之举,使贫困群众的收入随着经济发展而逐步较多地增加,共享改革发展成果。

在扶贫开发工作中,把发挥人的主观能动性放在第一位,焕发其自我奋斗、自我发展的热情,使有劳动能力的穷人获得发展能力,走向自尊、自重、自立、自强的道路,采取有针对性的帮扶措施:按照宜农则农、宜商则商、宜游则游原则,用好"一县一园、一镇一业、一村一品"发展平台,加大县镇统筹开发力度,推广"企业(合作社)+基地+贫困户"模式,因地制宜发展地方特色优势扶贫产业;通过加强珠三角与粤东西北地区劳务协作,健全"一对一"帮扶机制,开发公益性就业岗位,加强技能培训,多渠道促进贫困劳动力稳定就业;通过全面落实建档立卡贫困子女就读普通高中、中等职业学校免除学杂费政策,对建档立卡贫困子女从义务教育阶段至大学教育阶段实行生活费补助,筑牢基本医疗+大病保险+医疗救助"三道保障线",基本实现省域内医疗救助"一站式"结算。

第三节 创新:用群众创造出来的新鲜做法推动扶贫工作

扶贫工作离不开求真务实,更离不开基于实践的创新。习近平强调:"惟创新者强,惟创新者进,惟创新者胜。"[①] 创新是一种以超常规甚至反常规的

---

① 《习近平在欧美同学会成立100周年庆祝大会上的讲话》,《人民日报》2013年10月22日。

思维视角思索问题的方法。在扶贫工作中始终坚持创新思维，守正出奇，创新制胜，可以让扶贫工作出新出彩，事半功倍。

新时代广东省扶贫开发工作彰显了创新的精神内核。广东省历来高度重视扶贫开发工作，经过长期不懈的努力，脱贫攻坚工作卓有成效。但随着脱贫攻坚工作进入攻克堡垒的决胜阶段，扶贫领域的新情况、新问题和新矛盾不断涌现，传统的扶贫开发方式和手段已然不能适应新形势的发展，迫切需要对扶贫的方式方法进行改革创新。广东省始终坚马克思主义与创新的理论品质，敏锐地洞察到扶贫方式创新的现实必要性，并提出诸多行之有效的创新性方法举措。

一、解放思想，与时俱进

解放思想、与时俱进是马克思主义最重要的理论品质，它的实现形式就是创新。在扶贫开发工作中坚持"解放思想，与时俱进"，要求扶贫工作中的理念和实践都要紧跟时代、实践和科学的发展变化而不断地、全面地向前推进。广东省坚持与时俱进，抓好扶贫开发，确保扶贫扶到点上、扶到根上、扶到家，缓解"两个广东"的尴尬，蹚出一条解放思想、与时俱进、彰显特色的广东扶贫新路。

（一）扶贫理念新颖

广东扶贫在理念上体现解放思想、与时俱进。长期以来，人们总是将"贫困"与"温饱不济"画等号，将"扶贫"与贫困地区、欠发达地区相挂钩，认为"贫困现象"和"扶贫工作"是一个国家和地区在不发达阶段、欠发达区域的一种特有现象和一项特殊工作。其实不然，随着扶贫任务从消除绝对贫困到减缓相对贫困的转变，对贫困现象和扶贫工作的认识也应与时俱进，广东在这方面走在全国前列。

省委省政府正确把握扶贫演变规律，始终高度重视扶贫开发工作，把扶贫看作是伴随现代化全过程的长期任务，没有因为发展阶段领先、农民收入较高、绝对贫困现象基本消除，就削弱甚至放弃扶贫工作，反而投入更多资源更大力量，扎实解决发展不平衡不充分问题，强调越是经济发展，越要关注贫困，关注发展的不平衡，缩小贫富差距而补齐发展"短板"。针对贫困人口较为分散特点而实施扶贫开发"双到"，成为新时期广东创新扶贫开发工作的逻辑起点。这不仅促进了广东低收入农户加快增收和欠发达地区加快发展，而且引领了东部省份乃至全国各地的扶贫理念乃至扶贫工作的转变。

（二）扶贫行动创新

广东扶贫在行动上体现解放思想、与时俱进。规划到户，解决"扶谁的贫"的问题；责任到人，解决"谁去扶贫"的问题；创新方式，解决"如何去扶贫"的问题。广东扶贫"双到"是"精准扶贫"政策依据的先行探索成果，是用解放思想、与时俱进精神接力前行的生动实践。

2020年6月29日晚，广东省总工会联合京东企业业务在京东直播平台和粤工惠上，开展"促消费 惠民生 助扶贫"直播带货活动。广东省总工会推出首期200万元"扶贫消费券"，用以抵扣商品价格，一方面惠及粤工惠实名注册工会会员，另一方面助推扶贫产品的销售。（图片来源：《南方工报》2020年6月30日）

一是政府积极作为，市场充分着力。在扶贫"双到"工作中，广东用活了政府与市场"两只手"：利用"看得见的手"，加强顶层设计，推动建章立制，为扶贫开发编织"制度笼子"，促进了扶贫工作长期化、制度化；利用"看不见的手"，发挥市场力量，推动全民扶贫，为扶贫开发提供"源头活水"。二是一村一策真扶贫，一户一法扶真贫。因地制宜、分类指导，成为新时期广东扶贫开发工作中被始终绷紧的一根总弦；规划到户、责任到人，成为每一位扶贫工作者始终遵循的醒目路标。通过对扶贫对象的精准识别，通过以村、户为单位制定内容各异的帮扶方案，扶贫资金摊大饼、广撒种的粗放型使用方式被画上休止符；通过工作重心的下沉、工作方案的细化和针对性的增强，扶贫干部拍脑袋、乱决策的武断式工作方式难以继续奏效；通过分解任务、有的放矢，多对多、多对一、一对多、一对一等扶贫形式在广东渐次落地生根。三是扶贫标准动态化，一张蓝图绘到底。坚持动态标准，秉承发展理念,这是广东扶贫的一大特色。3480元的现行"粤版"贫困标准,已经高出国定线1180元。扶贫标准浮动背后,不仅是水涨船高的发展思维,更有对区域协调于广东这艘经济巨轮破浪前行重要意义的深刻认识,丰富对共同富裕这一社会主义本质要求的再认识。扶贫"双到"堪称中国亮点、世界模式,不仅使广东的扶贫从区域性、整体化扶贫拓展到全域性、精准化扶贫,而且引领了东部省份扶贫标准确定机制的创新和全国精准扶贫的全面推行。

二、敢于担当,勇于开拓

敢于担当、勇于开拓,鼓励主体不囿于传统束缚,不满足于现有状态,用积极的、开放的、上进的态度看待世界、对待未来。敢于担当、勇于开拓是在现有的基础上,注重主观能动性,不计得失、不怕困难,尊重知识、尊重科学,推进创新,实现更大的发展。

两轮扶贫"双到"完成后,广东省站在时代前沿,不忘初心,敢于担当,勇于开拓,继续做好脱贫攻坚工作。广东省积极贯彻落实新发展理念,坚持精准扶贫、精准脱贫,协调动员各方面力量,扎实推进脱贫攻坚八项工程,着力提高贫困人口收入,改变贫困地区落后面貌,为全面完成三年攻坚、两年巩固目标奠定坚实基础,为到2020年如期完成全省脱贫任务提供有力支撑。

(一)构建大扶贫新格局

哪些主体来担当扶贫大任呢?习近平从马克思主义历史唯物主义出发,在借鉴传统哲学中"内外协同"哲学思想的基础上,深刻阐释了党政主导、社会协同、群众主力三者之间的辩证关系,对各类主体在精准扶贫精准脱贫工作中的权责划分、职责分工和作用发挥等提出了基本遵循,为精准扶贫的精准实施提供了坚实的组织保障和力量基础。[①]

广东省新时期脱贫攻坚战按照"政府主导、农民主体、部门联动、社会参与"的要求,进一步完善社会力量参与扶贫开发机制,着力构建具有广东特色的政府、市场、社会、个人合力攻坚的扶贫开发新格局,广泛凝聚脱贫攻坚合力,精准推动受援地脱贫攻坚、经济社会发展和民生改善。

一是党委领导,政府主导。消除贫困,改善民生,是党和政府的重要使命和担当。随着脱贫攻坚进入最后的决胜阶段,广东充分发挥各级党委总揽全局、协调各方的领导核心作用,严格执行脱贫攻坚一把手负责制,省市县镇村

---

① 吴胜锋:《习近平关于精准扶贫重要论述的哲学意蕴》,《湖南科技学院学报》2019年11期,第1—2页。

五级书记一起抓，层层压实责任，把贫困区发展和贫困群众生活改善时刻放在心上、抓在手上。切实加强贫困地区农村基层党组织建设，使其成为带领群众脱贫致富的坚强战斗堡垒。

二是社会协同，各方参与。马克思主义哲学认为，当部分以有序性方式构成整体时，整体功能大于部分功能之和。广东积极构建多元化的治贫主体，引领市场、社会协同发力，发挥集中力量办大事的社会主义制度优势，鼓励先富帮后富，广泛动员各方面力量参与扶贫开发，着力构建专项扶贫、行业扶贫、社会扶贫互为补的扶贫生态。

三是群众主体，自力更生。马克思主义唯物辩证法认为，内因是事物发展的根本，外因是事物发展的条件，外因通过内因起作用。贫困群众既是脱贫攻坚的对象，更是脱贫攻坚的主体。广东扶贫工作一方面发挥各级党委、政府和社会力量的有效帮扶，另一方面注重发挥贫困群众的主体性作用，既重视"输血"，更强调"造血"，坚持把扶智和扶志有机结合起来，激活贫困群众的内生动力和自我发展能力。

（二）开拓全面建成小康社会之路

政府、市场、社会齐出力，如何开拓出一条率先全面建成小康社会之路呢？"十三五"脱贫攻坚战打响以来，广东省全面贯彻落实新发展理念，把创新作为最关键的动力，勇于开拓，把精准要求贯穿扶贫开发各领域各环节，真正围绕群众脱贫出实招，不搞形式主义的扶贫，不建形象工程的样板，确保脱贫攻坚精准到村、到户、到人，做到全员受益、全员脱贫，不落一人。

在"扶持谁"的问题上，准确甄别，建档立卡，确保把真正的贫困人口弄清楚，把贫困人口、贫困程度、致贫原因等搞清楚，以便做到因户施策、因人施策。在"谁来扶"的问题上，形成省（自治区、直辖市）负总责、市（地）县抓落实的扶贫开发工作机制，做到分工明确、责任清晰、任务到人、考核到位。在"怎么扶"的问题上，围绕提高脱贫攻坚领导力度、发展生产脱贫一批、生态补偿脱贫一批、发展教育脱贫一批、社会保障兜底一批等核心任务，实施产业发展扶贫、劳动力就业扶贫、社会保障扶贫、教育文化扶贫、医疗保险和医疗救助保障扶贫工程、农村危房改造扶贫、基础设施建设扶贫和人居环境改善扶贫八项工程，增强扶贫动力，拓宽扶贫渠道，提高整体效果，坚决打赢脱贫攻坚战。

三、依靠群众，凝聚群众

创新扶贫方式，提高扶贫开发效果，归根究底，是依靠群众，凝聚群众，用群众创造出来的新鲜做法推动扶贫工作。坚持与群众密切联系,坚持从群众中来到群众中去,才能不断取得成功。广东省在扶贫开发工作中始终紧紧依靠人民群众,凝聚群众力量,确保工作顺利推进。

(一)坚持人民主体地位

人民群众是历史的创造者,这是历史唯物主义的一条基本原理。只有坚持这一原理,才能真正把握历史规律,才能科学谋划、切实推进精准扶贫。谋划、推进精准扶贫需要清醒地认识到:"人民群众是历史发展和社会进步的主体力量","坚持人民主体地位,充分调动人民积极性,始终是我们党立于不败之地的强大根基"。① 广东各级党委和政府深入基层,深入脱贫攻坚第一线,与广大的贫困人口打成一片,了解民情民意,认真听取各方意见,切实站在人民群众的立场上去考虑和解决问题,调动贫困群众的积极性、主动性和创造性,赢得人民群众的理解和支持。团结广大人民群众积极参与精准扶贫工程,促进精准扶贫工作有效落实。

(二)让人民群众有更多获得感

"党的一切工作,必须以最广大人民根本利益为最高标准。检验我们一切工作的成效,最终都要看人民是否得到了实惠,人民生活是否真正得到了改善,人民权益是否真正得到了保障。"② 精准扶贫的对象始终是人民群众,精准扶贫的主力军始终也是人民群众,精准扶贫到底有没有效果,不是由思想理论成熟的程度来判断,也不是由领导集体来规定,而是由人民群众说了算。③ 坚持人民主体,就要让人民来评判精准扶贫的效果。广东脱贫攻坚的决心很大、力度很大,把贫困地区作为锻炼培养干部的重要基地,把贫困群众获得感、脱贫攻坚实绩作为贫困地区选拔任用干部的重要依据,激励各级干部到脱贫攻坚战场上大显身手。在加大精准扶贫力度的同时,着力选好贫困乡镇一把手,配强乡镇领导班子,并根据贫困村的实际需求,精准选配第一书记,精准选派驻村工作队,确保相关的政策部署、资金投入精准滴灌到户,确保扶贫工作务实、脱贫过程扎实、脱贫结果真实。

唯有创新才能走在时代前列,唯有创新引领扶贫开发事业,才能不断发展突破。围绕解放思想、与时俱进、敢于担当、勇于开拓,依靠群众、凝聚群

---

① 赖风、朱炳元:《习近平精准扶贫思想的哲学底蕴》,《阅江学刊》2017年第2期,第89—95、148页。
② 《习近平谈治国理政》第一卷,北京:外文出版社2014年版,第28页。
③ 贺振东:《论习近平精准扶贫思想的哲学基础》,《齐齐哈尔大学学报(哲学社会科学版)》2018年第5期,第4—6页。

众,"创新广东"走出了一条行之有效的特色扶贫开发创举之路,为广东省全面建成小康社会、率先基本实现现代化提供了坚实保障,也为全国扶贫开发工作树立了榜样,贡献了广东智慧。

后　记

改革开放 40 多年来，广东扶贫事业取得了巨大的成就。广东农村面貌发生了巨大的改变，群众的生活状况得到明显改善，幸福感不断加强。广东省扶贫事业经过 40 多年的努力，走过了不平凡的历程，形成了广东气派、广东作风和广东经验。就像顾城在《小巷》里面描写的那样：小巷/又弯又长/没有门/没有窗/你拿把旧钥匙/敲着厚厚的墙。这一成绩的取得来之不易，是广东省扶贫事业不停地艰苦探索、砥砺前行、成果创造转化后的结果。

改革开放 40 多年来，也是广东省扶贫事业大发展的春天、善治的春天。习近平扶贫论述内容丰富、内涵深刻，为推动中国特色扶贫事业在新的历史起点上加快发展指明了方向，广东的扶贫事业为这春天出新出彩增添了许多美丽的色彩。广东省的扶贫实践成为新时代中国特色社会主义扶贫事业的一部分，是中国特色扶贫理论、道路、制度、文化的重要组成部分。

在这春天里，我承接了广东人民出版社《广东扶贫之路》的写作任务。这本书凝聚了我近半年时间的艰辛和汗水。写作历经周折，殚精竭虑，资料收集困难，但痴心不改。在写作期间，我在广州市从化区鳌头镇帝田村和江埔街凤二村各开了一家社会工作站和一间幸福食堂。这些实践活动，加深了我对农村扶贫的理解。我去过很多农村，还填过一首《长相思》，其中有：

山一程，水一程，凤二花海向前行，夜半山歌声。
上一层，看一层，客家文化展览厅，日丽斑鸠吟。

这首《长相思》就是我为凤二村做的。经过 40 多年的长期坚持，广东脱贫攻坚取得了决定性胜利。《长相思》在广东乡村已经由当初孤独的个案变成普遍现象了。

广东扶贫，让乡村更美，唤起了村民的自豪感，激发了村民的主人翁意识，农民更加热爱自己的家乡。我给帝田村写了一首村歌，叫做《帝田之恋》：

我的帝田，美丽的地方，蝴蝶为你飞舞，我为你歌唱。这是我们祖先自豪的地方，这是我们祖先终老的地方。两棵百年大树的身影，映照在每一座每一座山岗。三百年古老的祠堂，到哪里也在心上，也在心上。

　　我的帝田，神奇的地方，大庙里的笨掘墙，屋顶上的飞凤凰。这是我们后代自豪的地方，我们田舍男儿当自强。两棵百年大树的身影，映照在每一座每一座山岗。三百年古老的祠堂，到哪里也在心上，也在心上。

　　2020年2月29日正是疫情高峰期，我带领社工到帝田村探访重点服务对象，宣传防疫知识，并分发自己筹集到的口罩等防疫物资。在回社工站的路上，我被村里的古朴和到处都是悠久历史的痕迹深深吸引。两棵连在一起的百年大榕树，"凤凰飞舞"的屋顶装饰飞翔美态，"长塘"门楼、"石迳"门楼无声地诉说着昔日辉煌。村里最后一个秀才徐大章写的门口对联"帝王将相本无种，田舍男儿当自强"映入眼帘。当天夜里，村里的蝴蝶，自强田舍男儿，飞凤凰，一起涌来。夜不能寐，打开电脑，写村歌的冲动油然而生，于是就有了这首《帝田之恋》。

　　然后我找人谱曲，清唱，简单地用手机录了音，然后放到村民群里。没有想到这首歌，村民们很快都会唱了，从化文化馆还来录了像。这表明农民脱贫之后，内心的自豪感、自信心增强了，更爱自己的家乡了。就是在疫情高峰期，也泯灭不了这股乡村自豪感，以及对乡村振兴道路的自信。

　　广东是中国第一经济大省，在许多经济指标上都列各省第一位。广东扶贫砥砺前行，走出一条符合大省特点和规律的新路子，让人们记得住历史、记得住乡愁，坚定文化自信，增强了家国情怀。

　　人在梦中，在这么短的时间里面能够及时出版，非常感谢一些政府部门和领导对我的支持。正是他们的热心鼓舞和倾力支持，给了我无穷的前行动力。在写作的过程中，选用了一些政府部门、社会团体给我的一些材料，参考了一些专家和学者的论文和专著，在此对他们表示感谢和敬意。正是由于他们仁心宅厚、无私的帮助，正是依赖、借鉴他们业已积累和创造出的"钥匙"，我才能、才敢敲打和探索广东扶贫之路这堵"厚厚的墙"。另外，感谢本书顾问党国英、葛道顺、刘京给我的中肯建议；感谢揭阳职业技术学院的卢梦凡对文字和注释进行了校正；感谢我儿子李昌文，我心里正进行一场奋斗的拉力赛。

　　在这春天里，能参与到广东扶贫事业中，聆听春天的声音，为这美丽的春天做一些事情，是我莫大的光荣。服务"三农"，能为农村居民带来幸福，也能为我自己带来幸福。就像海子所吟唱的,"从明天起,做一个幸福的人/喂马、劈柴,周游世界/从明天起,关心粮食和蔬菜/我有一所房子,面朝大海,春暖花开"。我来自农村,无论走到哪里,总感觉背后农村亲友的目光。服务农村要有情怀和理想,才能去追求"面向大海,春暖花开"的高尚目标,不图名利,才能竭诚为乡村振兴服务。

由于水平所限,准备时间仓促,本书肯定问题不少。若出现疏漏之处,敬请指正。不足之处,敬请专家学者批评。

李锦顺

2020年11月于广州宝翠园